W0039328

Die Bonus-Seite

Ihr Vorteil als Käufer dieses Buches

Auf der Bonus-Webseite zu diesem Buch finden Sie zusätzliche Informationen und Services. Dazu gehört auch ein kostenloser **Testzugang** zur Online-Fassung Ihres Buches. Und der besondere Vorteil: Wenn Sie Ihr **Online-Buch** auch weiterhin nutzen wollen, erhalten Sie den vollen Zugang zum **Vorzugspreis**.

So nutzen Sie Ihren Vorteil

Halten Sie den unten abgedruckten Zugangscode bereit und gehen Sie auf **www.galileocomputing.de**. Dort finden Sie den Kasten **Die Bonus-Seite für Buchkäufer**. Klicken Sie auf **Zur Bonus-Seite / Buch registrieren**, und geben Sie Ihren **Zugangscode** ein. Schon stehen Ihnen die Bonus-Angebote zur Verfügung.

Ihr persönlicher
Zugangscode

c7ey-ba2m-9n34-rpjd

Florian Franke, Johannes Ippen

Apps mit HTML5 und CSS3

für iPad, iPhone und Android

Galileo Press

Liebe Leserin, lieber Leser,

wäre es nicht schön, wenn Sie Apps für alle mobilen Betriebssysteme entwickeln könnten? Plattformübergreifend für Android und iOS? Herzlichen Glückwunsch! Mit der Wahl dieses Buches haben Sie die richtige Entscheidung getroffen, denn HTML5 und CSS3 ermöglichen es Ihnen, flexible WebApps zu entwickeln, die auf allen Systemen im jeweiligen Webbrowser laufen. Sie erfordern keine Installation und benötigen somit keine lästigen Updates.

Unsere erfahrenen Autoren Florian Franke und Johannes Ippen geben Ihnen alles an die Hand, damit Sie erfolgreiche Anwendungen programmieren können: von den notwendigen HTML5- und CSS3-Grundlagen über die Konzeption und Gestaltung von Apps bis hin zur hilfreichen Nutzung von Frameworks wie jQuery und Sencha Touch. Ausgefallene Praxisbeispiele zeigen Ihnen, wie Sie grundlegende Funktionen implementieren und auf den unterschiedlichen Gerätetypen testen können. Abgerundet wird das Ganze durch eine Anleitung, die Ihnen zeigt, wie Sie Ihre Anwendung in Apples App Store und Google Play veröffentlichen können. Trotz der vielen Arbeitsschritte brauchen Sie sich keine Sorgen zu machen, unser Buch führt Sie stets verständlich und vor allem unterhaltsam zum gewünschten Ziel.

Um die Qualität unserer Bücher zu gewährleisten, stellen wir stets hohe Ansprüche an Autoren und Lektorat. Falls Sie dennoch Anmerkungen und Vorschläge zu diesem Buch formulieren möchten, so freue ich mich über Ihre Rückmeldung.

Viel Freude beim Lesen wünscht Ihnen

Ihr Stephan Mattescheck
Lektorat Galileo Computing

stephan.mattescheck@galileo-press.de
www.galileocomputing.de
Galileo Press · Rheinwerkallee 4 · 53227 Bonn

Auf einen Blick

Der Name Galileo Press geht auf den italienischen Mathematiker und Philosophen Galileo Galilei (1564 – 1642) zurück. Er gilt als Gründungsfigur der neuzeitlichen Wissenschaft und wurde berühmt als Verfechter des modernen, heliozentrischen Weltbilds. Legendär ist sein Ausspruch *Eppur si muove* (Und sie bewegt sich doch). Das Emblem von Galileo Press ist der Jupiter, umkreist von den vier Galileischen Monden. Galilei entdeckte die nach ihm benannten Monde 1610.

Lektorat Stephan Mattescheck
Korrektorat Annette Lennartz
Fachgutachten Johannes Gamperl
Einbandgestaltung Mai Loan Nguyen Duy
Titelbild iStockfoto: 2622356, Konstantin Inozemtsev
Typografie und Layout Vera Brauner
Herstellung Maxi Beithe
Satz III-satz, Husby
Druck und Bindung Beltz Druckpartner, Hemsbach

Gerne stehen wir Ihnen mit Rat und Tat zur Seite

stephan.mattescheck@galileo-press.de
bei Fragen und Anmerkungen zum Inhalt des Buches

service@galileo-press.de
für versandkostenfreie Bestellungen und Reklamationen

britta.behrens@galileo-press.de
für Rezensions- und Schulungsexemplare

Dieses Buch wurde gesetzt aus der TheAntiquaB (9,35/13,7 pt) in FrameMaker.

Bibliografische Information der Deutschen Nationalbibliothek
Die Deutsche Nationalbibliothek verzeichnet diese Publikation in der Deutschen Nationalbibliografie; detaillierte bibliografische Daten sind im Internet über http://dnb.d-nb.de abrufbar.

ISBN 978-3-8362-1848-1
© Galileo Press, Bonn 2012
1. Auflage 2012

Das vorliegende Werk ist in all seinen Teilen urheberrechtlich geschützt. Alle Rechte vorbehalten, insbesondere das Recht der Übersetzung, des Vortrags, der Reproduktion, der Vervielfältigung auf fotomechanischem oder anderen Wegen und der Speicherung in elektronischen Medien. Ungeachtet der Sorgfalt, die auf die Erstellung von Text, Abbildungen und Programmen verwendet wurde, können weder Verlag noch Autor, Herausgeber oder Übersetzer für mögliche Fehler und deren Folgen eine juristische Verantwortung oder irgendeine Haftung übernehmen. Die in diesem Werk wiedergegebenen Gebrauchsnamen, Handelsnamen, Warenbezeichnungen usw. können auch ohne besondere Kennzeichnung Marken sein und als solche den gesetzlichen Bestimmungen unterliegen.

Inhalt

1 Apps 21

2 HTML5 in der mobilen Webentwickung 35

3   Konzeption und Gestaltungsprinzipien   109

4   HTML5 als Designwerkzeug   147

6 Auslesen des Bewegungssensors mit JavaScript 261

7 Offline – damit eine App in jedem Winkel der Welt funktioniert 287

8 WebApps mit Frameworks entwickeln 311

9 Native Anwendungen und App Stores

A   Weiterführende Informationen

Vorwort

Herzlich willkommen, und schön, dass Sie da sind! Das Cover hat Ihre Neugierde geweckt, stimmt's? Sehr gut!

WebApps sind Apps, die lediglich mit Webtechnologien funktionieren, und mittlerweile eine echte Alternative zu nativen Apps. Die immer bessere Leistung der Endgeräte, aber auch die neuen Funktionen und Gestaltungsmöglichkeiten durch HTML5 und CSS3 machen Apps möglich, die offline funktionieren, schnell sind und sogar die Daten von Positions- und Bewegungssensoren auslesen können. Zudem funktionieren Sie auf einer Vielzahl von verschiedenen Geräten, ob nun auf einem Tablet, Smartphone, Android, iOS oder sogar Windows Phone. Der gemeinsame Nenner all dieser Geräte sind HTML5 und CSS3.

Doch nicht nur die große Flexibilität von WebApps ist ihr entscheidender Vorteil. Sie können als angehender WebApps-Entwickler Ihre bereits bestehenden HTML-Kenntnisse nutzen, um Apps zu entwickeln. Sie müssen also nicht noch eine neue Programmiersprache lernen, sondern können auf bisherige Erfahrungen zurückgreifen.

All das und noch viel mehr machen WebApps so attraktiv. Was noch alles? Eins nach dem anderen, es wäre ja langweilig, an dieser Stelle schon alles zu verraten.

Ziel des Buches

Das Ziel dieses Buches (und auch unser Anspruch) ist es, Ihnen die Programmierung von WebApps zu ermöglichen. Dabei werden Sie Schritt für Schritt an die Materie herangeführt. Neben technischen Grundlagen lernen Sie auch Tipps und Tricks kennen, wie Sie Ihre App zu Beginn konzipieren und welche verschiedenen Bedienmuster Sie für Ihre WebApp nutzen können.

Sie werden am Ende des Buches eine Reihe von verschiedenen WebApps programmiert haben, die Ihnen helfen werden, sich zurechtzufinden, im Supermarkt beim Einkauf keinen Artikel mehr zu vergessen oder aber die Nostalgie eines alten Polaroid-Fotos wieder aufleben zu lassen. Unterm Strich werden Sie vor allem eins haben: eine Menge Erfolgserlebnisse und eine gehörige Portion Spaß.

Danksagung

Vielen Dank an alle, die uns unterstützt haben, der Verlag, aber auch Freunde, Eltern und Partner, die das eine oder andere Mal, etwa bei einer abendlichen Weinsession, auf uns verzichten mussten.

HTML5 rockt! Die Website zum Buch

Wir meinen es ernst: HTML5 rockt! Wir glauben an die Energie und Zukunft von Web-technologien und haben deswegen eine eigene kleine Website zum Thema eingerichtet. Auf *http://www.html5-rockt.de* finden Sie alle Beispiele dieses Buches zum Download. Zusätzlich weisen wir auf der Website auch auf etwaige Tippfehler hin und ergänzen das Buch durch weitere nützliche Links und Hinweise. Die Beispielda-teien finden Sie natürlich auch auf der beiliegenden DVD.

Bevor's richtig losgeht – Installation von XAMPP

Bevor Sie richtig durchstarten können, benötigen Sie einen Webserver, auf dem Sie die zahlreichen Beispiele dieses Buches selbst ausprobieren können. Die eine Mög-lichkeit ist es, Ihren bestehenden Webspace zu nutzen und die Dateien immer auf diesen hochzuladen. Eine andere, schnellere Alternative ist es, einen lokalen, auf Ihrem Computer installierten Webserver zu installieren. Das Testen Ihrer Apps geht mit diesem schneller, weil Sie die Daten nicht immer auf einen externen Server hochladen müssen. Wir zeigen Ihnen nun als erste Amtshandlung, wie Sie den loka-len Webserver *XAMPP* installieren. Am Ende der Installation können Sie den Inhalt des Unterordners *htdocs* in Ihrem XAMPP-Ordner über einen Webbrowser aufrufen.

Die Installation von XAMPP unter Windows

1. Installationsdatei herunterladen

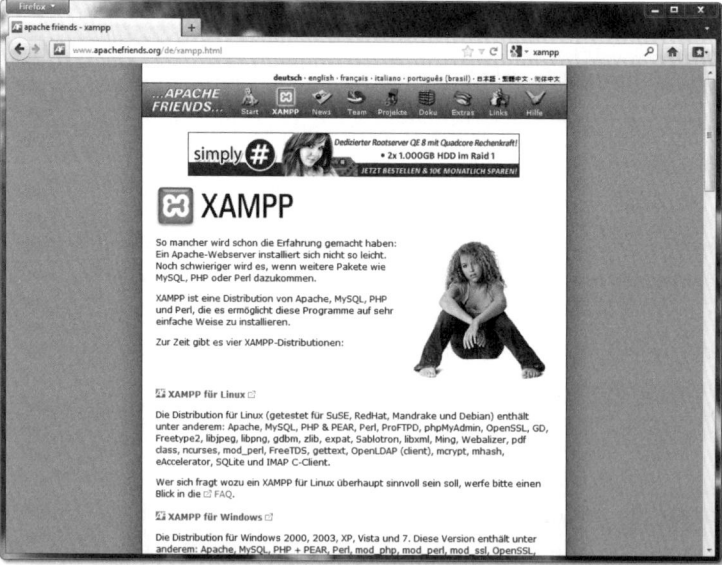

Abbildung 1 Die Startseite des XAMPP

Rufen Sie zunächst die Webseite des XAMPP unter *http://www.apachefriends.org/de/* auf (Abbildung 1), und laden Sie das Installationspaket für Windows herunter. Wir empfehlen die *Installer-Version*, da diese am einfachsten und schnellsten zu konfigurieren ist. Sie wollen ja schließlich zeitnah loslegen.

2. Installation

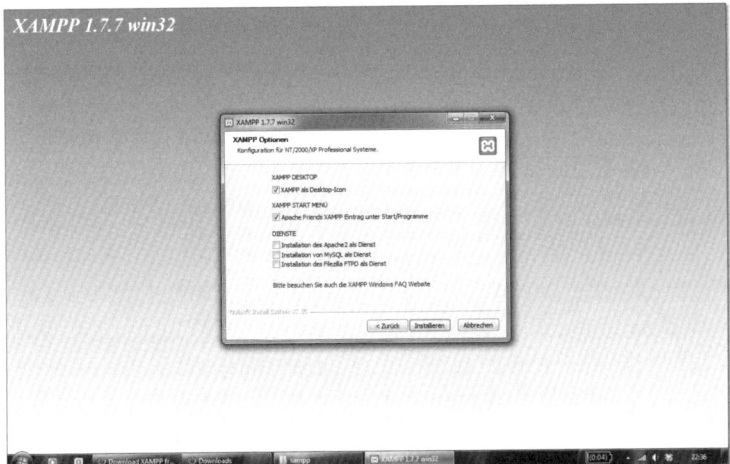

Abbildung 2 Die Installation unter Windows

Öffnen Sie die heruntergeladene Datei, und installieren Sie XAMPP (Abbildung 2). Sie müssen keinerlei besondere Einstellungen vornehmen und können mit gutem Gewissen bei allen Schritten immer auf WEITER klicken.

3. Das Control Panel

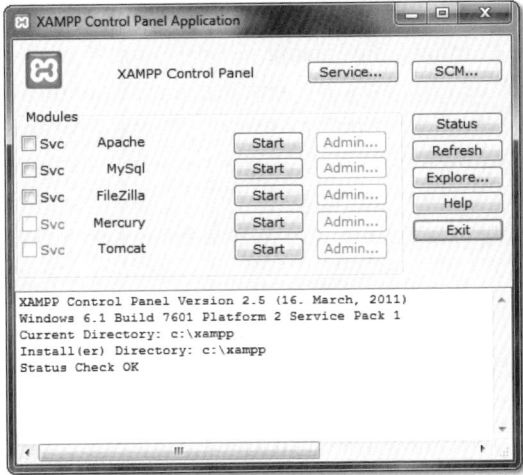

Abbildung 3 Das Control Panel des XAMPP. Hier starten und stoppen Sie die einzelnen Dienste, wie z. B. den Webserver Apache.

Nach der Installation werden Sie gefragt, ob Sie das *Control Panel* aufrufen möchten. Über das Control Panel starten Sie die einzelnen Dienste von XAMPP (Abbildung 3). Neben dem normalen Webserver (*Apache*) können Sie hier noch das Datenbankmodul (*MySQL*) oder einen FTP-Server (FileZilla) aktivieren. Für die Beispiele in diesem Buch benötigen Sie lediglich Ihren treuen Indianer, den Apache.

4. Netzwerkkonfiguration

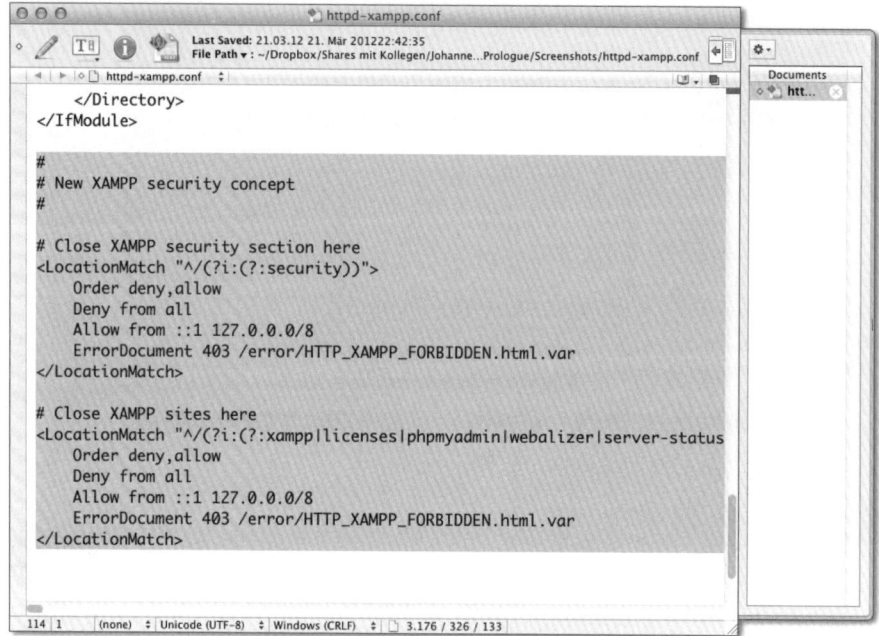

Abbildung 4 Die relevante Passage in der httpd-xampp.conf-Datei

Bevor andere Geräte auf Ihren Computer und damit auf den XAMPP zugreifen können, müssen Sie diesen noch den Zugang erlauben. Öffnen Sie dafür die Datei *httpd-xampp.conf* in Ihrem XAMPP-Ordner unter Apache • Conf • Extra. Am Ende der Datei finden Sie zwei Einträge, die über die Sicherheitseinstellungen des XAMPP entscheiden (Abbildung 4). Um nun Zugriffe von anderen Geräten zu ermöglichen, müssen Sie die folgende Zeile in den letzten beiden Codeblöcken bearbeiten:

```
Allow from ::1 127.0.0.0/8
```

Ändern Sie diese Zeilen wie folgt um, und speichern Sie die Datei:

```
Allow from all
```

Wechseln Sie nun zurück zum Control Panel, und starten Sie den Apache-Webserver mit einem Klick auf Start.

Wichtig

Sollten Sie bereits vorher den Apache-Webserver gestartet haben, so müssen Sie Ihn erneut starten, damit die Änderungen an der Datei *httpd-xampp.conf* Wirkung zeigen.

5. Den Webserver über den Browser aufrufen

Abbildung 5 Ermitteln Sie Ihre IP-Adresse über das Kommandozeilentool von Windows.

Sie können den Webserver bereits von dem Computer aus, auf dem Sie XAMPP installiert haben, über *http://localhost* aufrufen. Um den Server nun auch über Ihr Smartphone oder Tablet zu erreichen, benötigen Sie noch die IP-Adresse des Computers, auf dem der XAMPP-Server installiert wurde. Die IP-Adresse finden Sie heraus, indem Sie das Kommandozeilentool von Windows über START • AUSFÜHREN mit dem Eintrag »cmd.exe« starten und dort `ipconfig` eingeben. Daraufhin wird die IP-Adresse Ihres Rechners angezeigt (Abbildung 5). Wenn Sie diese Adresse (wahrscheinlich ähnlich zu 192.168.XXX.XXX) in den Browser Ihres Smartphones oder Tablets eingeben, wird ebenfalls der Webserver aufgerufen.

6. Das war's

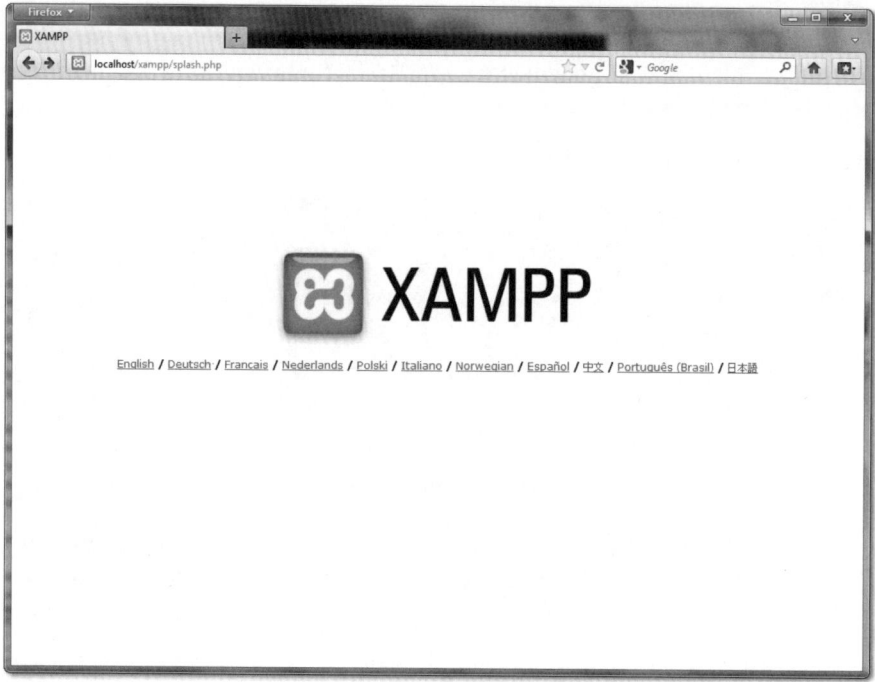

Abbildung 6 Die Startseite des XAMPP von dem Computer aus, auf dem der Server installiert wurde

Einfach, oder? Sie haben nun Ihren eigenen Webserver (Abbildung 6). Denken Sie daran, den Apache nach einem Neustart oder nach dem Wechseln Ihres Computers in den Ruhezustand neu zu aktivieren.

Die Installation von XAMPP unter Mac OS X

1. Installationsdatei herunterladen

   Öffnen Sie die Webseite von XAMPP unter *http://www.apachefriends.org/de/*, und laden Sie das Installationspaket für Mac OS X herunter (Abbildung 7). Anders als bei der Windows-Version gibt es hier lediglich eine *.dmg*-Datei zum Download.

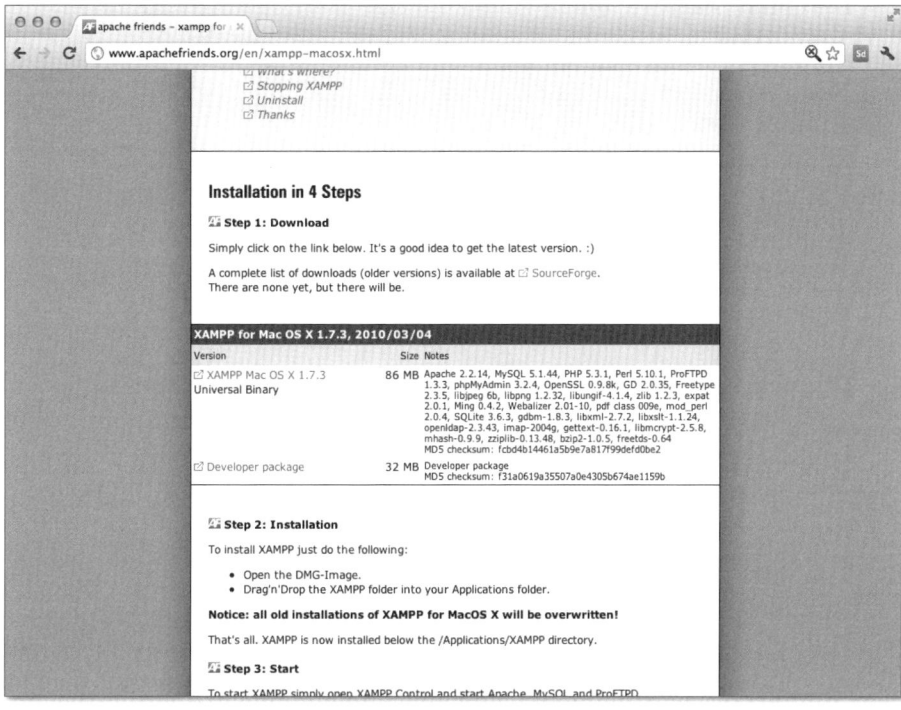

Abbildung 7 Der Downloadbereich der XAMPP-Webseite

2. Installation

Die Installation ist denkbar einfach. Ziehen Sie einfach den XAMPP-Ordner in Ihren Applications-Ordner (Abbildung 8).

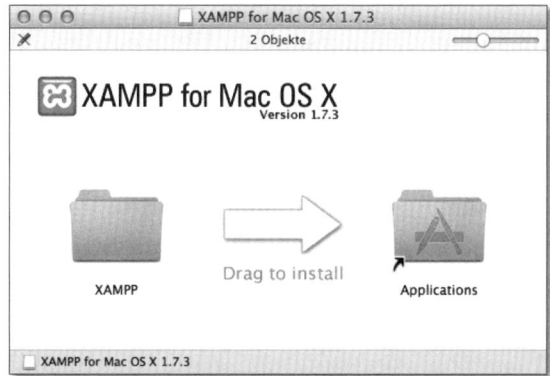

Abbildung 8 Ziehen Sie zur Installation den XAMPP-Ordner von links einfach in den Applications-Ordner auf der rechten Seite.

3. Das Control Panel

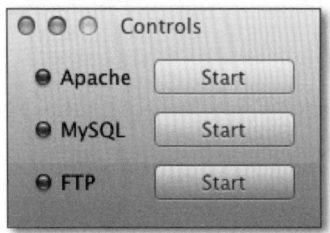

Abbildung 9 Das Control Panel unter Mac OS X

Wechseln Sie nun in Ihren Ordner *Programme* (oder auch *Applications*), und rufen Sie das Control Panel von XAMPP auf (Abbildung 9). Neben dem normalen Webserver (Apache) können Sie hier noch das Datenbankmodul (*MySQL*) oder einen FTP-Server aktivieren. Für die Beispiele in diesem Buch benötigen Sie lediglich die Kraft eines Ureinwohners, des Apaches.

4. Den Webserver über den Browser aufrufen

Sie können den Webserver bereits von dem Computer aus, auf dem Sie XAMPP installiert haben, aufrufen, indem Sie in Ihrem Browser die Adresse *http://localhost* aufrufen. Damit Sie auch von anderen Endgeräten aus auf den XAMPP zugreifen können, müssen Sie die IP-Adresse des XAMPP-Servers kennen. Die IP-Adresse finden Sie zum Glück sehr leicht über Ihre Systemeinstellungen und das Untermenü Netzwerk heraus (Abbildung 10).

Geben Sie die IP-Adresse, im Fall unseres Screenshots wäre das die 192.168.0.153, in die Adresszeile Ihres Browsers ein, und Sie gelangen auf die Seite des Webservers.

5. Fertig!

Damit haben Sie Ihren eigenen Webserver eingerichtet (Abbildung 11). Im Unterordner *htdocs* in Ihrem XAMPP-Ordner können Sie nun neue Ordner anlegen und diese über den Browser aufrufen.

Abbildung 10 Um Ihre IP-Adresse herauszufinden, genügt ein Blick in die Systemeinstellungen.

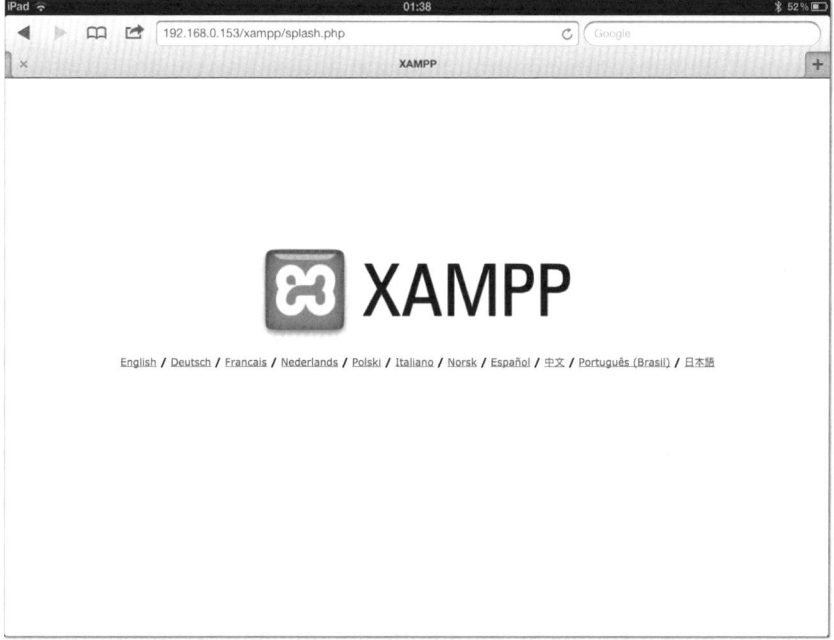

Abbildung 11 Die Startseite des XAMPP-Servers, aufgerufen von einem iPad

Zusätzliche Hinweise zu XAMPP

Beachten Sie, dass sich Ihre IP-Adresse, egal ob unter Mac oder Windows und je nach Konfiguration Ihres Heimnetzwerkes, nach einiger Zeit ändern kann. Ist Ihr Server also nicht mehr zu erreichen, so überprüfen Sie zunächst, ob der Apache-Dienst gestartet ist, ob die IP-Adresse stimmt und ob der XAMPP-Server und das Gerät, von dem aus Sie den Server aufrufen wollen, mit demselben Netzwerk verbunden sind.

Die erste Hürde haben Sie bereits genommen, jetzt stürzen wir uns in die Welt der WebApps!

Kapitel 1

Apps

Apps, Apps, überall nur Apps. Egal wo man heutzutage hinschaut, auf der Bank, beim Einkaufen, im Fernsehen – alle sprechen von Apps. Dabei ist der Begriff *Apps* mittlerweile zu einem Inbegriff der Smartphone-Revolution geworden und inzwischen, dank flächendeckender Werbung, in allen Altersschichten bekannt. Doch App ist nicht gleich App. Auch wenn Sie alle denselben Namen tragen, so gibt es, technisch und strategisch gesehen, gravierende Unterschiede. In diesem Kapitel stellen wir Ihnen verschiedene App-Arten mit ihren Vor- und Nachteilen vor.

1.1 Native Apps vs. WebApps

In diesem Buch geht es um Apps mit HTML5 und CSS3, also um sogenannte *WebApps*. Eine WebApp ist eine Website, die sich wie ein Programm anfühlt und bedienen lässt.

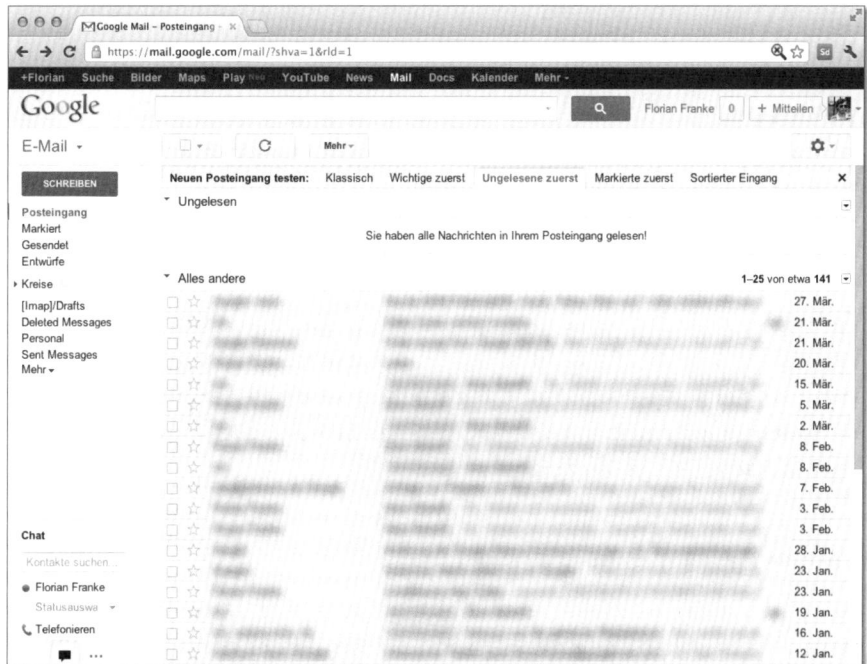

Abbildung 1.1 Die Startseite der WebApp von Google Mail

1.1.1   WebApps allgemein

Der Name setzt sich aus »Web« (engl. Netz) und »App« (Kurzform für Application, engl. Anwendung) zusammen. Im Gegensatz zu einer herkömmlichen Website, auf der ein Besucher durch Einzelseiten navigiert, um Inhalte (z.B. Texte, Bilder und Videos) abzurufen, folgt eine WebApp in der Regel dem typischen Softwareschema: Man gibt eine Information ein, diese wird verarbeitet und gibt ein Ergebnis aus. Die Grenzen verlaufen dabei fließend, im Prinzip ist daher bereits eine Suchmaschine wie Google mehr WebApp als Website.

Vor allem unterscheidet das Layout und die Art der Bedienelemente eine App von einer Website. In ihr finden Sie eher Bedienelemente aus typischer Anwendersoftware, wie beispielsweise Symbolleisten, Buttons, Dialogfelder, Eingabefelder und Formulare.

Das perfekte Beispiel für eine WebApp ist ein Webmailer, wie z.B. Google Mail (Abbildung 1.1). Nachdem der Nutzer die Adresse *http://mail.google.com* aufgerufen hat, muss er sich zunächst mit seinen Benutzerdaten einloggen. Danach empfängt ihn eine Webseite, die dem Aufbau nach an ein E-Mail-Programm erinnert: eine Symbolleiste am oberen Rand der Seite, eine Ordnerübersicht auf der linken Seite und eine Liste mit den aktuellsten Nachrichten auf der rechten Seite. Klickt er auf eine E-Mail in der Liste, öffnet sich diese ohne Verzögerung und ohne die gesamte Webseite komplett neu zu laden. Für den Nutzer entsteht so der Eindruck, sich in einem Programm zu befinden und nicht auf einer Website.

Gegenüber herkömmlichen Programmen haben WebApps drei entscheidende Vorteile:

▶ Sie müssen nicht auf dem Endgerät des Benutzers installiert werden. Sie rufen eine WebApp ganz einfach über den Webbrowser auf.

▶ Der Nutzer muss sich nicht um lästige Updates kümmern. Bei jedem Aufruf der WebApp wird automatisch die aktuellste Version geladen.

▶ WebApps sind dadurch unabhängig von einem bestimmten Rechner und vor allem plattformunabhängig. Alles, was zum Ausführen benötigt wird, sind ein Browser und ein Internetzugang. Das Betriebssystem und Hardwarespezifikationen spielen im Allgemeinen keine Rolle, und damit gehören Stammtischdiskussionen à la Mac vs. PC der Vergangenheit an.

1.1.2   Native Apps auf mobilen Geräten

Begeistert von den Vorteilen einer WebApp hatte Apple-Gründer Steve Jobs ursprünglich vorgesehen, diese zum Standard auf dem iPhone zu machen: Neben ein paar typischen Apple-Applikationen sollten die Nutzer über den Browser Programme von Drittanbietern aufrufen können.

Aber schon ein halbes Jahr nach Einführung des iPhones bot Apple ein Software Development Kit (SDK) für die Entwicklung nativer iPhone-Apps an. Der Bedarf nach Software mit erweiterter Funktionalität war immens gestiegen, und damit auch der Druck auf Apple.

Native Anwendungen können auf alle Hardwarefunktionen zugreifen, inklusive Mikrofon und Kamera. Dies ist über den Webbrowser mit JavaScript, aus Sicherheitsgründen, nicht möglich. Besonders Foto- oder Musiksoftware macht davon Gebrauch, beispielsweise die Musikerkennungs-App *Shazam*: Der Benutzer nimmt mit dem integrierten Mikrofon einen kurzen Teil eines Radiosongs auf, übermittelt ihn an Shazam und findet so heraus, um welchen Song es sich handelt (Abbildung 1.2). Per WebApp wäre der Zugriff auf das Mikrofon nicht möglich, der Service nicht durchführbar, und Sie wüssten am nächsten Morgen nach der Party den Titel des Liedes immer noch nicht, zu dem Sie gut gelaunt auf dem Tisch getanzt haben.

Abbildung 1.2 Die Musikerkennungs-App »Shazam«

Ähnlich sieht es mit dem sozialen Fotonetzwerk Instagram aus (Abbildung 1.3): Um eigene Fotos zu übermitteln, muss die App auf die Kamera zugreifen können. Im Browser ist dies nicht möglich.

Abbildung 1.3 Das Foto-Social-Network »Instagram«

Gegenüber plattformunabhängigen JavaScript-WebApps hat eine für einen Plattform-typ programmierte App einen erheblichen Performancevorteil. Besonders grafiklastige Anwendungen wie Spiele oder 3D-Programme profitieren davon (Abbildung 1.4). Ebenso können sie als Hintergrundprozess laufen, besonders praktisch z.B. bei Radio-programmen, die weiterspielen sollen, während der Benutzer im Internet surft oder eine andere App verwendet.

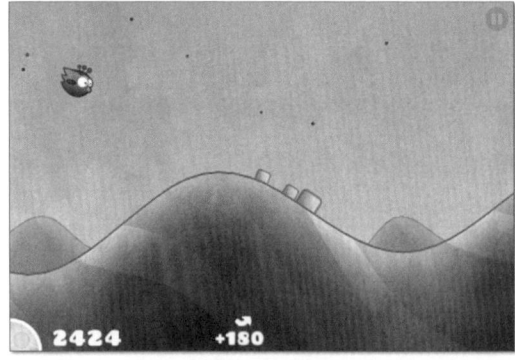

Abbildung 1.4 Das Spiel »Tiny Wings«

Häufig fällt die Entscheidung für eine native App aber aus wirtschaftlichen Gründen: Sie können über den App Store vertrieben werden.

1.1.3   App Store, Google Play und Co.

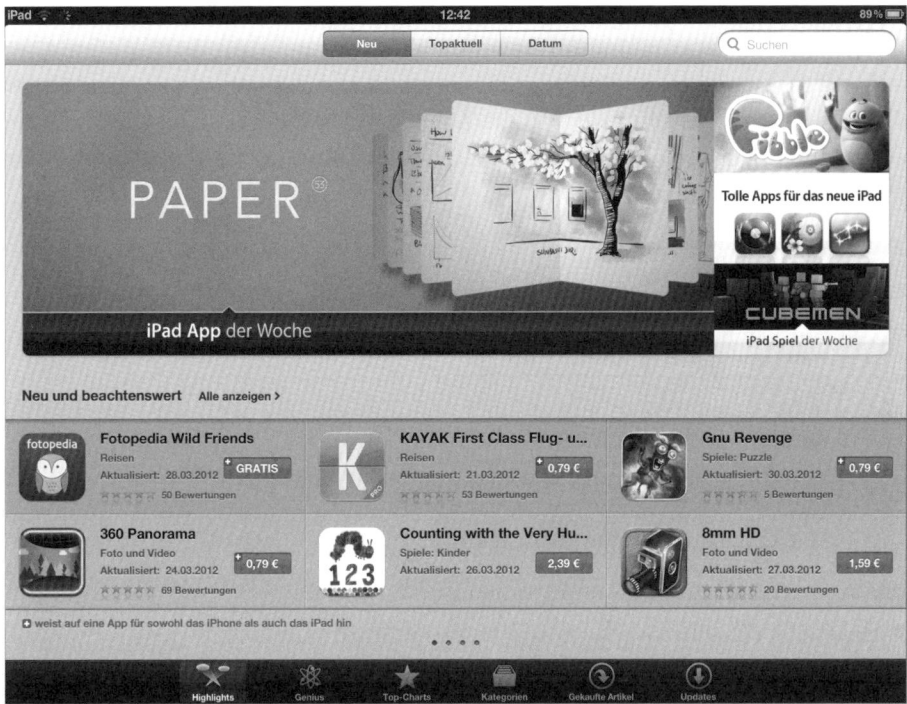

Abbildung 1.5 Die Startseite von Apples App Store auf dem iPad

Da Mobiltelefone nicht über DVD-Laufwerke oder ein sichtbares Dateisystem mit Downloadordner verfügen, haben sich Google, Apple und Co. eine andere Möglichkeit überlegt, Programme auf die Endgeräte ihrer Nutzer zu laden und zu installieren. Apples Lösung ist der App Store (Abbildung 1.5): Vergleichbar mit dem Musikmarkt iTunes wählt der iPhone- oder iPad-Besitzer über die Suche oder eine Top25-Liste eine App aus, tippt INSTALLIEREN an und hat sie wenige Minuten später auf seinem Gerät. Neben vielen kostenlosen Apps kann er auch aus vielen kostenpflichtigen Apps auswählen. Der eigentliche Abbuchungsvorgang geschieht dabei bequem im Hintergrund – der App-Käufer wird nicht mit Kreditkarteneingabe o. Ä. genervt, da er diese Daten bereits bei der App-Store-Registrierung angegeben hat.

Der App-Entwickler spart sich damit eine Menge Aufwand: Den kompletten Download-, Installations- und Abbuchungsprozess übernimmt Apple. Es entstehen keine zusätzlichen Server- oder Verwaltungskosten. Für diesen Service kassiert Apple aber auch 30 % des Umsatzes einer App. Sollen innerhalb einer App weitere Bezahlvorgänge ausgeführt werden, wie z.B. bei einem Zeitschriftenabo in einer Magazin-App, so muss die Abrechnung ebenfalls über die Apple-Infrastruktur erfolgen.

Das Android-Pendant zum App Store heißt Google Play. Es entstand Anfang 2012 aus einem Zusammenschluss des Android Marketplace und Google Music. Hier kann der Nutzer nicht nur Apps, sondern auch Musik, Filme und Fernsehserien erwerben und herunterladen.

Mittlerweile existieren von jedem größeren Plattformbetreiber vergleichbare Shops, über die der Nutzer Apps kaufen kann (Abbildung 1.6). Meist ist dies aber auch der einzige Weg, neue Programme auf die Geräte zu bekommen: Man spricht daher von geschlossenen Systemen.

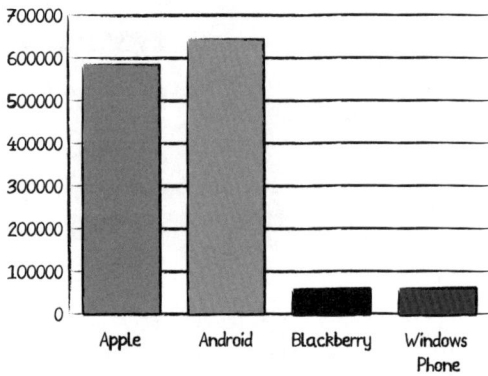

Abbildung 1.6 Anzahl nativer Apps nach Plattform, Stand März 2012

Um als Entwickler Software in einem App Store zu platzieren, müssen Sie sich als Erstes beim Store-Betreiber registrieren. Anschließend können Sie Ihre App in den Shop hochladen, wo sie zunächst überprüft wird. Dieser Prozess dauert in etwa 7–14 Tage und soll verhindern, dass versehentlich Schadsoftware oder Viren übermittelt werden. Der Betreiber behält sich so aber auch das Recht vor, zu entscheiden, welche Programme auf seinem Gerät erlaubt sind und welche nicht. Ähnlich einer Szene in dem Film »Der Herr der Ringe«, in der eben auch der Zauberer Gandalf entscheidet, ob das Monster nun die Brücke passieren darf oder nicht. So hat Gandalf, äh, Apple in der Vergangenheit schon mehrere Apps abgelehnt, die nicht den Firmenvorstellungen entsprachen: Als beispielsweise die professionelle Fotosoftware *Camera+* die Lautstärketasten an der Seite des iPhones als Auslöseknopf missbrauchen wollte, wurde sie aus dem App Store verbannt. Die Demo-App des Magazin-Frameworks LAKER-COMPENDIUM namens »New York City« wurde gar nicht erst zugelassen, weil sie nur Demo-Inhalte enthielt und keine von Autoren verfassten Texte. Bisher krassestes Beispiel ist die Geschichte der iPhone-App des Magazins »Stern«: Diese wurde im September 2009 ohne Vorwarnung für mehrere Tage entfernt, weil sie eine Bilderserie mit scheinbar erotischen Inhalten enthielt (Abbildung 1.7).

Abbildung 1.7 Die native Nachrichten-App des »Stern«

Bei Google Android geht man sogar noch einen Schritt weiter: Das System enthält eine Funktion, mit der Google bereits auf dem Gerät installierte Programme und Inhalte aus der Ferne löschen kann. Der sogenannte *Kill-Switch* wurde im März 2011 erstmals eingesetzt, um versehentlich in Umlauf gebrachte Trojaner aus dem Verkehr zu ziehen.

1.1.4 WebApps auf mobilen Geräten

WebApps unterliegen diesen Regularien auf mobilen Geräten nicht. Da sie über den eingebauten Browser aufgerufen werden, fallen zwar die komfortablen Vorteile eines App Stores weg, dafür können Sie als Entwickler selbst bestimmen, wie Sie den Bezahlprozess abwickeln möchten und wie Ihre Inhalte aussehen sollen (Abbildung 1.8).

Abbildung 1.8 Die WebApp der Financial Times auf dem iPad

Der Hauptvorteil gegenüber nativen Apps besteht darin, dass dieselbe Codebasis für unterschiedliche Plattformen genutzt werden kann. Sie müssen also keine Extraversion für Android-Nutzer bereitstellen, sondern können denselben Code verwenden. Das spart Kosten und vor allem Zeit, die Sie bei schönem Wetter lieber im Schwimmbad verbringen können.

1.1.5 Native App oder WebApp?

Bevor sie mit der Entwicklung beginnen, sollten sie sich fragen: Benötigt meine App einen Zugriff auf die Gerätehardware, also Kamera und Mikrofon? Wenn die Antwort »nein« lautet, dann sollten sie unbedingt eine WebApp in Betracht ziehen.

1.2 Warum ist es sinnvoll, auf Touch-Geräten zu entwickeln?

Warum sollten Sie eigentlich für ein Touch-Gerät entwickeln? Kann man nicht auch herkömmliche Software oder Webseiten für Desktop-Rechner programmieren? Natürlich können Sie das! Allerdings verpassen Sie damit einen der am schnellsten wachsenden Märkte der Technologiebranche. Touch-Geräte sind überall und omnipräsent. Und ihre Verbreitung wird in den nächsten Jahren nur noch zunehmen. In diesem Kapitel zeigen wir Ihnen, wie es eigentlich dazu kam und wo die Reise (wahrscheinlich) hingehen wird.

1.2.1 Der Mobilsektor boomt

Bereits 1996 gab es erste Ansätze für ein Mobiltelefon mit Internetzugang: Der Nokia Communicator war das erste Handy mit Webbrowser überhaupt.

Zunächst als Spielzeug für Wichtigtuer und Businesskasper verschrien, fristeten Smartphones zunächst ein Dasein als teure Nischenprodukte. Das änderte sich schlagartig im Jahr 2007 mit der Einführung des iPhones. Das stark vereinfachte Konzept des Ein-Tasten-Telefons machte es zum Prototypen für Touch-basierte Geräte und steigerte deren Popularität ungemein.

Seitdem ist die Zahl der verkauften Smartphones rasant angestiegen, und der Trend hält an (Abbildung 1.9). Eine Studie des Marktforschungsunternehmens IDC besagt, dass bis 2015 rund 900 Mio. Geräte im Umlauf sein werden, das heißt, knapp jeder siebte Mensch auf der Welt besitzt ein Smartphone.

Zwei Merkmale von Smartphones hat das iPhone besonders geprägt: Apple hat seinem Telefon eine Benutzeroberfläche verpasst, die speziell für die Benutzung mit Fingern ausgelegt ist: Buttons und Listen wurden größer gestaltet und spezielle Gesten wurden eingeführt. Statt eines einfachen druckintensiven Displays wurde ein kapazitiver Touchscreen eingebaut, der wesentlich empfindlicher auf Hautkontakt reagiert. Zuvor war es üblich, entweder mit einem Stift oder einem joystickähnlichen Rollball durch die Menüs zu navigieren. Außerdem wurde der App Store eingeführt, eine Art Marktplatz für Software, die mit einem Fingertipp gekauft, bezahlt und installiert werden konnte.

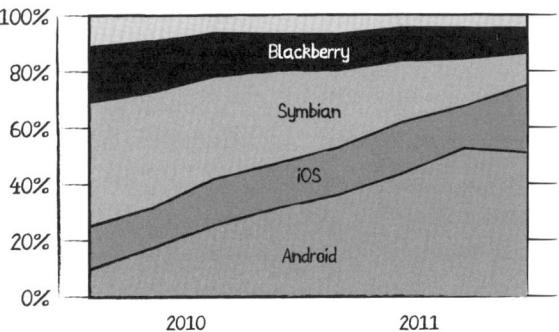

Abbildung 1.9 Entwicklung des Smartphone-Markts, Anteile der Plattformen

Beide Konzepte wurden von anderen Herstellern rasch übernommen, und so weisen die meisten Smartphones heute viele Ähnlichkeiten auf.

Marktsituation

Heute besitzen weltweit ca. 300 Mio. Menschen Smartphones. Rund 50 % setzen dabei auf das Betriebssystem Google Android, Apple besitzt hingegen einen Marktanteil von etwa 24 % (Abbildung 1.10). Während bei Apple sowohl die Hardware als auch das Betriebssystem aus einer Hand kommt, gibt es für Android gleich mehrere Hardwarehersteller, die für ihre Telefone das Google-Betriebssystem einsetzen. Zu den bekanntesten Herstellern gehören HTC, LG, Samsung und Motorola. Motorola wurde Ende 2011 komplett von Google übernommen.

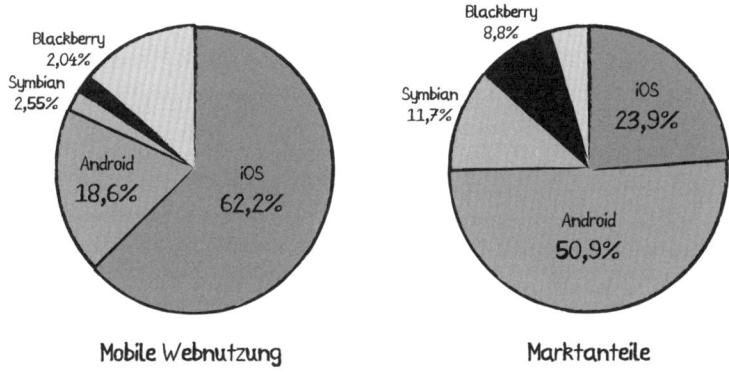

Abbildung 1.10 Mobile Internetnutzung im Vergleich zum Marktanteil

Neben den beiden Riesen Google und Apple gibt es noch einige Hersteller mit eigenen Systemen am Markt.

Blackberry war lange Zeit der Quasi-Standard im Smartphone-Segment. Obwohl die Firma seit Einführung des iPhones stetig Marktanteile verliert und sich ihr Tablet »Playbook« nicht wirklich durchsetzen konnte, findet man immer noch im Business- und Corporate-Bereich viele Blackberrys.

Die Firma Hewlett-Packard, die erst im April 2010 den Organizer-Hersteller *Palm* übernommen hatte, kündigte Mitte 2011 an, sich komplett aus dem Touch-Geschäft zurückziehen zu wollen. Sehr schade, denn das Betriebssystem der Palm-Geräte namens webOS war zu großen Teilen mit HTML-Technologien aufgebaut.

Auf dem Tablet-Markt sieht es noch eintönig aus: Obwohl bereits viele Hersteller Android-Tablets im Angebot oder zumindest angekündigt haben, ist das iPad bei Käufern und Benutzern immer noch das beliebteste Tablet. Anfang 2012 kamen über 97 % des über Tablets erzeugten Internettraffics von iPads, die restlichen 3 % teilten sich Android und BlackBerrys Playbook.

Besonders interessant ist jedoch der Blick auf die tatsächliche mobile Internetnutzung der Geräte: Obwohl Android mit 69 % Marktführer ist, kommen die häufigsten Webbesucher jedoch von iPhones. Ähnliches gilt für den Tablet-Markt: Trotz der Vielzahl neuer und ziemlich guter Android-Tablets surfen die meisten Besucher mit einem iPad.

Bevor Sie mit der Entwicklung einer WebApp beginnen, sollten Sie daher genau überlegen, auf welcher Plattform Sie Ihre Benutzer finden. Wenn Ihre App z.B. Designer anspricht, ist eine Android-App eindeutig die falsche Wahl, denn der Apple ist des Designers liebstes Stück.

In diesem Buch beschäftigen wir uns primär mit der Entwicklung für die iOS-Plattform, also für iPhone, iPod Touch und iPad. Alle Beispiele in diesem Buch funktionieren problemlos ab iOS-Version 4.2, die meisten auch auf älteren Geräten. Daneben widmen wir uns der Entwicklung für die Android-Plattform. Alle Beispiele funktionieren ab der Version 3.0, viele auch auf älteren Geräten. Da Android sich unter anderem durch die Benutzeroberfläche von iOS unterscheidet, können einige Beispiele ein wenig anders aussehen, als auf den Screenshots abgebildet.

1.2.2 Browsertechnik auf Mobilgeräten

Erinnern Sie sich noch an Netscape, Opera und Internet Explorer 6? Zur Jahrtausendwende war der Browsermarkt hart umkämpft, die Hersteller buhlten um Benutzer und entwickelten parallel zueinander proprietäre Darstellungstechnologien und Standards. Das führte dazu, dass Webdesigner eine Website nicht nur in einem, sondern parallel in einem guten Dutzend verschiedener Browser und Versionen testen mussten, um sicherzugehen, dass bei allen Nutzern die Website korrekt angezeigt wird. Bis heute tauchen in den Statistiken unterschiedlichste und veraltete Browser auf, die in der Entwicklung berücksichtigt werden müssen. Der über zehn Jahre alte Internet Explorer 6 ist immer noch mit durchschnittlich 3–4 % vertreten. Viele Nutzer wissen nicht, wie sie ihren Browser aktualisieren oder sind schlicht dazu nicht in der Lage, weil sie z.B. in einem großen Unternehmen nicht über Administratorenrechte verfügen.

Auf mobilen Geräten sieht das zum Glück etwas anders aus: Die Browser in iOS und Android basieren auf derselben Technologie, der WebKit Rendering Engine. Damit ergibt sich für Entwickler und Designer die vorteilhafte Situation, dass etwa 97 % aller Geräte denselben Browser besitzen – überflüssiges Testen und Optimieren fällt somit weg.

Warten Sie noch kurz mit dem Freudenschrei, es kommt noch besser: WebKit ist ein Open-Source-Projekt. Nicht einer, sondern mehrere Hersteller entwickeln und optimieren zusammen an derselben Engine. Dadurch wird sie nicht nur zu einem Quasi-Standard, sondern ist auch viel besser an die jeweiligen Gegebenheiten angepasst.

Im Gegensatz zu Desktopsystemen ist der Updatevorgang des Betriebssystems einfacher und zugänglicher integriert: Die meisten Smartphones bekommen eine neue Betriebssystemversion aufgespielt, sobald sie zum Laden oder synchronisieren an den Rechner gestöpselt werden. Dadurch verfügen heute fast alle Smartphones über eine aktuelle OS-Version und damit über die neueste Browserversion.

Die Browser werden dabei immer weiter verbessert: Der Mobile Safari von iOS 5 ist dank einer neuen WebKit-Version im Durchschnitt etwa viermal schneller als sein Vorgänger unter iOS 4.

1.3   Showcase – das können HTML5-Apps

Sie haben noch Zweifel daran, was WebApps wirklich können? Im Folgenden zeigen wir Ihnen ein paar äußert gelungene Beispiele für HTML5-Apps.

Twitter

Neben einer nativen App bietet der beliebte Microblogging-Service eine mobile WebApp: Sobald der Nutzer die Twitter-Homepage auf einem Smartphone aufruft, wird er auf eine HTML5-Version weitergeleitet, die speziell für die kleine Auflösung aufbereitet ist – besonders geeignet für Gelegenheitsbenutzer oder Android-Besitzer, die die native App nicht installieren möchten (Abbildung 1.11).

Abbildung 1.11 Die WebApp von http://twitter.com links auf dem iPhone und rechts unter Android

Red Bull Daily Note

Anlässlich der Red Bull Music Academy Madrid 2011 stand die Agentur Eden Spieker-mann vor der Aufgabe, ein Portal für Smartphone-Nutzer zu entwickeln. Anstelle einer nativen App entschied man sich für eine WebApp, die täglich mit frischen Informationen und Musikhäppchen gefüttert wurde (Abbildung 1.12).

Abbildung 1.12 http://rbmamadrid.es/

ZooTool

Die Bookmark-Plattform ZooTool zeigt vorbildlich, wie eine mobile Version des Services aussehen sollte: Auf dem Smartphone wird die Bookmark-Sammlung übersichtlich und nach besten App-Prinzipien dargestellt (Abbildung 1.13).

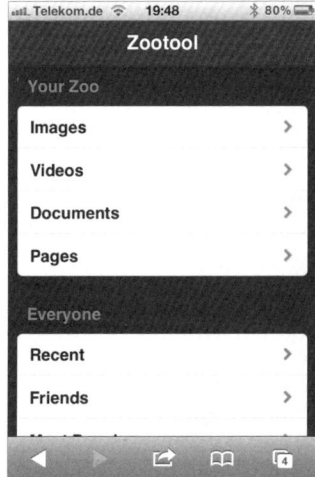

Abbildung 1.13 http://zootool.com/mobile/

Windows Phone Demo

Ein besonders kurioses Beispiel für eine WebApp ist die Demo von Windows 7: iPhone-Besitzer können im Browser das neue Betriebssystem ausprobieren, ohne dass Apple das verhindern könnte (Abbildung 1.14).

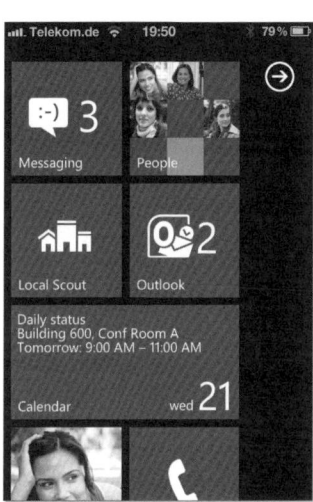

Abbildung 1.14 http://m.microsoft.com/windowsphone/en-us/demo/

Sharky

Um Ihnen anschaulich zu verdeutlichen, aus welchen Einzelteilen eine WebApp besteht, haben wir ein sehr einfaches und schönes Beispiel ausgewählt: Die offizielle App des Aquariums Baumbach, *Sharky* (Abbildung 1.15). Sie informiert Besucher über den frisch geschlüpften Jaguarhai mit demselben Namen. Schauen Sie sich die App doch ruhig schon einmal an, Sie werden Sie gleich noch etwas näher kennenlernen.

Abbildung 1.15 Die Sharky-App (*http://html5rockt.de/sharky*) links auf dem iPhone, rechts unter Android

Kapitel 2
HTML5 in der mobilen Webentwickung

Besonders interessant ist HTML5 im Mobilbereich. Anders als auf stationären Desktopsystemen hat sich hier noch keine so große Browservielfalt herausgebildet. Im Gegenteil: Wie bereits in Abschnitt 1.2.2, »Browsertechnik auf Mobilgeräten«, erwähnt, nutzen die Marktführer dieselbe Browsertechnologie, die Rendering Engine WebKit. Die sonst in der Webentwicklung üblichen Fragen »In welchem Browser soll das funktionieren?« und »Ist das Feature kompatibel?« spielen eine untergeordnete Rolle, aber eins nach dem anderen.

2.1 HTML5 – Definition und aktueller Stand

HTML ist die Kurzform für *Hypertext Markup Language*. In anderen Worten bedeutet dies, dass es sich um eine *Definitionssprache* und nicht um eine *Programmiersprache* handelt. Der Zusatz »Hypertext« ist schon ein kleiner Fingerzeig auf die erweiterten Funktionen einer HTML-Datei gegenüber einer reinen Textdatei.

HTML ist schon so alt wie das Internet selbst. Anfänglich standen Weberfinder Tim Berners-Lee und sein Team vor dem Problem der Vernetzung von Inhalten. Die Möglichkeit war nun gegeben, Inhalte und Dateien via Telefonleitungen über viele Kilometer hinweg digital auszutauschen. Allerdings bestand jedes aufgerufene Dokument nur aus sich selbst, ohne Verknüpfung zu anderen Dokumenten. Berners-Lee musste einen Weg finden, Seiten miteinander zu verknüpfen und somit die Relevanz und die Vernetzung des frühen Internets zu erhöhen – die Geburtsstunde des *Hyperlinks* war gekommen.

Der Hyperlink, als charakteristischste Eigenschaft des HTML-Standards, bietet die Möglichkeit, Texte und Wortbausteine mit anderen HTML-Seiten zu verknüpfen, um so Inhalte anzureichern und auf weiterführende Inhalte zu verweisen. Dies hat sich bis heute nicht geändert, obwohl HTML in den Jahren um viele Funktionen und Schnittstellen, bis zum heutigen Stand von HTML5, erweitert wurde. Die Verlinkung von Inhalten und Seiten ist immer noch ein zentraler Mechanismus in der Funktionsweise des Internets. Stellen Sie sich das einmal vor: Eine Nachrichtenseite wie *http://www.spiegel.de* ohne Unterseiten oder Verlinkungen. Sie hätten wahrscheinlich vom vielen Scrollen Muskelkater im Finger, bevor Sie das Ende der Seite überhaupt erahnt hätten.

2.1.1 HTML als Standard

Die Entwicklung des HTML-Standards ist keinesfalls abgeschlossen – und wird es auch nie sein. Das W3C-Konsortium, in dem neben Wirtschaftsunternehmen auch immer noch Tim Berners-Lee (mittlerweile von der Queen zum Sir geadelt) eine entscheidende Rolle spielt, arbeitet kontinuierlich an dessen Weiterentwicklung. Probleme auf diesem Weg sind natürlich die Interessen der einzelnen Mitglieder, aber auch die Kompatibilität mit älteren Versionen. Das Team muss jederzeit sicherstellen, dass eine neue HTML-Version mit älteren Browsern, die vielleicht Teile neuer Funktionen oder einer angepassten Syntax nicht verstehen, kompatibel ist. Damit hängt die Adaptionsrate einer neuen Version nicht immer von Benutzern oder Webentwicklern ab, sondern vor allem von den technologischen Gegebenheiten und Browserentwicklungen sowie der Marktmacht von Unternehmen, die einen neuen Standard vorantreiben.

2.1.2 HTML5 als Marketinginstrument

HTML5 ist nicht mehr nur ein Begriff, welcher die neueste Version des Webstandards beschreibt, sondern vielmehr ein Marketinginstrument. Apple verwendet seit der Einführung des iPhones den Begriff *HTML5* als Synonym für eine Art modernes, neues Web. In den Anfängen des iPhones im Jahr 2007 war noch kein App Store oder ein App-Ökosystem vorgesehen. Die einzige Möglichkeit damals den Funktionsumfang des iPhones zu erweitern, war durch WebApps. Dies änderte sich kurze Zeit später mit der Einführung des App Stores. Die Vermarktung des Begriffs HTML5 wurde aber seitdem von vielen weiteren Web 2.0-Startups und Webapplikationen übernommen. HTML5 steht heute für anwenderorientiertes Internet, bei dem viele Websites eigentlich schon kleine (bis große) Applikationen darstellen. Ein Internet, welches auf allen Endgeräten, egal ob Tablet, Smartphone, Laptop oder Desktoprechner, funktioniert.

2.1.3 HTML5 als Flash-Ablösung?

In den ersten zehn Jahren des neuen Jahrtausends wurden besonders aufwendige und animierte Webseiten mithilfe von Adobe Flash realisiert. Flash ist ein Browserplugin, welches durch eine eigene Skriptsprache und »Verpackung« Dinge in einem Browser möglich macht, die mit HTML zuvor nicht möglich waren. Beispiele dafür sind Videos, der Zugriff auf Kamera und Mikrofon, aufwendige Animationen, Verwendung von exotischen Schriftarten u. v. m.

Besonders bei Designern und Entwicklern war Flash beliebt, konnte man doch all das umsetzen, was mit reinem HTML bisher nicht möglich war. Mit der Einführung des iPhones begann der Untergang von Flash. Apple verzichtete aus Performance- und Interfacegründen auf Flash auf dem iPhone und setzte damit eine Anti-Flash-Bewegung in Gang. Viele Websites, besonders große Videoportale, wie z. B. YouTube, sahen sich dadurch gezwungen, Flash mit einer Technologie zu ersetzen, die auf allen Endgeräten, besonders auf dem wichtigen Markt mobiler Endgeräte, funktioniert: HTML5. Damit ist nicht nur die eigentliche HTML-Datei gemeint, sondern auch von HTML5 unterstützte Technologien, wie z. B. die Videoformate *.mp4* oder *.mov*, die ebenfalls auf iPhone und Co. funktionieren.

Sie sehen: HTML5 ist ein häufig verwendeter Begriff, der in viele Richtungen ausgelegt werden kann. Wahrscheinlich könnten Sie sogar ein Restaurant mit demselben Namen aufmachen, und es würde eine Heerschar an Besuchern anziehen. Mit HTML5 ist auch nicht immer nur der eigentliche HTML-Standard oder gar die eigentliche HTML-Datei gemeint, sondern meist auch das »moderne« Web an sich. HTML5 wird dabei vom W3C-Konsortium als Marke mit eigenem Logo gepusht und insofern von vielen Endanwendern bereits erkannt, und damit mit einem modernen Internet assoziiert.

Wenn Sie noch mehr Informationen über die Geschichte von HTML und vor allem über die genauen technischen Eigenschaften erfahren möchten, dann lohnt ein Blick auf folgende Seiten:

▸ *http://de.wikipedia.org/wiki/Hypertext_Markup_Language*

▸ *http://www.w3.org/People/Raggett/book4/ch02.html* (in Englisch)

Keine Angst, im weiteren Verlauf des Buches zeigen wir Ihnen noch genau die Eigenheiten und Neuerungen von HTML5, und das Schritt für Schritt auf dem Weg zu Ihrer eigenen WebApp.

2.2   Was HTML5 bietet

Mit HTML5 können Sie heutzutage schon eine Menge erreichen. Besonders in den letzten Jahren haben sich Desktop- aber auch mobile Browser rasant weiterentwickelt und dafür gesorgt, dass Sie viele der neuen Funktionen bereits heute einsetzen können. In diesem Kapitel führen wir Sie in die grundlegenden Neuerungen von HTML5 ein.

2.2.1   Der Aufbau einer einfachen HTML5-Seite

Nach diesem kleinen Geschichtsexkurs erstellen Sie nun das Fundament Ihrer ersten eigenen WebApp, eine HTML5-Seite.

HTML ist eine *Definitionssprache*, das heißt, Sie definieren Elemente und deren Inhalte. Die Gestaltung und Anmutung bestimmen Sie im nächsten Schritt über CSS, aber eins nach dem anderen.

In HTML werden Inhalte definiert, in dem diese mit sogenannten *Tags* umschlossen werden. Tags sind eine Art Klammern, die dem Browser sagen, wie er alles, was zwischen diesen Klammern steht, zu interpretieren hat. Ein Tag gestaltet sich meist nach dem gleichen Schema. Es wird mit einer Bezeichnung in spitzen Klammern geöffnet, z.B. <html> und mit derselben Bezeichnung und einem Schrägstrich wieder geschlossen: </html>. Alles, was sich zwischen diesen beiden Klammern befindet, interpretiert der Browser entsprechend.

Erstellen Sie Ihre erste HTML5-Seite mit folgendem Code:

```
<!DOCTYPE html>
 <html>
  <head>
   <title>Hallo Welt</title>
  </head>
  <body>
   <h1>Hallo Welt</h1>
   <p>Wuhuuu, mein erstes HTML5-Dokument.</p>
  </body>
 </html>
<!DOCTYPE html>
```

Listing 2.1 Eine einfache HTML5-Seite

Diese Definition sagt dem Browser, dass es sich um ein Dokument nach dem HTML5-Standard handelt. Dies kann unter Umständen große Auswirkungen auf die Darstellung haben, denn interpretiert der Browser die Webseite nach einem alten Standard, so kann das Layout auseinanderfliegen, oder neue Funktionen werden nicht unterstützt.

```
<html></html>
```

Jede HTML-Seite wird von diesem Tag umschlossen. Er definiert, dass es sich bei dem folgenden Code um eine HTML-Seite handelt.

```
<head></head>
```

Im head-Bereich werden Definitionen festgelegt, welche normalerweise nicht im herkömmlichen Inhalt zu sehen sind. Neben den für Suchmaschinen relevanten *Meta-Tags*, die z.B. Schlüsselwörter und den Namen des Autors enthalten können, kann der head-Bereich auch Hinweise auf Verknüpfungen zu JavaScript oder CSS-Dateien beinhalten. Außerdem werden hier auch Apple-spezifische Definitionen untergebracht, die das Verhalten der Seite auf mobilen Endgeräten beeinflusst. Doch dazu später mehr.

```
<title></title>
```

Das title-Tag definiert den Namen der Webseite, der in der Browserleiste, auf dem Tab oder in den Suchergebnissen bei Google zu sehen ist.

```
<body></body>
```

Der body-Bereich beinhaltet alles, was als Inhalt im Browser angezeigt wird. In diesem Bereich werden Sie sich hauptsächlich tummeln.

```
<h1></h1>
```

Eine Überschrift der ersten Ebene (**h**eadline **1**). Viele Browser haben für die verschiedenen Auszeichnungselemente, wie Überschrift 1 (h1), Überschrift 2 (h2) usw., schon vordefinierte Stile, die Sie aber natürlich ohne Probleme anpassen können.

```
<p></p>
```

Das p-Tag beschreibt einen einfachen Textabsatz (engl. **p**aragraph).

Ihre erste HTML5-Seite wird Ihnen noch häufiger als Grundlage für einige Projekte in diesem Buch dienen. Also, gut aufbewahren!

(Kleiner) Tipp

Schreiben Sie Tags immer klein. So gibt es keine Browserprobleme, und Sie finden sich gut zurecht. Versuchen Sie außerdem mit Einrückungen zu arbeiten. Bei einem komplizierten HTML-Dokument kommt man schnell durcheinander, welcher Tag noch offen oder bereits wieder geschlossen ist. Durch das Einrücken können Sie die vorhandene Struktur besser erkennen.

2.2.2   Semantische Elemente in HTML5

HTML5 bietet einige neue Elemente, andere fallen weg und wiederum anderen wird eine spezielle Funktion zugeordnet. Die wohl wichtigsten neuen Elemente sind solche, die den Gedanken eines *semantischen Webs* unterstützen. Das Prinzip des semantischen Webs (oder auch *Web 3.0*) ist es, die vorliegenden Informationen nicht nur nach ihrer Hierarchie, also nach den Überschriften 1–5 und Textabsätzen, zu ordnen, sondern vielmehr nach ihrer inhaltlichen Bedeutung. Dadurch können Suchmaschinen Webseiten eher »verstehen«, als sie nur zu durchsuchen.

Folgende HTML5-Elemente unterstützen das Prinzip des semantischen Webs: section, nav, article, aside, hgroup, header, footer. Sie sehen, wie die Bezeichung des Tags an sich schon dessen Inhalt (z.B. article für einen Artikel) bzw. auch Funktion (nav als Container für die Navigation) beschreibt.

Im Folgenden zeigen wir Ihnen einige der neuen Elemente, die Ihnen bei der Entwicklung Ihrer WebApp mit Sicherheit begegnen werden.

Gruppierungselemente, um die Auszeichnung zusätzlicher Inhalte zu vereinfachen

figure, figcaption

Können Sie dazu einsetzen, Bilder und Bildunterschriften semantisch besser auszuzeichnen.

Elemente zur Textauszeichnung

time, mark

Mit dem neuen Tag time können Sie Zeitangaben automatisch lokalisiert ausgeben. Mit mark können Sie Textabschnitte markiert darstellen. Der markierte Text wird dabei wie mit einem Textmarker gelb hinterlegt.

Multimedia-Inhalte

canvas, audio, video

Das canvas-Tag ist Grundlage für das Zeichnen von 2D-Grafiken mithilfe von JavaScript. audio und video bieten die Einbindung von Sound und Video inklusive Fallbacklösung. In Kapitel 4, »HTML5 als Designwerkzeug«, lernen Sie noch genauer, wie Sie Video- und Audiodaten einbinden, sowie das Zeichnen mit dem canvas-Tag.

Formularelemente

input

Das input-Element, mit dem Eingabefelder, Checkboxen und im Allgemeinen Formulare gestaltet werden, ist um verschiedene Typen erweitert worden. Dazu gehören Suchbegriffe, Telefonnummern, URL- und E-Mail-Adressen, Datums- und Zeitangaben, Zahlen und sogar Farbdefinitionen. Besonders auf einem Smartphone können Sie erkennen, was die neuen `input`-Typen möglich machen: Der Benutzer kann viel einfacher in einem ihm vertrauten Interface Datum oder Zeiten eingeben (Abbildung 2.1).

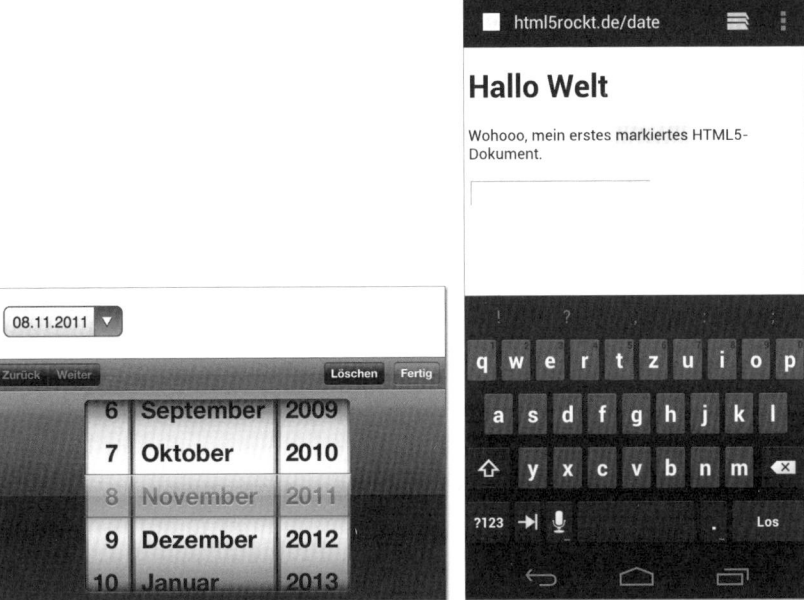

Abbildung 2.1 Ein input-Feld mit dem Typ »date« erzeugt automatisch das Datumsauswahlrad auf dem iPhone (links). Unter Android wird die Formatierung leider noch nicht unterstützt (rechts).

Folgende Formular-Tags sind noch in der Entwurfsphase, das heißt, sie wurden vom HTML5-Konsortium noch nicht final beschlossen. Damit ist eine Unterstützung in der Zukunft nicht garantiert.

`datalist, output, meter, progress, keygen`

`datalist` liefert automatisch Vervollständigungsvorschläge, `output` stellt Ergebnisse von Berechnungen dar, `meter` zeigt messbare Wertebereiche (z.B. die Speicherbelegung auf der Festplatte), `progress` bildet den Fortschritt einer Aktion in Form eines Ladebalkens ab und `keygen` dient zur Erstellung von Identifikations-Schlüsselpaaren.

Nicht mehr unterstützte Tags

Obwohl viele neue Tags und Funktionen hinzugekommen sind, heißt es auch, einigen alten Tags Lebewohl zu sagen. Diese sind:

`acronym, center, font, frame`

2.3   CSS3 – Grundlagen und Neuerungen

Bevor Sie gleich einige CSS3-Definitionen an Ihrer ersten eigenen WebApp testen, möchten wir Ihnen noch erläutern, wie CSS generell funktioniert, was diese kryptische Abkürzung überhaupt bedeutet und warum es so wichtig für die WebApp-Entwicklung ist.

2.3.1   Was ist eigentlich CSS?

CSS steht als Abkürzung für *Cascading Style Sheet*, häufig einfach Stylesheet genannt. Stylesheets sind integraler Bestandteil jeder WebApp. Sie definieren das Aussehen und teilweise auch das Verhalten aller Elemente, seien es Überschriften, Paragrafen oder auch ganze Bereiche, wie z. B. Kopf- oder Fußzeile.

Stylesheets sind ein sehr mächtiges Werkzeug, denn sie erlauben es, Gestaltung strikt von Inhalten und Struktur einer WebApp zu trennen. Ein entscheidendes Prinzip, welches Sie unbedingt verinnerlichen sollten: die Trennung von Design und Inhalt.

In einer HTML-Datei bestimmen Sie den Inhalt und die Elemente einer WebApp. Sie definieren Texte, Bilder, Multimedia, aber auch die Struktur, wie diese Informationen präsentiert werden sollen. Welche Informationen stehen z. B. im Kopfbereich, welche im Fußbereich, welche im Inhaltsbereich?

Die CSS-Datei, die Sie dann mit der HTML-Datei verknüpfen, beinhaltet die visuelle Gestaltung aller Elemente, also wie groß eine Überschrift sein soll, welche Hintergrundfarbe der Kopfbereich hat, in welcher Schriftart der Fließtext erscheint usw.

Ein Stylesheet kann Richtlinien für Position, Schriftgröße, Schriftart, Hintergrundfarbe, Hintergrundbild, Höhe, Breite und vieles mehr enthalten.

Die Trennung von Design und Inhalten ist sinnvoll, weil sie die Entwicklung und Umsetzung flexibel macht. Sie können Ihr Projekt Schritt für Schritt weiterentwickeln und gegebenenfalls das Design auf allen Seiten gleichzeitig modifizieren, da die Designdefinitionen an einer Stelle in einer CSS-Datei ausgelagert sind. Dieses Prinzip stellt ebenfalls sicher, dass ihr Projekt an mehreren Stellen die gleichen visuellen Eigenschaften, wie z. B. eine einheitliche Schriftart, aufweist und Konsistenz erzeugt. In einem Team können Designer über die CSS-Datei am Design und Entwickler über die HTML-Datei gleichzeitig an einem Projekt arbeiten und die Entwicklung beschleunigen. Kurzum: Die Trennung von Design und Inhalt ist eines der wichtigsten Dogmen in der WebApp-Entwicklung. Sie sollten dieses Prinzip so stark wie möglich verinnerlichen, weil es, auch bei kleinen Projekten, eine Menge Zeit und Nerven spart sowie Flexibilität und Skalierbarkeit sicherstellt.

Aber genug zur Trennung von Design und Inhalt. Jetzt machen Sie's!

2.3.2   Styling mit einer CSS-Datei

Nachdem Sie das Prinzip inzwischen mehrfach im Kopf wiederholt haben und es mittlerweile hoffentlich schon an Ihrem Kühlschrank hängt, heißt es nun, die Trennung von Design und Inhalt selbst anzuwenden.

Erinnern Sie sich noch an »Sharky«, die WebApp des Aquariums Baumbach? Das Aquarium ist Ihr erster richtiger Kunde, und Sie werden nun Schritt für Schritt die WebApp bauen. Als Allererstes legen Sie die grobe Struktur fest und definieren ein paar einfache CSS-Befehle. Sharky, der frisch geschlüpfte Jaguarhai, soll die Besucher auf der Startseite mit zwei Überschriften und etwas Text begrüßen:

```
<!DOCTYPE html>
<title>Sharky</title>
<html>
 <head>
 </head>

 <body>
  <h1>Herzlich Willkommen!</h1>
  <p>Mein Name ist Sharky und ich erschrecke leidenschaftlich gerne
  Menschen. Schauen Sie sich doch einfach mal in meinem Zuhause,
  dem <a href="http://www.html5rockt.de/">Aquarium</a> um.</p>

  <h1 class="sharky">Sharky, der Jaguarhai</h1>
  <p>Sharky's Eltern waren auch schon richtige Draufgänger und große Fans des
  Films "Der weiße Hai".</p>
 </body>
</html>
```

Listing 2.2 Sharky's Willkommensgruß in Form einer einfachen HTML-Seite

Sie haben nun zwei Möglichkeiten, Sharky's Willkommensgruß mithilfe von CSS zu gestalten. Erste Möglichkeit: Sie schreiben die Definitionen direkt in den head-Bereich dieser HTML-Datei. Dies ist ohne Probleme möglich. Spätestens jetzt sollten aber bei Ihnen alle Alarmglocken klingeln. Sie erinnern sich? Trennung von Design und Inhalt. Definitionen direkt in HTML-Dateien zu schreiben, ist kein guter Weg, da Sie bei Änderungen an der Gestaltung alle Seiten eines Projekts editieren müssen. Das wird schnell nervig. Eine HTML-Datei beinhaltet Informationen zu Inhalt und Struktur, aber keine visuellen Definitionen.

Der bessere Weg ist es, die Definitionen in eine externe CSS-Datei auszulagern und diese in der HTML-Datei zu verknüpfen. Dies funktioniert ebenfalls im head-Bereich mit folgendem link-Tag:

```
<head>
  <link href="styles/styles.css" rel="stylesheet" type="text/css" />
</head>
```

Listing 2.3 Die Verknüpfung einer externen CSS-Datei

Damit verknüpfen Sie eine Datei *styles.css*, die im Ordner *styles* liegt mit der HTML-Datei. Erstellen Sie nun mit einem Texteditor Ihrer Wahl eine neue Datei *styles.css* und speichern Sie sie im Ordner *styles*.

Der Inhalt der styles.css

Eine CSS-Datei beginnt immer mit der Definition des vorliegenden Zeichensatzes. Dieser legt fest, welche Schriftzeichen erlaubt sind und wie diese ausgeschrieben werden. Auf Nummer sicher gehen Sie mit dem Zeichensatz *UTF-8*, da dieser alle gängigen lateinischen Zeichen und Symbole beinhaltet. Den Zeichensatz definieren Sie mit einer einfachen Zeile Code am Anfang der CSS-Datei:

```
@charset "UTF-8";
```

Sie haben mehrere Möglichkeiten, Elemente anzusprechen und ihnen visuelle Merkmale zuzuweisen. Die erste Möglichkeit besteht darin, ein komplettes Tag zu definieren. Damit werden alle Instanzen dieses Tags formatiert. Im folgenden Beispiel gestalten Sie die erste Überschrift in 20 Pixel Größe und, einem Hai von Sharky's Klasse würdiger, roter Farbe (Abbildung 2.2):

```
h1 {
  font-size: 20px;
  color: #FF0000;
}
```

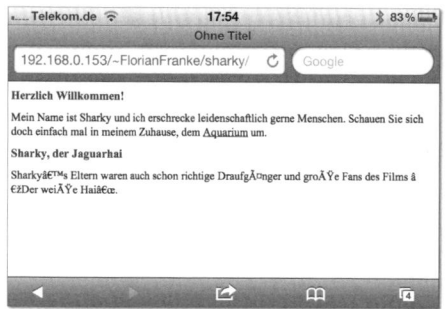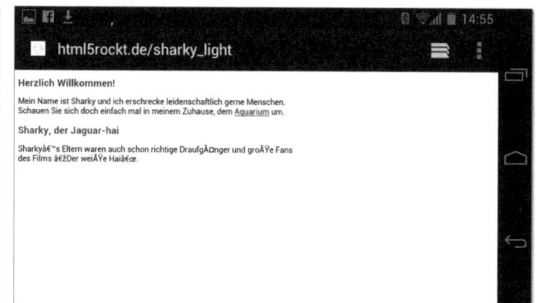

Abbildung 2.2 Sharky's Startseite mit roten Überschriften sieht auf iPhone und unter Android identisch aus.

Die Definitionen werden dabei immer von geschweiften Klammern umschlossen. Eine Definition besteht immer aus einer Eigenschaft und einem Wert. In diesem Beispiel besitzt die Eigenschaft font-size, also Schriftgröße, den Wert 20px.

Die Farbdefinition wird in Form eines HEX-Wertes vorgenommen. Nutzen Sie für die Umrechnung von RGB- zu HEX-Farbwerten ein Bildbearbeitungsprogramm, wie z.B. Adobe Photoshop oder die Webseite *http://www.colorpicker.com*. Jede Definition wird mit einem Semikolon abgeschlossen. Der Übersicht wegen empfehlen wir Ihnen, für jede Definition eine neue Zeile zu beginnen.

Hups, was sind denn das für komische Zeichen im Text? Da Sie im Text deutsche Sonderzeichen, wie z.B. Umlaute verwenden, müssen Sie auch in der HTML-, genauso wie in der CSS-Datei die Verwendung des Zeichensatzes UTF-8 angeben. Fügen Sie folgende Zeile ebenfalls in den head-Bereich der HTML-Datei:

```
<meta http-equiv="Content-Type" content="text/html; charset=UTF-8"/>
```

Nachdem Sie die Anmutung des Tags <h1> definiert haben, stellen Sie fest, dass nicht jede erste Überschrift in blutigem Rot erscheinen soll. Sharky ist nämlich ein freundlicher Hai und kann keiner Fliege was zu Leide tun. Deswegen haben Sie in der HTML-Datei der Überschrift im zweiten Absatz eine *Klasse* zugewiesen. Eine Klasse ist im Wesentlichen nichts anderes als eine Bezeichnung. Klassen können mit CSS direkt angesprochen und formatiert werden.

Keine Leer- und Sonderzeichen!

Klassen dürfen keine Leerzeichen und Sonderzeichen enthalten. Des Weiteren wird zwischen Groß- und Kleinschreibung unterschieden, weswegen wir Ihnen empfehlen, alle Klassennamen immer kleinzuschreiben.

Bei der Ansprache einer Klasse wird der Definition noch ein Punkt vorangestellt. So weiß der Browser, dass es sich um eine Klasse handelt:

```
.sharky {
 color: #0000ff;
}
```

Damit haben Sie die zweite Überschrift in ein freundliches Blau, passend zu Sharky's Gemüt, gefärbt (Abbildung 2.3).

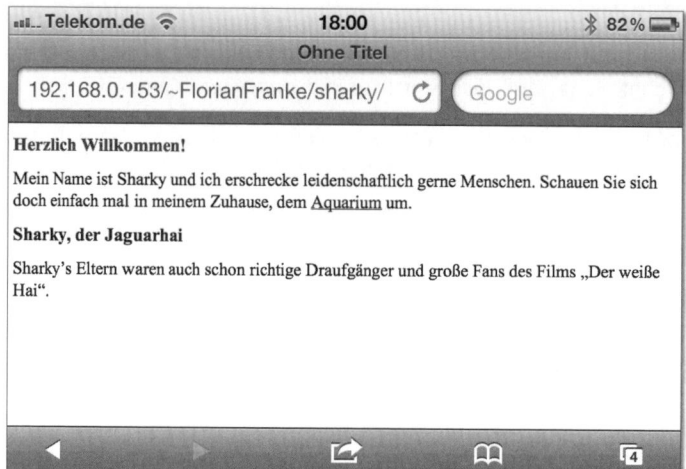

Abbildung 2.3 Durch die Klasse erscheint die zweite Überschrift in Blau.

Beachten Sie, dass die zweite Überschrift trotzdem weiterhin dieselbe Größe wie die erste aufweist. Das ist eine wichtige Eigenschaft von CSS. Klassen und Stile bauen aufeinander auf, ergänzen oder überschreiben sich. Dabei verarbeitet der Browser die CSS-Datei von oben nach unten und wendet in dieser Reihenfolge die Eigenschaften und Werte an. Definieren Sie also im oberen Teil die Schriftfarbe in Rot und im weiteren Verlauf die Schriftfarbe in Blau, so wird der Browser die Schrift in Blau anzeigen.

Dieses Prinzip der *kaskadierenden* Stile kann sehr mächtig sein, da Sie so eine Gestaltung vieler Elemente an einer Stelle editieren können, ohne jede Definition einzeln anzupassen. Als Beispiel wäre hier die Definition der Schriftart zu nennen, die Sie einmal im body definieren können und die sich dann auf alle Elemente vererbt, die innerhalb des body-Tags stehen:

```
body {
  font-family: "Helvetica";
}
```

Mit der Veränderung dieser Definition passen Sie mit einem Schlag die Schriftart im gesamten Projekt an. Die gesparte Zeit können Sie in einen gemütlichen Kaffee oder in einen frühen Feierabend investieren. Klingt gut, oder?

Id ansprechen

Neben Klassen und ganzen Tags können Sie auch eine id mit CSS ansprechen. Ein Element können Sie mit einer id versehen, um ihm so eine eindeutige Bezeichnung zuzuordnen. Dies ist besonders bei der Entwicklung mit JavaScript relevant. Der Unterschied zu einer Klasse ist der, dass eine id einzigartig ist und nur ein einziges

Mal vorkommen darf. Klassen hingegen dürfen mehrfach in einem HTML-Dokument verwendet werden. Einem Element eine id zuzuordnen ist leicht:

```
<h1 id="app-name"><h1>
```

Die Ansprache via CSS erfolgt mit einer vorangestellten Raute:

```
#app-name {
 font-size: 45px;
}
```

Versuchen Sie primär, mit Tag- und Klassendefinitionen zu arbeiten. Nur wenn Sie Ihren Code mit JavaScript erweitern, macht die Definition über eine id Sinn.

Verschachtelte Klassen und Elemente ansprechen

Sie können dieselbe Klasse oder dasselbe Tag unterschiedlich ansprechen, wenn sich das übergeordnete Element (auch *Elternelement* genannt) unterscheidet. Ergänzen Sie die Sharky-WebApp im body um folgenden Code:

```
<header>
 <h1>Sharky's Überschrift im Kopfbereich</h1>
</header>

<footer>
 <h1>Sharky's Überschrift im Fußbereich</h1>
</footer>
```

Listing 2.4 Die Kopf- und Fußzeile der Sharky-App

Die Darstellungen der ersten Überschrift in Kopf- und Fußzeile sollen sich unterscheiden (Abbildung 2.4). In der CSS-Datei sprechen Sie die Elemente folgendermaßen an:

```
header h1 {
 font-size: 20px;
}

footer h1 {
 font-size: 10px;
}
```

Sie legen die Größe der Überschriften in diesem Fall abhängig vom Elternelement (header und footer) fest.

Genau aus diesem Grund sind keine Leerzeichen in Klassen, Ids und Tags erlaubt. Der Browser würde dies ansonsten als neues Element interpretieren und die WebApp fehlerhaft darstellen.

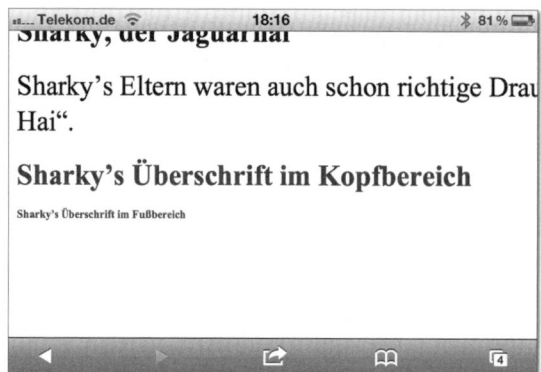

Abbildung 2.4 Die unterschiedliche Größe der Überschrift, vergrößert auf einem iPhone

2.3.3   Gestalten mit CSS – Tipps und Tricks

Eine CSS-Datei kann bei größeren Projekten komplex werden. Im Folgenden haben wir Ihnen ein paar Tipps und Tricks rund ums Thema CSS zusammengestellt.

Eindeutige Klassennamen

Verwenden Sie eindeutige Klassennamen, die das Element bestmöglich beschreiben, aber nicht zu lange oder zu kurz sind. Die Bezeichnung der Klasse sollte nicht das Aussehen, sondern die Funktion bzw. die Art des Inhalts beschreiben.

Erste und letzte Elemente unterschiedlich gestalten

Manchmal ist es sinnvoll, das erste Auftreten eines Tags anders zu gestalten, als die darauffolgenden. Nehmen Sie an, Sie haben mehrere Textblöcke mit jeweils einer Überschrift und einem Textabsatz. Sie möchten nun etwas Abstand zwischen den einzelnen Textblöcken einrichten und geben der Überschrift etwas Abstand oberhalb:

```
h1 {
  margin-top: 40px;
}
```

Damit erreichen Sie zwar den Abstand zwischen den Textblöcken, allerdings bekommt auch der erste Textblock diesen oberen Abstand. Aus ästhetischen Gründen können Sie dies unterbinden, indem Sie für das erste Auftreten des h1-Tags eine andere Definition festlegen und den Abstand auf 0 Pixel setzen:

```
h1:first-child {
 margin-top: 0px;
}
```

Während mit :first-child das erste Element angesprochen wird, erreichen Sie mit :last-child das letzte Element innerhalb eines Elternelements. Beachten Sie, dass es mehrere erste und letzte Elemente auf einer HTML-Seite geben kann, wenn es mehrere Elternelemente gibt.

Elemente mit einem bestimmten Attribut ansprechen

Eingabefelder realisieren Sie mit dem input-Element. Das gilt aber nicht nur für Texteingabefelder, sondern auch für Checkboxen oder Radiobuttons. Die Art des Eingabefeldes legen Sie über das Attribut type fest. Dieses können Sie ebenfalls in CSS adressieren:

```
input[type=text] {
 margin: 0px;
}
input[type=checkbox] {
 margin-right: 20px;
}
```

Damit bekommen alle input-Elemente, die vom Typ checkbox sind, einen kleinen Abstand an der rechten Seite.

Redundante Klassennamen

Versuchen Sie, Klassen zu vermeiden, wenn sie keinen Mehrwert gegenüber einem Tag aufweisen. Konkretes Beispiel: Fließtext. Im Normalfall ist eine Klasse mit der Bezeichnung fliesstext redundant, da das Element <p> letztendlich ein Synonym für Absätze und somit Fließtext darstellt. Nutzen Sie in diesem Fall die Definition über <p>, und erstellen Sie für alle Ausnahmesituationen, wie z.B. der der blauen Überschrift in der Sharky-WebApp, eine Klasse.

Wiederverwendung von häufig genutzten Klassen

Wenn Sie bestimmte visuelle Eigenschaften häufig verwenden, legen Sie eine Klasse an, die nur diesen Stil beinhaltet. Wollen Sie z.B. eine Überschrift durch eine Blaufärbung markieren und zusätzlich noch bestimmte Stellen im Text, die Sharky an sich betreffen, so legen Sie z.B. eine Klasse namens sharky an, die nur die Textfarbdefinition enthält:

```css
.sharky {
 color: #FF2200;
}
```

Im HTML-Code können Sie Texte und Überschriften einfärben, indem Sie einfach die Klasse sharky einsetzen.

```html
<h1 class="sharky">Eine Überschrift über Sharky</h1>
<p>Ein normaler Absatz</p>
<p class="sharky">Auch im Fließtext kann es interessante Informationen zu
Sharky geben.</p>
```

Code kommentieren

Genau wie bei HTML sollten Sie sich angewöhnen, CSS-Code zu kommentieren, um ihn zu strukturieren und besser lesbar zu machen. Eine Kommentierung wird in einer CSS-Datei mit einem Schrägstrich und Stern eingeleitet und ebenso wieder geschlossen:

```css
/* Hier steht ein Kommentar, der den Code lesbarer macht */
```

Verwenden Sie Kommentare, um bestimmte Klassen zu kommentieren oder auch um Abschnitte festzulegen:

```css
/*
################################################
Abschnitt 1 - Kopfbereich
################################################
*/

header {
 font-family: "Arial";
}

/*
################################################
Abschnitt 2 - Inhaltsbereich
################################################
*/

p {
```

```
  font-size: 12px;
}

h1 {
  font-size: 20px;
}
```

Listing 2.5 Eine gut kommentierte und damit übersichtliche CSS-Datei

Gruppierung von Definitionen

Wenn mehrere Elemente dieselben Eigenschaften aufweisen, dann lohnt es sich, diese zu gruppieren. Die folgenden Eigenschaften gelten für die erste bis dritte Überschrift:

```
h1, h2, h3 {
  color: #000000;
  text-decoration: underline;
}
```

Im nächsten Schritt definieren Sie die elementspezifischen Eigenschaften und erweitern somit den ersten Teil der Definitionen:

```
h1 {
  background-color:#ff0000;
}
```

Die erste Überschrift wird damit schwarz, unterstrichen und mit rotem Hintergrund dargestellt. Die Überschriften zweiter und dritter Ordnung lediglich schwarz und unterstrichen, jedoch nicht rot hinterlegt (Abbildung 2.5).

Abbildung 2.5 Die Gruppierung von Definitionen anhand des Beispiels der drei Überschriften

Verwenden von mehreren Klassen

Weisen Sie Elementen mehrere Klassen zu, um verschiedene visuelle Stile anzuwenden und gegebenenfalls Klassen wiederverwenden zu können. Der HTML-Code im Folgenden:

```
<p class="sharky">Ich bin ein Text über Sharky und deswegen Blau.</p>
<p class="wichtig">Ich bin ein riesiger Text.</p>
<p class="sharky wichtig">Ich bin ein Text über Sharky, besonders wichtig
daher blau und riesig.</p>
```

In der CSS-Datei definieren Sie über zwei Klassen das Erscheinungsbild:

```
.sharky {
 color: #FF2200;
}
.wichtig {
 font-size: 30px;
}
```

Mehrere CSS-Dateien

Ordnen Sie Ihre Definition in mehreren CSS-Dateien an, um die Übersichtlichkeit der einzelnen Dateien zu erhöhen. Sie können eine weitere CSS-Datei einfach über das link-Tag in die HTML-Datei einfügen:

```
<link href="styles/struktur.css" rel="stylesheet" type="text/css" />
<link href="styles/typographie.css" rel="stylesheet" type="text/css" />
```

Alternativ binden Sie weitere CSS-Dateien auch direkt via CSS ein. Diese Zeile, platziert in *struktur.css*, lädt alle Definitionen aus *typographie.css*:

```
@import url('typographie.css');
```

Doch Vorsicht

In beiden Fällen spielt die Ladereihenfolge der Definitionen und CSS-Dateien eine Rolle. Was zuerst aufgerufen wird, kann gegebenenfalls durch nachfolgende Zuweisungen überschrieben werden. Gehen Sie sparsam mit der Anzahl der CSS-Dateien um, damit Sie den Überblick nicht verlieren. Glauben Sie uns, das geht schneller, als Sie denken.

Welche Eigenschaften und Werte bietet CSS?

Die Gestaltungsmöglichkeiten via CSS sind sehr vielfältig und würden an dieser Stelle den Rahmen des Buches sprengen. Für eine Auflistung aller Eigenschaften empfehlen wir Ihnen die folgende Webseite: *http://www.w3schools.com/cssref/default.asp*

2.3.4   Die Neuerungen von CSS3 – welche sind heute schon einsetzbar?

Sie haben nun die grundlegende Vorgehensweise kennengelernt, wie Sie mit CSS gestalten. Ihre Sharky WebApp besteht allerdings im Moment lediglich aus etwas Text und ist noch nicht sonderlich hübsch anzuschauen. Das werden Sie nun ändern.

Neben dem HTML- wird auch der CSS-Standard kontinuierlich weiterentwickelt. In der aktuellsten Version CSS3 wurden einige Funktionen und Definitionen eingefügt, die das Leben der Entwickler und Designer wieder etwas leichter machen.

Da sich CSS3, genau wie HTML5, im Entwurfsstadium befindet und sich Bezeichnungen noch jederzeit ändern können, verwenden alle gängigen Browser Präfixe, das heißt eigene Definitionen, die nur für sie gelten. Die Eigenschaft box-shadow müssen Sie z.B. im CSS-Code folgendermaßen angeben, damit der Schatteneffekt in der Web-Kit-Engine Ihres Smartphones richtig dargestellt wird:

```
-webkit-box-shadow: 7px 7px 5px #000000;
```

Über -webkit werden alle webkitbasierten Browser, wie z.B. Safari, Mobile Safari und Google Chrome, angesprochen.

Im Folgenden erweitern Sie die Sharky WebApp um einige neue CSS3-Effekte. Bevor es losgeht, sollten Sie den bisherigen HTML-Code der WebApp etwas sortieren. Setzen Sie den header-Bereich an den Anfang des Inhalts und den footer-Bereich an das Ende des Dokuments. Des Weiteren ändern Sie den Text in Kopf- und Fußzeile etwas ab. Der komplette Code innerhalb des body-Bereichs sollte damit so aussehen:

```
<header>
 <h1>Sharky's WebApp</h1>
</header>

<h1>Herzlich Willkommen!</h1>
<p>Mein Name ist Sharky und ich erschrecke leidenschaftlich gerne Menschen.
Schauen Sie sich doch einfach mal in meinem Zuhause, dem <a href="http://
www.html5-rockt.de/">Aquarium</a> um.</p>

<h1 class="sharky">Sharky, der Jaguarhai</h1>
<p>Sharky's Eltern waren auch schon richtige Draufgänger und große Fans des
Films "Der weiße Hai".</p>
```

```
<footer>
 <h1>Sharky's Fußzeile</h1>
</footer>
```

Listing 2.6 Sharky's WebApp mit Inhalt, Kopf- und Fußzeile

border-radius

Mit border-radius gestalten Sie abgerundete Ecken. Der Umfang der Abrundung wird dabei in Pixeln oder Prozent angegeben. Sie können alle Ecken in gleichem Maße abrunden oder auch nur bestimmte Ecken. Dies geschieht über die Bezeichnungen top, bottom, left und right. Besonders bei Schaltflächen werden abgerundete Ecken gerne genutzt. Gestalten Sie die CSS-Definition der Kopfzeile (header) folgendermaßen, um abgerundete Ecken hinzuzufügen, eine Hintergrundfarbe zuzuweisen und den Text zu zentrieren (Abbildung 2.6):

```
header {
 border-radius: 15px;
 background-color:#1384ed;
 text-align:center;
}
```

Damit die Kopfzeile etwas größer erscheint, sollten Sie die zuvor angelegte Überschriftenformatierung in der Definition header h1 ändern:

```
header h1 {
 font-size:40px;
 color:#fff;
 text-transform:uppercase;
}
```

Abbildung 2.6 Die Kopfzeile in Blau mit abgerundeten Ecken

box-shadow

Mit box-shadow erstellen Sie einen Schlagschatten. Dabei können Sie Distanz des Schattens, Farbe und Schärfe festlegen. Im Fall der Sharky-WebApp möchten Sie der Fußzeile einen Schlagschatten verpassen. Dazu gestalten Sie den Schlagschatten und zentrieren den Text wie folgt:

```
footer {
 box-shadow: 2px 5px 10px #ccc;
 text-align:center;
}
```

Dieser Schatten wird 2 Pixel auf der Horizontalen und 5 Pixel auf der Vertikalen verschoben. Die Unschärfe wird mit 10 Pixel angegeben. Der Farbton des Schattens ist ein leichtes Grau (#ccc).

Da es sich hier um eine Fußzeile handelt, möchten Sie die Schrift noch etwas dezenter darstellen (Abbildung 2.7). Passen Sie dazu die Definition von footer h1 wie folgt an:

```
footer h1 {
 font-size: 20px;
 color:#ccc;
 text-transform:uppercase;
}
```

Abbildung 2.7 Die Fußzeile mit einem Schlagschatten und grauem Text

Tipp zur Gestaltung von halbtransparenten Schatten

Wenn Sie einen halbtransparenten Schatten gestalten möchten, definieren Sie die Farbe nicht als HEX-Wert, sondern als RGBA. Dabei stehen Ihnen die drei Kanäle Rot, Grün und Blau zur Verfügung, zusätzlich aber auch der Alpha-Kanal, der die Transparenz definiert. Einen schwarzen Schatten mit 50 % Deckkraft erstellen Sie wie folgt:

```
.schatten {
  box-shadow: 2px 5px 10px rgba(0,0,0,0.5);
}
```

Die ersten drei Werte in der Klammer stehen dabei für die drei Farbkanäle RGB. Die letzte Zahl definiert die Transparenz und wird in Dezimalschreibweise mit Punkt angegeben.

Schatteneffekte sind besonders rechenintensiv, wenn sie in Kombination mit Animationen auftreten. Nicht, dass das an dieser Stelle eine Rolle spielen würde, aber wir wollen Sie schon mal darauf hinweisen.

Um schnell und einfach den Code für einen Schatten zu erzeugen, lohnt ein Blick auf *http://css3gen.com/box-shadow/*. Dort können Sie über ein Interface die Schatteneinstellungen vornehmen und die Webseite gibt gleich den passenden Code dafür aus. Praktisch!

background-size

Über background-size können Sie die Größe eines Hintergrundbildes einstellen. Dabei ist die Festlegung über Pixel- und Prozentwerte möglich, aber auch über die beiden vordefinierten Optionen contain und cover. Im Fall der Sharky-WebApp möchten Sie durch eine leichte Wassertextur den Hintergrund der App etwas auflockern. Wir sind bei Flickr fündig geworden und verwenden ein Bild von User »that one doood«. Viele Flickr-Benutzer bieten ihre Bilder unter einer Creative-Commons-Lizenz an, das heißt, Sie dürfen diese, unter Nennung des Autors, weiterverwenden. Speichern Sie das Bild im Unterordner *bilder* unter dem Namen *hintergrund.jpg*. Weisen Sie nun dem Hintergrund der WebApp über <body> das Hintergrundbild zu. Gleichzeitig setzen Sie die Textfarbe noch auf Weiß. Der folgende Codeblock kommt an den Anfang Ihrer CSS-Datei, direkt hinter die Definition des Zeichensatzes:

```
body {
  background-image:url(../bilder/hintergrund.jpg);
  background-size:contain;
  background-repeat:no-repeat;
  color:#fff;
}
```

Abbildung 2.8 Über background-size:contain wird zwar das Bild nicht abgeschnitten, dafür deckt es aber auch nicht den kompletten Hintergrund ab.

Naja, so haben Sie (und auch Sharky) sich das sicher nicht vorgestellt. Verwenden Sie die Option contain, so wird das Hintergrundbild auf die Größe des HTML-Elements skaliert, ohne dabei die Seitenverhältnisse zu zerstören. Es kann damit aber passieren, dass das Bild den Hintergrund nicht komplett abdeckt (Abbildung 2.8).

Über die Option cover wird das Hintergrundbild immer so skaliert, dass es das komplette Element ausfüllt. Dabei wird auch das Seitenverhältnis beibehalten, aber das Hintergrundbild gegebenenfalls angeschnitten (Abbildung 2.9).

```
body {
  background-image:url(../bilder/hintergrund.jpg);
  background-size:cover;
  background-repeat:no-repeat;
  color:#fff;
}
```

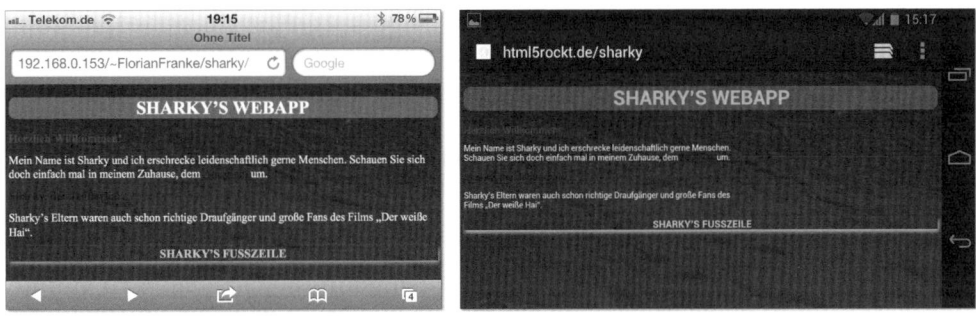

Abbildung 2.9 Schon wesentlich besser! Sowohl auf dem iPhone (links) und unter Android (rechts) deckt das Bild mit der Option »cover« den gesamten Bereich ab.

Farbdefinitionen und Transparenzen

Sie haben bereits im Beispiel box-shadow die Methode kennengelernt, Farben über RGBA zu definieren. Die allgemeine Transparenz eines Elements legen Sie über die Eigenschaft opacity fest. Die Transparenz wird dann auf das Element und seinen ganzen Inhalt angewendet. Sie möchten, dass das Hintergrundbild etwas durch die Kopfzeile hindurchscheint. Dazu weisen Sie dem Kopfbereich die Eigenschaft opacity zu:

```
header {
  border-radius: 15px;
  background-color:#1384ed;
  text-align:center;
  opacity:0.7;
}
```

Der header wird dadurch transparenter und etwas dunkler, da der dunkle Hintergrund mehr durchscheint (Abbildung 2.10).

Abbildung 2.10 Die Kopfzeile mit einer Transparenz von 0.7 oder auch 70 %

Mehrspaltigkeit

In gedruckten Magazinen ist es gang und gäbe, einen Fließtext über mehrere Spalten zu verteilen. Mit HTML und CSS war dies in dieser Form nicht ohne weiteres möglich. CSS3 führt nun mehrere Definitionen zur Mehrspaltigkeit von Fließtext ein. Damit wird Text automatisch in die nächste Spalte umgebrochen. Die Eigenschaft column-count beschreibt die Anzahl der Spalten innerhalb des Elements. Mit column-gap definieren Sie den Abstand zwischen den Spalten, während column-rule auf Wunsch eine Trennlinie zwischen den Spalten einfügt. Die Trennlinie können Sie in Stärke und Farbigkeit Ihren Wünschen anpassen. In der Sharky WebApp möchten Sie, dass der Inhaltstext zwischen Kopf- und Fußzeile in zwei Spalten fließt. Um dies zu erreichen, müssen Sie zunächst diesen Teil durch ein weiteres Element, in diesem Fall article, umschließen:

```
<article>
 <h1>Herzlich Willkommen!</h1>
 <p>Mein Name ist Sharky und ich erschrecke leidenschaftlich gerne Menschen.
 Schauen Sie sich doch einfach mal in meinem Zuhause, dem <a href="http://
 www.html5rockt.de/">Aquarium</a> um.</p>
 <h1 class="biographie">Sharky, der Jaguarhai</h1>
 <p>Sharky's Eltern waren auch schon richtige Draufgänger und große Fans des
 Films "Der weiße Hai".</p>
</article>
```

Listing 2.7 Das Grundgerüst für eine Mehrspaltigkeit.

In der CSS-Datei aktivieren Sie die Mehrspaltigkeit über die Gestaltung des article:

```
article {
 -webkit-column-count:2;
 -webkit-column-rule: solid 1px #cccccc;
 -webkit-column-gap: 20px;
}
```

Das Ergebnis zeigt Ihnen Abbildung 2.11.

Abbildung 2.11 Sehr schön! Der Text fließt nun in zwei Spalten mit einer hellen Trennlinie.

Mit einer Mehrspaltigkeit ist jedoch vorsichtig umzugehen, da der Benutzer es im Web gewohnt ist, zu scrollen. Besonders bei kleinen Bildschirmen kann es somit vorkommen, dass ein mehrspaltiger Text nicht von oben bis unten angezeigt wird. Der Benutzer wird so gezwungen, den Fließtext in Spalten zu lesen, aber auch ständig

hoch- und runterzuscrollen, um die gesamte Höhe der Spalte zu erfassen. Dies sollten Sie in jedem Fall vermeiden.

Sharky empfiehlt

Verwenden Sie die Mehrspaltigkeit nur, wenn der komplette Text auf die sichtbare
Bildschirmfläche passt.

Media Queries – Definitionen für bestimmte Bildschirmgrößen

Media Queries sind die wichtigste Neuerung von CSS3 und für die Entwicklung von
WebApps von hoher Relevanz. Sie ermöglichen es, Definitionen für bestimmte Bildschirmgrößen festzulegen. Damit können Sie mit derselben CSS-Datei z. B. ein Smartphone und gleichzeitig ein Tablet ansprechen und die Darstellung je nach
Bildschirmgröße variieren.

Sie geben Media Queries direkt in der CSS-Datei an und erweitern die Sharky App so,
dass die gerade eingestellte Mehrspaltigkeit nur auf einem Tablet greift. Dies ist sinnvoll, weil auf einem Tablet mehr Platz als auf einem Smartphone zur Verfügung
steht. Setzen Sie dabei die Gestaltung des article in folgenden Media Query:

```
@media screen and (min-device-width: 768px) {
 article {
  -webkit-column-count:2;
  -webkit-column-rule: solid 1px #ccc;
  -webkit-column-gap: 20px;
 }
}
```

Listing 2.8 Über ein Media Query blenden Sie die Mehrspaltigkeit nur ab einer bestimmten
Bildschirmgröße ein

Mit diesem Media Query wird die Mehrspaltigkeit auf einem iPad angewendet (Abbildung 2.13), auf einem iPhone jedoch nicht (Abbildung 2.12).

Sie haben außerdem die Möglichkeit, Bereiche anzugeben …

```
@media screen and (min-width: 300px) and (max-width: 800px) {
 /* Hier die Definition, die nur in einem bestimmten Bereich gelten soll */
}
```

… oder sogar abzufragen, ob das Gerät im Hochformat oder Querformat gehalten
wird, was besonders für die WebApp-Entwicklung von Wichtigkeit ist:

```
/* Horizontal */
@media screen and (orientation: landscape) {
 /* hier die Definitionen, die nur angewendet werden sollen, wenn das Gerät
horizontal gehalten wird. */
}

/* Vertikal */
@media screen and (orientation: portrait) {
 /* hier die Definitionen, die nur angewendet werden sollen, wenn das Gerät
vertikal gehalten wird. */
}
```

Listing 2.9 Hoch- und Querformat über Media Queries gezielt ansprechen

Abbildung 2.12 Die Darstellung auf einem iPhone ...

Abbildung 2.13 ... und dieselbe Darstellung auf einem iPad

Platzieren Sie so viele Media Queries in Ihrem CSS, wie Sie möchten. Es gibt kein Limit. Achten Sie aber darauf, dass sich Media Queries teilweise ergänzen können und sich somit Definitionen gegebenenfalls überschreiben.

Sie haben gelernt, dass Sie Media Queries direkt in Ihre CSS-Datei schreiben können. Allerdings können Sie auch direkt im HTML-Code über das `link`-Tag mit Media Queries arbeiten und die Definitionen für den bestimmten Einsatzzweck in separate CSS-Dateien auslagern. Dies erhöht die Übersichtlichkeit Ihrer WebApp.

```
<link rel="stylesheet" href="tablet-horizontal.css" media="only screen and
(min-device width: 768px) and (max-device-width: 1024px) and (orientation:
landscape)">
```

Mit diesem Code implementieren Sie eine CSS-Datei, deren Inhalt nur auf einem Tablet angewendet wird, dessen Bildschirmausmaße 1024 × 768 Pixel aufweist und welches im Querformat gehalten wird.

Keine automatische Optimierung für Mobile

Beachten Sie, dass Ihre WebApp nur durch die Definition von Media Queries nicht für ein mobiles Endgerät optimiert ist. Ladezeiten von großen Bildern u. Ä. bleiben natürlich bestehen, lediglich die Anzeige wird angepasst.

Automatische Silbentrennung

Besonders bei dem Einsatz von Blocksatz auf kleinen Bildschirmen kann es im Text zu unschönen Löchern zwischen Wörtern kommen. Diese Löcher verringern die Lesbarkeit spürbar und sind zudem auch noch sehr unschön. Abhilfe schafft hier eine automatische Silbentrennung per CSS (Abbildung 2.14). Silbentrennung war in der Vergangenheit bereits mit JavaScript möglich, allerdings zu Lasten der Performance. Mit CSS3 und der Definition hyphens übernimmt der Browser die Silbentrennung. Der Wert none deaktiviert die Silbentrennung während manual nur dort trennt, wo im HTML-Code ein sogenannter *Soft-Hyphen* gesetzt ist. Der Soft-Hyphen ist ein Zeichen, welches nicht im Fließtext auftaucht. Es signalisiert aber dem Browser, dass er an dieser Stelle das Wort trennen darf und automatisch einen Bindestrich einfügen soll. Soft-Hyphens werden im HTML-Code in Form von ­ angegeben. Der Wert auto ist jedoch am interessantesten, denn er aktiviert die automatische Silbentrennung.

```
.silbentrennung {
 -webkit-hyphens: auto;
}
```

Zusätzlich müssen Sie im HTML-Tag die verwendete Sprache angeben:

```
<html lang="de">
```

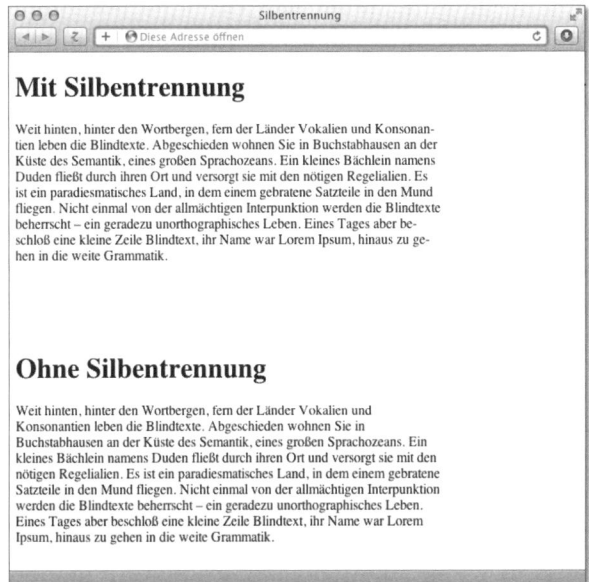

Abbildung 2.14 Die Silbentrennung im Safari

Weiterführende Informationen und Links

Diese Liste stellt nur eine kleine Auswahl der neuen Funktionen von CSS3 dar, die wir für die WebApp-Entwicklung für besonders relevant halten. Eine komplette Übersicht aller CSS3-Definitionen finden Sie unter *http://meiert.com/de/publications/indices/css-properties/*.

Sharky ist übrigens mit der WebApp sehr zufrieden. Auch wenn die Lesbarkeit und das Styling sicher noch Luft nach oben haben. Für Ihre ersten Schritte in die Welt der WebApps ist dies ein passabler Anfang!

2.4 Desktop vs. Mobile – die Unterschiede

Wenn Sie schon einmal ein Programm oder eine Webseite für einen Desktoprechner gestaltet oder umgesetzt haben, wird Ihnen aufgefallen sein, dass es eine schier endlose Variation von Bildschirmauflösungen gibt, neben unterschiedlichen Größen auch unterschiedlichste Seitenverhältnisse: 4:3, 16:9, 16:10 ...

Die erste gute Nachricht der WebApp-Entwicklung ist: Alle modernen iPhones und iPods haben die gleiche Auflösung. Das Retina-Display ist genau 960 × 640 Pixel groß, alle iPads der dritten Generation haben eine Auflösung von 2048 × 1536 Pixel.

Manchmal aber auch 1536 × 2048 Pixel – und damit kommen wir zur schlechten Nachricht für Entwickler und Designer: Jedes Gerät hat zwei verschiedene Ausrichtungen, eine Hochkant- und eine Querausrichtung. Wir nennen sie, analog zu den fotografischen Begriffen, Portrait- und Landscape-Ausrichtung. Ihre WebApp sollte später in beiden Ausrichtungen funktionieren und gut aussehen (Abbildung 2.15).

Ältere Geräte haben exakt die halbe Auflösung – also 320 × 480 Pixel für iPhones 3Gs und früher sowie 1024 × 768 Pixel für iPads der ersten und zweiten Generation.

Abbildung 2.15 Ein Magazin, gestaltet mit dem Framework »Laker«, im Hoch- und Querformat

Bei Android-Geräten sieht das Ganze ein klein wenig komplizierter aus: Aufgrund der riesigen Gerätevielfalt und diverser Display-Qualitäten wird hier zwischen Low Density, Medium Density, High Density und Extra High Density unterschieden. Dazu kommen unterschiedliche Bildschirmgrößen: Der kaum noch gebräuchliche Small Screen, der für Telefone mit Tastatur übliche Normal Screen, der für Smartphones übliche Large Screen und für Tablets der Extra Large Screen.

Tabelle 2.1 zeigt alle sich daraus ergebenden möglichen Auflösungen.

	Low Density	Medium Density	High Density	Extra High Density
Small Screen	240 × 320	–	480 × 640	–
Normal Screen	240 × 400 240 × 432	320 × 480	480 × 800 480 × 854 600 × 1024	640 × 960
Large Screen	480 × 800 480 × 854	480 × 800 480 × 854 800 × 1024	–	–
Extra Large Screen	1024 × 600	1280 × 800 1024 × 768 1280 × 768	1536 × 1152 1920 × 1152 1920 × 1200	2048 × 1536 2560 × 1536 2560 × 1600

Tabelle 2.1 Die verschiedenen Bildschirmgrößen und -definitionen in der Übersicht

Was fehlt – die Tastatur

Fast schon selbstverständlich bestehen Smartphones heute nur noch aus einem Bildschirm, über den alles gesteuert wird. Damit fällt aber auch ein wichtiges Eingabe- und Steuerungsgerät weg: die Tastatur. Was zunächst banal erscheint, ist ein entscheidender Einschnitt in die Art und Weise, wie Sie Apps bedienen. Nicht nur das Erstellen längerer Texte wird mühselig, auch bekannte Kurzbefehle wie für das Markieren, Kopieren und Einfügen von Text fallen damit weg. Spiele, die sich auf die Tastatureingabe verlassen, sind ohne grundlegende Interfaceänderung auf Smartphones und Tablets nicht möglich.

Üblicherweise wird für den Fall einer Texteingabe, eine Bildschirmtastatur eingeblendet. Tippt der Nutzer beispielsweise ein Formularfeld im Browser an, rollt eine reduzierte Tastatur ohne Funktions- und Steuerungstasten ins Bild. Sie verdeckt ca. 50 % des Bildschirms und verschwindet nach vollendeter Texteingabe wieder (Abbildung 2.16).

Abbildung 2.16 Das eingeblendete Keyboard verdeckt den Großteil des Bildschirms, egal ob iPhone (links) oder Android mit größerem Bildschirm (rechts).

Berühren statt klicken

Ebenso wie die Tastatur, fehlt auf Touch-Geräten die Maus. Das Auswählen und »Anklicken« passiert über eine Fingerberührung direkt auf dem Bildschirm. Damit fällt auch die rechte Maustaste weg: Kontextmenüs, wie man sie von Desktopanwendungen her kennt, sind auf Mobilgeräten daher eher unpopulär.

Tooltips, die sich bei Berührung mit dem Mauszeiger öffnen, sind auf Mobilgeräten auch nicht realisierbar. Der hover-Zustand, bei dem z.B. ein Link eine andere Farbe bekommt, wenn der Nutzer mit der Maus darüberfährt, blitzt auf Smartphones nur kurz beim Antippen auf. Bedenken Sie diesen Umstand, wenn Sie Ihre WebApp planen. Auch maussensitive Navigationsmenüs, die sich öffnen, wenn der Nutzer sie mit der Maus berührt, sollten Sie am besten vermeiden (Abbildung 2.17).

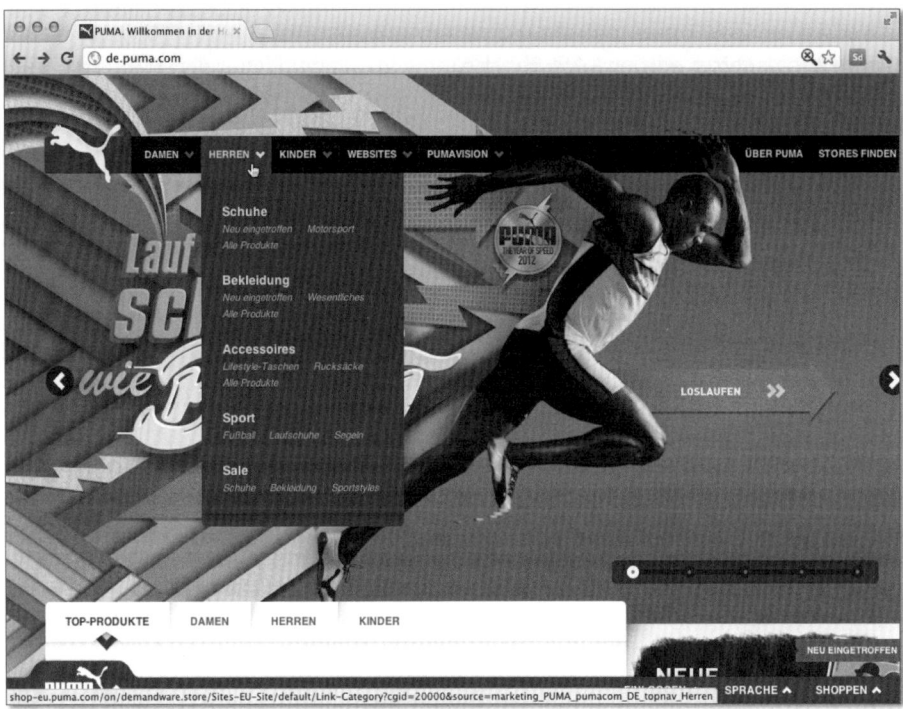

Abbildung 2.17 Ein hover-Menü auf Puma.de. Das Menü wird erst angezeigt, wenn Sie mit der Maus darüberfahren. Auf einem Touch-Gerät würde das Menü erst angezeigt, wenn Sie den Navigationspunkt einmal berührt haben.

Auch wenn es keinen hover-Zustand auf Touch-Geräten gibt – es gibt dafür eine ganze Reihe neuer Gesten, auf die wir in Abschnitt 2.4.3, »Von der Webseite zur WebApp«, näher eingehen werden.

Häufig wird vergessen: Die Fläche, die mit dem Mauszeiger angeklickt wird, ist genau einen Pixel groß. Damit ist es möglich, eine sehr genaue Auswahl zu treffen. Nutzer mit einer guten Hand-Augen-Koordination können ohne Anstrengung auch sehr kleine Schaltflächen auswählen. Mit dem Finger ist man in der Regel nicht so präzise. Die Fläche, die die Fingerkuppe auf dem Bildschirm berührt, ist ca. 1 cm^2 groß. Das bedeutet, dass Elemente der Benutzeroberfläche mindestens ebenso groß sein sollten und über ausreichend Abstand zu anderen auswählbaren Elementen verfügen müssen. Zu klein gewählte Symbolleisten z.B. führen zu häufigen Fehleingaben und damit zu einem frustrierenden Erlebnis, was Ihre Benutzer schnell das Weite suchen lässt.

Anders ist auch das Scrollverhalten: Auf Desktopsystemen dreht der Nutzer das Mausrad von oben nach unten, um die Inhalte einer Webseite oder Liste von unten nach oben zu bewegen – also eigentlich spiegelverkehrt. Auf Touch-Geräten passiert dies genau andersherum: Bewegt der Nutzer seinen Finger von oben nach unten über den Bildschirm, wandern die Inhalte in Richtung der Fingerbewegung mit.

Von allem etwas weniger

Sie können schon eine ganze Menge, jedoch sind Smartphones immer noch etwas schwach auf der Brust. Die Prozessorleistung und die Grafikchips sind noch nicht mit denen in Desktopsystemen zu vergleichen. Gleiches gilt für die Internetverbindung: Eine mobile EDGE- oder 3G-Verbindung ist immer noch langsamer und störanfälliger als eine handelsübliche DSL-Leitung. Der mobile Datenturbo LTE steht noch am Anfang und ist, sofern er denn überhaupt verfügbar ist, ein teurer Spaß. Sie können also davon ausgehen, dass Ihre Benutzer mobil wesentlich langsamer als zu Hause unterwegs sind.

Keine Fenster

Auf Touch-Oberflächen ist meist nur eine App sichtbar, anders als beim Desktop, bei dem das Prinzip der »Fenster« vorherrscht.

Kein Dateisystem

Unter iOS gibt es keine für den Nutzer sichtbaren Ordner und Dateien. Das bedeutet, dass der Nutzer im Browser keine Dateien herunter- oder hochladen kann. Wenn Sie Dateien zum Download anbieten, werden diese direkt in Mobile Safari geöffnet. Allerdings auch nur, wenn dieser Browser den Dateityp unterstützt.

GPS

Viele Smartphones und Tablets mit SIM-Karte verfügen über ein GPS-Modul, auf das Sie per JavaScript zugreifen können. Das eröffnet ganz neue Möglichkeiten: Statt umständlich eine Adresse oder Bushaltestelle einzugeben, kann das Gerät per Fingertipp von allein herausfinden, wo sich der Nutzer im Moment befindet. Den kürzesten Weg zur nächsten Burger-Bude, ausgehend von Ihrem Standort aus, finden Sie in Kapitel 5, »Positionsbestimmung«, heraus.

Bewegung

Smartphones und Tablets lassen sich bewegen. Nicht nur das, sie verfügen auch noch über Bewegungssensoren, die Sie per JavaScript auslesen können. Schüttelgesten identifizieren und Bilder einblenden – in Kapitel 6, »Auslesen des Bewegungssensors mit JavaScript«, lassen Sie den Polaroid-Charme wieder aufleben.

2.4.1 Möglichkeiten und Limitationen von HTML5 auf einer mobilen Plattform

Wenn wir von WebApps im Allgemeinen sprechen, kommen wir nicht darum herum, einen Vergleich zu herkömmlichen Apps zu ziehen. »Herkömmliche«, oder auch native Apps sind Apps, die speziell für das jeweilige Endgerät, unter Zuhilfenahme der entsprechenden Entwicklertools, wie z.B. Xcode, entwickelt werden. Eine WebApp hat viele Eigenschaften einer nativen App, jedoch auch einige Vor- und Nachteile.

Die Nachteile einer WebApp sind schnell zusammengefasst: Mangelnder Zugriff auf Hardware und eine schlechtere Performance. Mit einer WebApp ist es bisher nicht möglich, auf die Kamera oder das Mikrofon eines Geräts zuzugreifen. Mit fortschreitender Entwicklung von HTML5 ist aber in der Zukunft mit diesem Feature zu rechnen. Bestimmte Hardware können Sie aber schon heute verwenden, wie z.B. die Positionsbestimmung via GPS oder das Auslesen des Beschleunigungssensors. Mit diesem können Sie herausfinden, wie das Gerät gehalten wird oder in welche Richtung es zeigt.

Der zweite große Nachteil ist die Performance. Auch wenn die Geschwindigkeit von mobilen Browsern und auch von der Hardware mit jeder Version stetig verbessert wird, eine herkömmliche App ist in vielen Fällen performanter. Das liegt hauptsächlich daran, dass die meisten Effekte und Funktionen *hardwarebeschleunigt* dargestellt werden. Dies bedeutet, dass die für den Effekt benötigten Berechnungen direkt von der Hardware selbst ausgeführt werden können und nicht noch eine Schleife über die Software, wie z.B. eine Browserengine, drehen müssen. Besonders bei Spielen können dreidimensionale Effekte oder komplexe Grafiken nur mit dem Grafikchip des Endgeräts erreicht werden. Ein mobiler Browser hat (noch) keinen direkten Zugriff auf den Grafikchip. Der Standard *WebGL*, welcher 3D-Grafiken mithilfe des Grafikchips im Browser möglich macht, ist zwar in der Entwicklung, wird jedoch momentan nur von den Desktopbrowsern Google Chrome und Mozilla Firefox unterstützt. Langfristig gesehen, ist aber mit dieser Entwicklung zu rechnen, deswegen sollten Sie WebGL auf jeden Fall im Auge behalten.

Der bereits erwähnte Performancenachteil ist bei einer WebApp jedoch nicht immer zu erwarten. Je nach Anwendung und Darstellung kann eine WebApp genauso performant wie eine herkömmliche App sein. Besteht Ihre App z.B. aus einer Vielzahl von Listen und Eingabefeldern, so sollten keine Unterschiede spürbar sein. Wie Sie eine WebApp auf Geschwindigkeit optimieren zeigt Abschnitt 2.6, »Die Geschwindigkeit einer WebApp verbessern«.

Es gibt zudem zahlreiche Möglichkeiten, eine WebApp auch offline verfügbar zu machen. Die erforderlichen Daten können so auf dem Gerät gespeichert werden und stehen ohne einen Internetzugang zur Verfügung.

Sie sehen: Eine WebApp macht aus vielen Gründen Sinn und ist schon heute praktikabel. Der entscheidendste Grund dürfte dabei sein, dass Sie mit bereits bekannten und gelernten Technologien wie HTML5 und CSS3 eine plattformunabhängige App produzieren können. Im Endeffekt ist es sogar so, dass herkömmliche Apps an vielen Stellen mit Webtechnologien funktionieren. Auch wenn der Container eine herkömmliche App ist, die Inhalte sind oft mit HTML5 und CSS3 realisiert.

Alles in allem werden die Möglichkeiten von HTML5 (und damit auch von WebApps) in Zukunft vielfältiger werden, und die Performance wird sich dank besserer Hardware und Software ebenfalls steigern.

2.4.2   Die neuen HTML- und CSS-Features in iOS5

iOS ist neben Android die meistverbreitete Plattform bei mobilen Endgeräten. Bei Ihrer Entwicklung von WebApps werden Sie wahrscheinlich primär auf einem iOS-Gerät, sei es iPhone oder iPad, und sekundär auf Googles Android testen. Im Herbst 2011 ist iOS in Version 5 veröffentlicht worden. Neben den vielen Weiterentwicklungen, die Endbenutzer betreffen, wurden auch die Möglichkeiten des Mobile Safari erweitert. Besonders für die Entwicklung von WebApps wurden interessante Eigenschaften eingeführt, die die Grenze zwischen herkömmlicher App und WebApp weiter verschwimmen lassen.

Da die Adaptionsrate von neuen Versionen des iOS dank der Distribution über iTunes oder über die Geräte selbst recht hoch ist, ist ein Einsatz der neuen Eigenschaften zeitnah nach deren Einführung möglich. Bei Desktopbrowsern verhält es sich mit neuen Standards meist anders, da es viele verschiedene Browser gibt, die alle unterschiedlichen Entwicklungszyklen unterliegen.

Im Folgenden werden wir Sie mit den wichtigsten Neuerungen von iOS bekannt machen. Sie werden außerdem Schritt für Schritt die Funktionen selbst ausprobieren können. Los geht's!

Kurzer Zwischenstopp

Bevor Sie wirklich mit den neuen iOS 5-Funktionen loslegen, möchten Sie *Sharky's WebApp* noch etwas verbessern. Wie Sie vielleicht festgestellt haben, gibt es bei der Gestaltung der WebApp noch etwas Luft nach oben. Sie haben alle wichtigen CSS3-Funktionen kennengelernt, doch jetzt heißt es, Schrift und Elementen noch etwas Feinschliff zu verpassen. Ihrer Kreativität sind hier natürlich keine Grenzen gesetzt, und Sie können *Sharky's WebApp* natürlich komplett Ihren eigenen Wünschen anpassen. Trotzdem im Folgenden ein paar Tipps und Tricks:

Schriftart anpassen

Auch wenn die Standardschriftart »Times New Roman« ein Klassiker ist, Sharky wurde ursprünglich in einem Schweizer Aquarium gezeugt, weswegen »Helvetica« in diesem Fall die bessere Wahl ist. Passen Sie die body-Definition in *styles.css* folgendermaßen an:

```
body {
  background-image:url(../bilder/hintergrund.jpg);
  background-size:cover;
  background-repeat:no-repeat;
  color:#fff;
  font-family: "Helvetica";
}
```

Ein anderer Hintergrund

Der Meereshintergrund ist natürlich sehr ansehnlich, leider funktioniert die Darstellung im Hochformat eher weniger gut. Suchen Sie sich auf der Website *http://www.subtlepatterns.com* einen der zahlreichen kostenlosen Hintergründe aus, speichern Sie ihn unter *Bilder*, und verlinken Sie ihn ebenfalls in der body-Definition. Wir haben uns für einen Hintergrund namens *Dark Denim* (Sharky knabbert gerne an alten Jeans) entschieden. Löschen Sie außerdem background-repeat, damit sich der Hintergrund kachelartig zusammensetzen kann und den gesamten Bildschirm ausfüllt. background-size benötigen Sie auch nicht mehr.

```
body {
  background-image:url(../bilder/denim.png);
  color:#fff;
  font-family: "Helvetica";
}
```

Die Zoomstufe festlegen

Auf Smartphones wird *Sharky's WebApp* etwas zu klein angezeigt. Das liegt an der Zoomstufe, die Sie auf den Faktor »1« festlegen sollten. Setzen Sie dazu folgende Zeile Code in den head-Bereich der HTML-Datei:

```
<meta name="viewport" content="width=device-width, initial-scale=1.0,
maximum-scale=1.0, user-scalable=0">
```

Die Überschriften lesbar machen

Die rote und die blaue Überschrift wirken auf dem dunklen Hintergrund schwer lesbar. Entfernen Sie deshalb die Klasse sharky der zweiten Überschrift, und passen Sie in der CSS-Datei die h1-Defintion so an, dass alle Überschriften in Weiß dargestellt werden.

```
h1 {
  font-size: 20px;
  color: #fff;
}
```

Seitenränder

Damit Kopf- und Fußzeile ihrem Namen gerecht werden, sollten diese bis an den Rand des Bildschirms reichen. Um dies zu erreichen, setzen Sie ebenfalls in der body-Definition die Ränder über padding und margin auf 0:

```
body {
  background-image:url(../bilder/denim.jpg);
  color:#fff;
  font-family: "Helvetica";
  margin:0px;
  padding:0px;
}
```

Allerdings klebt jetzt der Text im Inhaltsbereich auch am Bildschirmrand, was die Lesbarkeit verringert. Geben Sie dazu dem article über margin noch etwas äußeren Rand, 10 Pixel sollten genügen. Platzieren Sie folgenden Code vor dem Media Query @media:

```
article {
  margin:10px;
}
```

Die Kopfzeile

Als Letztes formatieren Sie die Kopfzeile noch so, dass die abgerundeten Ecken verschwinden. Zusätzlich stellen Sie mit der Eigenschaft `overflow:hidden` sicher, dass die Kopfzeile am oberen Rand andockt. Ach ja, und eine voll sichtbare Kopfzeile ohne Transparenz sieht auch etwas mehr nach einer WebApp aus.

```
header {
  background-color:#1384ed;
  text-align:center;
  overflow:hidden;
}
```

Die Überschrift im Header machen Sie einfach noch 10 Pixel kleiner:

```
header h1 {
  font-size:30px;
  color:#fff;
  text-transform:uppercase;
}
```

Abbildung 2.18 Viel besser! So sollte Ihre Sharky-WebApp jetzt auf dem iPhone (links) und unter Android (rechts) aussehen.

Sehr schön! Jetzt sieht das Ganze doch schon viel mehr nach einer WebApp aus (Abbildung 2.18), und Sie können mit der Einbindung der neuen iOS 5-Features fortfahren.

Elemente in Mobile Safari unter iOS 5 fest positionieren

Sie positionieren ein Element fest an einer Stelle mit der CSS-Eigenschaft `position` mit dem Wert `fixed`. Diese Definition stellt sicher, dass das Element immer an derselben Stelle stehen bleibt, auch wenn der Benutzer scrollt.

Sie ahnen bereits die praktischen Einsatzzwecke? Erstellen sie Toolbars, Fußleisten, Hinweise und Navigationselemente, die nie aus dem Sichtfeld des Benutzers geraten – ein essenzieller Bestandteil einer jeden App.

Sie möchten, dass die Kopfzeile in Ihrer Sharky-WebApp, trotz Scrollens, fest stehen bleibt. Zunächst müssen Sie dazu die Kopfzeile fixieren:

```
header {
  background-color:#1384ed;
  text-align:center;
  overflow:hidden;
  position:fixed;
  width:100%;
  top:0px;
}
```

Während Sie über `position:fixed` das Festsetzen der Kopfzeile definieren, müssen Sie zusätzlich noch dessen Breite und Position festlegen. Mit einer Breite von `100%` und einem oberen Abstand `top` von `0` ist die Kopfzeile optimal gestaltet.

Problem ist nun, dass zum einen der Inhaltstext zum Scrollen zu kurz ist und dass er zum anderen hinter der Kopfzeile liegt. Ergänzen Sie also die Textlänge noch durch etwas Blindtext oder eine kreative Ausgestaltung der Liebesgeschichte von Sharky's Eltern. Damit der Text erst unterhalb der Kopfzeile anfängt, verpassen Sie dem `body`-Bereich noch einen oberen Rand `margin-top` von 90 Pixel:

```
body {
  background-image:url(../bilder/denim.jpg);
  color:#fff;
  font-family: "Helvetica";
  margin:0px;
  padding:0px;
  margin-top:90px;
}
```

Und schon haben Sie eine feststehende Kopfzeile (Abbildung 2.19). Drehen Sie Ihr iPhone oder iPad, so passt sich die Gestaltung automatisch an, und die Funktionalität bleibt ebenfalls erhalten.

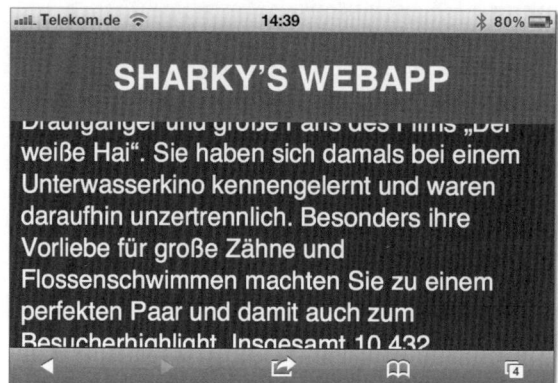

Abbildung 2.19 Die feststehende Kopfzeile in Ihrer WebApp

Scrollen wie in einer herkömmlichen App

In herkömmlichen iOS-Apps ist das Scrollen mit dem Finger stets begleitet vom soge-nannten *Gummibandeffekt* am Ende des zu scrollenden Bereichs. Das heißt, wenn das Ende des Elements erreicht ist, wird die Scrollanimation fortgesetzt, nur um kurz darauf wieder zurückzuschnellen. Dieses Verhalten wurde bislang innerhalb eines HTML-Dokuments nicht ausreichend unterstützt. Der komplette Bereich eines HTML-Dokuments unterlag schon immer diesem Prinzip, aber nehmen wir an, Sie möchten in einer zusätzlichen Box neben dem Text die wichtigsten Fakten von Sharky zusammenfassen. Diese Box soll aber nicht den kompletten Bildschirm aus-füllen und trotzdem scrollbar sein. Bisher war dies nur unter Einsatz von JavaScript möglich, was die Performance um ein Vielfaches verschlechtert hat. Durch die neue, iOS 5-spezifische CSS-Eigenschaft `-webkit-overflow-scrolling` können Sie Elementen das für iOS-Benutzer natürlich wirkende Scrollverhalten zuweisen.

Also, los geht's, Ihre WebApp braucht eine kleine Box mit Sharky's Lebensetappen. Erstellen Sie dazu direkt vor dem zweiten Textblock (vor der Überschrift »Sharky, der Jaguarhai«) einen div-Container mit einer Klasse namens `fakten`.

```
<div class="fakten">
 <p>Fakten rund um Sharky:</p>
 Sharky wurde 2012 an einem Sonntagmorgen geboren.
 Um sich fit zu halten, schwimmt er täglich 3,5 Km.
 Die Pfleger putzen ihm jeden Tag mit einer speziellen Hai-Zahnpasta die
 Zähne. So bleibt sein Gebiss kräftig und gesund.
 Jaguarhaie kommen bereits sehr früh in eine Art Pubertät, weswegen er
 bereits jetzt im Großraumbecken sein Revier markiert.
</div>
```

Listing 2.10 Sharky's Fakten in einem Kasten

Im CSS-Dokument definieren Sie nun die Eigenschaften der Klasse `fakten`:

```css
.fakten {
 float:right;
 background-color:#1d63cb;
 padding-left:15px;
 padding-right:15px;
 width:45%;
 height:250px;
 overflow:scroll;
  -webkit-overflow-scrolling: touch;
}
```

Listing 2.11 Die CSS-Definitionen, die das Aussehen des Kastens und das Scrollverhalten steuern

Über die Eigenschaft `float:right` wird der Faktenkasten rechts ausgerichtet. Damit der Benutzer erkennt, dass es sich hierbei um einen ergänzenden Inhalt handelt, sollten Sie ihm außerdem eine Hintergrundfarbe zuweisen. In diesem Fall ein dunkleres Blau mit dem HEX-Wert #1d63cb (Abbildung 2.20).

Abbildung 2.20 Sharky's Fakten zum Scrollen, auf dem iPhone und unter Android.

Mit etwas `padding` links und rechts verhindern Sie, dass der Text am Rand klebt. Geben Sie dem Kasten eine Breite von 45 % und eine Höhe von 250 Pixel. So stellen Sie sicher, dass der Inhalt auf jeden Fall gescrollt werden muss. Die nächsten beiden Definitionen sind die entscheidendsten. Mit `overflow:scroll` bestimmen Sie, dass der Inhalt des

Kastens gescrollt werden kann. Über –webkit-overflow-scrolling:touch aktivieren Sie das natürlich wirkende Scrollverhalten, komplett mit Gummibandeffekt.

Sie werden merken, dass die Faktenbox beim Scrolling der gesamten Seite über der Kopfzeile liegt. Um dies zu verhindern, sollten Sie der Kopfzeile noch einen z-index zuweisen. Dieser legt fest, welches Element »über« einem anderen liegen darf:

```
header {
  background-color:#1384ed;
  text-align:center;
  overflow:hidden;
  position: fixed;
  width:100%;
  top:0px;
  z-index: 100;
}
```

Weisen Sie auf scrollbare Elemente hin

Beachten Sie, dass die Eigenschaft -webkit-overflow-scrolling lediglich die Scroll-funktionalität bereitstellt. Ein visuelles Merkmal, dass der Benutzer dort scrollen kann, müssen Sie selbst festlegen. Generell sollten Sie den Einsatz einer scrollbaren Fläche innerhalb einer Seite immer auszeichnen und vor allem ausgiebig testen. Während Sie im Faktenkasten scrollen, scrollt z.B. die gesamte Webseite *nicht* mit, obwohl die Geste für den Benutzer dieselbe ist. Behalten Sie dies im Hinterkopf.

Neue input-Typen

Für die Sharky-WebApp benötigen Sie im Moment noch keine Formulare. Der sympathische Hai nimmt Fanpost lieber in Form von gedruckten Briefen an – und zerkaut sie sowieso. Der Vollständigkeit halber weisen wir Sie an dieser Stelle trotzdem auf die HTML5-Formularfeldtypen hin, die mit iOS 5 neu unterstützt werden. Definieren Sie ein Formularfeld mit dem Typ date, so wird bei der Eingabe kein Textfeld, sondern das iOS-typische Auswahlrad angezeigt, welches Sie vielleicht schon von der Kalender-App her kennen (Abbildung 2.1). Dasselbe gilt für die input-Typen datetime, month und time.

Eine kreative Art und Weise, den input-Typ RANGE zu verwenden, beweist der Webentwickler David Calhoun. Er bastelt mit etwas CSS daraus den Entsperren-Button des iPhones nach: *http://davidbcalhoun.com/2011/new-mobile-safari-stuff-in-ios5-position-fixed-overflow-scroll-new-input-type-support-web-workers-ecmascript-5.*

2

Farbverläufe mit CSS erzeugen

Geändert hat sich in iOS5 ebenfalls die Syntax zum Erzeugen von Farbverläufen mit CSS. Nachdem Farbverläufe früher mit der Eigenschaft `-webkit-gradient` definiert wurden, gestalten Sie Verläufe nun mithilfe von `-webkit-linear-gradient`. Besonders die Kopfzeile der Sharky-WebApp könnte einen kleinen Verlauf vertragen, meinen Sie nicht? Passen Sie dazu den header in Ihrer CSS-Datei folgendermaßen an:

```
header {
  background-image: -webkit-linear-gradient(top, #1384ed, #204280);
  text-align:center;
  overflow:hidden;
  position: fixed;
  width:100%;
  top:0px;
  z-index: 100;
}
```

Die Eigenschaft `-webkit-linear-gradient` besitzt dabei mindestens drei Werte. Zuerst legen Sie die Richtung des Verlaufs fest. In Sharky's Fall top verläuft der Verlauf von oben nach unten. Alternativ können Sie hier auch eine andere Richtung mit z.B. top right oder dem Winkel als Zahl angeben. Darauffolgend folgen die einzelnen Farben, die der Verlauf beinhaltet. Dabei können Sie den Farbwert im Hex-Format oder auch als RGBA angeben. In Ihrer WebApp hat die Kopfzeile nun einen Verlauf von Blau nach Dunkelblau, was richtig schön an ein tiefes Gewässer erinnert (Abbildung 2.21). Sehr hübsch!

Abbildung 2.21 Die Kopfzeile mit Farbverlauf

Tipp zur einfachen Erstellung von Farbverläufen

Die Definition von Farbverläufen kann noch viele weitere Parameter beinhalten, wie Größe des Verlaufs, Positionen der Farben etc. Durch diese Fülle an Einstellmöglichkeiten kann die Gestaltung solch eines Verlaufs ohne Hilfsmittel kompliziert und unübersichtlich werden. Verwenden Sie deshalb einen Verlaufsgenerator, wie z.B. *http://gradients.glrzad.com*. Dort können Sie über eine Bedienoberfläche Farbe, Position und alle weiteren Werte einfach einstellen. Die Webseite gibt dann den fertig generierten Code aus, den Sie einfach für Ihre WebApp übernehmen können. Sehr praktisch und zeitsparend!

Performance

Neben diesen neuen Eigenschaften ist in iOS 5 besonders die Performance erheblich verbessert worden. Das canvas-Element, welches Sie im späteren Verlauf kennenlernen werden, profitiert besonders von diesem Geschwindigkeitsschub und ist in Tests teilweise fünfmal so schnell wie in vorherigen iOS-Versionen. Auch die JavaScript-Performance wurde beachtlich verbessert. Es lohnt sich also für iOS 5 zu entwickeln.

2.4.3 Von der Webseite zur WebApp

Zusätzlich zu den bereits erwähnten Features von HTML5 bieten Mobilbrowser die Möglichkeit, ihr Dokument für den mobilen Einsatz zu optimieren. Dafür gibt es einige Eigenschaften, die nicht zum offiziellen Standard gehören. Im Folgenden lernen Sie, wie Sie mit wenigen Einstellungen Ihre Sharky-WebApp so verändern, dass sie einer nativen App schon sehr nahe kommt.

Apple-spezifische HTML-Elemente und Eigenschaften

Feste Breite

Bei den Designanpassungen zu Beginn dieses Kapitels haben Sie bereits die Breite Ihrer Sharky-WebApp über ein meta-Tag festgelegt. Sie erinnern sich? Im Folgenden gehen wir nochmal etwas detaillierter darauf ein:

Sie haben unter iOS die Möglichkeit, festzulegen, wie breit der sichtbare Bereich, der Viewport, Ihrer Website sein soll. Mit folgendem Code würde der Inhalt Ihrer WebApp mit einer Breite von 640 Pixel, der exakten Breite eines iPhone Retina-Displays, angezeigt werden:

```
<meta name="viewport" content="width=640"/>
```

Wenn Sie ihr Gerät nun in die Landscape-Ausrichtung drehen, wird die Website entsprechend vergrößert. Das ist nicht sehr schön, und deswegen raten wir Ihnen, dem Browser zu sagen, dass er die Seite immer in der jeweiligen Breite des Geräts darstellen soll. Sie haben diesen Teil bereits in die Sharky-WebApp integriert:

```
<meta name="viewport" content="width=device-width"/>
```

Zusätzlich haben Sie außerdem festgelegt, ob der Benutzer die Seite vergrößern oder verkleinern darf. Sie können im Viewport-Metaelement angeben, um welchen Faktor die Seite vergrößert werden darf:

```
<meta name="viewport" content="width=device-width, initial-scale=1.0,
maximum-scale=1.0"/>
```

Im Fall von Sharky möchten Sie das Zoomen generell deaktivieren und setzen sowohl die Eigenschaft `initial-scale` als auch `maximum-scale` auf 1.0 fest. Um möglichst Fehler und Darstellungsunterschiede auf verschiedenen Endgeräten zu unterbinden, verbieten Sie das Zoomen zusätzlich mit `user-scalable=no`. Die komplette Zeile sieht damit wie folgt aus:

```
<meta name="viewport" content="width=device-width, initial-scale=1.0,
maximum-scale=1.0, user-scalable=0">
```

Aus dem Browser auf den Home-Bildschirm

Auf Apple-Geräten gibt es neben Mobile Safari noch die Möglichkeit, Webseiten im Vollbildmodus zu öffnen. Diese lassen sich direkt über ein Symbol vom Home-Bildschirm öffnen. Um aus Sharky eine Vollbild-App zu machen, müssen Sie allerdings noch ein paar Vorbereitungen treffen. Fügen Sie zunächst folgende Codezeile in den `head`-Bereich ein:

```
<meta name="apple-mobile-web-app-capable" content="yes" />
```

Sie haben nun den Vollbildmodus aktiviert. Im nächsten Schritt müssen Sie ein Symbol anlegen, mit dem Sie ihre App vom Home-Bildschirm aufrufen. Legen Sie dazu eine Sharky-Grafik mit der exakten Größe 57 × 57 Pixel an, und speichern Sie diese als *icon-iphone.png* im Ordner *bilder* ab. Für die Sharky-WebApp sind wir wieder bei Flickr fündig geworden und verwenden einen Ausschnitt eines Fotos von »eddie.welker«. Fügen Sie nun folgenden Code in den `head`-Bereich ein:

```
<link rel="apple-touch-icon" href="bilder/icon-iphone.png" />
```

Im letzten Schritt legen Sie fest, welcher Name unter dem App-Symbol auf dem Home-Bildschirm erscheinen soll. Dies tun sie im im `title`-Element im `head`-Bereich:

```
<title>Sharky</title>
```

Beachten Sie, dass der App-Name maximal zwölf Zeichen lang sein darf. Ist er länger, wird er abgeschnitten.

Nun können Sie Ihren Lieblings-Jaguarhai zum Home-Bildschirm hinzufügen. Tippen Sie dazu in Safari das mittlere Symbol in der Toolbar an, und wählen Sie ZUM HOME-BILDSCHIRM aus. Anschließend wird Ihnen eine Vorschau Ihres App-Icons angezeigt. Sie haben hier auch die Möglichkeit, den Namen zu ändern. Klicken Sie nun auf HINZUFÜGEN. Sharky erscheint nun als Lesezeichen neben Ihren Apps auf dem Home-Bildschirm. Der für iOS typische Glanzeffekt und die abgerundeten Ecken werden automatisch hinzugefügt. Tippen Sie nun das Symbol an: Sharky wird im Vollbildmodus ohne Adressleiste und Toolbar geöffnet (Abbildung 2.22).

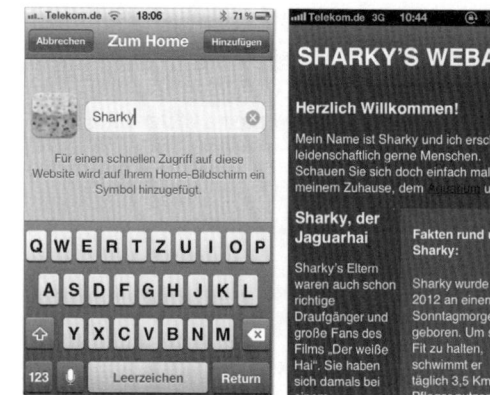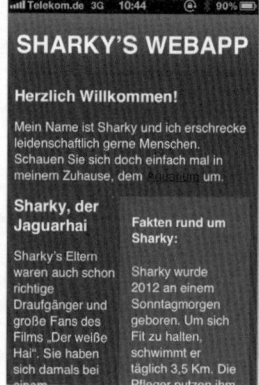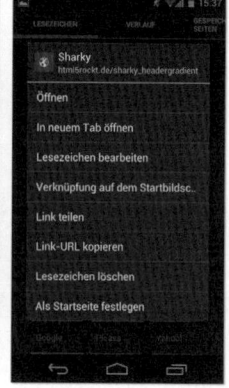

Abbildung 2.22 Das Hinzufügen zum Home-Bildschirm (links) und Ihre WebApp ohne Adressleiste (rechts) auf einem iPhone im oberen Bildbereich. Auf den beiden Abbildungen ganz rechts sehen Sie die Darstellung auf einem Android-Smartphone.

Trotz Vollbildmodus ist die Statusleiste permanent sichtbar – dies lässt sich leider nicht deaktivieren. Passend zum Design Ihrer App können Sie aber ihre Farbe variieren. Fügen Sie folgendes meta-Element in den head-Bereich ein:

```
<meta name="apple-mobile-web-app-status-bar-style" content="black" />
```

Schließen Sie nun Ihre Sharky-App, und öffnen Sie sie wieder. Statt der grauen Statusleiste erscheint nun eine etwas dezentere schwarze Variante mit weißem Text. Möglich sind folgende Werte:

default – graue Standardleiste

black – schwarze Statusleiste mit weißem Text

black-translucent – schwarze halbtransparente Statusleiste

Während Ihre WebApp lädt, zeigt ihr iPhone einen weißen Bildschirm an. Dieser bleibt solange sichtbar, bis alle benötigten Dateien vom Server heruntergeladen und auf dem Gerät gerendert sind. Anstelle des weißen Bildschirms können sie aber auch ein Bild anzeigen lassen, eine Art Splash-Screen. Legen Sie dazu eine Grafik mit der exakten Größe 320 × 460 Pixel an, und speichern Sie diese als *splash-iphone.png* im Ordner *bilder* Ihrer WebApp ab. Fügen Sie nun folgenden Code in den head-Bereich ein:

```
<link rel="apple-touch-startup-image" href="bilder/splash-iphone.png" />
```

Beim Start Ihrer WebApp wir nun der soeben eingefügte Splash-Screen angezeigt. Leider können Sie nicht beeinflussen, wie lange dieser angezeigt wird – je nach Dateigröße Ihrer App, Verbindungsgeschwindigkeit und der Performance Ihres Geräts kann die Anzeigedauer variieren. Es gibt auf dem iPhone auch keine Möglichkeit, einen Splash-Screen für den Landscape-Modus einzufügen, der Vollbildbrowser unterstützt nur Portrait-Grafiken.

Für Experten

Wenn Sie ein App-Icon angelegt haben, das ohne den typischen Glanzeffekt dargestellt werden soll, können sie dies mit der precomposed-Eigenschaft im head-Bereich einfügen:

```
<link rel="apple-touch-icon-precomposed" href="bilder/icon-iphone.png" />
```

Standardmäßig erkennt Safari in Webseiten Telefonnummern und hinterlegt diese mit einem Hyperlink. Klickt der Benutzer auf den Link, öffnet Safari die Telefonfunktion und ruft die Telefonnummer an. Manchmal ist es sinnvoll, diese Funktion zu deaktivieren, z.B. wenn Ihre App mit langen Zahlen arbeitet, die zwar wie Telefonnummern aussehen, aber keine sind. Verwenden Sie dazu folgenden Code:

```
<meta name="format-detection" content="telephone=no">
```

Mehr Details zu den Anpassungsmöglichkeiten von WebApps auf iOS-Geräten finden Sie in der offiziellen Dokumentation bei Apple in englischer Sprache:

http://developer.apple.com/library/IOS/#documentation/AppleApplications/ Reference/SafariWebContent/

Anpassungen fürs iPad und iPhone 4/4S

Da der Bildschirm von iPad und iPhone 4/4S etwas höher aufgelöst ist, gelten auch für App-Icon und Splash-Screen etwas andere Größen: iPad-Symbole sind genau 72 × 72 Pixel groß, Retina iPad-Symbole 144 × 144 Pixel. Für Retina-iPhones sind 114 × 114 Pixel der Standard. Sie verknüpfen im head-Bereich die Grafiken folgendermaßen:

```
<link rel="apple-touch-icon" href="bilder/icon-ipad.png" sizes="72x72" />
<link rel="apple-touch-icon" href="bilder/icon-ipad-retina.png"
sizes="144x144" />
<link rel="apple-touch-icon" href="bilder/icon-iphone-retina.png"
sizes="114x114" />
<link rel="apple-touch-icon" href="bilder/icon-iphone.png" />
```

Listing 2.12 Die Verknüpfung der App-Icons im head-Bereich

Zwar verarbeiten beide Gerätetypen auch die kleineren Standardsymbole, allerdings werden diese vergrößert und erscheinen unter Umständen verpixelt. Etwas anders sieht dies bei Splash Screens aus. Retina-iPhones verarbeiten die gleiche Grafik wie ältere Modelle. Für iPad-Apps allerdings müssen Sie einen eigenen Splash Screen mit den Maßen 768 × 1.004 Pixel anlegen. Die gute Nachricht: Zusätzlich können Sie hier eine Version für die Landscape-Ansicht anlegen – diese muss genau 1.024 × 748 Pixel groß sein. Verwenden Sie folgenden Code zum Verknüpfen der Grafiken:

```
<link rel="apple-touch-startup-image" href="/bilder/splash-ipad-land-
scape.png" media="screen and (min-device-width: 481px) and (max-device-width:
1024px) and (orientation:landscape)" />
<link rel="apple-touch-startup-image" href="/bilder/splash-ipad-portrait.png"
media="screen and (min-device-width: 481px) and (max-device-width: 1024px)
and (orientation:portrait)" />
<link rel="apple-touch-startup-image" href="/bilder/splash-iphone.png" />
```

Listing 2.13 Die Definition von Splash Screens

Möglichkeiten auf Android

Auch auf Android-Geräten können Sie einige Anpassungen vornehmen, um die Sharky-WebApp mehr wie eine native App aussehen zu lassen. Diese sind zwar offiziell nicht so zahlreich wie unter iOS, aber mit ein paar Tricks erreichen sie ähnliche Resultate.

Zunächst können Sie ebenfalls die Breite des Viewports auf die Breite des Geräts anpassen und das Vergrößern/Verkleinern durch den Nutzer verhindern:

```
<meta name="viewport" content="width=device-width, initial-scale=1.0,
maximum-scale=1.0, user-scalable=0">
```

Auch unter Android können Sie ein Sharky-Lesezeichen zum Home-Bildschirm hinzufügen. Verknüpfen Sie dazu zunächst ihr App-Icon im head-Bereich ihres Dokuments. Offiziell gibt es dafür keine Android-spezifische Eigenschaft, sie können aber den gleichen Code wie unter iOS verwenden:

```
<link rel="apple-touch-icon-precomposed" href="bilder/icon-iphone.png" />
```

Nun können Sie ihre Website zum Home-Bildschirm hinzufügen. Legen Sie dafür zunächst ein Lesezeichen Ihrer Seite an. Öffnen Sie anschließend das Lesezeichenmenü im Android-Browser, und tippen Sie lange auf das entsprechende Lesezeichen. Wählen Sie nun ZUM HOME-BILDSCHIRM aus, fertig.

Sie können nun Ihre WebApp über das Symbol auf dem Home-Bildschirm starten. Im Gegensatz zu iOS geht dies aber nicht im Vollbildmodus. Mit einem kleinen Trick können Sie aber zumindest die Adressleiste verstecken und sich somit etwas mehr Platz auf dem Bildschirm verschaffen. Fügen Sie dazu folgenden Code vor dem schließenden body-Tag ein:

```
<script>
 window.scrollTo(0, 1);
</script>
```

Listing 2.14 Die Adressleiste des Browsers ausblenden

Direkt nach dem Aufrufen der Seite simuliert dieser kleine JavaScript-Befehl ein Scrollen durch den Benutzer. Dadurch verschwindet die Adressleiste und erscheint erst wieder, wenn der Nutzer bis ganz nach oben scrollt.

Weitere Informationen zur WebApp-Optimierung auf Android-Telefonen finden Sie in der offiziellen Android-Dokumentation in englischer Sprache:

http://developer.android.com/guide/webapps/index.html

2.5   Entwickeln mit JavaScript-Frameworks – jQuery & Co.

Nachdem Sie nun gelernt haben, wie Sie eine App mit HTML strukturieren und mit CSS gestalten können, wird es Zeit für den eigentlichen Teil einer WebApp: die Interaktivität. Um in einem Webbrowser Programmcode ausführen zu können, bedarf es einer Programmiersprache, die vom Browser verstanden wird. Der Standard dafür ist heute JavaScript.

JavaScript wurde 1995 von Netscape entwickelt, um z.B. vor dem Absenden von Formularen auf Webseiten Nutzereingaben auf ihre Richtigkeit hin zu überprüfen. JavaScript hat übrigens, obwohl häufig damit verwechselt, nichts mit Java zu tun – lediglich die Syntax ist beiden Sprachen gemein. JavaScript muss nicht kompiliert werden. Der gesamte Quellcode wird vom Server heruntergeladen und im Webbrowser ausgeführt.

Skripte, die mit JavaScript geschrieben wurden, haben im Vergleich zu anderen Programmiersprachen wesentlich weniger Rechte und Möglichkeiten, auf Hardwarekomponenten zuzugreifen: Der Browser führt sie nach dem *Sandbox-Model* aus. Dies ist vor allem aus Sicherheitsgründen so und soll verhindern, dass gefährliche Webseiten unbemerkt Dateien vom Computer kopieren oder auf die eingebaute Kamera zugreifen können und dabei heimlich ungewollte Fotos von Ihnen und Ihrer heimlichen Vorliebe für Briefmarken mit Haimotiven schießen. Ursprünglich war es nicht möglich, mit JavaScript Daten vom eigenen Webserver nachzuladen. Erst die Entwicklung des *XMLHttpRequest*, der Grundlage für das AJAX-Konzept, machte dies möglich.

Heute lassen sich drei Hauptanwendungsfälle für JavaScript feststellen:

▶ Manipulation, Entfernen und Hinzufügen von HTML-Elementen

▶ Nachladen von Daten von Servern

▶ zeitgesteuerte Funktionen und Animationen

2.5.1   Die JavaScript-Syntax

Sie schreiben JavaScript direkt in den HTML-Code. Damit der Browser weiß, dass es sich dabei um ausführbaren Code handelt, wird dieser immer in ein `script`-Element gesetzt:

```
<script>
 document.write('Hallo Welt');
</script>
```

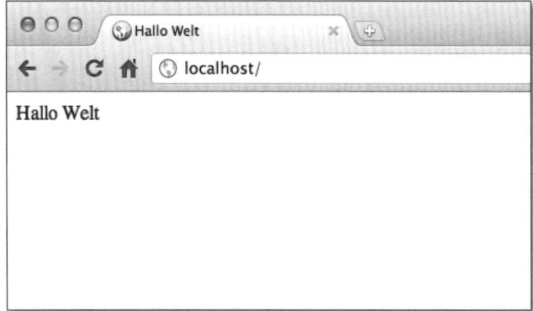

Abbildung 2.23 Ausgabe im Browser

Diese Zeile erzeugt im Browser die Worte »Hallo Welt« (Abbildung 2.23). Die Syntax der Sprache nennt man Punkt-Notation: Vorn steht das Objekt, danach folgt, getrennt durch einen Punkt, die Methode, welche auf dem Objekt ausgeführt werden soll. In unserem Fall ist das Objekt das `document`, also die im Browser angezeigte HTML-Seite. Die Methode `.write()` gibt die Worte »Hallo Welt« aus, welche in Klammern direkt nach dem Methodennamen definiert werden.

Da es sich um einen String, also eine Zeichenkette, handelt, muss dieser durch Anführungszeichen gekennzeichnet werden. Anders verhält es sich bei Zahlen, diese müssen Sie ohne die Anführungszeichen übergeben:

```
<script>
 document.write(42);
</script>
```

Innerhalb der Klammer lassen sich übrigens ohne Probleme mathematische Operationen ausführen:

```
<script>
 document.write(42 + 8);
</script>
```

Der Browser wird nun »50« ausgeben, das Ergebnis der mathematischen Operation. Das geht nur, weil der Interpreter die Zahlen als Integer-Werte versteht und diese verrechnen kann. Versuchen Sie es doch mal spaßeshalber mit `document.write('42 + 8');` oder `document.write('42' + '8');`.

Beachten Sie: Eine Codezeile in JavaScript endet immer mit einem Semikolon:

```
<script>
 window.alert('Hallo Welt');
</script>
```

Abbildung 2.24 Dialogfeld auf dem iPhone (links) und unter Android (rechts)

Ein besonders wichtiges Objekt ist window, also das eigentliche Browserfenster. Es hält unter anderem die Methode .alert() bereit, die ein Dialogfenster mit dem in Klammern übergebenen Text enthält (Abbildung 2.24).

Eigenschaften und Variablen

Jedes Objekt hat neben Methoden aber auch noch Eigenschaften, die Sie mit Java-Script entweder auslesen oder verändern können. Das window-Objekt beispielsweise hat die Eigenschaften innerWidth und innerHeight, also die Breite und Höhe der Anzeigefläche des Browserfensters. Eigenschaften werden ebenfalls per Punkt-Notation ausgelesen:

```
<script>
 var breite = window.innerWidth;
 window.alert(breite);
</script>
```

Sie deklarieren eine Variable mit einem vorangestellten var. In ihnen können Sie Daten und Werte speichern, die Sie zu einem späteren Zeitpunkt im Code noch einmal verwenden möchten. Die Werte werden per = zugewiesen, dabei nimmt der Bezeichner auf der linken Seite den Wert auf der rechten Seite an. In unserem Beispiel legen Sie eine Variable mit dem Namen breite an und weisen ihr den Wert von window.innerWidth zu, also die Breite des Browserfensters. Anschließend geben Sie diesen Wert in einem Dialogfenster aus.

Denkbar ist aber auch Folgendes:

```
<script>
 window.innerWidth = 300;
</script>
```

Eigenschaften von Objekten lassen sich auf dieselbe Weise anderen Werte zuweisen. In diesem Beispiel verändern Sie die innere Breite des Browserfensters auf 300 Pixel.

Der Dokumentenbaum

Nachdem Sie nun die grundlegende Syntax von JavaScript kennengelernt haben, widmen Sie sich dem eigentlichen Einsatzzweck von JavaScript bei HTML5-WebApps: der Manipulation des *DOM-Baums*. DOM steht hier für *Document Object Model*. Kurz gesagt, bedeutet dies, dass JavaScript jedes HTML-Element als ein Objekt betrachtet, dessen Inhalte und Attribute verändert, kopiert oder gelöscht werden können.

Nehmen Sie den HTML-Code Ihrer Sharky-App, und fügen Sie am Ende der Überschrift einen Button an (Abbildung 2.25). Dieser soll später den darunterstehenden Textparagrafen ein- und ausblenden. Aber immer mit der Ruhe, eins nach dem anderen.

```
var button = document.createElement('button');
var text = document.createTextNode('Klick mich!');
button.appendChild(text);
document.getElementsByTagName('h1')[0].appendChild(button);
```

Abbildung 2.25 Ausgabe im Browser

Zunächst legen Sie ein Button-Element und ein Textelement an. Der Textknoten wird an das Button-Element angefügt. Anschließend ermitteln Sie mit `getElements-ByTagName()[0]` das erste Auftreten des `h1`-Elements im Dokumentenbaum und fügen das soeben erstellte Button-Element daran an. Sie benötigen also vier Zeilen Java-Script-Code, um ein HTML-Element zu erzeugen. Ganz schön viel, oder? Wie Sie dies mit weniger Code erledigen, werden Sie im Verlauf dieses Kapitels lernen.

Zunächst aber zur Verwendung von AJAX. *AJAX* steht für **A**synchronous JavaScript **A**nd **X**ML und ermöglicht es, neue Daten vom Server nachzuladen, ohne die komplette Webseite neu aufzubauen. Eine einfache Anfrage an den Server benötigt etwa 13 Zeilen Code:

```
var xmlHttp = null;
try {
 xmlHttp = new XMLHttpRequest();
} catch(e) {
 xmlHttp  = null;
}
if (xmlHttp) {
 xmlHttp.open('GET', 'beispiel.html', true);
 xmlHttp.onreadystatechange = function () {
  if (xmlHttp.readyState == 4) {
   alert(xmlHttp.responseText);
  }
 };
 xmlHttp.send(null);
}
```

Listing 2.15 Das Nachladen von Daten mit AJAX

Da Sie als Entwickler für WebApps solche Funktionen öfter benötigen, stellen wir Ihnen im Folgenden nun JavaScript Frameworks und jQuery im Besonderen vor, welche Ihnen die Entwicklungsarbeit entscheidend leichter machen.

2.5.2 Einführung in jQuery

jQuery ist eine Klassenbibliothek für JavaScript (Abbildung 2.26). Sie stellt verschiedene Funktionen und Methoden zur Verfügung, um alltägliche Aufgaben leichter zu lösen. Das Framework wurde 2008 von John Resig entwickelt und seitdem ständig weiterentwickelt, verbessert und optimiert.

jQuery beinhaltet:

▸ Elementselektion, ähnlich der CSS3-Selektoren-Syntax

▸ Funktionen zur DOM-Manipulation

▸ Effekte und Animationen

▸ AJAX-Funktionalitäten

jQuery ist kostenlos und wird als Open-Source-Software unter der MIT-Lizenz vertrieben, das bedeutet, Sie dürfen es für private und kommerzielle Zwecke einsetzen.

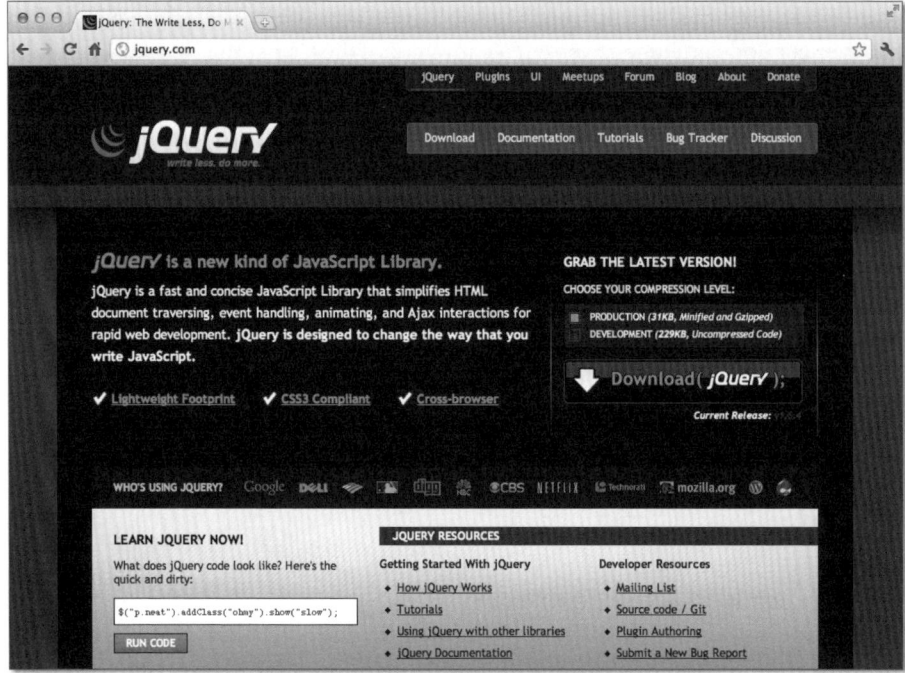

Abbildung 2.26 jQuery.com

Einbinden von jQuery

Bevor Sie jQuery benutzen können, müssen Sie die aktuellste Version der Bibliothek
herunterladen und Ihrem Projekt hinzufügen. Das ist vergleichsweise einfach, die
Bibliothek besteht lediglich aus einer einzigen JavaScript-Datei. Die jeweils aktuellste
Version finden Sie auf *http://code.jquery.com/jquery-latest.min.js*. Laden Sie diese
Datei herunter, und speichern Sie sie in Ihrem Projektverzeichnis ab. Wir empfehlen
Ihnen, alle JavaScript-Dateien, also auch die jQuery-Bibliothek, in einem Unterordner
namens *js* abzulegen. Nachdem Sie die Datei abgespeichert haben, fügen Sie Folgen-
des in Ihr HTML-Dokument ein:

```
<script src="js/jquery.js"></script>
<script>
 $(function(){
  // Hier kommt der jQuery-Code hinein
 });
</script>
```

Sie haben nun jQuery mit Ihrem Dokument verknüpft und einen ersten Block angelegt. Dieser bewirkt, dass sämtliche jQuery-Funktionen erst ausgeführt werden, wenn
die Bibliothek tatsächlich vom Webserver heruntergeladen wurde. Entscheidend ist,
dass die Verknüpfung mit der jQuery-Bibliothek im HTML-Code erfolgt, **bevor** sie die
entsprechenden Funktionen nutzen. Wenn Sie die Reihenfolge nicht beachten, kann
es passieren, dass Sie vom Browser eine Fehlermeldung bekommen oder der Code
schlichtweg nicht ausgeführt wird. Nutzen Sie die JavaScript-Konsole in Google
Chrome, um eventuelle Fehlermeldungen ausgeben zu lassen (Abbildung 2.27).

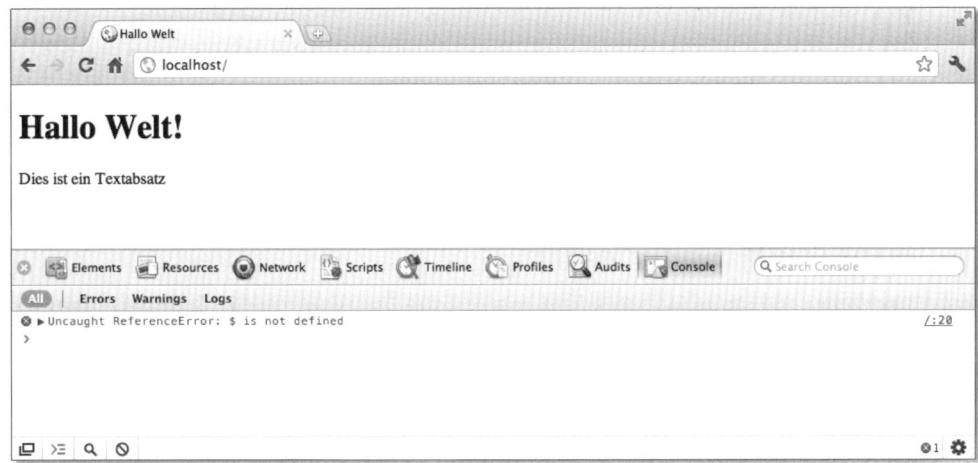

Abbildung 2.27 Chrome-Fehlerkonsole mit jQuery-Ausgabefehler

jQuery Syntax

Nachdem Sie nun erfolgreich die jQuery-Bibliothek mit Ihrem HTML-Dokument verknüpft haben, wird es Zeit für den ersten jQuery-Befehl. Fügen Sie folgende Zeile in den jQuery-Block ein:

```
$('h1').append('<button>Klick mich!</button>');
```

Die Codesyntax von jQuery folgt dabei ebenso wie JavaScript der Punkt-Notation. Der erste Teil der Zeile $('h1') erzeugt ein jQuery-Objekt. Dieses wählt alle h1-Elemente in Ihrem Dokument aus. Die Zeichenkette, die Sie in den Klammern übergeben, ist dabei praktischerweise identisch mit den in Abschnitt 2.3.2, »Styling mit einer CSS-Datei«, besprochenen CSS-Selektoren. Sie könnten also auch:

```
$('#id')
```

oder

```
$('.klasse')
```

angeben, um die entsprechenden Elemente auszuwählen. Selbst komplexe Selektoren wie

```
$('div.header > h1 strong')
```

sind möglich.

Nach dem Punkt folgt immer eine jQuery-Funktion, in diesem Fall die .append()-Funktion. Sie fügt an die zuvor selektierten h1-Elemente einen in den Klammern definierten HTML-Schnipsel an. In diesem Fall einen Button mit dem Text »I love Sharky!«.

Die Funktion bezieht sich also auf alle Elemente, die Sie zuvor mit Ihrem jQuery-Objekt ausgewählt haben. Wenn Sie beispielsweise in Ihrem Dokument mehrere h1-Elemente verwenden, so würde jedem dieser Elemente ein Button angehängt.

Einen Button mit Funktion versehen

Sie haben einen Button an eine Überschrift angefügt. Wenn Sie im Browser darauf klicken, werden Sie feststellen, dass nichts passiert. Der Button ist noch ohne Funktion. Um dies zu ändern, weisen Sie dem Button eine Funktion zu, die bei einem bestimmten Ereignis ausgeführt wird. Fügen Sie folgenden Code in Ihrem jQuery-Block ein:

```
$('button').on('click', function(){
  window.alert('Sharky ist der Beste!');
});
```

Wenn Sie das HTML-Dokument im Browser neu laden und den Button klicken, öffnet sich ein Dialogfenster mit der Liebeserklärung an Sharky.

Was haben Sie also gemacht? Mit der jQuery-Methode .on() fügen Sie dem zuvor selektierten Element einen EventHandler hinzu, also eine Funktion, die beim Eintreten eines bestimmten Ereignisses ausgeführt werden soll. In den Klammern übergeben Sie zwei Parameter: zunächst den Namen des Ereignisses, bei dem etwas passieren soll. In diesem Fall heißt das Ereignis click, also der einfache Klick mit der linken Maustaste. Danach folgt, durch ein Komma getrennt, die Funktion, die ausgeführt werden soll, wenn das Ereignis, also der Mausklick bzw. das Antippen mit dem Finger, eintritt. In Ihrem Fall eine einfache Zeile JavaScript, die ein Dialogfenster mit den Worten »Sharky ist der Beste!« öffnet.

Neben click gibt es in jQuery noch eine Reihe weiterer Ereignistypen, die Sie verknüpfen können:

- dblclick – Doppelklick mit der linken Maustaste
- hover – der Mauszeiger wird über ein Element bewegt.
- mousemove – der Mauszeiger wird innerhalb eines Elements bewegt.
- mousedown – die linke Maustaste wird heruntergedrückt.
- mouseup – die linke Maustaste wird losgelassen.
- keypress – eine Taste auf der Tastatur wird gedrückt.
- keydown – eine Taste auf der Tastatur wird heruntergedrückt und gehalten.
- keyup – eine Taste auf der Tastatur wird losgelassen.
- focus – ein Element wird ausgewählt und erhält den Fokus (z. B. ein Textfeld).
- blur – ein Element verliert den Fokus.
- change – ein Formular oder Formularelement wird verändert.
- submit – ein Formular wird abgeschickt.

Da die meisten iOS- und Android-Geräte jedoch weder über Maus noch Tastatur verfügen, sind die meisten der klassischen Ereignisse für uns irrelevant. In Abschnitt 3.1.1, »Der feine Unterschied zwischen Berühren und Klicken«, werden wir weitere Ereignistypen für Touch-basierte Geräte vorstellen.

HTML-Elemente ein- und ausblenden

Wichtiger Teil eines Interfacedesigns ist es, zur rechten Zeit Informationen und Elemente anzuzeigen und wieder auszublenden. Die jQuery-Bibliothek ist dafür perfekt geeignet. Ersetzen Sie den Code aus der letzten Übung durch:

```
$('button').on('click', function(){
 $('p#id').hide();
});
```

Wenn Sie auf den Button klicken, verschwindet der darunterliegende Textabsatz. Er wird mit der jQuery-Methode `.hide()` versteckt. Doch wie können Sie den Absatz wieder einblenden? Ersetzen Sie die Methode einfach durch `.toggle()`:

```
$('p#id').toggle();
```

Wenn Sie auf die Schaltfläche klicken, verschwindet der Textabsatz. Wenn Sie den Button erneut klicken, erscheint der Textabsatz wieder. Mit `.toggle()` können Sie Inhalte also wie mit einem Kippschalter aus- und wieder einblenden.

Animieren mit jQuery

Um Ihr Dokument ansehnlicher zu machen und dem Benutzer auch transparenter zu kommunizieren, was gerade passiert, bietet es sich an, das Aus- und Einblenden durch eine Animation zu ergänzen.

Ersetzen sie die Methode `.toggle()` durch `.slideToggle()`:

```
$('p#id').slideToggle();
```

Ein Klick auf den Button lässt den Absatz nun herauf- und herunterrollen. Sie haben soeben Ihre erste kleine Animation mit jQuery erzeugt. Im Abschnitt »Effekte« in Abschnitt 2.5.3 dokumentieren wir noch weitere Animationsmöglichkeiten mit jQuery. Dazu aber später mehr.

Daten vom Server nachladen

Ein besonders wichtiges Feature von jQuery ist das dynamische Nachladen von Daten vom Server, auch bekannt als *AJAX*. Am Anfang dieses Kapitels haben Sie bereits gelernt, wie ein XmlHttpRequest in reinem JavaScript aussieht. Nun möchten wir Ihnen die jQuery-Variante erklären. Dazu benötigen wir in unserer Datei *index.html* zunächst ein Element mit der id ergebnis:

```
<h1>Hallo Welt!</h1>
<ul id="ergebnis"></ul>
```

Legen Sie nun ein zweites HTML-Dokument mit dem Namen *beispiel.html* an, und speichern Sie es im selben Verzeichnis wie *index.html*. Füllen Sie Folgendes in das Dokument ein:

```
<li id="eins">Erster Listenpunkt</li>
<li id="zwei">Zweiter Listenpunkt</li>
<li id="drei">Dritter Listenpunkt</li>
```

Den Inhalt dieser Datei werden Sie gleich per jQuery nachladen. Fügen Sie dazu folgende Zeile in Ihren jQuery-Codeblock ein:

```
$('button').on('click', function(){
  $('#ergebnis').load('./beispiel.html');
});
```

Wenn Sie nun auf den Button klicken, wird jQuery eine http-Verbindung zum Webserver herstellen, die Datei *beispiel.html* herunterladen und deren Inhalt in das Element #ergebnis einfügen (Abbildung 2.28). Dies geschieht mit der Methode .load(), der Sie lediglich den Namen der zu ladenden Datei übergeben müssen.

Abbildung 2.28 Das Ergebnis der AJAX-Abfrage im Browser

Mit dieser Methode ist es außerdem möglich, nur Teile einer Datei in Ihr Dokument einzufügen. Fügen Sie dazu direkt nach dem Dateinamen ein Leerzeichen und die id des entsprechenden Bereichs an:

```
$('#ergebnis').load('./beispiel.html #zwei');
```

jQuery fügt nun lediglich den zweiten Listenpunkt in ihr Dokument ein (Abbildung 2.29).

Abbildung 2.29 Mit jQuery lassen sich auch Teile des Abrageergebnisses ausgeben.

Aufgrund von Sicherheitseinstellungen in den Webbrowsern müssen Daten, die per AJAX übertragen werden sollen, immer auf demselben Server liegen wie das Skript, das diese abruft. Um Daten von anderen Servern dynamisch abzurufen (sogenannte *Public APIs*) gibt es eine ähnliche Technologie, die wir in Kapitel 7, »Offline – damit eine App in jedem Winkel der Welt funktioniert«, näher erläutern und an einem Beispiel implementieren werden.

2.5.3   Wichtige Funktionen in jQuery

Jetzt haben Sie einen ersten Eindruck davon, was Sie mit jQuery alles anstellen können, ohne viel Programmcode schreiben zu müssen. Natürlich kann jQuery noch viel mehr. Einige weitere wichtige Methoden, die Sie für die Entwicklung immer wieder gebrauchen werden, stellen wir Ihnen nun vor.

Attribut-Funktionen

```
.attr({name,wert})
```

Diese Funktion hilft Ihnen dabei, den Wert von Elementattributen auszulesen und zu verändern. Dies kann hilfreich sein, wenn Sie beispielsweise die Quelldatei eines Bildes austauschen möchten.

```
.addClass(klasse)
```

Einen besonderen Stellenwert innerhalb der jQuery-Funktionen nehmen die `class`-Attribute ein. Sie werden in der Regel verwendet, um bestimmte Elemente mit CSS zu gestalten. Jedes Element kann mehrere Klassen haben, diese werden in HTML durch Leerzeichen voneinander getrennt: `class="klasse1 klasse2 … klasse100"`.

Mit der Funktion `.addClass` fügen Sie einem oder mehreren Elementen eine neue Klasse hinzu. Beachten Sie, dass der Klassenname in diesem Fall nicht mit einem Punkt beginnen darf.

```
.removeClass(klasse)
```

Mit der Funktion `.removeClass` entfernen Sie die Klasse von einem HTML-Element, die Verwendung erfolgt analog zu `.addClass`.

```
.toggleClass()
```

Die Funktion `.toggleClass` fügt eine Klasse hinzu und entfernt diese wieder – abhängig davon, ob das Element die Klasse besitzt oder nicht.

DOM-Manipulation

`.prepend(code)` und `.append(code)`

`.append()` wird genutzt, um HTML-Code mit jQuery am Ende eines Elements einzufügen. Der entsprechende HTML-Schnipsel wird als String, also in Textform, in der Klammer übergeben. Beachten Sie, dass der Codeschnipsel gültig sein muss, das heißt, Tags geschlossen sein müssen.

```
$('h1').append('<button>Klick mich!</button>');
// ergibt:
// <h1>Hallo Welt<button>Klick mich!</button></h1>
```

Analog dazu funktioniert `.prepend()`, die Funktion fügt den übergebenen Schnipsel am Anfang des Elements ein.

```
$('h1').prepend('<button>Klick mich!</button>');
// ergibt:
// <h1><button>Klick mich!</button>Hallo Welt</h1>
```

`.before(code)` und `.after(code)`

Wie bei `.append()` und `.prepend()` fügen die Funktionen `.before()` und `.after()` HTML-Code in das Dokument ein. Allerdings nicht innerhalb des selektierten Elements, sondern direkt davor bzw. dahinter:

```
$('h1').before('<button>Klick mich!</button>');
// ergibt:
// <button>Klick mich!</button><h1>Hallo Welt</h1>
```

```
$('h1').after('<button>Klick mich!</button>');
// ergibt:
// <h1>Hallo Welt</h1><button>Klick mich!</button>
```

`.wrap(code)`

Gelegentlich müssen Elemente von einem anderen Element umschlossen werden, das zur Laufzeit noch nicht im Quellcode existiert. An dieser Stelle kommt die `.wrap`-Funktion zum Einsatz: Sie umschließt jedes der mit $() selektierten Objekte mit dem als Parameter übergebenen Element:

```
$('h1').wrap('<header></header>');
// ergibt:
// <header>
//   <h1>Hallo Welt</h1>
```

```
// </header>
```

```
.html(code)
```

Mit `.html()` lässt sich der komplette Inhalt eines Elements austauschen. Dabei werden sämtlicher Text und alle Unterelemente, die in dem betreffenden Element enthalten sind, überschrieben.

```
$('h1').html('<button>Klick mich!</button>');
// ergibt:
//   <h1><button>Klick mich!</button></h1>
```

```
.remove()
```

Die `.remove()`-Funktion entfernt eines oder mehrere Elemente aus dem DOM-Baum. Beachten Sie, dass die Elemente nicht nur ausgeblendet, sondern tatsächlich gelöscht werden und nicht per JavaScript wiederherstellbar sind.

Effekte

`.show()` und `.hide()`

Elemente lassen sich mit der Funktion `.hide()` ausblenden. Mit `.show()` werden ausgeblendete Teile wieder angezeigt. Wenn Sie dem Nutzer die Möglichkeit geben, Elemente in Ihrer WebApp zu verstecken, dann sollte der Nutzer auch in der Lage sein, die ausgeblendeten Elemente wieder anzuzeigen. Alles andere wäre unfair, oder?

`.toggle()`

Besser ist daher, Sie verwenden `.toggle()`. Diese Funktion wechselt die Sichtbarkeit von Elementen, je nachdem ob diese versteckt sind oder nicht.

`.slideUp()`, `.slideDown()` und `.slideToggle()`

Neben dem einfachen Verstecken und Anzeigen von Elementen können Sie mit jQuery diesen Vorgang auch animieren. Das macht dann Sinn, wenn der Nutzer Ihrer WebApp verstehen soll, woher ein Element kommt oder wohin es verschwindet. Per `.slideUp()` »rollen« Sie ein Element von unten nach oben ein, `.slideDown()` macht genau dasselbe in entgegengesetzte Richtung. Die Methode `.slideToggle()` funktioniert genau wie `.toggle()`, je nachdem, ob das Element gerade ein- oder ausgerollt ist, wird die Animation abgespielt.

`.fadeIn()`, `.fadeOut()` und `.fadeToggle()`

Eine andere Möglichkeit, Vorgänge zu animieren, ist das »Faden«, das Ein- und Ausblenden von Elementen. Dafür stehen in jQuery die Methoden `.fadeIn()` zum Einblenden und `.fadeOut()` zum Ausblenden eines Elements bereit. Mit `.fadeToggle()` wechselt der Zustand genau wie bei `.toggle()` oder `.slideToggle()`.

Animationen helfen dabei, dem Benutzer bestimmte Vorgänge in der Benutzeroberfläche verständlich zu machen: Woher kommt der Button? Wohin verschwindet der Textblock? Allerdings sind Animationen sehr prozessorlastig und stellen damit, vor allem bei mobilen WebApps, eine Herausforderung an die Hardware dar. In Kapitel 3, »Konzeption und Gestaltungsprinzipien«, erklären wir Ihnen, wie Sie JavaScript und jQuery für Smartphones optimieren, um die maximale Performance herauszukitzeln. Generell gilt aber immer: Setzen Sie Animationen sparsam ein! Im Zweifelsfall verzichten Sie lieber auf den Effekt, auch wenn er beim ersten Ausprobieren noch so toll erscheint. Wenn die WebApp damit entscheidend langsamer und schwerer bedienbar wird, dann erzeugt die Animation hier eher Frust beim Benutzer.

Ereignisse und Nutzereingaben

`.on(ereignis, funktion)`

Elemente, die bei einem Nutzerereignis eine Funktion aufrufen sollen, bekommen diese mit der Methode `.on()` zugewiesen. Dabei wird zunächst der Name des Ereignisses als Zeichenkette (String) übergeben. Danach, durch ein Komma getrennt, die Funktion, die aufgerufen werden soll. Sie können jedem Element mehrere EventHandler zuweisen. So kann ein Button unterschiedliche Funktionen bei unterschiedlichen Ereignissen aufrufen:

```
$('button').on('mousedown', function(){
 $('#box').hide();
}).on('mouseup', function(){
 $('#box').show();
});
```

Dieser Code versteckt das Element `#box`, sobald Sie den Button mit der Maus drücken und gedrückt halten. Wenn Sie die Maustaste wieder loslassen, wird das Element wieder angezeigt.

`.off(ereignis)`

Mit `.off()` nehmen Sie einem Element den zuvor definierten EventHandler wieder weg. Das ist vor allem dann sinnvoll, wenn Sie beispielsweise einen Button deaktivieren möchten. Sie müssen der Methode lediglich den Namen des Ereignisses übergeben.

AJAX

Wie Sie Daten vom eigenen Server laden, haben Sie bereits gelernt. Wenn Sie Daten von einem fremden Server benötigen, verwenden Sie den Befehl:

```
jQuery.getJSON(url, funktion)

$.getJSON('http://example.org/beispiel.json', function(daten) {
 $.each(daten, function(schluessel, wert) {
  $('#ergebnis').append('<li id="' + schluessel + '">' + wert + '</li>');
 });
});
```

Von fremden Webservern können Sie Daten nur im JSON-Format, also einer Art Java-Script-Array abrufen. Die Methode .getJSON() lädt zunächst diese Datei vom Server und verarbeitet sie danach in einer Funktion. In unserem Fall hängen Sie den Inhalt an das Element #ergebnis an.

Eine vollständige Auflistung aller jQuery-Funktionen und deren Dokumentation finden Sie in englischer Sprache auf *http://api.jquery.com* (Abbildung 2.30).

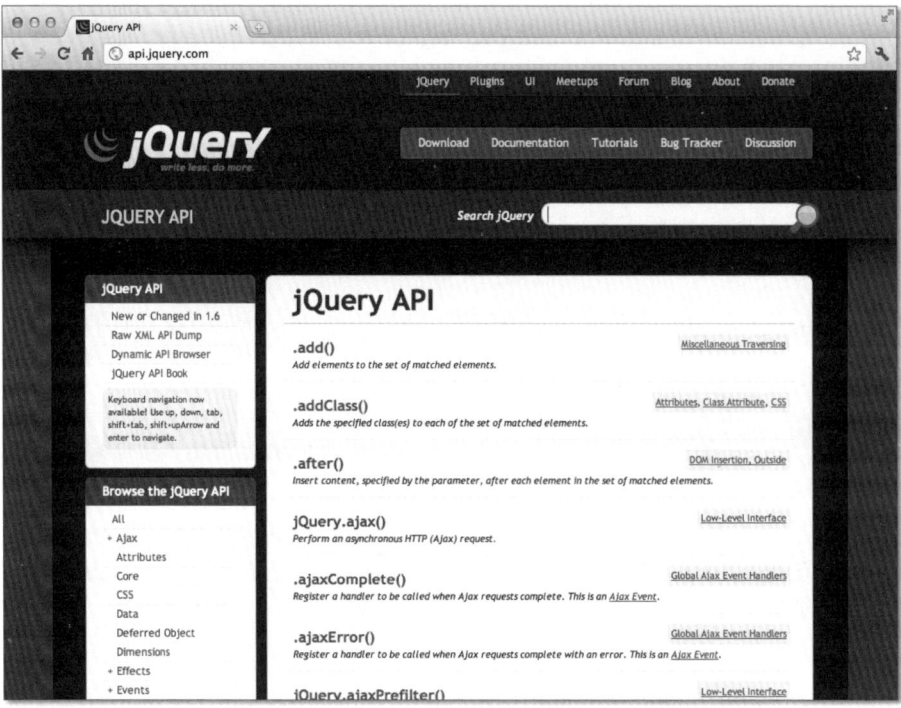

Abbildung 2.30 Die API-Dokumentation von jQuery

2.5.4   Nachteile von jQuery

Sie werden feststellen, dass die Entwicklung mit jQuery wesentlich einfacher und verständlicher ist als die mit reinem JavaScript. Darüber hinaus müssen Sie für wiederkehrende Aufgaben weniger Code schreiben, was Ihre App übersichtlicher macht und den Entwicklungsprozess beschleunigt.

Allerdings hat jQuery für die WebApp-Entwicklung auch einige Nachteile. Das Framework ist vor allem darauf ausgelegt, die Syntax für ältere Browser zu vereinheitlichen. Dazu zählen auch Browser wie der Internet Explorer 6 und der Firefox 2, die auf manchen Desktopsystemen immer noch zum Einsatz kommen, aber auf Smartphones keine Rolle spielen. Das führt dazu, dass das Framework intern sehr viele veraltete Befehle verwendet, die unter iOS und Android eigentlich nicht benötigt werden.

In der Konsequenz ist jQuery in der minimierten Version rund 31 kB, in der unkomprimierten Entwicklerversion sogar 229 kB groß. Dadurch erhöhen sich die Ladezeiten Ihrer WebApp. Besonders unter mobilen Netzwerkverbindungen wie 3G oder EDGE kann der Ladevorgang so wertvolle Sekunden kosten.

Besonders rechenintensiv sind vor allem Animationen mit jQuery: Sie sind so ausgelegt, dass sie auf allen Browsern und Systemen möglichst zuverlässig und gleichförmig dargestellt werden. Da Smartphone-Browser HTML-Seiten aber etwas anders aufbauen als Desktopbrowser und die Hardware nicht annähernd so leistungsfähig ist, führt dies zu einer Beeinträchtigung der Darstellungsgeschwindigkeit.

Behalten Sie dies im Hinterkopf, wenn Sie eine WebApp mit jQuery planen. In Kapitel 3, »Konzeption und Gestaltungsprinzipien«, werden wir erklären, wie sich die Performance von jQuery-Code auf Smartphones optimieren lässt.

2.5.5   Eine Alternative zu jQuery – Zepto.js

Zepto.js bietet einen ähnlichen Funktionsumfang und eine vergleichbare Syntax wie jQuery, ist jedoch speziell für den Einsatz auf mobilen Webseiten und WebApps konzipiert. Die Bibliothek steckt jedoch im Vergleich zu jQuery noch in den Kinderschuhen und weist hier und dort noch Fehler auf.

Zepto.js ist eine minimalistische JavaScript-Bibliothek, die nur etwa 5 kB umfasst und speziell für moderne Mobilbrowser ausgelegt ist. Das Framework unterstützt die Plattformen:

▸ iOS 4+

▸ Android 2.2+

▸ webOS 1.4.5+

Sekundär werden für Entwicklungszwecke moderne Safari- und Chrome-Browser für den Desktop unterstützt. Die Bibliothek folgt dabei weitestgehend der jQuery-Syntax, enthält aber nicht deren vollen Funktionsumfang. Von den hier vorgestellten jQuery-Methoden werden z.B. die Animationen `.slideToggle()` und `.fadeToggle()` nicht unterstützt.

Zepto.js einbinden und verwenden

Laden Sie die aktuellste Version der Bibliothek von *http://zeptojs.com* herunter (Abbildung 2.31), und speichern Sie sie in Ihrem Projektverzeichnis in dem Ordner *js* ab. Fügen Sie anschließend Folgendes in Ihr HTML-Dokument ein:

```
<script src="js/zepto.min.js"></script>
<script>
 // Hier kommt der Zepto-Code rein
</script>
```

Schreiben Sie anschließend Ihren ersten Zepto-Code in das script-Element:

```
$('h1').append('<button>Klick mich!</button>');
$('button').on('click', function(){
 $('p#id').hide();
});
```

Abbildung 2.31 Zepto.js

Sie haben soeben einen Button erzeugt, der bei Klick das Element #id ausblendet. Ihnen wird vielleicht aufgefallen sein, dass der Code identisch zum jQuery-Äquivalent ist. Wenn Sie also bereits ein wenig mit jQuery gearbeitet haben, wird Ihnen die Programmierung mit Zepto.js sehr leichtfallen.

Eine komplette Dokumentation des Frameworks sowie eine Übersicht der Befehle finden Sie auf *https://github.com/madrobby/zepto*. Da Zepto.js sich noch in der Entwicklung befindet, können sich durchaus noch Methodennamen ändern, neue Methoden hinzukommen und alte aus der Bibliothek entfernt werden. Studieren Sie die Dokumentation sorgfältig, bevor Sie mit Zepto.js entwickeln.

> **Zepto.js und jQuery nicht im selben Dokument verwenden**
>
> Beachten Sie, dass Sie Zepto.js und jQuery nicht gleichzeitig in demselben HTML-Dokument verwenden können. Da beide Bibliotheken die gleiche Syntax verwenden, könnte es anderenfalls zu Interferenzen und Laufzeitfehlern im Programmcode kommen.

2.6   Die Geschwindigkeit einer WebApp verbessern

Wichtig für ein gutes Nutzungserlebnis ist, dass sich Ihre Apps schnell und flüssig bedienen lassen. Eine besondere Herausforderung stellen dabei die häufig noch sehr langsamen mobilen Internetverbindungen dar. 3G und EDGE erreichen nur einen Bruchteil der Übertragungsgeschwindigkeit, die Sie von ihrer DSL-Leitung zu Hause gewohnt sind. Damit sich eine App auf einem mobilen Gerät also schnell und flüssig lädt, müssen Sie vor allem darauf achten, die Datenmengen möglichst gering zu halten. In diesem Kapitel stellen wir einige Tricks und Vorgehensweisen vor, die Ihnen dabei helfen, die Geschwindigkeit Ihrer WebApps zu verbessern.

2.6.1   Kompression

Eine WebApp besteht in der Regel aus vier verschiedenen Arten von Dateien: dem HTML-Markup, CSS-Definitionen, JavaScript-Code und Bilddateien. Besonders letztere können locker mehrere Megabyte groß werden, vor allem wenn Sie für die Retina-Displays von iPad und iPhone angelegt werden. Zur Erinnerung: Der iPad-Bildschirm übertrifft mit seiner Auflösung von 2.048 × 1.536 Pixel selbst Full-HD-Fernsehbildschirme.

Versuchen Sie mit Bilddateien sparsam umzugehen. Können Sie statt eines Bildes auch ein HTML-Element oder eine CSS-Eigenschaft einsetzen? Hier ist Ihnen CSS3 eine große Hilfe: War es vor einigen Jahren noch üblich, für abgerundete Ecken oder Schlagschatten Bilder einzusetzen, können Sie jetzt getrost auf die entsprechenden Stildefinitionen zurückgreifen. Diese CSS-Eigenschaften haben Sie bereits zu Anfang dieses Kapitels kennengelernt.

Wenn Sie, trotz aller CSS- und HTML-Tricks, Bilder verwenden müssen, ist die Wahl des richtigen Dateiformats wichtig. Zurzeit sind drei verschiedene Formate in Webanwendungen üblich. Jedes davon ist für einen bestimmten Einsatzzweck optimal:

▶ *JPEG* bietet die beste Kompressionsrate, erzeugt also die kleinsten Dateien. Allerdings handelt es sich um eine verlustbehaftete Kompressionsmethode. Je kleiner die Dateigröße, desto schlechter die Bildqualität. Das macht sich besonders bei kleinteiligen Bildern wie Symbolen oder Strichzeichnungen bemerkbar. Perfekt geeignet ist JPEG hingegen für die Kompression von Fotos, also etwa Hintergrundtexturen oder Profilbildern: Aufgrund der vielen Farbverläufe fallen die Kompressionsartefakte kaum auf.

▶ *PNG-8* ist sozusagen der Nachfolger der GIF-Datei. Die Dateien sind extrem klein, was vor allem daran liegt, dass Bilder in diesem Format nur aus bis zu maximal 256 Farben aufgebaut sind. Dafür unterstützt das Format aber auch einfache Transparenzen. Das Format eignet sich also sehr gut für Symbole oder Schwarzweiß-Illustrationen.

▶ *PNG-24* ist quasi der große Bruder der PNG-8. Neben mehreren Millionen möglicher Farben können diese Bilddateien auch einen Alphakanal mit einer Transparenzmaske abspeichern. Das ermöglicht Ihnen weiche und ineinander fließende Transparenzen und Halbtransparenzen. Besonders gut geeignet ist dieses Format daher für Farbverläufe, Logos und Overlays. Allerdings handelt es sich auch um die größten Bilddateien.

Doch wie entscheiden Sie, welches Bildformat das richtige für Sie ist? Glücklicherweise stellt Ihnen Photoshop hier seit der Version CS2 das Werkzeug FÜR WEB UND GERÄTE SPEICHERN zur Verfügung. Öffnen Sie Ihre Bilddatei in Photoshop, und wählen Sie im Menü den Punkt DATEI • FÜR WEB UND GERÄTE SPEICHERN aus. Das Programm zeigt Ihr Foto nun in einem Dialogfenster an, in dem Sie mehrere Versionen Ihres Bildes in verschiedenen Dateiformaten miteinander vergleichen können. Praktischerweise steht darunter jeweils die Dateigröße und die geschätzte Übertragungsgeschwindigkeit, so dass Sie sich jeweils für das richtige Format entscheiden können (Abbildung 2.32).

Aber als echter Profi ist Ihnen das nicht genug: Die Kompression durch Photoshop ist zwar schon gut, in der Regel können Sie aber immer noch rund 10 % mehr herausquetschen!

Das richtige Werkzeug dafür heißt *ImageOptim*, und Sie können es kostenlos von *http://imageoptim.com/* herunterladen. Die Freeware kombiniert verschiedene Algorithmen zur Optimierung von Bildkompressionen. Was kompliziert klingt, ist eigentlich ganz einfach: Öffnen Sie das Programm, und ziehen Sie per Drag & Drop die entsprechenden Bilddateien direkt in das Programmfenster – ImageOptim erledigt den Rest für Sie, während die Bildqualität davon unbeeinflusst bleibt. ImageOptim ist nur für Max OS X erhältlich – unter Windows leistet Ihnen der *PngOptimizer* gute Dienste, ebenfalls kostenlos verfügbar unter *http://psydk.org/PngOptimizer.php* (Abbildung 2.33).

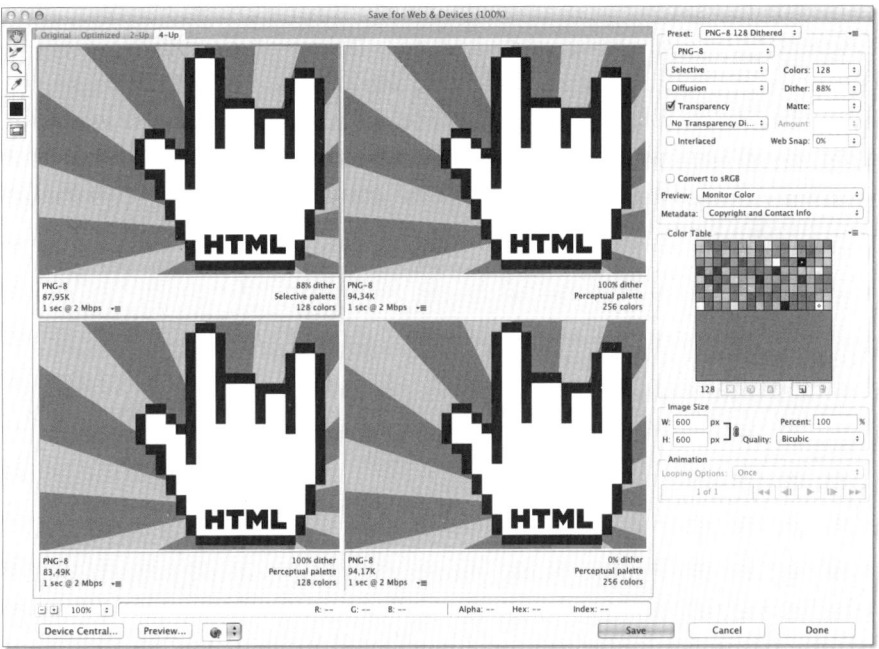

Abbildung 2.32 Der Photoshop-Dialog »Für Web und Geräte speichern«

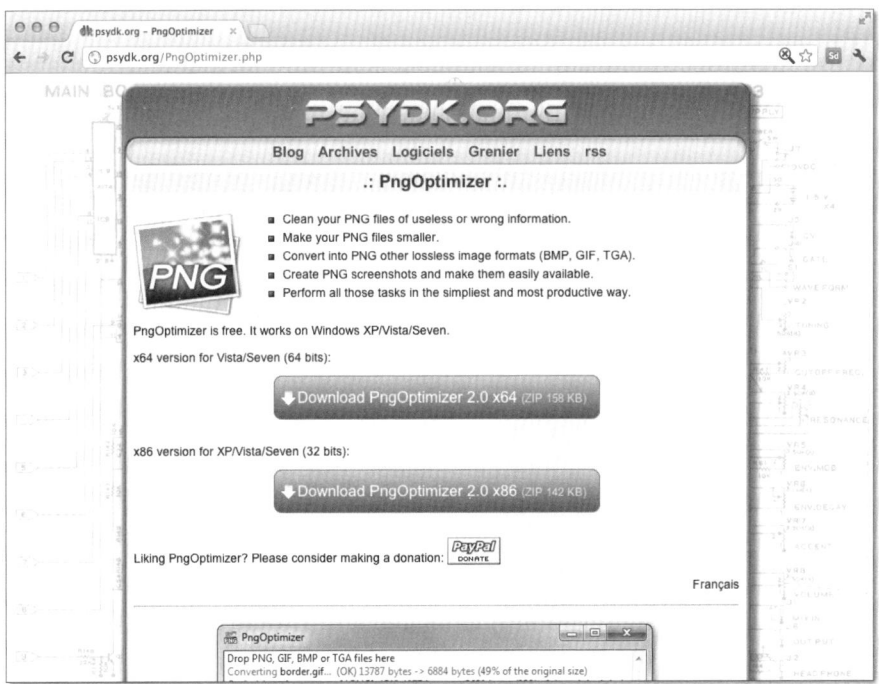

Abbildung 2.33 Die Webseite des PngOptimizers

Doch nicht nur Bilddateien, auch JavaScript- und CSS-Dateien lassen sich komprimieren. Diese bestehen zwar, streng genommen, nur aus reinem Text, enthalten aber eine Unmenge an Zeilenumbrüchen, Leerzeilen und sich wiederholenden Variablennamen. Diese machen in der Regel 10–20 % der gesamten Datei aus und erleichtern die Lesbarkeit und Entwicklungsarbeit, sind aber für den Browser eher unwichtig. Beim Entfernen des unnötigen Ballasts hilft Ihnen der Parser mit dem bezeichnenden Namen *UglifyJS*, online verfügbar unter *http://marijnhaverbeke.nl/uglifyjs* (Abbildung 2.34).

Abbildung 2.34 Die Webseite UglifyJS

Die Verwendung ist ebenfalls kostenlos, allerdings empfehlen wir, diesen Schritt erst vorzunehmen, wenn Sie am Quellcode nichts mehr verändern wollen.

Abbildung 2.35 Die Webseite der App »Smaller«

Etwas einfacher haben es mal wieder Entwickler, die einen Mac benutzen: Für sie hat der Entwickler Chen Luo ein Tool namens *Smaller* programmiert (Abbildung 2.35): Ähnlich wie bei ImageOptim ziehen Sie hier die HTML-, CSS- und JavaScript-Dateien einfach mit der Maus auf das Programmfenster, die App erledigt den Rest. Die kostenlose Testversion können Sie von *http://smallerapp.com/* herunterladen, nach 30 Tagen wird eine Lizenzgebühr von 20 US-Dollar fällig, umgerechnet sind das etwa 15 €. Eine lohnende Investition!

2.6.2   Die richtige Reihenfolge

In der Regel versuchen Webbrowser, die Dateien in der Reihenfolge zu laden, in der Sie im HTML-Quellcode verlinkt sind. Dabei kann es zu einem Phänomen kommen, dass man auch *Flash of Unstyled Content* nennt, kurz *FOUC*. Dieses Phänomen tritt auf, wenn die HTML-Elemente bereits dargestellt werden, bevor die vollständigen CSS-Definitionen geladen sind. Um das zu vermeiden, empfiehlt es sich, im HTML-Dokument folgende Reihenfolge einzuhalten:

```
<!DOCTYPE html>
<html>
<head>
 <title>App</title>
 <!-- Verlinkte CSS-Dateien: -->
 <link href="style.css" rel="stylesheet" type="text/css">
</head>
<body>
 <!-- HTML-Elemente -->
 <!-- Verlinkte JavaScript-Dateien: -->
 <script src="script.js" type="text/javascript"></script>
</body>
</html>
```

Sie versuchen also, zunächst die CSS-Dateien zu laden, danach die HTML-Elemente und erst danach, direkt vor dem schließenden body-Tag, den JavaScript-Code.

2.6.3   So wenig Anfragen wie möglich

Ein entscheidendes Nadelöhr bei WebApps ist neben der Internetverbindung vor allem der Webserver, der die Dateien an den Browser übermittelt. Für jede Datei wird eine separate Verbindung zum Server hergestellt, so ähnlich wie in einer Telefonzentrale am Anfang des 20. Jahrhunderts. In der Regel kann ein Server nur wenige parallele Verbindungen verarbeiten, nicht selten kommt es vor, dass eine Anfrage »festhängt« und alle nachfolgenden Datenpakete blockiert. Versuchen Sie also, die

Anzahl der Verbindungen auf ein Minimum zu reduzieren. Dafür bedienen Sie sich zweierlei Profitricks.

Base64

Streng genommen, bestehen Bilder auch nur aus Bits und Bytes, als aus Einsen und Nullen die in einer bestimmten Reihenfolge zusammen ein Bild ergeben. Wenn es doch nur eine Möglichkeit gäbe, diese in das HTML-Dokument einzubetten ... Moment mal, die gibt es! Das Zauberwort heißt Base64 – ein Encoder, der Ihre Bilddaten in Zahlen und Buchstaben umwandelt, die Sie in Ihren Quellcode schreiben können (Abbildung 2.36). Öffnen Sie die Seite *http://www.opinionatedgeek.com/dotnet/tools/base64encode/*, und laden Sie eine Bilddatei hoch. Mit einem Klick auf ENCODE generiert die Seite eine etwas kryptisch anmutende Zeichenkette, die Sie in Ihren CSS- oder HTML-Code einbauen:

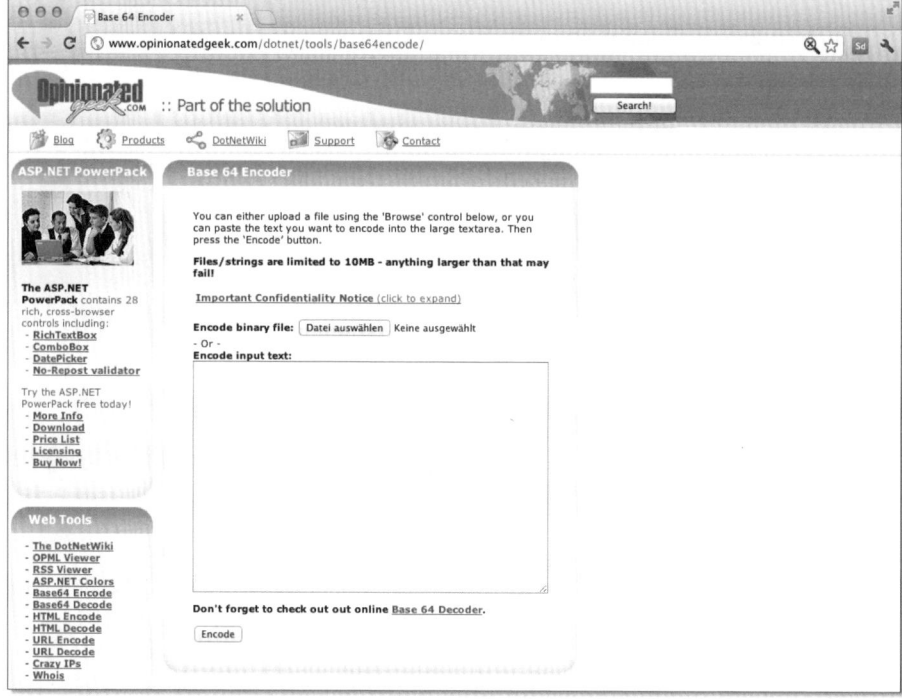

Abbildung 2.36 Der Base64-Encoder von Opinionated Geek
(http://www.opinionatedgeek.com/dotnet/tools/base64encode)

```
#hintergrund {
  background-image:url(data:image/
png;base64,iVBORwOKGgoAAAANSUhEUgAAACAAAAAoCAYAAACfKfiZAAAAsElEQVR42u3WsQqEMBA
EUL8nYJX2QBAEwS+5VjgQBOF+1/ZAuCq3KYSwjcV4DsIUU+dhsjtWMca/
```

```
JaVOGAEEEECA2wGCpWcBgmW1fDOCAXhaUs6OYFzBWCC2jGA8wpdDdIwpmByixQE4omHsgdkjGItocY
gHYxO+C8QnIxAA/hVwAP4OAAA2Ccwx7MAxxLchAMD6gFBGrhFJdTxcXce1ZXWHXwLwiEF/xQIIII-
AAZwJ+7PGabKrsTMYAAAAASUVORK5CYII=);
}
```

Listing 2.16 Das Hintergrundbild, kodiert im Base64-Format

Anstelle des Dateinamens steht nun also das komplette Bild im CSS-Code `url()`. Das vorgestellte `data:image/png;base64`, sagt dem Browser, dass es sich um ein Bild vom Typ *png* handelt, kodiert im Base64-Format.

All in one

Mit dieser Technik können Sie schon mal alle Bilddateien in Ihren Quellcode einbinden, aber was ist mit den JavaScript- und CSS-Dateien? Auch die können Sie natürlich als Codefragment in die HTML-Datei schreiben, dafür müssen Sie nur die umschließenden Tags leicht verändern:

```
<!DOCTYPE html>
<html>
 <head>
  <title>App</title>
  <style>
   // CSS-Definitionen
  </style>
 </head>
 <body>
  <!-- HTML-Elemente -->
  <script>
   // JavaScript-Code
  </script>
 </body>
</html>
```

Listing 2.17 Das HTML-Grundgerüst, um alle CSS-Definitionen und
JavaScript-Befehle direkt in dieser zu plazieren.

Im Idealfall befindet sich nun Ihre App in einer einzigen Datei, der *index.html*. Sie haben nicht nur die Downloadgröße massiv reduziert, auch die Anzahl der Serververbindungen ist auf ein Minimum geschrumpft. Das macht das Laden Ihrer App nicht nur schneller, sondern auch zuverlässiger – und sorgt für ein deutlich besseres Erlebnis beim Nutzer.

Kapitel 3
Konzeption und Gestaltungsprinzipien

Eine App weist im Normalfall eine Menge Gemeinsamkeiten mit einer klassischen Software auf. Vom Prinzip her löst sie, genau wie ein herkömmliches Programm, ein Problem. Ob dies nun die Frage nach dem aktuellen Fahrplan oder nach dem Weg zur nächsten Bank ist. Was die App allerdings z.B. von einem normalen Programm unterscheidet, sind der Einsatzort und die Bedienung. Aber das ist nur der Anfang. In diesem Kapitel lernen Sie die Eigenheiten einer Touch-Oberfläche kennen und steigen in die wichtige Konzeptionsphase einer App ein.

3.1 Touch-typisches Design in der Praxis

Sie haben bisher schon einige neue HTML5- und CSS3-Definitionen kennengelernt und für einen Jaguarhai Ihre erste kleine WebApp programmiert. Dieses Kapitel wird Sie in die Theorie von App-Elementen und Benutzerschemata einführen und erläutern, was zu einer Touch-Oberfläche alles dazugehört.

3.1.1 Der feine Unterschied zwischen Berühren und Klicken

Im Gegensatz zu Desktopsystemen gibt es auf Touch-Geräten keine Maus, also auch keinen Mauszeiger und somit keine linke und rechte Maustaste. Die Eingabe erfolgt mit dem Finger direkt auf dem Bildschirm. Folglich klicken Sie Elemente nicht, sondern berühren sie oder tippen sie an. Die fehlende rechte Maustaste wird durch den sogenannten »LongTouch« ersetzt, bei dem der Nutzer seinen Finger für einige Sekunden auf einem Element hält. Analog zu Mausklicks haben sich folgende Begriffe durchgesetzt:

▶ *Touch* – einfache Berührung eines Elements mit einem Finger

▶ *DoubleTouch* – schnelles doppeltes Antippen mit einem Finger

▶ *LongTouch* – langes Antippen mit einem Finger

Das fehlende Mausrad wird durch zwei Gesten ersetzt, die horizontales und vertikales Rollen durch den Inhalt ermöglichen:

- *Scroll* – vertikales Ziehen des Fingers auf dem Bildschirm
- *Swipe* – horizontales Ziehen des Fingers auf dem Bildschirm
- *Flick* – schnelles horizontales Ziehen des Fingers auf dem Bildschirm

Auf Multitouch-fähigen Geräten, also allen modernen Smartphones und Tablets, stehen dem Nutzer weitere Gesten zur Verfügung, die über das einfache Antippen hinausgehen:

- *Pinch* – zwei Finger werden auf dem Bildschirm zueinander- oder auseinanderbewegt, um ein Element bzw. den Bildschirminhalt zu vergrößern oder zu verkleinern.
- *Rotate* – zwei Finger werden auf dem Bildschirm im Kreis bewegt, um ein Element zu drehen.

Auf iOS-Geräten haben sich außerdem folgende Gesten etabliert:

- *4-Finger-Swipe* – vier Finger werden gleichzeitig horizontal bewegt, um auf dem iPad zwischen Apps zu wechseln.
- *5-Finger-Pinch* – fünf Finger werden gleichzeitig zueinanderbewegt, um auf dem iPad eine App zu schließen.
- *Shake* – das Gerät wird geschüttelt, um eine Eingabe oder eine Aktion zu widerrufen.

Soweit die Theorie. Wir werden im Folgenden die englischen Begriffe verwenden, da diese als EventHandler-Bezeichnungen in JavaScript Verwendung finden.

Besonders wichtig für Touch-basierte Interfaces ist, dass alle interaktiven Elemente von Beginn an für die Eingabe per Antippen konzipiert werden. Eine menschliche Fingerkuppe hat in etwa eine Grundfläche von 1 × 1 cm. Alle Buttons, Eingabefelder oder Checkboxen sollten daher mindestens genauso groß sein und über ausreichend Abstand zu Nachbarelementen verfügen, um Fehler beim Antippen zu vermeiden. Im Gegensatz zu einem Mauszeiger verdeckt ein Finger beim Antippen das betreffende Element fast vollständig, die Hand verdeckt dabei große Teile des restlichen Bildschirms. Aus diesem Grund klappen Menüs unter iOS von unten nach oben aus – der Inhalt soll sofort lesbar sein und nicht verdeckt werden.

Ebenso gibt es keinen `MouseOver`-Zustand. Menüs, die sich bei Mausberührung öffnen, oder Tooltips mit wichtigen Hinweisen funktionieren hier nicht.

In der Praxis – der Bau einer Schaltfläche

Aber genug der Theorie, in einem kleinen Beispiel bauen Sie mit HTML und CSS eine Touch-fähige Schaltfläche.

1. Schritt: HTML

Zunächst gilt es, ein geeignetes HTML-Element für die Interaktion auszuwählen. Generell könnten Sie jedes Element mit einem entsprechenden EventHandler versehen und damit zu einer Schaltfläche machen. Die HTML-Spezifikation sieht jedoch zwei Elemente dafür vor: a und button. Den Hyperlink a verwenden Sie vor allem dann, wenn Sie von einem HTML-Dokument zu einem anderen wechseln oder innerhalb eines Dokuments zu einem Anker springen wollen. Für eine reine JavaScript-Interaktion verwenden sie das button-Element:

```
<button>Klick mich!</button>
```

Abbildung 3.1 Ein HTML-Button auf dem iPhone (links) und unter Android (rechts)

2. Schritt: Größe

Der Button ist nun bereits klickbar, aber noch etwas klein geraten (Abbildung 3.1). Sie müssen sich schon etwas Mühe geben, um ihn mit dem Finger zu treffen. Gestalten Sie ihn daher mit CSS, um ihn auf die richtige Größe zu bringen:

```
button {
  border: none;
  color: white;
  background-color: blue;
  font-family: sans-serif;
  font-weight: bold;
  font-size: 12px;
  line-height: 20px;
  padding: 5px 10px;
  -webkit-appearance: none;
}
```

Listing 3.1 Die CSS-Definitionen eines Buttons

Dazu legen Sie die Schriftgröße und Zeilenhöhe auf lesbare 12 Pixel fest und geben mit padding einen großzügigen Innenabstand dazu. Sie werden sicherlich ein wenig herumprobieren müssen, bis Ihre Schaltfläche eine angenehme Größe besitzt. Anschließend entfernen Sie die graue Standardformatierung mit der Eigenschaft -webkit-appearance: none;. Jetzt können Sie Farbe und Formatierung Ihres Buttons frei vergeben.

Schon mal nicht schlecht, allerdings sieht die Schaltfläche eher wie ein blaues Rechteck aus und weniger nach einem Button (Abbildung 3.2).

Abbildung 3.2 Button mit einfachem Stylesheet

3. Schritt: Klickbarkeit

Damit der Nutzer sofort erkennt, dass es sich um ein interaktives Element handelt,
simulieren Sie nun eine Haptik bzw. Tiefe. Dafür versehen Sie den Button mit abgerundeten Ecken, einem dezenten Farbverlauf und einem subtilen Schlagschatten
(Abbildung 3.3):

```
button {
  border: 1px solid blue;
  border-radius: 4px;
  background-image: -webkit-linear-gradient(top, rgba(255,255,255,0.5) 0%,
                    rgba(255,255,255,0.2) 100%);
  box-shadow: 0 1px 1px #333;
  text-shadow: 0 1px 0 #333;
}
```

Listing 3.2 Der Button, erweitert um einen Farbverlauf

Abbildung 3.3 Der finale Button

Probieren Sie mit der Optik Ihres Buttons ruhig ein wenig herum, bis er Ihnen gefällt. Als Faustregel gilt: Je mehr ein Element seinem nativen Gegenstück ähnelt, desto eher wird es als solches erkannt.

4. Schritt: Feedback

Im letzten Schritt fügen Sie Ihrer Schaltfläche ein visuelles Feedback hinzu: Der Nutzer soll merken, ob er eine Schaltfläche tatsächlich getroffen hat. Dafür nutzen Sie das `:active`-Pseudoelement in CSS:

```
button:active {
 background-image: -webkit-linear-gradient(bottom, rgba(255,255,255,0.5) 0%,
                   rgba(255,255,255,0.2) 100%);
 -webkit-tap-highlight-color: rgba(0,0,0,0);
}
```

In diesem Fall invertieren Sie den Farbverlauf, um den Eindruck eines »gedrückten« Buttons zu erhalten. Unter iOS wird per Standard ein transluzentes graues Rechteck über das Element gelegt. Um dieses zu entfernen, nutzen Sie die Eigenschaft `-webkit-tap-highlight-color: rgba(0,0,0,0);`. Auch hier gilt: Probieren Sie ein wenig mit den Eigenschaften herum, bis Ihnen Ihre Schaltfläche gefällt.

Reihenfolge beachten!

Generell sollten Sie bei interaktiven Elementen immer diese Reihenfolge einhalten: Zunächst wählen Sie ein HTML-Element aus, legen Größe und Aussehen fest und bestimmen dann das Verhalten, das dem Element beim Antippen zugewiesen werden soll.

3.1.2   Der Anwender erwartet so einiges – Aufbau einer App

Im Gegensatz zu Desktopsystemen werden Programme auf mobilen Telefonen nicht in unterschiedlich großen Fenstern, sondern stets im Vollbildmodus ausgeführt. Daher gibt es keine Symbole für das Maximieren, Minimieren oder Schließen einer App. In der Regel hat aber jede App am oberen Bildschirmrand eine, etwa einen Zentimeter hohe, Titelleiste. In dieser ist neben dem Namen der Anwendung auch noch Platz für zwei Buttons: Auf der linken Seite in der Regel eine ZURÜCK- oder ABBRECHEN-Schaltfläche, auf der rechten Seite eine für SPEICHERN oder WEITER (Abbildung 3.4).

Abbildung 3.4 Genereller Aufbau einer App mit Titelleiste

Im letzten Kapitel haben wir gesagt: Je bekannter das Aussehen eines Elements ist, desto eher wird seine Funktion erkannt. Tatsächlich haben Benutzer in den letzten Jahren bestimmte Verhaltensweisen erlernt und somit eine Erwartungshaltung an Interfaces entwickelt. Der Aufbau einer App verrät viel über seine Funktion und die Art der Bedienung. Im Folgenden lernen Sie die geläufigsten App-Schemata kennen (Abbildung 3.5).

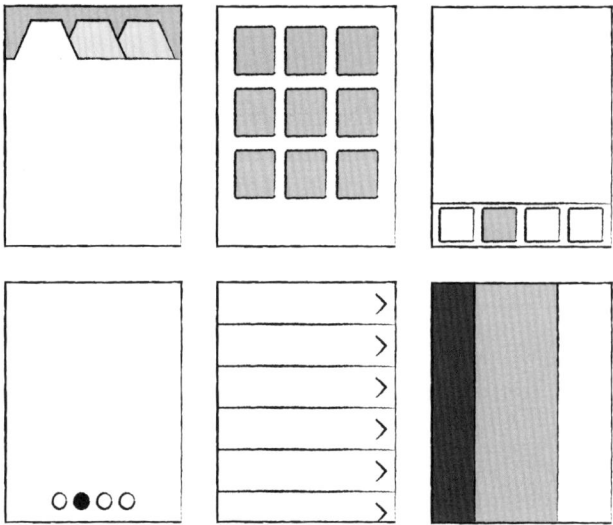

Abbildung 3.5 Übersicht über die typischsten Bedienmuster

Tabs

Die Metapher der *Tabs*, oder auch Registerreiter, stammt aus der Zeit der Akten-schränke. Registerreiter wurden als Trenner zwischen die einzelnen Aktenordner eingefügt und erlaubten ein schnelles Wechseln. Auf Benutzeroberflächen werden Tabs verwendet, um mehrere Bildschirmseiten voneinander zu trennen, aber schnell abrufbar zu machen. Der jeweils angewählte Tab ist dabei optisch im Vordergrund und mit der aktiven Bildschirmseite »verbunden« (Abbildung 3.6). Registerreiter können unterschiedlich lang sein, Texte oder Bilder enthalten. Achten Sie darauf, dass die Tabs ausreichend groß gestaltet sind, um sie einfach antippen zu können.

Abbildung 3.6 Tabs auf google.com

Toolbar

Die Werkzeugleiste enthält Symbole, hinter denen sich jeweils eine andere Funktion bzw. Bildschirmseite versteckt. Das macht vor allem dann Sinn, wenn sich die Seiten vom Layout her stark unterscheiden. Im Gegensatz zu Werkzeugleisten auf Desktopsystemen befindet sich die Leiste auf mobilen Geräten immer am unteren Bildschirmrand. Das angewählte Symbol wird besonders dargestellt, in der Regel ist es heller und hat eine auffälligere Farbe (Abbildung 3.7). Üblich ist es, maximal fünf Symbole nebeneinander anzuzeigen.

Abbildung 3.7 Werkzeugleiste in der Soundcloud-App

Symbole

Benötigen Sie mehr als fünf Symbole nebeneinander, so empfiehlt sich die Symbol-Übersicht (Abbildung 3.8). Neun oder mehr Symbole werden in einer Tabelle auf dem Bildschirm dargestellt. Üblicherweise ist die Symbol-Übersicht eine Art »Startbildschirm«, bei dem sich der Nutzer für eine Funktion entscheidet.

Abbildung 3.8 Die Funktionen der Google-Suche als Symbolübersicht

Carousel

Abbildung 3.9 Das Dropbox-Tutorial als Carousel

Das Carousel erlaubt es dem Nutzer, per Flick oder Swipe zwischen verschiedenen Bildschirmseiten zu wechseln (Abbildung 3.9). Sobald die letzte Bildschirmseite erreicht ist, startet das Carousel in der Regel von vorne – die Seiten drehen sich sozusagen im Kreis, wie bei einem Karussell. Um anzuzeigen, auf welcher Seite sich der Nutzer befindet, wird ein subtiler Indikator am unteren Bildschirmrand verwendet, beispielsweise in Form eines Rollbalkens oder halbtransparenter Punkte. Typischer Einsatzzweck von Carousels sind Dia-Shows, bei denen der Nutzer von links nach rechts zwischen mehreren Bildern navigieren kann. Auch digitale Magazine nutzen dieses Model zum »Blättern« der Seiten.

Master-Detail

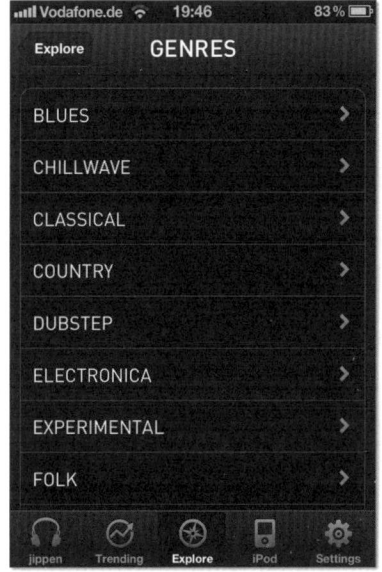

Abbildung 3.10 Genreauswahl in exFM als Master-Detail-Ansicht

Die Master-Detail-Ansicht oder auch Tutorial-Ansicht besteht aus einer Liste mit auswählbaren Einträgen (Abbildung 3.10). Tippt der Nutzer einen Listenpunkt an, öffnet sich eine Bildschirmseite mit Detailinformationen zum betreffenden Eintrag. Sie kennen diese Methodik wahrscheinlich schon von der Kontaktliste auf dem iPhone: In einer alphabetisch sortierten Liste stehen die Namen aller Kontakte – beim Antippen werden zusätzliche Details wie Adresse und Telefonnummer von rechts eingeblendet.

Shoji

Die Shoji-Ansicht, benannt nach der klassischen japanischen Schiebetür, enthält in der Regel drei oder mehr Spalten, deren Breite sich flexibel an den Inhalt anpasst und die sich »untereinander« schieben lassen. Dabei startet der Nutzer in der mittleren Spalte, die den Hauptinhalt bereithält. Die ausziehbare linke Spalte stellt dabei eine Art Navigation dar, in der der Inhalt der mittleren Spalte verändert werden kann. Wählt der Nutzer ein Element in der mittleren Spalte aus, schiebt sich die rechte Spalte mit den entsprechenden Details in den Fokus. Dieses Schema findet vor allem bei komplexen Social-Network-Anwendungen wie Twitter oder Facebook Verwendung (Abbildung 3.11). Da dieses Schema relativ viel Bildschirmplatz benötigt, ist es auf einem Tablet eher sinnvoll.

Abbildung 3.11 Shōji in der Twitter-iPad-App

Komplex-Symbiotisch

Bestimmte Apps folgen keinem dieser klassischen Bedienschemata. In der Regel trifft das auf Anwendungen zu, die zu komplex sind, um in solch ein Schema zu passen. Typische Beispiele sind Spiele: In »Magic Land« navigiert der Nutzer per Drag & Drop über die Karte, Spielemenüs befinden sich an den Seiten des Bildschirms (Abbildung 3.12).

Selbstverständlich lassen sich alle diese Bedienmuster auch miteinander vermischen und kombinieren. In der Praxis wird sich keine App finden, die ausschließlich einem Schema folgt. Nutzen Sie diese Muster vielmehr als Orientierung für die Planung Ihrer eigenen WebApp.

Daneben existieren bestimmte Eigenschaften und Verhaltensweisen, die Nutzer von mobilen Interfaces mittlerweile gewohnt sind. Es lohnt sich, diese zu kennen und bei der Planung zu berücksichtigen. Sie finden Sie im Folgenden.

Abbildung 3.12 Das Spiel »Magic Land«

Signale durch Farben

Mit bestimmten Farben assoziieren wir bestimmte Dinge. Rot bedeutet »Stehenbleiben« oder »Gefahr«, während Grün als »Freie Fahrt« oder »Alles in Ordnung« wahrgenommen wird. Ähnliches gilt für mobile Benutzeroberflächen: Während Rot immer für »Löschen« oder »Abbrechen« steht, wird für die Funktionen »Speichern« oder »Weiter« häufig eine helle, positive Farbe wie Blau oder Grün verwendet (Abbildung 3.13). Berücksichtigen Sie dies bei der Entwicklung eines Farbschemas für Ihre App. Elemente, die eine unerwartete Farbe verwenden, können den Nutzer verwirren oder verunsichern.

Farbenblindheit

Codieren Sie Informationen niemals ausschließlich durch Farben. Etwa 10 % der männlichen Weltbevölkerung haben eine Rot-Grün-Schwäche, können diese beiden Farben also nicht auseinanderhalten. Die Funktion eines Buttons sollte zusätzlich noch durch eine Bezeichnung oder ein eindeutiges Symbol ersichtlich sein.

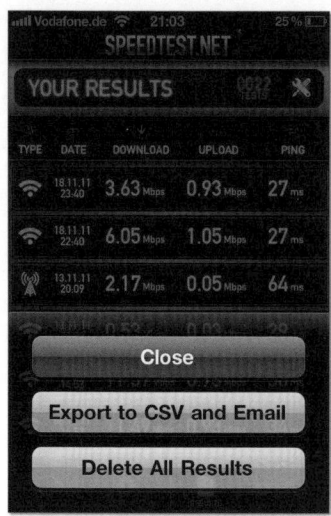

Abbildung 3.13 Anscheinend erfordert das Schließen des Menüs bei Speedtest.net eine größere Aufmerksamkeit als das Löschen aller Ergebnisse.

Ladekreis

Wann immer Ihre App Daten lädt oder verarbeitet, sollte der Nutzer darüber informiert werden. Da die App häufig nicht genau weiß, wie lange dies dauert, hat sich im Web 2.0 der sogenannte *Ajax Spinner* etabliert. Der Ajax Spinner ist ein kreisrunder Ladebalken, der sich permanent dreht und anzeigt, dass in diesem Moment Daten geladen werden (Abbildung 3.14).

Abbildung 3.14 Ladekreis

Im Gegensatz zu einem Ladebalken hat dieser Kreis keinen Anfang und kein Ende. So entsteht beim Nutzer keine Erwartungshaltung à la »gleich ist das Laden abgeschlossen«. Vielmehr vermittelt der drehende Indikator das beruhigende Gefühl, dass etwas passiert und die App nicht abgestürzt ist.

Aktualisierung durch Ziehen

Listen, die aktuelle Daten anzeigen, wie z.B. Newsticker, müssen regelmäßig aktualisiert werden, damit neue Einträge angezeigt werden. Um Bildschirmplatz zu sparen, hat sich Folgendes durchgesetzt: Sobald der Nutzer beim obersten, also aktuellsten Eintrag der Liste angekommen ist, zieht er diese etwas über den Listenrand hinaus. Diese Geste bewirkt, dass die App die aktuellsten Informationen nachlädt und oben in die Liste einfügt (Abbildung 3.15).

Abbildung 3.15 Ziehen in der Twitter-App

Sie haben Post!

Wann immer es Neuigkeiten gibt, möchte der Nutzer darüber informiert werden. Egal ob es sich um neue E-Mails handelt, Updates für Apps vorliegen oder neue Freundschaftsanfragen bei Facebook eingegangen sind. Als Standard für diese Information hat sich der sogenannte *Badge* (engl. für Abzeichen) durchgesetzt: ein kleiner, meist roter Kreis in der oberen rechten Ecke des betreffenden Symbols. In dem Kreis befindet sich eine Nummer mit der Anzahl der Neuigkeiten (Abbildung 3.16).

Abbildung 3.16 Die Toolbar mit Badge

Versuchen Sie, sich so weit wie möglich an den etablierten Verhaltensweisen und Standards zu orientieren, um dem Nutzer den Einstieg in Ihre App so einfach wie möglich zu gestalten. Es ist häufig nicht notwendig, das Rad neu zu erfinden. Wie bei allen Regeln aber gilt: Sie sind da, um gebrochen zu werden. Wenn Sie einen Nutzungsfall haben, in dem ein Schema nicht ausreicht oder passt, scheuen sie sich nicht, es zu verändern oder zu erweitern. Ein besonderes Beispiel ist z.B. die ToDo-Listen-App *Clear* für das iPhone. *Clear* verzichtet auf herkömmliche Schaltflächen und Navigationselemente und wird fast ausschließlich über Gesten gesteuert. Dieser hohe Innovationsfaktor hat der App große Popularität, mit entsprechendem Umsatz, beschert.

3.1.3 Auf der Couch oder in der Bahn

Wofür benötige ich ein iPad, wenn ich doch schon ein iPhone besitze? Wenn Sie sich diese Frage noch nicht selbst gestellt haben, so haben Sie sie bestimmt schon einmal gehört. Die Antwort ist relativ simpel: Mobilgerät ist nicht gleich Mobilgerät. Ein Tablet wird anders verwendet als ein Smartphone, ebenso wie Laptops und Netbooks unterschiedliche Einsatzzwecke haben. Beim Einsatz von Mobilgeräten unterscheiden wir zwischen drei verschiedenen Kategorien:

▶ *Vollmobil* – das Gerät wird außerhalb der eigenen vier Wände verwendet, der Nutzer ist unterwegs. Das Gerät wird dabei in unmittelbarer Nähe mitgeführt, typisch für Smartphones.

▶ *Halbmobil* – das Gerät wird unabhängig von einem Computer verwendet, z.B. um auf der Couch E-Mails zu lesen oder in einer Konferenz Notizen zu machen. Das Gerät ist dabei problemlos erreichbar, befindet sich aber nicht in unmittelbarer Nähe des Nutzers. Typischerweise gehören Tablets dieser Kategorie an.

▶ *Pseudomobil* – das Gerät wird als Erweiterung des Desktoprechners bzw. Laptops verwendet, beispielsweise als Fernbedienung oder als zusätzlicher Monitor.

Bevor Sie eine mobile App planen, sollten Sie sich darüber klar werden, in welcher Situation sich Ihr Nutzer befindet. Davon hängt häufig ab, auf welchem Endgerät Ihre App am sinnvollsten platziert werden sollte. Es gibt eine Reihe von Parametern, welche verschiedene Situationen beschreiben und Ihnen bei der Entscheidung helfen können:

▶ *Bewegung* – befindet sich der Nutzer in Bewegung, ist er weniger aufnahmefähig als in einer Ruheposition. Navigationssysteme z.B. konzentrieren sich daher nur auf die wichtigsten Informationen.

▶ *Position* – sitzt, steht oder liegt der Benutzer? Hat er eine oder beide Hände frei? Davon ist abhängig, ob Ihre App komplexe Eingabemechanismen einsetzen kann oder einfach gehalten werden muss.

▶ *Lichtverhältnisse* – in der Sonne sind Bildschirminhalte schwerer lesbar als in geschlossenen Räumen. In der dunklen Nacht hingegen blendet ein Smartphone-Bildschirm stärker als bei Tageslicht. Die Lichtverhältnisse entscheiden über die Farbwahl und die Kontraste Ihrer App.

▶ *Verbindungsgeschwindigkeit* – sitzt der Nutzer auf der heimischen Couch, ist es wahrscheinlicher, dass er über eine schnelle WLAN-Verbindung verfügt. Sitzt er hingegen in seiner Ferienblockhütte im tiefsten Schwarzwald, so wird sein Internetzugang entsprecht langsamer sein. Eine Förster-App sollte daher z.B. auch offline funktionieren.

▶ *Umgebung* – in einem vollen Hörsaal oder einer U-Bahn sollte eine App keine unerwarteten Geräusche produzieren. Auch wenn Hintergrundmusik oder Intros noch so cool sind, der Nutzer sollte die Möglichkeit haben, sie zu deaktivieren.

Im Folgenden werden wir an zwei sehr gegensätzlichen Beispielen erläutern, wie diese Faktoren das Design einer App beeinflussen.

Beispiel 1: Die Surfer-App

Die Surfer-App eines bekannten Boardherstellers soll die Sportler über Windgeschwindigkeit, Wellenhöhe, Wassertemperatur und generelle Wetterinfos auf dem Laufenden halten. Die Nutzer befinden sich dabei in einer besonderen Situation:

▶ Sie sind unterwegs.

▶ Sie befinden sich unter freiem Himmel, im Idealfall in der Sonne. Es ist hell, auch mit cooler Sonnenbrille.

▶ Sie stehen, sitzen oder laufen.

▶ Sie sehen in Ihrer Bermuda-Shorts einfach umwerfend aus.

▶ Sie haben höchstens eine mobile Internetverbindung zur Verfügung.

Das bedeutet, dass eine vollmobile iPhone-App am sinnvollsten ist (Abbildung 3.17). Sie sollte nur wenige Daten übertragen und auch ohne Internetverbindung funktionieren. Informationen müssen klar und lesbar dargestellt werden, hohe Kontraste und große Schriftgrößen erleichtern die Erkennbarkeit auch in grellem Sonnenlicht und mit dunkelschwarzer Sonnenbrille. Alle wichtigen Informationen müssen auf einen Blick erkennbar sein, weniger wichtige werden hinter einem DETAILS-Tab eingruppiert (Abbildung 3.18). Auf Dekoration und Spielereien wird bewusst verzichtet.

Abbildung 3.17 Die Surfer-App

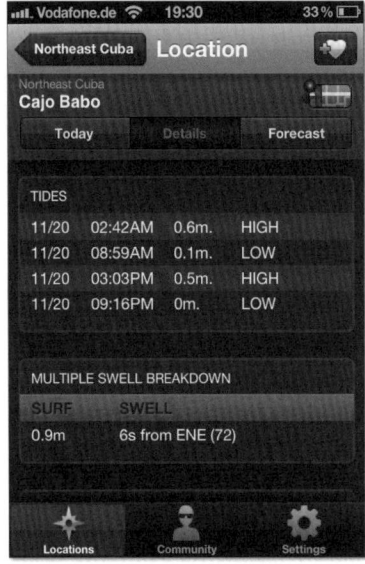

Abbildung 3.18 Detailansicht der Surfer-App

Generell ist dies ein typisches Smartphone-Szenario. Smartphones werden in vollmobilen Situationen verwendet, die Nutzer sind meist unterwegs, z.B.:

▶ in der U-Bahn
▶ unterwegs auf der Straße

- im Auto
- zwischen Meetings
- beim Laufen

Daher sollten Smartphone-Apps:

- schnell verständlich sein und ohne Erklärung funktionieren
- eine gute Performance aufweisen
- direkt zum Ziel führen
- große, einfach zu bedienende Buttons besitzen
- Informationen auf das Wesentliche reduzieren
- wenn möglich auch mit einer Hand funktionieren

Beispiel 2: Das Magazin

Ein Lifestyle-Magazin enthält Interviews, Reportagen und Kurzgeschichten (Abbildung 3.19). Die digitale Version soll außerdem interaktive Features, Infografiken, Videos und Bilderstrecken enthalten. Der Nutzer bzw. Leser befindet sich in folgender Situation:

- Er sitzt oder liegt.
- Er kann sich eine gewisse Zeitspanne mit der App beschäftigen.
- Er befindet sich zuhause.
- Er verfügt über eine schnelle WLAN-Verbindung.

Abbildung 3.19 Das Aside Magazine

Dies ist ein typischer halbmobiler Anwendungsfall. Die App bzw. Publikation hat die volle Aufmerksamkeit des Benutzers, er wird sich etwas Zeit für Sie nehmen. Sie soll »entdeckt« und gelesen werden, kann über viele Details und unterschiedliche Bedienmechanismen verfügen (Abbildung 3.20). Da der Nutzer über eine verlässliche und schnelle Internetverbindung verfügt, können auch größere Datenmengen aus dem Web nachgeladen werden.

Abbildung 3.20 Artikel im Aside Magazine

Halbmobile Anwendungsfälle sind perfekt für Tablets. Der Nutzer verwendet sie in der Regel:

▶ auf der Couch sitzend oder im Bett liegend

▶ abends zwischen 19 und 22 Uhr

▶ auf Messen, Konferenzen oder Meetings

▶ mit zwei Händen, während das Gerät auf dem Tisch liegt

Der Fokus bei Tablet-Apps liegt daher auf folgenden Punkten:

▶ durchdachtes Design für den großen Bildschirm

▶ Kombination verschiedener Designschemata

▶ Inhalte können länger und komplexer sein.

▶ Interaktive Inhalte und Videos sind möglich.

▶ Durch die erhöhte Bildschirmgröße macht eine 1:1-Portierung einer iPhone-App keinen Sinn. Die App muss für den großen Bildschirm optimiert werden.

3.1.4   Alles eine Frage der Ausrichtung

Wie bereits in Kapitel 2, »HTML5 in der mobilen Webentwicklung«, erwähnt, besitzen moderne Mobilgeräte zwei Ausrichtungen: den Portrait- und den Landscape-Modus. Für Sie als Entwickler bedeutet das, dass Sie Ihre App in zwei verschiedenen Auflösungen anbieten sollten. Es gibt einige native Apps, vornehmlich Spiele oder Magazine, die jeweils nur eine Ausrichtung unterstützen. Bei WebApps ist es allerdings nicht möglich, sich auf einen Modus festzulegen. Sobald der Nutzer das Gerät dreht, wechselt die Ausrichtung unweigerlich.

Für Ihre App bedeutet das einen enormen Zugewinn. Sie können je nach Ausrichtung unterschiedliche Informationen darstellen. Zunächst sollten Sie sich aber fragen: Wann wird welcher Modus eigentlich verwendet?

Ein Smartphone wird üblicherweise in einer Hand gehalten, mit der anderen tippt der Nutzer auf den Bildschirm. Dies geschieht in der Regel im Portrait-Modus. Durch seine Form liegt das Telefon so bequem in der Hand. Sobald der Nutzer beide Hände frei hat, dreht er das Telefon in den Landscape-Modus. In dieser Ausrichtung lassen sich bequem längere Texte tippen, Vollbildvideos schauen oder Spiele spielen.

Bei Tablets sieht das Ganze etwas anders aus: Durch ihre größere Fläche lassen sie sich bequem im Landscape-Modus halten, iPads mit Smartcover lassen sich, leicht angewinkelt, bequem auf einen Tisch stellen. Erstaunlicherweise findet der Portrait-Modus hier eher selten Verwendung, die vom Computer gelernte Breitbildvariante ist wesentlich populärer.

Interessant wird es, wenn Sie die unterschiedlichen Ausrichtungen mit unterschiedlichen Informationen belegen. Im Folgenden zeigen wir an einigen Beispielen aus bekannten Apps, wie das aussehen kann.

E-Mail auf dem iPad

Apples E-Mail-Programm auf dem iPad zeigt in der Landscape-Orientierung den Posteingang auf der linken Bildschirmseite als Liste an, auf der rechten Seite sieht der Nutzer den Inhalt der ausgewählten E-Mail. Dreht er das Tablet in die Portrait-Ansicht, verschwindet die Liste auf der linken Seite, die E-Mail nimmt den ganzen Bildschirm ein. Während die eine Ansicht die Übersicht über die letzten E-Mails erleichtert, ist es in der anderen bequemer, lange Texte oder Dokumente zu lesen – je nach Anwendungsfall haben beide Ansichten Vor- und Nachteile.

Aktien auf dem iPhone

Die von Haus aus mitgelieferte Aktien-App des iPhones zeigt in der Portrait-Ansicht eine Liste der Börsenfavoriten an (Abbildung 3.21). Unter der Liste werden Details zur ausgewählten Aktie eingeblendet, und der Nutzer kann in einem Carousel durch verschiedene Ansichten swipen. Eine Drehung in den Landscape-Modus zeigt den Aktiengraphen im Vollbild an (Abbildung 3.22). Hier wird je nach Ansicht die gleiche Information unterschiedlich dargestellt.

Abbildung 3.21 Die Aktien-App auf dem iPhone

Abbildung 3.22 Die Aktien-App im Landscape-Modus

Rechner auf dem iPhone

Im Portrait-Modus sieht der Taschenrechner vertraut aus: Zahlen, Operatoren und eine Anzeige (Abbildung 3.23). Dreht man das Gerät, verdoppelt sich die Anzahl der Knöpfe: Aus dem handelsüblichen Rechner wird ein wissenschaftlicher Rechner (Abbildung 3.24). Die einfachen Funktionen werden erweitert.

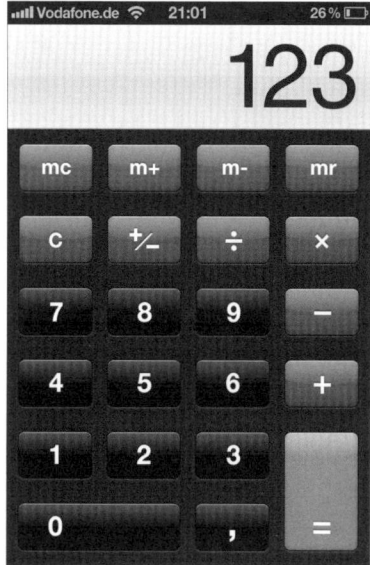

Abbildung 3.23 Der einfache Taschenrechner

Abbildung 3.24 Der wissenschaftliche Taschenrechner

Entwicklung einer Beispiel-App für zwei Orientierungen

Nun entwickeln Sie eine App für zwei Orientierungen. Überlegen Sie zunächst, welche Inhalte und Elemente in welcher Ansicht angezeigt werden sollen.

Eine kleine Video-App soll im Portrait-Modus neben der Videovorschau auch noch einen Infokasten anzeigen, in dem eine Beschreibung des Videos steht (Abbildung 3.25). Dreht der Nutzer das Gerät, soll das Video als Vollbild angezeigt werden, Infokasten und Titelzeile sollen verschwinden.

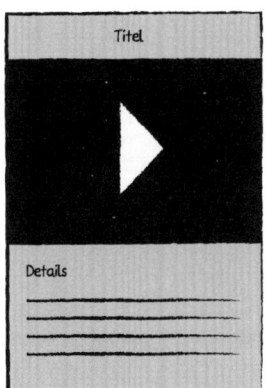 

Abbildung 3.25 Wireframe für beide Ausrichtungen

Zunächst legen Sie ein HTML-Dokument an:

```
<header>
 <h1>Video</h1>
</header>
<video src="video.m4v"></video>
<aside class="info">
 <h2>Big Buck Bunny</h2>
 <p>…</p>
</aside>
```

Listing 3.3 Das HTML-Grundgerüst

Unser Dokument besteht aus einem Header, der die Titelleiste beinhaltet, einem aside-Element, in dem zusätzliche Informationen stehen, und dem eigentlichen Video (Abbildung 3.26). Mehr Details zum Einfügen von Videos und Sounds behandeln wir in Kapitel 4, »HTML5 als Designwerkzeug«, bis hierhin reicht uns das einfache video-Element mit einem src-Attribut. Dieses enthält den Pfad zur Videodatei, welches in unserem Fall schon iPhone-kompatibel encodiert wurde.

Abbildung 3.26 Das Grundgerüst

Im nächsten Schritt gestalten Sie zunächst die Portrait-Variante mit etwas CSS (Abbildung 3.27):

```
body {
 font-family: sans-serif;
 margin: 0;
}
header {
 height: 44px;
 background-color: blue;
 color: white;
 text-align: center;
}
video {
 width: 100%;
}
aside.info {
 background-color: lightgrey;
 padding: 10px;
}
```

Listing 3.4 Das CSS-Grundgerüst

Entscheidend ist hierbei, die Breite des `video`-Elements auf 100 % zu setzen, also auf die genaue Breite des *Viewports*, des im Bildschirm sichtbaren Bereichs. Wenn Sie Ihr Gerät drehen, passt sich die Größe des Videos dynamisch an die Breite des Geräts an (Abbildung 3.28).

Abbildung 3.27 Die Portrait-Version

Abbildung 3.28 Die Landscape-Version

Um in der Landscape-Variante ein Vollbildvideo anzuzeigen, müssen Sie die Titelleiste und Infobox ausblenden. Sie benötigen ein Stylesheet, das nur im Landscape-

Modus zum Tragen kommt. Der einfachste Weg, dies zu tun, ist mit einem CSS-Media-Query:

```
@media all and (orientation: landscape) {
  …
}
```

Fügen Sie den @media-Selektor am Ende Ihrer CSS-Datei ein. Alle Eigenschaften, die innerhalb des Selektors stehen, werden nur ausgeführt, wenn die Selektorbedingung erfüllt ist, in diesem Fall also, wenn sich das Gerät in der Landscape-Orientierung befindet. Alle zuvor definierten CSS-Regeln werden dabei überschrieben:

```
@media all and (orientation: landscape) {
  header, aside {
    display: none;
  }
  video {
    height: 300px;
  }
}
```

Mit display: none; verstecken Sie Titelzeile und Infobox in der Landscape-Orientierung (Abbildung 3.29). Das Video setzen Sie mit 300 Pixel auf die genaue Höhe des iPhones (abzüglich der Statuszeile), um es bildschirmfüllend darzustellen.

Abbildung 3.29 Landscape-Version ohne Titelleiste und Infobox

Genauso könnten Sie spezielle Regeln für den Portrait-Modus festlegen, der Media Query dafür ist @media all and (orientation: portrait). Erklären Sie eine Ausrichtung zum Standard, und legen Sie anschließend mit einem Media Query spezielle Regeln für die andere Ausrichtung fest.

3.2   Eine App konzipieren

Die grundlegenden Eigenschaften eines Touch-Gerätes haben Sie nun verinnerlicht. Jetzt geht es ans Eingemachte: Sie konzipieren Ihre erste eigene WebApp. Die Konzeption Ihrer App ist wichtig, um im späteren Prozess der Programmierung unnötigen Frust und Arbeit zu vermeiden.

3.2.1   Vorüberlegungen – was genau soll meine WebApp können?

Bevor Sie aber mit der Programmierung oder dem Design loslegen, müssen Sie einige Vorüberlegungen treffen. Sie müssen sich darüber klar werden, was Ihre App können muss, für wen sie eigentlich gedacht ist und in welchem Zusammenhang sie verwendet wird.

Wen spreche ich an?

Zunächst sollten Sie überlegen, wer Ihre App später verwenden soll. Idealerweise kennen Sie Ihre Zielgruppe genau, z. B. wenn Sie eine WebApp für die Mitarbeiter einer Firma entwickeln. Meistens ist dies aber nicht der Fall, dann sollten Sie sich darüber klar werden, aus welchen Benutzern sich Ihre Zielgruppe eigentlich zusammensetzt. Sind sie eher weiblich oder eher männlich? Kommen sie eher aus Deutschland oder sprechen sie eine internationale Zielgruppe an? Kommen die Nutzer aus einer bestimmten Region? Welcher Altersgruppe gehört der Hauptteil Ihrer Benutzer an? Welche anderen Geräte, Programme und Webseiten kennen und benutzen sie noch? Wie lange und wie häufig nutzt Ihre Zielgruppe üblicherweise Mobilgeräte?

Wenn Sie diese Fragen beantworten können, haben Sie bereits eine Grundlage für wichtige Entscheidungen im Entwicklungsprozess geschaffen, etwa ob Sie Ihre App in mehreren Sprachen anbieten sollten.

Eine weitere wichtige Frage ist die nach dem Einsatzort Ihrer WebApp – wird sie eher vollmobil, halbmobil oder pseudomobil eingesetzt? Interagiert sie eventuell mit Objekten in der Umgebung des Nutzers, beispielsweise bei einem interaktiven Stadtführer?

Wann und wie häufig wird der Nutzer die App einsetzen? Wie lange wird er sich mit dieser auseinandersetzen? Eine Fahrinfo-App wird wahrscheinlich mehrmals täglich nur für wenige Minuten verwendet, während ein iPad-Magazin einmal pro Woche für etwa 1–2 Stunden »aufgeschlagen« wird. Entsprechend verändert sich auch die Erwartungshaltung des Benutzers: Während bei der einen App in möglichst kurzer Zeit ein klar definiertes Problem (»Was kann ich tun, damit ich meinen Zug nicht ständig verpasse?«) gelöst werden soll, möchte er in der anderen App eher unterhalten werden.

3

Daraus ergibt sich fast automatisch auch schon die Frage: Für welchen Gerätetyp sollten Sie Ihre App entwickeln? Ist es eher sinnvoll, Ihre Software für ein Tablet, ein Smartphone oder gar für beides zu programmieren? Die Fahrinfo-App beispielsweise wird eher auf einem Smartphone eingesetzt, während ein Magazin nur auf einem großen Tablet-Bildschirm richtig Spaß macht.

Ebenso wichtig ist, für welche Plattform Sie Ihre App optimieren und testen sollten. Ist Ihre Nutzerschaft eher auf iOS oder Android zuhause? Ein Tablet-Magazin für Android-Fans für ein iPad zu optimieren ergibt beispielsweise nur bedingt Sinn.

Wenn Sie nun Zielgruppe, Zielgerät, -plattform und Verwendungsort und -art in etwa skizziert und eingeschränkt haben, sollten Sie die Kernfunktionen Ihres Programms identifizieren. Diese Funktionen sollten sich von Anfang an in Ihrer App befinden, planen Sie die Benutzeroberfläche entsprechend. Überlegen Sie auch, welche Funktionen für die Anfangsphase weniger wichtig sind, sondern eher als nette Ergänzung in weiteren Versionen nachgeschoben werden können.

3.2.2 Gedanken und Inhalte ordnen

Die Theorie der Softwareentwicklung hat ganze Bücher gefüllt. Üblicherweise fasst der Auftraggeber einer Software seine Anforderungen in einem *Lastenheft* zusammen. In einem *Pflichtenheft* erklärt der Auftragnehmer, wie und womit er diese Anforderungen zu erfüllen gedenkt. Es definiert, welche Features umgesetzt werden müssen, welche es werden sollten und welche könnten. Die Zielgruppe, Anwendungsbereiche und Betriebsbedingungen werden festgelegt, das Produkt, seine Leistungen und Funktionen werden umrissen. Es wird definiert, in welcher Entwicklungsumgebung, also mit welcher Programmiersprache eine Software umgesetzt wird.

In Deutschland ist sehr genau festgelegt, welche Informationen ein Pflichtenheft umfasst: Die DIN 69901 »Projektmanagement« regelt alle Details. In diesem Kapitel wollen wir uns einem etwas praxisnäheren Ansatz widmen: In sechs Schritten beschreiben, entwerfen und testen Sie Ihre App.

1. Funktionsbeschreibung und Marktumfeld

Im ersten Schritt fertigen Sie eine Beschreibung Ihrer WebApp an. Schreiben Sie auf, welche Kernfunktionen benötigt werden und welche Funktionen später hinzugefügt werden können. Legen Sie außerdem fest, was Ihre App NICHT leisten soll. Das bewahrt Sie vor zu überambitionierten Zielen und erleichtert es Ihnen, den Rahmen exakt abzustecken.

Hilfreich ist es, diese Beschreibung so knapp wie möglich zu verfassen. Können Sie Ihre Idee nicht in einem Satz vermitteln, ist Sie wahrscheinlich zu kompliziert oder zu komplex. Eine beliebte Technik aus der Start-up-Szene ist der sogenannte *Elevator*

Pitch: Stellen Sie sich vor, Sie müssten während einer typischen Fahrstuhlfahrt, also innerhalb von 30 Sekunden, einen potenziellen Investor von Ihrem einmaligen Konzept überzeugen. Durch die erzwungene Kürze fällt es leichter, sich auf die Kernidee zu konzentrieren. Eine verschärfte Form davon ist der *Twitter Pitch*: In der Länge einer Twitter-Nachricht, also 140 Zeichen, muss die Idee transportiert werden. Probieren Sie es einmal aus!

Wenn Sie es noch nicht getan haben, sollten Sie spätestens jetzt das Marktumfeld und etwaige Mitbewerber-Apps recherchieren. Schauen sie sich um, welche nativen Apps und WebApps für Ihren Anwendungsfall bereits existieren. Testen Sie diese, und überlegen Sie, welche Vorteile Ihre App gegenüber der Konkurrenz aufweist. Identifizieren Sie Probleme, und überlegen Sie, wie Sie diese verbessern können.

Um die Positionierung Ihrer App im Marktumfeld zu formulieren, hilft Ihnen eine Methode aus der Werbung: das einfache *Kommunikationskonzept*. Dabei legen Sie *Claim*, *USP* und *Reason Why* fest.

Der Claim ist das Hauptversprechen, das Ihre App dem Anwender macht. Häufig ist dieser identisch mit einem Werbe-Slogan, etwa wie bei Google Chrome: »Der schnelle, kostenlose Browser«. Ein Claim muss sehr knapp, einfach und ohne Nebensätze formuliert werden.

Die USP, oder auch *Unique Selling Proposition* bzw. das Alleinstellungsmerkmal gibt an, wie sich Ihre Anwendung von der Konkurrenz unterscheidet. Versuchen sie, schwammige und zu allgemeine Formulierungen wie »besser« oder »schneller« zu vermeiden. Identifizieren Sie ein Merkmal, das Ihre App tatsächlich heraushebt und einzigartig macht.

Der Reason Why ist der Beweis für Versprechen und Ihr Alleinstellungsmerkmal. Hier wird rational belegt, wieso Ihr Programm tatsächlich besser ist als die Konkurrenz. Hier kann aber auch ein Vorteil gegenüber einem klassischen Anwendungsfall erwähnt werden, wie beispielsweise der Vorteil einer Fahrauskunft-App gegenüber dem gedruckten Fahrplan an der Bushaltestelle.

Wir haben schon gemerkt, dass Sie Sharky bereits vermissen, deswegen wenden Sie das gelernte Wissen über die Konzeption doch einfach auf die WebApp Ihres Lieblingshais an.

Das Aquarium in Baumbach ist um eine Attraktion reicher: Der Jaguarhai »Sharky« ist frisch geschlüpft und zieht Besucher aus dem gesamten Umland an. Um eine bessere Sicht auf das Junge zu gestatten, sollen keine Infotafeln am Haifischbecken angebracht werden. Stattdessen soll eine kostenlose WebApp die Besucher über die süße und zugleich faszinierende Kreatur informieren.

Zunächst beschreiben Sie die Kernfunktion und eventuelle Erweiterungen der App. Halten Sie diese so »knackig« wie möglich:

»Die Sharky-App enthält interessante Informationen über die Lebensbedingungen, Gewohnheiten und Eigenarten des Haijungen »Sharky«. Später könnte die App den Besucher über aktuelle Entwicklungen und Besichtigungstermine auf dem Laufenden halten.«

Schränken Sie nun die Funktionalität bewusst ein:

»Die Sharky-App enthält keine Anfahrtskizze oder allgemeine Informationen zum Aquarium – diese können über die bestehende Website abgerufen werden.«

2. Nutzer und Storyboard

Schlechte Software zeichnet sich in der Regel dadurch aus, dass sie schlecht zu bedienen oder zu kompliziert und schwer zu erlernen ist. Häufig wird der Fehler gemacht, die Funktionen in den Vordergrund zu stellen und nicht die Art und Weise, wie diese benutzt werden. Daher sollten Sie sich nach der Funktionsbeschreibung dem eigentlichen Mittelpunkt Ihrer App widmen: dem Benutzer.

Nutzerzentriertes Design bedeutet, dass Sie Ihre App stets aus dem Blickwinkel der Anwender betrachten und planen sollten. Dafür ist es unabdingbar, dass Sie zunächst überlegen, wer Ihr Programm überhaupt verwenden wird. Große Softwareunternehmen lassen dafür Marktforschungen, Umfragen und Zielgruppenanalysen anfertigen, die soziodemografische und Lifestyle-Parameter abdecken.

Wesentlich unkomplizierter ist es aber, einen bzw. mehrere Zielgruppenvertreter zu entwickeln. Dabei beschreiben Sie einen typischen Anwender und fertigen ein Kurzprofil an. Dieses enthält u.a.:

- ▶ Alter
- ▶ Geschlecht
- ▶ Familienstand
- ▶ Bildung
- ▶ Beruf
- ▶ Herkunft
- ▶ Computer-Kenntnisse bzw. Erfahrungen
- ▶ verwendete Plattformen und Geräte
- ▶ durchschnittliche Nutzungsdauer
- ▶ Motivation

Versuchen Sie, einen durchschnittlichen Benutzer herauszupicken und diesen so konkret wie möglich zu beschreiben. Geben Sie ihm einen Namen, und scheuen Sie sich nicht, Klischees zu verwenden. Vermeiden Sie allgemeine Formulierungen, denken Sie sich stattdessen eine kleine Geschichte aus. Dies wird Ihnen später dabei helfen, sich besser in den Benutzer hineinzuversetzen.

Für die Sharky-App könnte das vielleicht so aussehen:

Steve, 38, aus Baumbach ist leidenschaftlicher Angler und Familienvater. In seinem Job als Bauleiter ist er viel unterwegs und auf sein Smartphone angewiesen. Neben beruflichen E-Mails und Excel-Dokumenten nutzt er auf Ausflügen vor allem die eingebaute Kamera.

Sie haben es also mit einem sehr typischen Smartphone-Nutzer zu tun, der die Möglichkeiten seines Geräts voll ausschöpft. Er verwendet ein Firmengerät auch privat, nutzt es aber weniger zum Spielen oder für Unterhaltungsmedien. Die kleine Geschichte hilft uns, ein Bild von Steve zu zeichnen, ohne dass dieser tatsächlich existiert. Beschreiben Sie immer mehrere Profile:

Jane, 29, ist Lehrerin einer Grundschule. Sie versucht, ihre Kinder über ausgefallene Gadgets zu erreichen und hat für den Kunstunterricht seit Neuestem Tablets im Einsatz.

Klaus, 73, hat sich vor Kurzem ein modernes Android-Smartphone zugelegt. Obwohl er zu Computern nie einen guten Draht hatte, kann er auf seinem Telefon jeden Tag etwas Neues entdecken. Mit seinen Enkeln schreibt er regelmäßig E-Mails, seit Neuestem hat er sogar ein Facebook-Profil.

Als Nächstes sollten Sie sich Gedanken darüber machen, in welcher Situation sich Ihre Benutzer befinden. Beschreiben Sie ein oder mehrere Szenarien, in denen der Nutzer mit der App interagiert. Formulieren Sie eine Problemstellung und wie diese mit Ihrer Anwendung gelöst werden kann. Bedenken Sie die in Abschnitt 3.2.1, »Vorüberlegungen – was genau soll meine WebApp können?«, erwähnten Faktoren in Ihrer Situationsbeschreibung.

Am einfachsten gelingt dies mit der *Storyboard-Methode*: Skizzieren Sie einen kurzen Comic-Strip, der Problem, Anwendung und die daraus resultierende Lösung enthält. Meist reichen dafür drei Bilder bereits aus (Abbildung 3.30). Keine Angst, Sie müssen dafür kein talentierter Zeichner sein. Eine schnelle Strichmännchen-Skizze reicht völlig aus.

Für die Sharky-App sind die Voraussetzungen relativ eingeschränkt: Der Nutzer steht vor dem Haifischbecken, höchstwahrscheinlich wird er eher ein Smartphone als ein Tablet verwenden. Da das Aquarium über kein öffentliches WLAN verfügt, ist er auf eine langsame 3G-Verbindung angewiesen.

Durch diese Situationsbeschreibung lernen Sie, wie ein Nutzer die App sieht und mit welchen Problemen er konfrontiert wird. Das hilft Ihnen dabei, ein passendes Bedienungsschema zu wählen und einen Nutzer-Flow zu erarbeiten.

Im Fall Sharky haben wir etwas Wichtiges gelernt: Das Problem beginnt immer mit einer relativ konkreten Frage, welche das Programm beantworten soll. Obwohl Sie aufwendige Videos oder ein interaktives drehbares 360-Grad-Model des Haijungen einbauen könnten, werden Sie sie sich besser auf eine gradlinige Frage-Antwort-App konzentrieren.

Abbildung 3.30 Storyboard der Sharky-App

3. Bedienmuster und Userflow

Im nächsten Schritt erarbeiten Sie einen *Benutzerworkflow* für Ihre App. Ein Benutzerworkflow ist eine Abfolge von Nutzeraktionen und der entsprechenden Ausgaben des Programms.

Wenn Sie ein größeres Projekt in einem klassischen Softwarehaus entwickeln, werden Sie um die genaue und detaillierte Abbildung der Abläufe nicht herumkommen – für uns soll diese einfache Abfolge aber erst einmal reichen.

Wenn Ihr Workflow feststeht, sollten Sie einen Aufbau der Bedienoberfläche auswählen.

4. Skizzieren Sie die App

Im nächsten Schritt planen Sie das Aussehen Ihrer App. Dabei geht es weniger darum, welche Farbe die Schaltflächen haben sollen oder ob eine Ledertextur in einem Kalender gut aussieht. Vielmehr bilden Sie den Benutzerablauf in einzelnen Bildschirmseiten ab und entscheiden, welche Bedienelemente wo hingehören.

Dafür verwenden Sie sogenannte *Wireframes*. Ein Wireframe oder auch Gittermodell zeigt nur die Außenform eines Elements an und reduziert es damit auf das Wesentliche. Üblicherweise werden sie daher auch in Schwarzweiß gehalten. Bedienelemente werden weitestgehend abstrahiert: Schaltflächen, Eingabefelder, Listeneinträge etc. werden auf ein einfaches Rechteck reduziert, Bilder und Videos durch ein Rechteck mit einem Kreuz dargestellt. Kürzere Texte und Beschriftungen werden ausgeschrieben, längere oder sehr kleine Texte durch horizontale Linien dargestellt. Dekorative Elemente werden komplett weggelassen.

Zunächst sollten Sie sich für ein Bedienschema aus Abschnitt 2.2.2, »Semantische Elemente in HTML5«, entscheiden und, davon ausgehend, ein Wireframe-Model Ihrer App zeichnen. Dafür gibt es unterschiedliche Werkzeuge und Methoden.

Entwurfssoftware wie Microsoft Visio oder OmniGraffle bieten eine Vielzahl von vorgefertigten Formen und Bedienelementen. Neue Elemente können häufig als Zusatzbibliothek nachgerüstet werden. Die Wireframes von Entwurfssoftware werden so sehr ordentlich und können fast pixelgenau zusammengesetzt werden. Hier lauert die Gefahr: Vernachlässigen Sie im Wireframing-Prozess bewusst Schriftarten, Farben oder Texturen – zunächst soll es nur um die reine Struktur gehen.

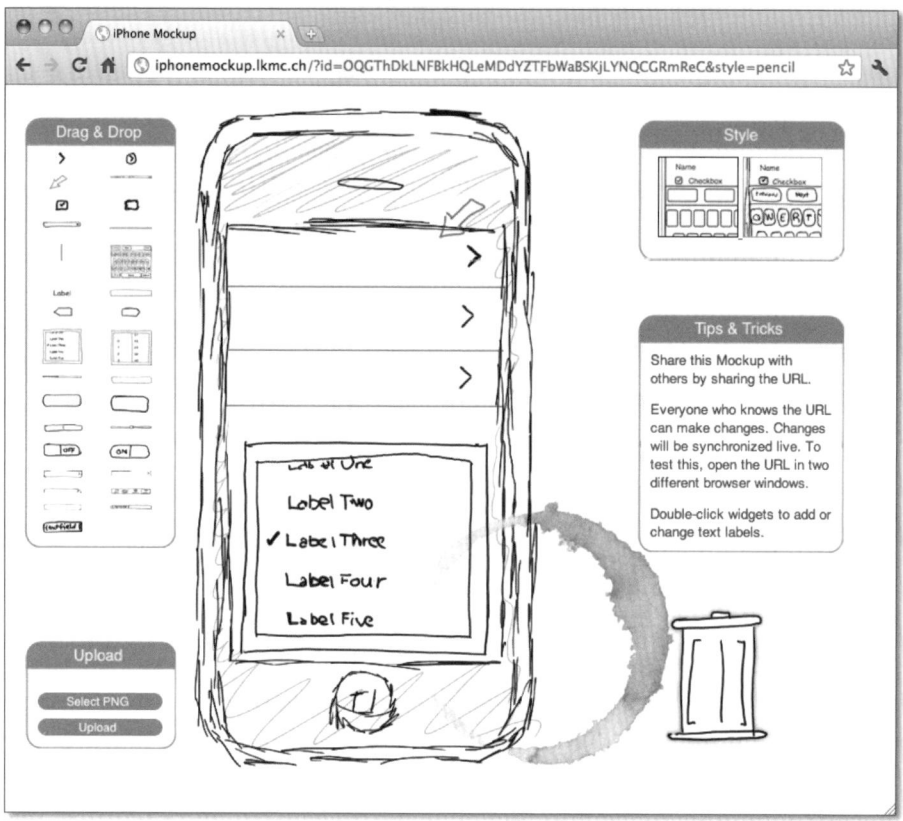

Abbildung 3.31 Das iPhone-Interface-Mockup-Tool »iPhone Mockup« (http://iphone-mockup.lkmc.ch)

Natürlich können Sie Ihre WebApp auch mit einer *Entwurfs-WebApp* entwerfen. Das einfache Tool iPhone Mockup (*http://iphonemockup.lkmc.ch/*) bietet Ihnen eine übersichtliche Palette an Interface-Elementen und die Möglichkeit, Ihren Wireframe in zwei verschiedenen Stilen darzustellen: als Illustration oder als Bleistiftskizze (Abbildung 3.31). Das Werkzeug eignet sich perfekt, wenn mehrere Personen an einem Projekt arbeiten.

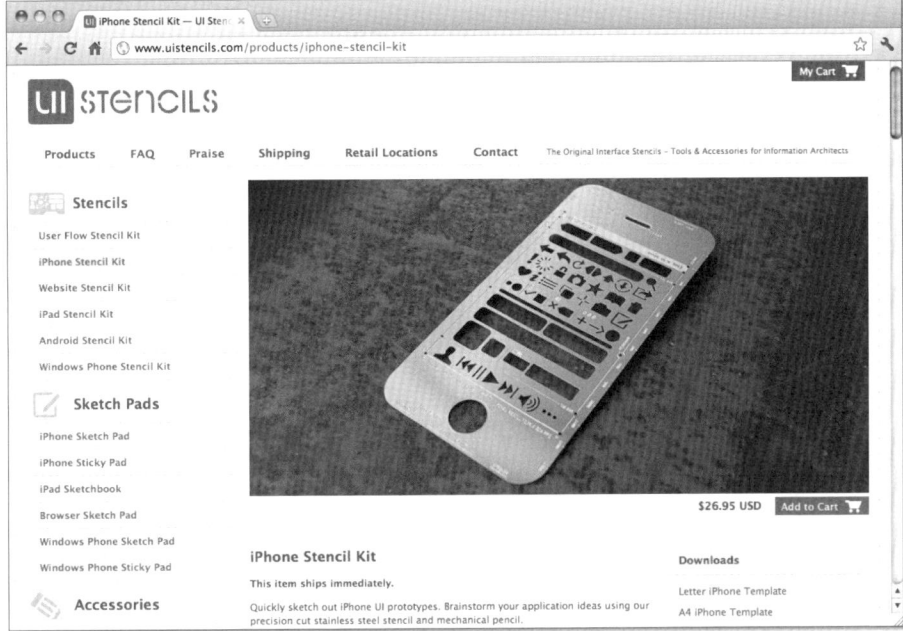

Abbildung 3.32 UI Stencils

Schablonen bietet die Firma UI Stencils für iPhone, iPad, Android und das Windows Phone (Abbildung 3.32). Dabei sind alle wichtigen Elemente, Symbole und Logos zum nachzeichnen in den richtigen Größenverhältnissen vorgestanzt. Perfekte Ergänzung sind Zeichenblöcke mit Smartphone-Vordruck. Mit der Schablonen-Methode sind Sie häufig schneller als mit einer Software, vor allem können Sie Wireframes in Originalgröße zeichnen.

Post-Its sind das mit Abstand einfachste und schnellste Medium für Papierprototypen. Mit Bleistift und Filzstift können Sie in wenigen Sekunden beliebige Bildschirmseiten in Originalgröße skizzieren und sammeln. Das Beste daran ist: Kleben Sie einen Post-It-Entwurf direkt auf Ihr Smartphone, um ein besseres Gefühl für die Handhabung zu bekommen.

Besonders in der Anfangsphase sollten Sie eine Handskizze der digitalen Version vorziehen: Nicht nur kommen Sie so schneller zu einem Ergebnis, Sie können diese auch einfacher verändern oder vergleichen. Es hat sich bewährt, die Bildschirmseite zunächst mit einem harten Bleistift grob aufzuteilen und Elemente auszuprobieren - Fehler können problemlos wieder ausradiert werden. Zeichnen Sie dann den finalen

Screen mit einem mitteldicken schwarzen Filzstift nach. Verwenden Sie keine Farben, um Elemente hervorzuheben oder anders zu kennzeichnen. Einzige Ausnahme sind Hinweise oder Anmerkungen: Damit diese nicht mit eigentlichen Bedienelementen verwechselt werden, ist es üblich, sie mit einem roten Stift hinzuzufügen.

Die Sharky-App soll eine Frage-Antwort-App werden. Daher entscheiden Sie sich für das Bedienschema *Master-Detail*. In einer Liste werden die Fragen abgebildet. Tippt der Nutzer einen Listeneintrag an, so öffnet sich ein Bildschirm mit der entsprechenden Antwort. In Ihrem Wireframe sieht das dann in etwa so aus wie in Abbildung 3.33.

Abbildung 3.33 Master-Detail-Skizze auf Post-Its

Fertigen Sie pro Bildschirmseite eine Skizze an, und notieren Sie, auf welchem Weg der Nutzer von einem Screen zum anderen gelangt. Wenn Sie Ihre Wireframes in Originalgröße angelegt haben, können Sie die Interaktion bereits »proben«: Tippen Sie ein Element an, und erklären Sie, was anschließend passiert. Springen Sie zu dem entsprechenden Wireframe. Gibt es den Wireframe noch nicht, so müssen Sie ihn noch anlegen.

5. Nutzertests

Wichtiger Bestandteil des nutzerzentrierten Designs ist es, die App auch direkt mit Nutzern zu testen. Diese *Usability Tests* sollten so früh und so häufig wie möglich erfolgen. Sie geben Ihnen Aufschluss darüber, wie andere Menschen Ihre App bedienen und verstehen.

Die Art und Weise, wie diese Tests durchgeführt werden, wurde in den letzten Jahrzehnten perfektioniert. Große Softwareentwickler unterhalten Usability-Labore, in denen die Teilnehmer und Ihre Bewegungen minutiös aufgezeichnet werden. Mittlerweile lassen sich sogar Pupillenbewegungen und Hirnströme messen. Für die

Tests werden häufig komplexe Prototypen programmiert und mit Testdaten gefüttert, damit der Nutzer das Gefühl hat, ein echtes Programm zu bedienen.

Erstaunlicherweise kann man aber mit wesentlich weniger Aufwand bereits sehr gute Ergebnisse erzielen. Im Folgenden lernen Sie, wie so ein einfacher Test, der auch ohne Magnetresonanztomograf funktioniert, aufgebaut sein kann.

Auswahl der Testpersonen

Tester auszuwählen ist oft viel einfacher, als man glaubt: Freunde und Familienmitglieder sind dankbare Versuchspersonen. Sie müssen also nicht gleich ein Casting veranstalten. Je genauer Ihre Testperson in die Zielgruppenbeschreibung passt, desto besser. Achten Sie darauf, dass Sie keinen Experten testen lassen: Jemand, der Ihre App bereits kennt, eignet sich nicht, um Probleme in der App zu identifizieren.

Testsituation

Natürlich benötigen Sie kein voll ausgestattetes Testlabor, ein Raum mit zwei Stühlen und einem Tisch reichen bereits völlig aus. Versuchen Sie, die Benutzungssituation nachzuempfinden, eine Surf-App lässt sich beispielsweise gut in der Sonne testen. Sorgen Sie dafür, dass sich die Testperson wohlfühlt. Idealerweise sollte der Test nicht länger als 25 Minuten dauern.

Testablauf

Bringen Sie zunächst etwas über die Testperson in Erfahrung: Welche Vorkenntnisse hat sie? Benutzt sie selbst ein Smartphone bzw. ein Tablet? Hat sie eine ähnliche App schon einmal verwendet?

Anschließend erklären Sie der Testperson, was Sie vorhaben: Sie testen heute eine neue App. Erzählen Sie kurz, worum es bei der App geht, ohne zu viel zu verraten.

Abbildung 3.34 Telefon mit Wireframe

Normalerweise würde die Testperson jetzt ein Gerät mit einem programmierten Prototyp in die Hand gedrückt bekommen, in Ihrem Fall lassen Sie sie mit den Wireframes »interagieren«. Kopieren bzw. drucken Sie jeden Screen auf ein einzelnes Blatt Papier. Der Nutzer sollte jeweils nur einen »Bildschirm« sehen, bei Interaktion, also antippen, wechseln Sie das Blatt aus. Wenn Ihnen für den Test ein mobiles Gerät zur Verfügung steht, können Sie die Screens mit Post-Its übereinander auf das Display kleben und bei Interaktion einfach abziehen (Abbildung 3.34). Alternativ können Sie die Screens einfach abfotografieren und mit der Foto-App durchwechseln.

Geben Sie der Testperson eine konkrete Aufgabe, die sie mit dem Prototyp der App lösen soll. Bei der Sharky-App bitten Sie Ihre Testperson, herauszufinden, wie groß der kleine Hai einmal werden wird. Beobachten Sie den Tester dabei in Ruhe. Versuchen Sie, ihn nicht zu verunsichern und während des Testablaufs keine Notizen zu machen. Bitten Sie die Testperson, zu beschreiben, was sie auf dem Bildschirm sieht, was sie als Nächstes tun möchte und was eine bestimmte Interaktion ihrer Meinung nach bewirkt. Verraten sie der Person die Lösung nicht sofort, wenn sie im Test steckenbleibt, sondern fragen sie lieber nach und lassen sie sich beschreiben, was sie erwarten würde.

Für Usability-Tests gibt es drei goldene Regeln, die Sie unbedingt beachten sollten:

1. **Geben Sie keine Bedienanweisungen oder Hinweise.** Vermeiden Sie unbedingt Formulierungen wie »Tippen Sie bitte dort, damit etwas passiert«. Geben Sie stattdessen ein Problem vor, dass es zu lösen gilt.

2. **Nutzer machen keine Fehler.** Sie testen nicht den Benutzer, sondern das Programm. Läuft etwas schief, oder versteht der Nutzer ein Element nicht, so liegt der Fehler nicht bei ihm, sondern in der Benutzeroberfläche. Diese Probleme gilt es, herauszufinden und Ihre App so zu verbessern, dass sie intuitiv bedient werden kann.

3. **Don't Listen, observe.** Ihre Testperson wird im Laufe des Tests Verbesserungsvorschläge machen oder Wünsche äußern. Häufig sind dies Features, die ihm sinnvoll erscheinen, die aber tatsächlich gar nicht benötigt werden. Beobachten Sie daher Ihre Testperson sehr genau, und hören Sie weniger auf das, was sie sagt.

In Ihrem Sharky-Test schlägt eine Testperson beispielsweise vor, ein drehbares 3D-Modell des Hais einzubauen. Das klingt erst einmal ziemlich cool, tatsächlich stehen die Benutzer im Aquarium aber direkt vor dem echten Hai – was ein 3D-Modell in der App überflüssig macht.

Der Nutzertest hat das Ziel, herauszufinden, welche Stärken und Schwächen die Benutzeroberfläche hat, ob sie intuitiv bedient werden kann und verstanden wird.

Versuchen Sie, Ihre App immer von mehreren Personen testen zu lassen. Wiederholt sich ein Problem, müssen Sie in der Oberfläche Änderungen vornehmen. Wird ein Feature nicht verstanden oder bedarf einer ausgiebigen Erklärung, so sollten Sie dieses noch einmal auf den Prüfstand stellen.

Im Sharky-Test konnten Sie außerdem beobachten, dass die Testnutzer das Prinzip der Liste mit auswählbaren Fragen erst verstanden haben, nachdem Sie die Listeneinträge um einen Pfeil auf der rechten Seite ergänzten und damit Interaktivität suggerierten. Alle Nutzer scheiterten daran, von der Detailansicht in die Listenansicht zurückzufinden. Sie haben also schlicht eine ZURÜCK-Schaltfläche vergessen, die Sie nachträglich in Ihre Wireframes einbauen sollten.

Wiederholen Sie Usability-Tests regelmäßig und nach Möglichkeit in jedem Stadium der Entwicklung. Der häufigste Fehler, der bei Nutzertests gemacht wird, ist der, dass sie viel zu spät durchgeführt werden, meist erst wenn die eigentliche App schon fertig ist.

6. Details und Überarbeitung

Im Nutzertest haben Sie gelernt, welche Fehler und Schwächen unser bisheriges Konzept hatte und können dies nun überarbeiten. Die Sharky-App erhält einen zusätzlichen ZURÜCK-Button und wird außerdem durch Pfeile an den Listeneinträgen erweitert. Diese fügen Sie den Wireframes hinzu, die Sie nun bereits etwas detaillierter ausarbeiten können:

Wenn notwendig, können Sie nun verschiedene Variationen von Bildschirmseiten als Wireframes umsetzen. Das ist vor allem dann sinnvoll, wenn Sie noch nicht genau wissen, mit welchen Inhalten Sie bestimmte Elemente später füllen werden, z.B. ob ein Textfeld einen langen oder einen kurzen Namen enthält. Wenn Sie Ihre App später in andere Sprachen übersetzen möchten, haben Sie jetzt Gelegenheit, den Platzbedarf einzelner Bezeichner zu testen: Das im Deutschen sehr kurze »Hallo Welt« wird auf Französisch zu einem etwa doppelt so langen »Bonjour tout le monde«. Besonders Buttonbeschriftungen, denen in der Regel wenig Platz zur Verfügung steht, sollten im Vorfeld hierauf überprüft werden.

In der Sharky-App soll es unterschiedlich lange Antworten geben, teilweise sollen diese Bilder enthalten. Daher basteln Sie einige Variationen des Antwort-Screens, die Ihnen zeigen, wie Sie Bilder und unterschiedliche Textlängen integrieren können.

Jetzt können Sie bereits das eigentliche Design Ihrer App planen. Legen Sie Farben, Schriften und das Aussehen einzelner Bedienelemente fest. Eine gute Hilfe sind dabei die GUI-Templates von *Teehan+Lax*, welche die Designer kostenlos als Photoshop-Dateien zum Download anbieten (Abbildung 3.35):

Abbildung 3.35 Die GUI-Templates von Teehan+Lax

▶ iPhone: *http://www.teehanlax.com/blog/ios-5-gui-psd-iphone-4s/*

▶ iPad: *http://www.teehanlax.com/blog/ipad-gui-psd-version-2/*

▶ Android: *http://www.teehanlax.com/blog/android-2-3-4-gui-psd-high-density/*

Vergessen Sie nicht, Ihre überarbeiteten Wireframes noch einmal einem Usability-Test zu unterziehen, bevor Sie sich an die Umsetzung machen.

Kapitel 4
HTML5 als Designwerkzeug

Wie Sie bereits festgestellt haben, ist HTML5 in den letzten Jahren sehr mächtig geworden. Viele neue Funktionen und Designoptionen sind, auch dank CSS3, heute möglich. In diesem Kapitel werden Sie lernen, wie Sie HTML5 und CSS3 als Designwerkzeug zur Gestaltung einsetzen. Als krönenden Abschluss entwickeln Sie dann Ihr erstes eigenes Zeichenprogramm, welches nicht nur an einem Desktoprechner, sondern natürlich auch auf einer Touch-Oberfläche funktioniert. Adobe Photoshop, nimm dich in Acht!

4.1 Ordnung halten mit CSS-Rastersystemen

Stellen Sie sich folgendes Problem vor: Sie möchten Ihre WebApp sowohl für Smartphones als auch für Tablets anbieten. Das Layout soll sich für ein Hoch- oder Querformat automatisch ausrichten, je nachdem, wie der Benutzer das Endgerät in den Händen hält. Des Weiteren arbeiten Sie mit vielen Texten und Bildern und möchten die WebApp in kürzester Zeit veröffentlichen. Das alles schreit nach einem Rastersystem.

Abbildung 4.1 Ein zehnspaltiges Rastersystem

Rastersysteme sind unsichtbare Hilfslinien und Spalten, die es Ihnen leichter machen, Inhalte anzuordnen (Abbildung 4.1). Jedem Magazin und jedem Buch liegt ein solches Rastersystem zugrunde. Ein Rastersystem schafft zudem Konsistenz in der Gestaltung und gestalterische Ordnung. Einmal angelegt, stellt es sicher, dass alle Seiten und Module Ihrer WebApp den gleichen Maßen und Abständen unterliegen. Dies erzeugt eine klare und logische Gliederung und letztendlich einen einheitlichen Look (Abbildung 4.2). Und je einheitlicher das Aussehen, desto höher die Glaubwürdigkeit der Information.

Abbildung 4.2 Das Rastersystem mit Beispielinhalten wie Bildern, einer Überschrift und Fließtext

Ein Rastersystem beschleunigt zudem Ihren Entwicklungsprozess. Stellen Sie sich vor, Sie haben mehrere Seiten in Ihrer WebApp mit unterschiedlichen Inhalten, wie Texten, Bildern und Videos. Anstatt jedes Mal für jedes Element Definitionen für Position, Größe etc. festzulegen, ist dies alles schon im Raster festgelegt. Ein Raster unterstützt Sie daher in erheblicher Art und Weise bei Gestaltung und Satz.

Besonders im Webdesign hat der Einsatz von Rastersystemen in den letzten Jahren stark zugenommen. Neben gestalterischen Vorteilen bietet ein Rastersystem auch für die WebApp-Entwicklung einige Vorzüge. Neben der bereits erwähnten Skalierung auf verschiedene Endgeräte kann eine feste Spaltenbreite die Umgestaltung auf kleinere Bildschirme extrem vereinfachen. Was das genau bedeutet, werden Sie nun Schritt für Schritt selbst herausfinden.

4.1.1   Einsatz des Less CSS Frameworks

Das *Less CSS Framework*, entwickelt durch den finnischen Entwickler Joni Korpi, stellt eine gute Grundlage für die Entwicklung mit CSS-Rastersystemen dar (Abbildung 4.3). Verwechseln Sie das Less CSS Framework aber nicht mit *LESS CSS*. Während es sich beim Less CSS Framework um ein CSS-Rastersystem handelt, stellt LESS CSS Java-Script-Erweiterungen für die Entwicklung mit CSS bereit.

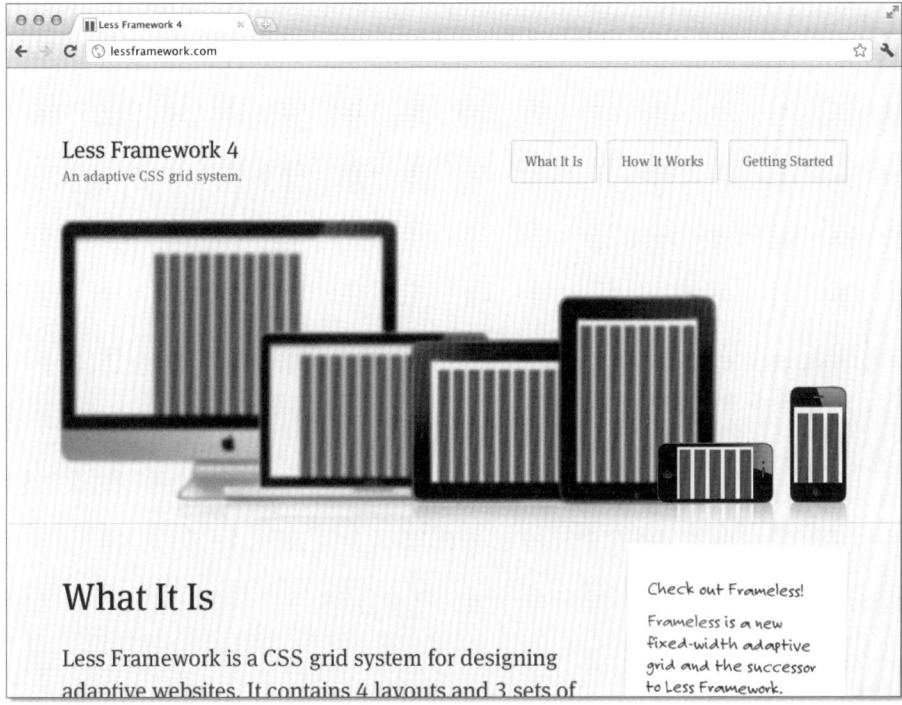

Abbildung 4.3 http://www.lessframework.com

Neben einem Erläuterungstext, können Sie im unteren Teil der Website den entsprechenden CSS-Code herunterladen. Dabei wählen Sie zwischen drei verschiedenen Zeilenhöhen. Dies dient dazu, dass sowohl Texte als auch Überschriften auf einer horizontalen Grundlinie ausgerichtet sind.

Wählen Sie die Option für 1.5 LINE-HEIGHT aus, im unteren Feld erscheint nun der zugehörige CSS-Code. Das obere Feld beinhaltet lediglich die Basis einer HTML5-Webseite. Im Endeffekt sehr ähnlich zu dem, was Sie schon aus den vorherigen Kapiteln gewohnt sind.

Kopieren Sie nun den CSS-Code in eine neue Stylesheet-Datei mit dem Namen *raster.css*, und speichern Sie diese im Ordner *styles* ab. Als HTML-Datei verwenden Sie den bekannten HTML5-Basiscode.

Der CSS-Code des Less CSS Framework im Detail

Als Erstes werfen Sie einen Blick in den CSS-Code des Less Frameworks:

```
/* Less Framework 4
http://lessframework.com
by Joni Korpi
License: http://opensource.org/licenses/mit-license.php*/
```

Neben dem Copyright-Hinweis findet sich hier auch die Information über die Lizenzierung des Frameworks. Less ist »Open Source«, veröffentlicht unter der MIT-Lizenz. Das bedeutet, Sie dürfen den Code nach Belieben einsetzen und modifizieren. Allerdings muss der Copyright-Hinweis in der Datei erhalten bleiben.

```
/*  Resets
    ------  */


html, body, div, span, object, iframe, h1, h2, h3, h4, h5, h6,
p, blockquote, pre, a, abbr, address, cite, code, del, dfn, em,
img, ins, kbd, q, samp, small, strong, sub, sup, var, b, i, hr,
dl, dt, dd, ol, ul, li, fieldset, form, label, legend,
table, caption, tbody, tfoot, thead, tr, th, td,
article, aside, canvas, details, figure, figcaption, hgroup,
menu, footer, header, nav, section, summary, time, mark, audio, video {
  margin: 0;
  padding: 0;
  border: 0;
}


article, aside, canvas, figure, figure img, figcaption, hgroup,
footer, header, nav, section, audio, video {
  display: block;
}


a img {border: 0;}
```

Listing 4.1 Die Standardformatierungen werden mithilfe eines »Resets« zurückgesetzt.

Als Nächstes folgt ein sogenannter *Reset*. Alle Browser wenden automatisch Standardeigenschaften auf bestimmte Elemente, wie z.B. Überschriften und Paragrafen an. Deswegen ist es sinnvoll, Abstände, Ränder und Zwischenräume sämtlicher Elemente zu Anfang auf Null zurückzusetzen, zu »resetten«. Des Weiteren werden weitere Elemente auf display:block gesetzt, um auch hier Darstellungsunterschiede zu vermeiden. Damit starten Sie im Browser bei null, und etwaige Standardstile behindern nicht die Gestaltung.

```
/*  Typography presets
    ------------------  */

.gigantic {
  font-size: 110px;
  line-height: 120px;
  letter-spacing: -2px;
}

.huge, h1 {
  font-size: 68px;
  line-height: 72px;
  letter-spacing: -1px;
}

.large, h2 {
  font-size: 42px;
  line-height: 48px;
}

.bigger, h3 {
  font-size: 26px;
  line-height: 36px;
}

.big, h4 {
  font-size: 22px;
  line-height: 30px;
}

body {
  font: 16px/24px Georgia, serif;
}

.small, small {
  font-size: 13px;
  line-height: 18px;
}

/* Selection colours (easy to forget) */
```

```
::selection       {background: rgb(255,255,158);}
::-moz-selection  {background: rgb(255,255,158);}
img::selection       {background: transparent;}
img::-moz-selection  {background: transparent;}
body {-webkit-tap-highlight-color: rgb(255,255,158);}
```

Listing 4.2 Die typografischen Grundlagen, festgelegt im CSS des Less Frameworks

In den typografischen Vorlagen werden die Einstellungen gespeichert, die Sie zuvor auf der Webseite unter LINE-HEIGHT ausgewählt haben. Diese können Sie nach Belieben anpassen. Beachten Sie allerdings, dass Sie bei Änderungen der Zeilenabstände gegebenenfalls das Grundlinienraster des Textes verlieren und somit Überschriften und Texte nicht mehr auf derselben Grundlinie stehen könnten.

Der Bereich der *Selection Colours*, das heißt der Selektionsfarben, beinhaltet die Definition der Farbe, die sichtbar wird, wenn Sie Text markieren. Ein Designdetail, welches auf die Entwicklung bei Touch-basierten Endgeräten wenig Einfluss hat, da die Markierungsfarbe dort (unter iOS z.B. ein helles Blau) bereits vorgegeben ist.

Das Herz des Less CSS Frameworks

Aber nun zum spannenden Teil des Frameworks: den verschiedenen Media Queries, die die Anzeige auf den verschiedenen Bildschirmgrößen und -ausrichtungen steuern.

```
/*   Default Layout: 992px.
Gutters: 24px.
Outer margins: 48px.
Leftover space for scrollbars @1024px: 32px.
----------------------------------------------------------------------------
cols   1     2     3     4     5     6     7     8     9     10
px     68    160   252   344   436   528   620   712   804   896   *
/

body {
 width: 896px;
 padding: 72px 48px 84px;
 background: rgb(232,232,232);
 color: rgb(60,60,60);
 -webkit-text-size-adjust: 100%; /* Stops Mobile Safari from auto-adjusting
font-sizes */
}
```

Listing 4.3 Die CSS-Definitionen für das »Default Layout«

Joni Korpi zeigt hier per Kommentierung auf, welche Pixelanzahl für die jeweiligen Spaltenbreiten vorgesehen ist. Eine einzige Spalte ist 68 Pixel breit, zwei Spalten (inklusive des Zwischenraums von 24 Pixel) 160 Pixel usw. Mit den *Gutters* ist der Zwischenraum zwischen den Spalten gemeint, *outer margins* beschreiben die Größe der äußeren Ränder außerhalb des Rasters, die mit padding über die body-Definition festgelegt sind. Passen Sie die Hintergrund- (background) und Textfarbe (color) hier ganz nach Ihren Wünschen an.

Dieser Teil wird auch das *Standardlayout* genannt. Es wird immer dann verwendet, wenn eine Bildschirmbreite von 991 Pixel überschritten wird. Dieses Layout kommt z.B. beim Querformat des iPads zum Einsatz.

Im nächsten Teil werden nun Stile für die Anzeige auf einem Tablet im Hochformat definiert. Der Code dürfte Ihnen bereits bekannt vorkommen. Auch hier wartet das *Less CSS Framework* mit einigen Voreinstellungen auf. Die äußeren Ränder werden angepasst, und die maximale Spaltenanzahl verringert sich. Die Spaltenbreite bleibt natürlich gleich. Denn das ist ja der Witz des Frameworks.

```
/* Tablet Layout: 768px.
Gutters: 24px.
Outer margins: 28px.
Inherits styles from: Default Layout.
-----------------------------------------------------------------
cols    1     2     3     4     5     6     7     8
px      68    160   252   344   436   528   620   712    */

@media only screen and (min-width: 768px) and (max-width: 991px) {
  body {
   width: 712px;
   padding: 48px 28px 60px;
  }
}
```

Listing 4.4 Die CSS-Definitionen des »Tablet Layout«

Die folgenden beiden Codeblöcke betreffen die Anzeige auf einem iPhone. Hier werden analog zum *Tablet Layout* die Stile für eine hoch- und querformatige Darstellung festgelegt.

```
/* Mobile Layout: 320px.
Gutters: 24px.
Outer margins: 34px.
Inherits styles from: Default Layout.
--------------------------------------------------
```

```
cols    1     2     3
px      68    160   252    */

@media only screen and (max-width: 767px) {
 body {
  width: 252px;
  padding: 48px 34px 60px;
 }
}



/* Wide Mobile Layout: 480px.
Gutters: 24px.
Outer margins: 22px.
Inherits styles from: Default Layout, Mobile Layout.
-------------------------------------------------------------
cols    1     2     3     4     5
px      68    160   252   344   436    */

@media only screen and (min-width: 480px) and (max-width: 767px) {
 body {
  width: 436px;
  padding: 36px 22px 48px;
 }
}
```

Listing 4.5 Die CSS-Definitionen für das Mobile Layout des Less Frameworks

Das ist auch schon alles. Das Framework kommt bewusst sehr puristisch daher. Im nächsten Schritt werden Sie das Raster mit Leben füllen.

Das Raster im Einsatz – Vorbereitungen

Nachdem Sie nun die Grundlagen des Rasters und des CSS-Codes erlernt haben, heißt es nun, dieses einzusetzen. Zu diesem Zweck erstellen Sie eine Seite mit etwas Text und einem Bild. Die Anordnung dieser beiden Elemente wird sich automatisch, je nach Bildschirmgröße, anpassen.

Der HTML-Code ist recht einfach und sieht wie folgt aus:

```
<figure>
 <img src="bilder/landschaft.jpg" />
</figure>
```

```
<article>
 <h4>Die Organisation von Inhalten mit einem Rastersystem</h4>
 <p>Hier steht Ihr hoffentlich etwas längerer Blindtext.</p>
</article>
```

Listing 4.6 Eine einfache HTML-Datei mit Bild und Text als Ausgangslage

Aus Platzgründen ist hier der Blindtext etwas kürzer geraten, wir empfehlen Ihnen jedoch einen längeren Text zum Testen einzusetzen. Sie leiden an einer Blindtext-Schreibblockade? Kein Problem. Einen Blindtextgenerator finden Sie unter *http://www.lipsum.com*.

Ein Bild zum Einsatz in diesem Beispiel finden Sie wieder im kostenlosen Bilderarchiv von *Flickr* unter *http://www.flickr.com/creativecommons*. Viele der Bilder können Sie kostenlos, unter Angabe des Autors, in Ihrer WebApp einsetzen. Aber das wissen Sie ja bereits. Alternativ können Sie natürlich auch ein Urlaubsbild von Ihnen an einem Strand dieser Welt verwenden. Wie Sie möchten.

In diesem Beispiel benutzen wir das Bild *Landscape* von Rick Smit. Speichern Sie Ihres unter dem Namen *landschaft.jpg* im Ordner *bilder* ab.

Haben Sie daran gedacht, die CSS-Datei im head-Bereich zu verlinken?

```
<link href='styles/raster.css' rel='stylesheet' type='text/css'>
```

Sehr gut, dann kann es weitergehen!

Definition der Darstellungen auf unterschiedlichen Bildschirmgrößen

Bevor Sie mit der Konfiguration der einzelnen Spalten beginnen, ergänzen Sie noch Folgendes in der body-Definition im *Default Layout*:

```
margin:auto;
```

Damit wird das Raster automatisch mittig ausgerichtet.

Tipp: Testen auch ohne Smartphone oder Tablet
Sie können die Funktionsweise des Rasters auch ohne iPhone oder iPad in einem modernen Browser, wie z.B. Google Chrome, testen. Verändern Sie dazu einfach die Breite des Browserfensters.

Als Nächstes konfigurieren Sie die Darstellung der Text- und Bildelemente für die verschiedenen Bildschirmgrößen. Auf großen Bildschirmen und auf dem iPad im Querformat soll der Text neben dem Bild erscheinen (Abbildung 4.4). Wie in einem richtigen Magazin eben!

155

Dazu ergänzen Sie das Default Layout um folgende Definitionen:

```
figure {
  float:left;
  width: 436px;
  margin-right:24px;
}

article {
  float:left;
  width: 436px;
}

figure img {
  width:100%;
  height:auto;
}
```

Listing 4.7 Die CSS-Definitionen zur Anpassung von Bild und Text

Abbildung 4.4 Die Darstellung auf einem iPad im Querformat

Durch den ausführlich kommentierten Quelltext des Frameworks können Sie leicht die Breite ablesen, die Ihre Inhalte füllen sollen, um in das Raster zu passen. Text- und Bildelement entsprechen jeweils einer Breite von fünf Spalten (436 Pixel). Damit die Anordnung der beiden Elemente nebeneinander erfolgt, versehen Sie diese noch mit der Definition `float` und dem Wert `left`. Den Abstand zwischen den beiden Elementen geben Sie mit `margin-right` bei dem Bildelement an. Dieser Abstand beträgt auf allen Bildschirmgrößen immer 24 Pixel. Sie sehen, es gibt zwei Konstanten, die Spaltenbreite und die Zwischenraumbreite. Zuletzt weisen Sie dem Bild im Bildelement noch eine Breite von 100 % zu. Dadurch wird das Bild automatisch auf die aktuelle Spaltenbreite angepasst. Mit der Definition der Höhe (`height`) auf `auto` wird die Höhe des Bildes automatisch berechnet. So wird das Seitenverhältnis beibehalten und das Bild unverzerrt dargestellt.

Ein kurzer Retina-Exkurs

Obwohl bei Geräten mit einem hochauflösenden Bildschirm, auch Retina-Display genannt, die Pixelanzahl das Doppelte beträgt: Der mobile Webbrowser rechnet trotzdem nur mit der »einfachen« Pixelanzahl. Das heißt, dass auf einem iPad mit Retina-Display die Media-Query-Angaben, aber auch alle Pixeldefinitionen des Rasters, noch korrekt funktionieren. Das sind doch gute Nachrichten, oder?

Sie haben nun ein einfaches Raster verwendet, um zwei Elemente nebeneinander anzuordnen. Auf einem Tablet im Hochformat möchten Sie nun die Darstellung dahingehend anpassen, dass das Bild in voller Größe über dem Text steht. Um dies zu erreichen, müssen Sie die Darstellung der beiden Elemente im *Tablet Layout* anpassen. Im *Tablet Layout* stehen insgesamt acht Spalten zur Verfügung. Bild- und Textelement sollen nun diese acht Spalten komplett ausfüllen:

```
figure, article {
 width: 712px;
 margin: 0px;
}
```

Mit der Definition der Breite auf 712 Pixel nutzen Sie die gesamte Breite, mit anderen Worten acht Spalten, aus (Abbildung 4.5).

Gleichzeitig müssen Sie allerdings die Ränder auf 0 Pixel setzen, denn dieser Abstand wird vom *Default Layout* vererbt.

Die Anpassung an mobile Endgeräte funktioniert nach dem gleichen Muster. Ergänzen Sie einfach den CSS-Code im *Mobile Layout* oder *Wide Mobile Layout* um die entsprechenden Maße.

Abbildung 4.5 Die Darstellung auf einem Tablet im Hochformat

Herzlichen Glückwunsch! Sie haben nun Ihr erstes kleines Raster angelegt und die Darstellung auf verschiedene Bildschirmgrößen optimiert. Denken Sie bei dem Einsatz von Rastern immer in Spalten, nicht in Pixeln. Dann wird Ihnen die Anordnung und Gestaltung der Inhaltselemente leichter fallen. Besonders für inhaltsintensive WebApps macht ein Raster Sinn, also denken Sie daran, wenn Sie Ihr nächstes Magazin gestalten.

4.1.2   Das Raster für einen speziellen Einsatz – MagazineGrid

Ein besonderer Fall von WebApps sind Tablet-Magazine und digitale eBooks: Anders als bei klassischen Apps müssen hier große Textmengen, Fotos und Infografiken lesbar und spannend aufbereitet werden. Dennoch sollen sich Magazinseiten merklich von Webseiten unterscheiden – eine echte Herausforderung für jeden Designer.

Für diese Art der Gestaltung, auch Editorial Design genannt, haben die Macher des *Aside Magazines* eine kostenlose Bibliothek entwickelt, die speziell für Magazinegestaltung auf dem iPad ausgelegt ist. Im Folgenden gestalten Sie einige Magazinseiten mit HTML5 und dem MagazineGrid.

Abbildung 4.6 http://asidemag.com/grid

Doch zunächst müssen Sie das Framework in Ihr HTML-Dokument einbinden. Laden Sie zunächst von *http://asidemag.com/grid/* das komplette Paket herunter (Abbildung 4.6). Es enthält neben einer Kurzanleitung auf Englisch auch zwei Beispielseiten, die Sie nach Belieben erweitern oder verändern können. Kopieren Sie die Datei *magazinegrid.min.css* in Ihren Projektordner, und binden Sie die Datei in Ihre HTML-Seite ein:

```
<link href="magazinegrid.css" rel="stylesheet">
<link href="style.css" rel="stylesheet">
```

Natürlich legen Sie auch wieder eine Datei für Ihre eigenen Stilangaben an, nennen Sie sie *style.css*, und verlinken Sie sie nach dem MagazineGrid.

Das MagazineGrid greift für alle Elemente, die Teil eines Artikels sind. Strukturieren Sie Ihr HTML-Dokument folgendermaßen:

```
<article>
 <section>
  // Erster Abschnitt
 </section>
 <section>
  // Zweiter Abschnitt
 </section>
 ...
</article>
```

Listing 4.8 Die Strukturierung Ihres Dokuments über article und section

Ein Artikel wird in verschiedene Sektionen aufgeteilt. Dafür verwenden Sie die HTML5-Elemente article und section.

Im Folgenden gestalten Sie zwei Seiten eines Reisemagazins, in dem Sie von Ihren Abenteuern in Ägypten berichten. Das MagazineGrid selbst ist lediglich für die Gestaltung der Einzelseiten geeignet, wie Sie diese zu einem vollständigen HTML5-Magazin, ähnlich dem Aside Magazine, zusammenstellen, lernen Sie in Abschnitt 8.2, »Die Entwicklung einer App mit Sencha Touch«.

Das Raster

Eine Magazinseite unterscheidet sich von einer Webseite dadurch, dass sie statt Navigation, Kopfzeile, Seitenleiste etc. vor allem eines enthält: einen Artikel. Der Artikel besteht aus einem Text, verschiedenen Bildern und Kästen, die sich an einem Gestaltungsraster orientieren sollen. Vielleicht kennen Sie das bereits aus klassischen Layoutprogrammen, wie z. B. Adobe InDesign (Abbildung 4.7).

Das MagazineGrid unterteilt den Bildschirm in acht Spalten. Je nach Wichtigkeit und Größe kann sich dabei ein Element über eine oder mehrere Spalten erstrecken. Der Clou dabei: Die Spalten gehen bis zum Rand, es ist damit ein Leichtes, Bilder »in den Anschnitt«, das heißt abschließend mit dem Bildschirm, zu setzen, wie man im Editorial Design so schön sagt. Bereiten Sie einen Artikel mit unterschiedlich breiten Elementen vor:

```
<article>
 <section>
  <div class="grid x4"></div>
```

```
  <div class="grid x3"></div>
  <div class="grid x1"></div>
 </section>
 <section>
  <div class="grid x5"></div>
  <div class="grid x3"></div>
 </section>
</article>
```

Listing 4.9 Ein einfacher Rasteraufbau mit unterschiedlich breiten Elementen

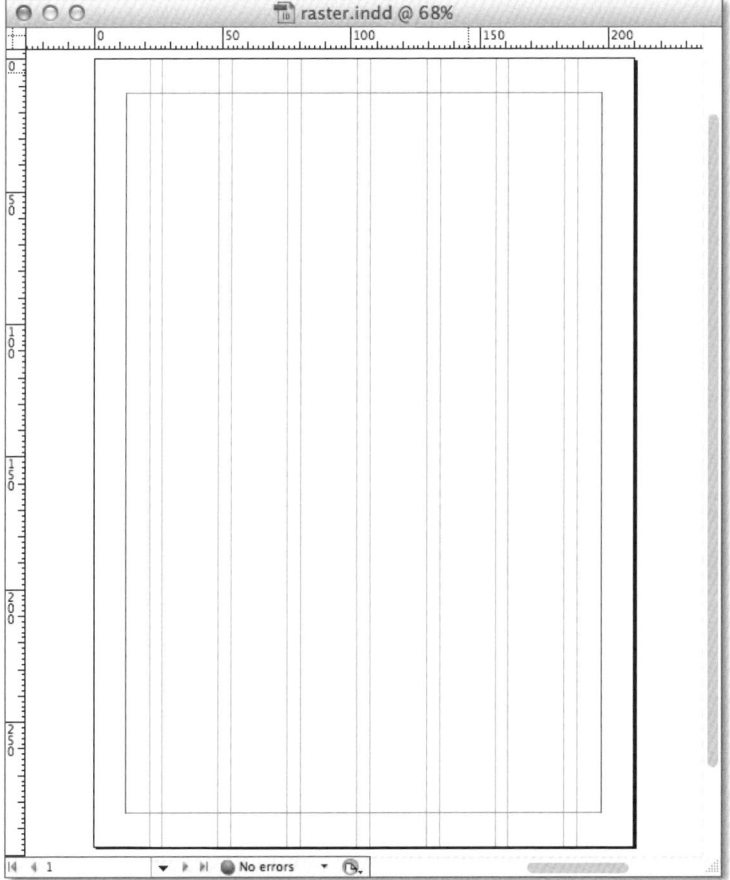

Abbildung 4.7 Eine Seite mit Raster im Layoutprogramm InDesign

Weisen Sie einem Element zwei Klassen zu: `.grid` sorgt dafür, dass sich das Element am Raster orientiert, `.x3` gibt an, dass sich das Element über drei Spalten erstrecken soll. Möglich sind Werte zwischen x1 und x8.

Um die Spalten sichtbar zu machen, fügen Sie nun einen kleinen CSS-Schnipsel in Ihre *style.css* ein:

```
.grid {
 background-color: grey;
 height: 400px;
}
```

Abbildung 4.8 Unterschiedlich breite Spalten

Ein Element kann über beliebig viele Spalten gezogen werden, ohne dass Sie mit festen Breitenangaben oder Positionierungen jonglieren müssen (Abbildung 4.8). Lediglich die Summe der Faktor-Klassen darf nicht größer als acht, also als das Gestaltungsraster, sein. In diesem Beispiel rechnet sich das so: x4 + x3 + x1 = x8.

Sie möchten Ihre Seite nun durch ein paar Fotos erweitern. Dies können Sie entweder per img-Element oder CSS tun. In diesem Fall entscheiden Sie sich dafür, die Grid-Elemente mit Hintergrundbildern zu versehen. Dafür erhält jedes Element eine id, über die es im CSS angesprochen werden kann:

```
<article>
 <section>
  <div class="grid x4" id="bild1"></div>
  <div class="grid x3" id="bild2"></div>
  <div class="grid x1" id="bild3"></div>
 </section>
 <section>
  <div class="grid x3" id="bild4"></div>
  <div class="grid x5" id="bild5"></div>
 </section>
</article>
```

Der entsprechende CSS-Code fügt die Bilder ein:

```
#bild1 { background: url(bilder/egypt1.jpg); }
#bild2 { background: url(bilder/egypt2.jpg); }
#bild3 { background: url(bilder/egypt3.jpg); }
#bild4 { background: url(bilder/egypt4.jpg); }
#bild5 { background: url(bilder/egypt5.jpg); }
```

Das hat den Vorteil, dass die Bilder beim Drehen des Geräts automatisch, ohne dass sich die Höhe verändert, auf die entsprechende Spaltenbreite zurechtgeschnitten werden. Was jetzt noch fehlt, ist der Text des Artikels.

Typografie und Textelemente

Was bei Bildelementen gut aussieht, funktioniert bei Text nicht besonders gut: Wenn er bis an den Rand, also in den Anschnitt läuft, sinkt die Lesbarkeit. Das MagazineGrid hält daher für Textblöcke eine spezielle Klasse bereit:

```
<section class="gutter column3">
 <h1>…</h1>
 <p>…</p>
</section>
```

Die Klasse gutter gibt einem section-Element einen angenehmen Außenrand von etwa 12 mm, ähnlich wie bei einem gedruckten Magazin. Auch Textblöcke können mehrere Spalten besitzen – das verbessert die Lesbarkeit und unterstützt den Magazin-Look. Damit der Text sich aber je nach Textlänge gleichmäßig auf die Spalten verteilt, gibt es statt der grid-Klasse die Klassen column2 und column3, je nachdem, ob der Inhalt auf zwei Spalten oder drei Spalten aufgeteilt werden soll. Moment mal, nicht mehr? Möglich wären zwar auch noch mehr Spalten, allerdings passen dann auf dem iPad im Hochformat kaum noch zwei Worte nebeneinander. Bedenken Sie, das Tablet ist nur etwa halb so groß wie ein handelsübliches Printmagazin.

Innerhalb einer mehrspaltigen Sektion können beliebige Elemente verwendet werden, Bilder und Zwischenüberschriften sind kein Problem. Die gängigsten Elemente zur Textauszeichnung haben im MagazineGrid bereits einen vordefinierten Stil, welcher auf gute Lesbarkeit ausgerichtet ist. Besonders wichtig dabei ist das durchgängige Grundlinienraster von 22 Pixel, das dafür sorgt, dass auch mehrspaltige Texte immer auf der gleichen Linie liegen.

Legen Sie einen Artikel mit Überschrift und Absätzen und Zwischenüberschriften an:

```
<article>
 <section class="gutter">
  <h1>Die Lebensader der Pharaonen</h1>
  <p class="intro">…</p>
 </section>
 <section class="gutter column2 border">
  <h2>…</h2>
  <p>…</p>
  …
 </section>
</article>
```

Selbst ohne weiteres CSS sieht das schon nach einer ganz ordentlichen Magazinseite aus (Abbildung 4.9)! Um Ihrem Layout noch das gewisse Etwas zu verleihen, geben Sie den Überschriften ein knalliges Orange und wählen eine Headline-Schrift, die den Charakter Ihres Reisemagazins unterstützt:

```
h1, h2, h3 {
  font-family: 'FranchiseRegular';
  font-weight: normal;
  text-transform: uppercase;
  letter-spacing: 0;
}
h1 {
  font-size: 130px;
  line-height: 110px;
  margin-left: -4px;
  color: #444;
  text-shadow: 0 1px 0 #000, 0 3px 4px #666;
}
```

```
h2 {
  font-size: 30px;
  line-height: 22px;
  color: #f20;
}
p.intro {
  font-weight: bold;
  font-size: 130%;
  line-height: 26px;
}
```

Listing 4.10 Die Gestaltung von Fließtext, Überschrift & Co.

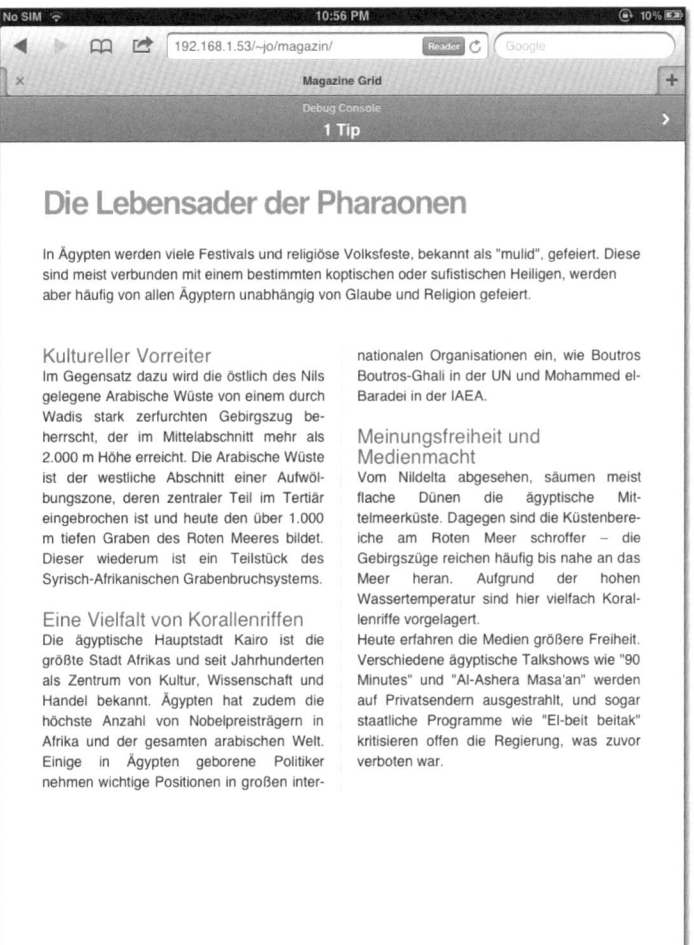

Abbildung 4.9 Textseite mit zwei Spalten

Die Schriftart *Franchise* ist sehr schmal und prägnant und eignet sich somit sehr gut für Magazinlayouts. Ein kleiner Schlagschatten lässt sie erhaben wirken. Sie bekommen diese und andere Schriftarten auf der Seite *http://losttype.com*.

Ausrichtungen und Smartphones

Touch-Geräte besitzen ja bekanntlich nicht nur ein Format, sondern zwei. Wenn Sie Ihr iPad vom Hochformat ins Querformat drehen, verändert sich auch das Seitenverhältnis. Doch was passiert mit Ihrem Layout? Darum kümmert sich das Magazine-Grid. Sämtliche Rasterdefinitionen skalieren die Elemente perfekt auf die Breite des Geräts im Querformat – ohne dass Sie dafür eine Zeile Code schreiben müssen (Abbildung 4.10).

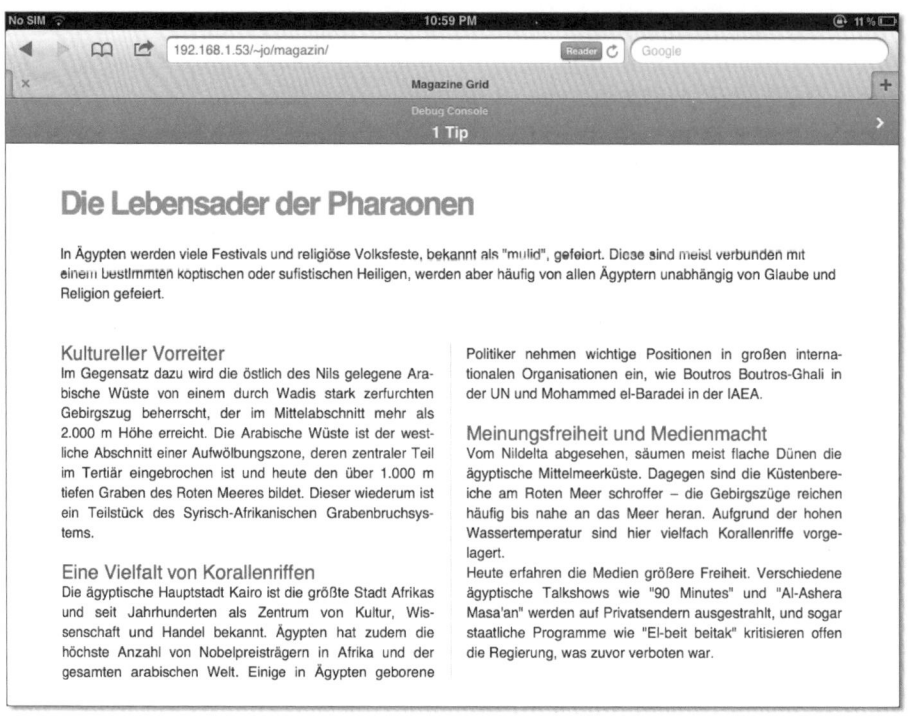

Abbildung 4.10 Eine Magazinseite in der Landscape-Ansicht

Die Nutzer sollen Ihr Magazin selbstverständlich auch auf kleineren Bildschirmen lesen können (Abbildung 4.11). Da der Bildschirm Ihres Smartphones aber kaum größer als eine Scheckkarte ist, ergeben mehrspaltige Layouts hier kaum Sinn. Das MagazineGrid wandelt daher Ihr Magazinlayout in eine linearisierte Version um, also eine vereinfachte Darstellung, bei der alle Elemente und Spalten untereinander angeordnet werden. Auf diese Weise bleiben alle Texte und Bilder lesbar.

Abbildung 4.11 Eine Magazinseite auf dem iPhone

Bei Bedarf müssen Sie hier und da noch Schriftgrößen und Abstände an den kleineren Bildschirm anpassen – am besten mit einem Media Query, wie in Kapitel 2, »HTML5 in der mobilen Webentwicklung«, beschrieben.

Sonstige Elemente

Ein echtes Magazin erkennt man vor allem auch an Seitenzahlen und der kleinen Rubrikbezeichnung in der Ecke einer Seite. Häufig sind diese Elemente passend zum Rest des Magazins gestaltet – schauen Sie doch mal in Ihrem Lieblingsmagazin nach. Auch das MagazineGrid hält solche Elemente bereit. Nun gut, Seitenzahlen machen auf einem Tablet nicht allzu viel Sinn, aber der Name der Rubrik kann für die Wiedererkennbarkeit sehr hilfreich sein. In der Designersprache nennt man dieses Element übrigens *Pagina* oder Kolumnentitel. Damit Sie dieses Element in Ihr Design einbauen können, müssen Sie eine zusätzliche CSS-Datei einbinden. Sie finden sie im MagazineGrid-Archiv im Unterordner *plugins*:

```
<link href="plugins/elements.css" rel="stylesheet">
```

Es handelt sich dabei um ein Plugin, also um eine Erweiterung, die Sie erst bei Bedarf nachladen. Fügen Sie direkt nach dem öffnenden article-Tag Folgendes ein:

```
<nav class="pagina">Rubrik</nav>
```

Das war's auch schon. In Ihrem Layout sieht das dann so aus wie in Abbildung 4.12.

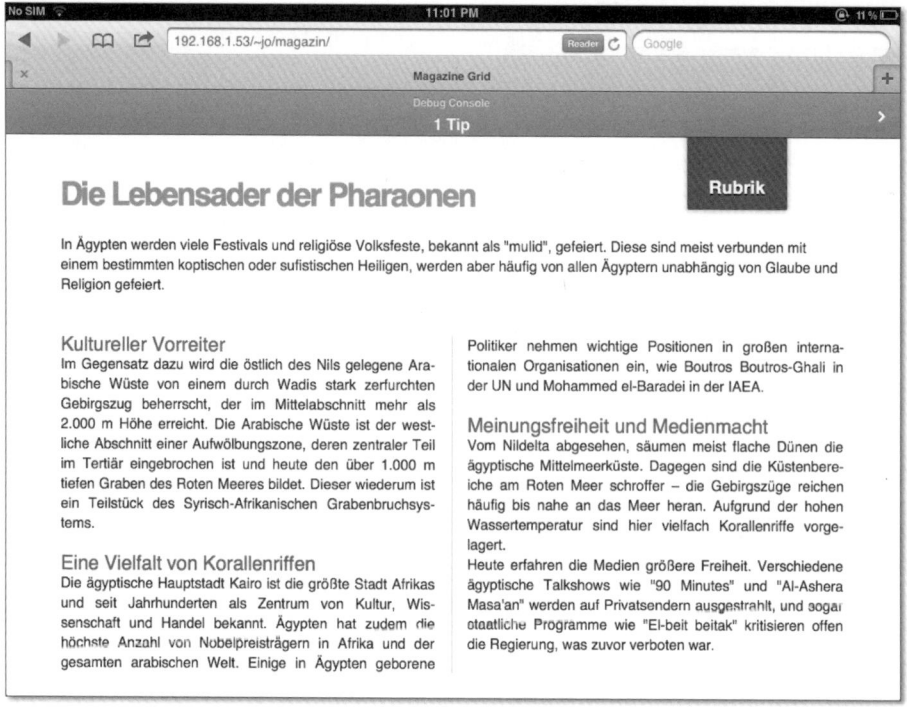

Abbildung 4.12 Das Pagina-Element

Jetzt sind Sie dran – passen Sie bei Bedarf noch Farben und Schriften an Ihr Magazin-design an. Vergessen Sie nicht, Ihrem Magazin auch ein ansprechendes Cover zu spendieren. In Abschnitt 8.2, »Die Entwicklung einer App mit Sencha Touch«, lernen Sie, wie Sie mit dem Framework Sencha Touch Ihre Seiten zu einem interaktiven Magazin zusammenstellen können.

4.2   Mal was anderes als Arial – Webfonts

Eines der wichtigsten Gestaltungsmittel im Design ist die Schriftgestaltung, auch Typografie genannt. Schriften und deren Eigenschaften, wie Zeilen- und Zeichenab-stand oder Stärke, prägen in großem Maße das Aussehen und die Bedienbarkeit eines Produkts. Eine gute Typografie vereinfacht das Lesen, strukturiert Inhalte und erzeugt Charakter. Und sieht außerdem einfach richtig gut aus (Abbildung 4.13)!

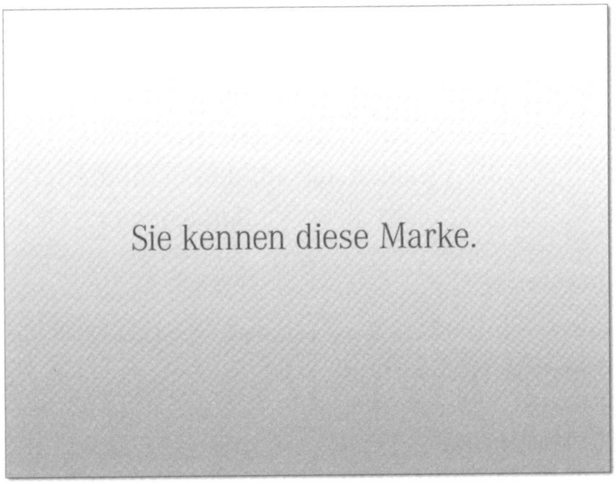

Abbildung 4.13 Selbst wenn das Logo nicht zu sehen ist, wird das Unternehmen über die Schriftart erkannt und sofort mit der Marke assoziiert.

Na, haben Sie es erkannt? Richtig, hierbei handelt es sich um die Schriftart von Mercedes-Benz. Schrift kann also mehr sein als nur Lesemittel. Schrift ist eine Charaktereigenschaft.

Die Qualität einer Schriftgestaltung hängt allerdings nicht nur von der verwendeten Schriftart ab. Ein gutes Schriftbild wird zusätzlich maßgeblich von dem richtigen Einsatz der Spaltenbreite, des Zeilenabstands, der Schriftgröße und weiterer Faktoren bestimmt.

Typografie ist in allen Bereichen relevant, in denen Sie gestalten. Von der Einladung zum 90. Geburtstag Ihrer Oma, die Sie mit Microsoft Word verfasst haben, bis hin zu Ihrer WebApp: Schrift ist omnipräsent, erzeugt immer eine Wirkung, und Sie sollten ihr daher besondere Beachtung schenken.

Wir möchten Ihnen die Wichtigkeit von Schriftgestaltung in diesem Kapitel näherbringen, Sie für die Feinheiten guter Typografie sensibilisieren. Denn gute Typografie ist die Grundlage jeder guten Gestaltung – und jeder guten WebApp, Ihrer WebApp.

4.2.1   Schriften im Web

Eine differenzierte Gestaltung durch Schrift ist im Print schon seit vielen Jahrhunderten vorhanden. Zunächst handschriftlich und dann maschinell mit der Erfindung des Buchdrucks durch Gutenberg wurde Schrift gesetzt, gestaltet und damit Magazine, Zeitungen oder Bücher angefertigt. Es wurden Tausende von Schriftarten entwickelt und eingesetzt. Ob fett, dick, dünn, floral, aufwendig, einfach, motivbehaftet oder klassisch – das Angebot verschiedener Schriftarten ist sehr vielfältig.

Die Situation im Web stellte sich vor nicht allzu langer Zeit noch völlig anders dar. Webdesigner waren beschränkt auf den Einsatz von sogenannten *Systemschriften*. Das sind Schriftarten, die standardmäßig mit dem Betriebssystem ausgeliefert werden und somit bei einer breiten Benutzerbasis vorhanden sind (Abbildung 4.14). Webdesigner mussten also zwischen Schriften wählen, die auf den Computern der Besucher installiert waren. Zu den Klassikern zählen: *Arial, Verdana, Georgia, Times New Roman* und die bei Designern meist gehasste *Comic Sans*.

Platform and font name	Installed (%)		Stack	Image
Helvetica	100.00%		Stack	Image
Lucida Grande	100.00%		Stack	Image
Lucida Sans	100.00%		Stack	Image
Tahoma	99.95%		Stack	Image
Arial	99.84%		Stack	Image
Verdana	99.84%		Stack	Image
Geneva	99.83%		Stack	Image
Monaco	99.83%		Stack	Image
Microsoft Sans Serif	99.79%		Stack	Image
Courier New	99.68%		Stack	Image
Times New Roman	99.68%		Stack	Image
Trebuchet MS	99.68%		Stack	Image
Courier	99.67%		Stack	Image
Lucida Bright	99.67%		Stack	None
Lucida Sans	99.67%		Stack	None
Lucida Sans Typewriter	99.67%		Stack	None
Comic Sans MS	99.41%		Stack	Image
Georgia	99.41%		Stack	Image
Times	99.34%		Stack	Image
Palatino Linotype	99.31%		Stack	Image

Abbildung 4.14 Die Top-20 der am weitesten verbreiteten Systemschriften (Quelle: http://www.codestyle.org/css/font-family/sampler-CombinedResults.shtml)

Typografisch gesehen, war das Web damit recht monoton. Neben der beschränkten Auswahl einsetzbarer Schriftarten kommt noch eine mangelnde Unterstützung typografischer Einstellmöglichkeiten hinzu. Während Sie bei der Gestaltung eines gedruckten Produkts sehr genau steuern können, wie Schrift und Abstände im Endresultat aussehen, ist dies im Web nicht möglich. Durch viele unterschiedliche Geräte und Betriebssysteme erscheint die Schriftdarstellung überall etwas anders. Mal sieht die eine Schrift hier schärfer aus, dort erscheint sie wieder etwas weicher. Die Darstellung variiert von Benutzer zu Benutzer und von Gerät zu Gerät.

Aber warum überhaupt eine andere Schriftart nutzen? Warum nicht einfach Arial einsetzen? Zum einen gibt es viele Schriftarten, die wesentlich besser für die Verwendung im Web optimiert sind als gerade Arial. Dadurch steigt der Lesekomfort und die Darstellung im Allgemeinen erscheint sauberer und klarer. Zum anderen kann eine Schriftart die Funktionalität oder den Charakter Ihrer WebApp unterstützen. Denken Sie an eine Notiz-App, bei der die Notizen in einer Schreibschrift auf gelbe Notizzettel geschrieben werden. Die WebApp hat somit nicht nur die Funktionalität eines Notizblocks, sondern »fühlt« sich auch so an. Des Weiteren erhöht eine individuelle Schrift die Einzigartigkeit Ihrer WebApp und setzt sie von der Konkurrenz ab. Im Extremfall wird sie sofort mit Ihrer WebApp assoziiert, selbst ohne Logo oder Hinweistext (Abbildung 4.15).

Abbildung 4.15 Impressionen der Mercedes-Benz-WebApp auf dem iPhone und unter Android. Auch hier stellt die Schrift wieder die Verbindung zur Marke her.

4.2.2   Webfonts

Seit 2010 wurden die Möglichkeiten rund um Webschriften, auch *Webfonts* genannt, erheblich erweitert. Mit Webfonts bezeichnet man Schriften, die nicht als System- schrift auf dem Computer des Benutzers installiert sind, jedoch trotzdem für die Dar- stellung verwendet werden können. Der Browser lädt dabei die entsprechenden Schriftdateien in den Browsercache. Zuvor war für den Einsatz von alternativen Schriften Adobe Flash in Form des Scripts *sIFR* oder komplexes JavaScript mithilfe des Plugins *Cufon* nötig. Flash wird jedoch nicht von mobilen Endgeräten unterstützt und die komplexen JavaScripts wirken sich negativ auf die Performance aus. Insofern keine befriedigende Lösung für den Einsatz in Ihren WebApps.

Aktuell haben Sie zwei Möglichkeiten, Webfonts in Ihrer WebApp einzusetzen. Die erste Möglichkeit besteht darin, die Schriftart über die CSS-Eigenschaft `@font-face` einzubinden.

Dafür dient Ihnen folgender HTML-Code als Grundlage:

```
<h1>Diese Überschrift ist in der kostenlosen Schriftart "Yanone Kaffeesatz"
gesetzt.</h1>
<p>In diesem Beispiel testen Sie Webfonts via @font-face.</p>
```

Die Schriftart *Yanone Kaffeesatz* ist zum kostenlosen Download verfügbar unter *http://www.yanone.de/typedesign/kaffeesatz/*. Laden Sie diese herunter, und speichern Sie die Dateien in einem Unterordner *schriften*.

In der zur HTML-Datei zugehörigen CSS-Datei definieren Sie nun die Schrift wie folgt:

```
@font-face {
  font-family: YanoneKaffeesatz;
  src: url('../schriften/YanoneKaffeesatz-Regular.otf');
}

h1 {
  font-family: "YanoneKaffeesatz";
}

p {
  font-family: Georgia;
}
```

Listing 4.11 Die Definition der Absatzformate und der verwendeten Schriften via CSS

Über die Eigenschaft `@font-face` geben Sie den Titel und den Pfad zur Schrift an. Beachten Sie, dass Sie den Pfad immer relativ zur CSS-Datei angeben müssen. Liegt die Datei *styles.css* in einem Ordner *styles*, so muss die Pfadangabe den Sprung zum übergeordneten Order beinhalten. Diesen erreichen Sie mit einem vorangestellten `../`.

Sollten Sie wieder Probleme mit Sonderzeichen, wie z. B. Umlauten, haben, setzen Sie den Zeichensatz in der HTML-Datei auf UTF-8. Das haben Sie zwar schon einmal gemacht, aber hier nochmal zur Erinnerung der Code für den head-Bereich:

```
<meta charset="utf-8">
```

Sie haben nun erfolgreich Ihre erste Schriftart mit `@font-face` eingebunden und einer Überschrift zugeordnet (Abbildung 4.16). Beachten Sie, dass die Schriftart im Format *.otf*, dem *Open Type Format* vorliegen muss. Dieses Format wird von mobilen Browsern sowie Safari, Firefox und Google Chrome unterstützt. Wenn Sie eine Komptabilität über diverse Browser hinaus benötigen, empfiehlt sich der *@font-face Generator* von *FontSquirrel* (*http://www.fontsquirrel.com/fontface/generator*). Hier können Sie die Schrift hochladen, die Sie einsetzen wollen. Der Generator konvertiert diese automatisch in alle benötigten Formate und erstellt zudem noch den benötigten CSS-Code, der in allen Browsern funktioniert.

Abbildung 4.16 Die Gestaltung der ersten Überschrift in der Schriftart »Yanone Kaffeesatz« über die Einbindung via @font-face

4.2.3 Font-Services

Neben der Möglichkeit, die Schriftdatei selbst einzubinden, haben Sie auch die Option, einen *Font-Service* zu nutzen. Font-Services stellen eine Vielzahl an Schriften bereit, die Sie mit einer einfachen Zeile Code in Ihrer WebApp verwenden können. Der Vorteil ist, dass automatisch unterschiedliche Geräte berücksichtigt werden und die Ausgabe entsprechend gesteuert wird. Somit können Sie sicher sein, dass auf den unterschiedlichsten Smartphones und Tablets (aber auch normalen Computern) Ihre Schrift korrekt angezeigt wird. Für den Einsatz dieser Font-Services wird normalerweise eine monatliche Gebühr fällig. Die Gebühr orientiert sich dabei meist an der Anzahl Ihrer Projekte und Seitenaufrufe. Einer der bekanntesten Font-Services sind *Adobe Typekit* (kostenpflichtig) sowie das *Google Web Font Directory*. Während bei Adobe Typekit namhafte Schriftenhersteller ihre Schriften anbieten, findet man bei Google eher Schriften von unabhängigen Designern. Die Qualität und Auswahl ist bei Adobe Typekit ohne Frage besser, die Google Web Fonts sind dafür aber kostenlos.

Im Folgenden binden Sie eine Schriftart aus dem *Google Web Font Directory* ein. Besuchen Sie zunächst die Webseite des Directorys unter *http://www.google.com/webfonts* (Abbildung 4.17).

Im linken Bereich können Sie zwischen verschiedenen Schrifttypen, Stärken und Zeichensätzen filtern. Im rechten Bereich erhalten Sie eine Vorschau der in Frage kommenden Schriften. Sie haben die Möglichkeit, im oberen Bereich über die Menüleiste die Schriftgröße und auch den Beispieltext zu ändern. Probieren Sie bei Ihrer Suche nach einer geeigneten Schrift verschiedene Größen und Texte aus. Vielleicht sieht Ihre erste Wahl als Überschrift super aus, im Fließtext ist sie aber kaum zu entziffern.

Abbildung 4.17 Die Startseite des Google Web Font Directorys

Wenn Sie eine oder mehrere Schriftarten gefunden haben, fügen Sie diese zu Ihrer *Kollektion* hinzu (Abbildung 4.18). Ihre Kollektion ist vergleichbar mit dem Warenkorb eines Online-Shops. Nur dass Sie bei Google am Ende keine Kasse, sondern der einzusetzende HTML-Code erwartet.

Über die Schaltfläche REVIEW können Sie die ausgewählten Schriften noch einmal auf ihre Tauglichkeit hin überprüfen. Genügen die Schriften Ihren Ansprüchen, so geht es weiter mit dem Klick auf USE.

Wählen Sie nun die Schriftstile aus, die Sie für Ihre WebApp benötigen (Abbildung 4.19). Ob Fett, sehr Fett oder Kursiv, je nach Schriftart stehen mehr oder weniger Stile zur Verfügung. Je mehr Stile Sie auswählen, desto länger werden die Ladezeiten. Sie erinnern sich? Besonders bei WebApps sollten Sie die Ladezeiten so gering wie möglich halten. Wählen Sie daher nur Schriftschnitte aus, die Sie auch wirklich benötigen. Im rechten Bereich bietet eine Art Tacho eine grafische Visualisierung der Ladezeiten. Versuchen Sie, den roten Bereich zu vermeiden.

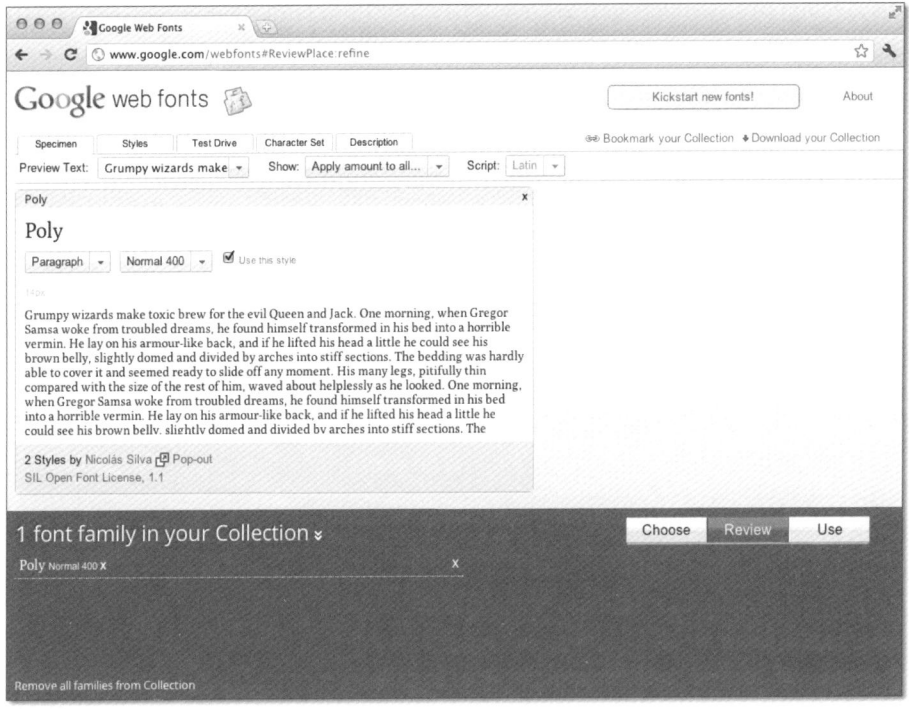

Abbildung 4.18 Die Schriftart »Poly« in Ihrer Kollektion

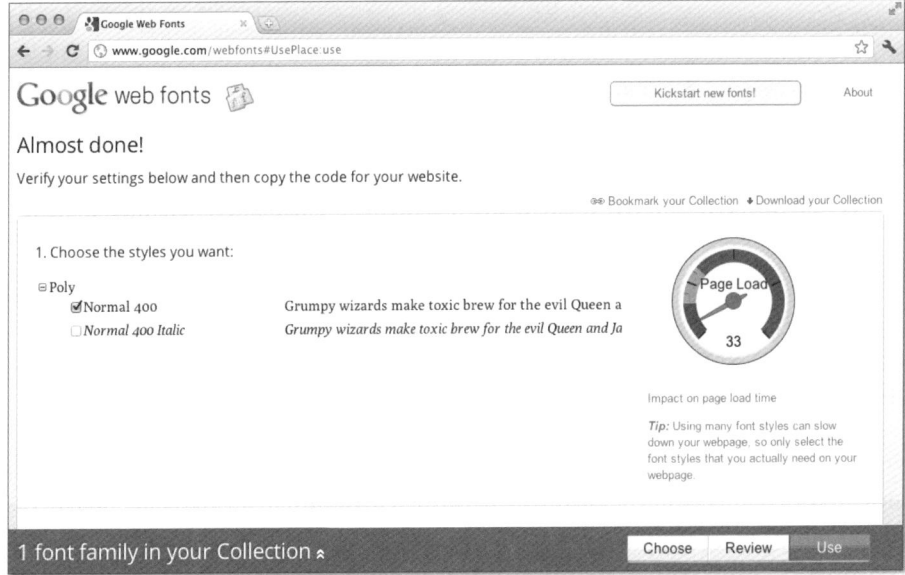

Abbildung 4.19 Wählen Sie die Schriftstile aus, die Sie benötigen.

Etwas weiter unten finden Sie den Code, um den Sie Ihre HTML-Datei ergänzen müssen:

```
<link href='http://fonts.googleapis.com/css?family=Poly:400,400italic'
rel='stylesheet' type='text/css'>
```

Der Code müsste Ihnen bekannt vorkommen. Hier wird lediglich eine CSS-Datei, die die Schriftarteigenschaften beinhaltet, verlinkt. Die Quelle ist in diesem Fall ein Google-Server. Bedenken Sie, dass diese Verlinkung *vor* der Verlinkung Ihres regulären Stylesheets geschehen muss. Ansonsten versuchen Sie, auf Schriften zuzugreifen, die noch nicht geladen wurden.

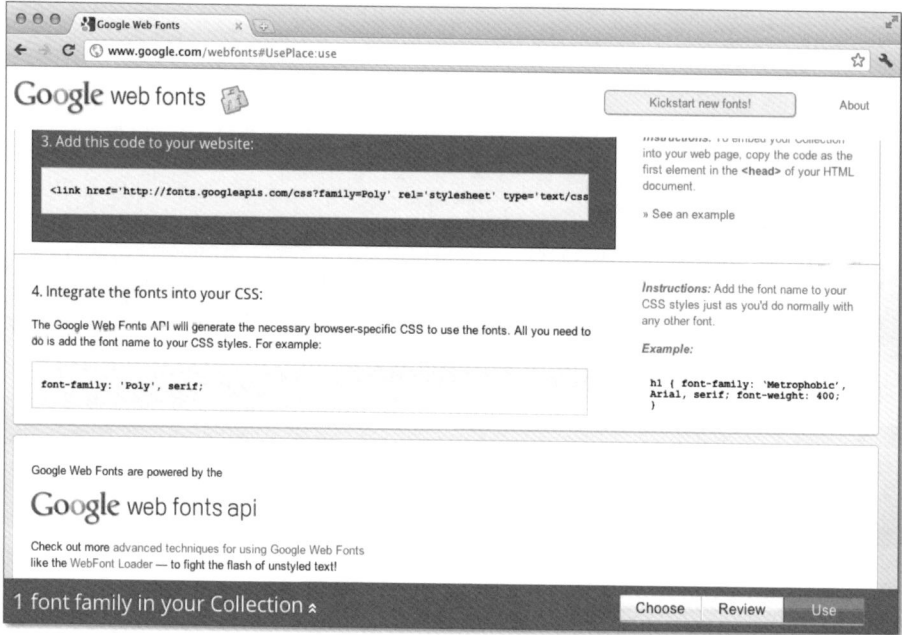

Abbildung 4.20 Der von Google erzeugte HTML- und CSS-Code

Unter dem HTML-Code finden Sie zudem noch den CSS-Code zur Zuweisung der Schrift (Abbildung 4.20):

```
font-family: 'Poly', serif;
```

Verfügt die Schriftart über mehrere Stile und Stärken, so weisen Sie diese ebenfalls via CSS zu. Die Schriftstärke wie auch den Schriftstil können Sie leicht aus dem generierten link-Tag herauslesen. Die Schriftstärke wird bei vielen Schriftarten aus dem Google Web Font Directory in Form einer Zahl angegeben. Der Schriftstil wird im Gegensatz dazu immer in Form eines Begriffs definiert:

```
400,400italic
```

Nutzen Sie die CSS-Eigenschaft font-style, um Ihrem Element einen bestimmten Stil zuzuweisen. Über font-weight geben Sie die Stärke an. Der komplette CSS-Code für eine Überschrift in der Stärke 400 und in dem Stil italic sieht damit folgendermaßen aus:

```
h1 {
  font-family: 'Poly', serif;
  font-weight: 400;
  font-style: italic;
}
```

Die Ausgabe auf dem iPad sehen Sie in Abbildung 4.21.

Abbildung 4.21 Die Schriftart »Poly« auf dem iPad

4.2.4 Vor- und Nachteile von Webfonts

Webfonts sind eine grandiose Erfindung. Sie erweitern Ihre gestalterischen Möglichkeiten und bereichern Ihre WebApp erheblich. Sie erhöhen die Lesbarkeit, erzeugen Charakter und grenzen Ihre WebApp von anderen ab. Setzen Sie Webfonts gezielt und überlegt ein, Ihre WebApp wird stark davon profitieren.

Die Definition via @font-face hat den Vorteil, dass die Schriftdateien in Ihrer Ordnerstruktur bereitliegen und somit in Ihrer WebApp auch ohne Internetzugang verfügbar sein können. Der Nachteil ist, dass Sie sich selbst um die Kompatibilität zu diversen Endgeräten kümmern müssen.

Die Einbindung über einen Font-Service hat ebenfalls Vorteile. Zum einen ist die Implementierung einfach, und Sie müssen keine Dateien konvertieren. Die Kompatibilitätsprüfung wird komplett vom Font-Service übernommen und stellt somit sicher, dass Ihre Schrift bestmöglich auf einer großen Anzahl von Endgeräten angezeigt wird. Des Weiteren ist die Schriftauswahl in einem Font-Service sehr umfangreich. Allein bei Adobe Typekit können Sie, je nach Grundgebühr, zwischen Hunderten von Schriften wählen. Viele davon sind etablierte Klassiker, die qualitativ sehr hochwertig gestaltet sind und über viele Sonderzeichen verfügen.

Der Nachteil der Verwendung eines Font-Services ist, neben dem Preis, die Tatsache, dass Ihre Benutzer einen Internetzugang zur Anzeige benötigen. Gestalten Sie also eine App, die auch offline funktionieren soll, dann sind Font-Services keine Option. In allen anderen Fällen sollten Sie solch einen Dienst auf jeden Fall in Erwägung ziehen. Bei einer großen Anzahl von Projekten können sich die monatlichen Grundgebühren schnell rechnen.

4.2.5   Vorsicht! Schriften und deren Lizenzen

Schriften sind, wie z.B. auch Software, lizenzpflichtig. Das heißt, Sie müssen von vornherein genau überprüfen, ob Sie die Schrift in Ihrem Projekt einsetzen dürfen. Besondere Vorsicht ist hier bei der Einbindung via `@font-face` geboten. Problem ist, dass der CSS-Code Ihres Projekts öffentlich einsehbar ist und somit jeder Benutzer die Schriftart von Ihrem Webserver herunterladen kann. Dies kann für Sie unter Umständen zu einem rechtlichen Problem werden, da Sie so indirekt womöglich eine kostenpflichtige Schrift kostenlos vertreiben.

Viele Schrifthersteller und -shops haben bereits eine eigene Rubrik für Webschriften, die für die Verwendung mit `@font-face` freigegeben sind. Investieren Sie in eine entsprechende Lizenz, denn auch in einer Schriftart steckt eine Menge Arbeit, die entlohnt werden sollte.

Bei Font-Services ist diese Problematik nicht vorhanden, da bereits alle Rechte geklärt sind. Die Schriften aus dem Google Web Font Directory sind alle frei verfügbar und deswegen auch offline ohne Probleme einsetzbar.

4.2.6   Webschriften in Aktion

Schauen Sie sich mal diese Seiten an! Machen sie nicht einen besonders frischen Eindruck? Haben nicht alle diese Seiten einen ganz eigenen Look? Obwohl sie teilweise recht minimalistisch daherkommen, machen alternative Schriften hier den ganzen Unterschied.

Die Webseite der Agentur edenspiekermann glänzt durch eine aufgeräumte Gestaltung und den Einsatz einer speziellen Schrift (FF Unit), die Charakter erzeugt und mit einer hohe Lesbarkeit aufwartet (Abbildung 4.22).

Auch beim Web-Magazin des Blogs *Design Made in Germany* kommen Webschriften zum Einsatz. Mit dem Einsatz der Schriftart *DinRound* wird ein klarer Auftritt erreicht, der eine gelungene Abwechslung zur bekannten Arial darstellt (Abbildung 4.23).

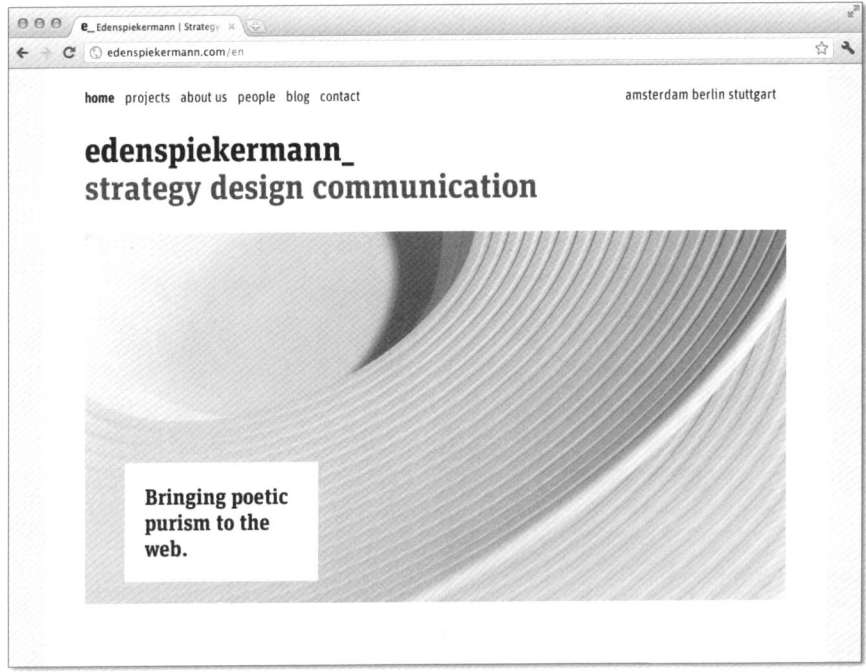

Abbildung 4.22 http://www.edenspiekermann.com

Abbildung 4.23 http://www.designmadeingermany.de/magazin/5/

Hier wurde der Einsatz von Webfonts auf die Spitze getrieben. Um die diversen Bands und Designer dieser Fashionshow zu präsentieren, wurden alle »Plakate« mit Webschriften erzeugt (Abbildung 4.24). Dieses Beispiel zeigt, dass Schriftgestaltung im Web durchaus mit Print verglichen werden kann.

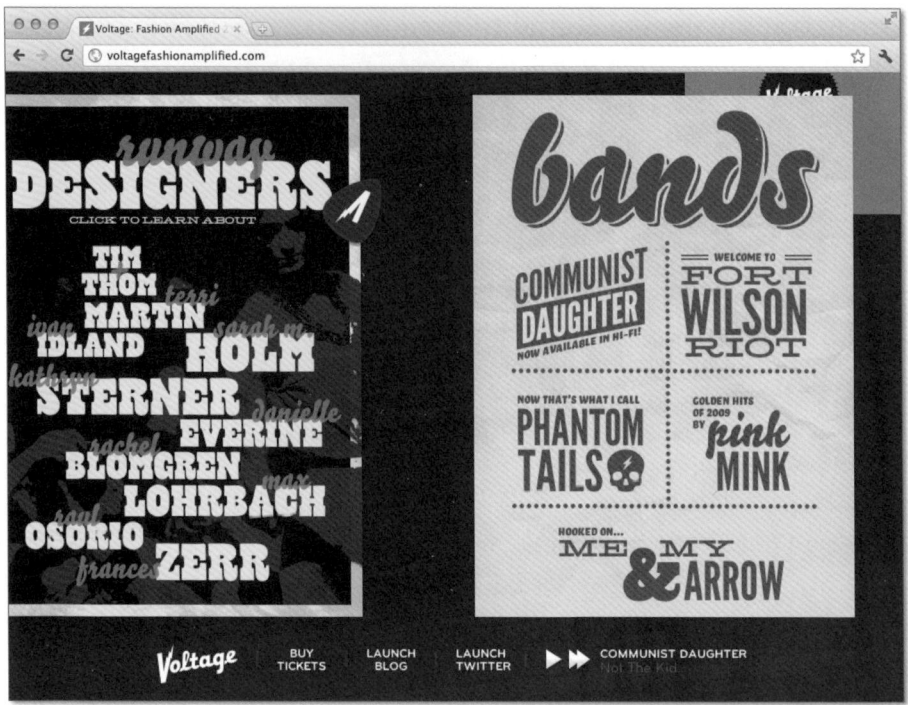

Abbildung 4.24 http://voltagefashionamplified.com/

4.3   Hinzufügen von Audio und Video

Ultraportabel und hochauflösend – Smartphones und Tablets sind für Multimedia-Anwendungen geradezu prädestiniert. Wichtiger Bestandteil davon sind Sounds und Videos, die in HTML5 erstmals volle Unterstützung ohne kompliziertes Flashplugin erfahren. Im Folgenden wollen wir Sie mit den Besonderheiten und Möglichkeiten von Bild und Ton auf mobilen Geräten vertraut machen.

4.3.1   Video

Bisher gab es zwei Möglichkeiten, Videos in HTML einzubinden: entweder als sogenanntes *ActiveX-Objekt*, in der Hoffnung, dass der Nutzer das passende Plugin installiert hat, oder per *Flash-Widget*. Der Flash-Player ist auf Desktopsystemen sehr verbreitet, so mussten Sie sich über Codecs und Dateiformate keine Gedanken machen.

Seit HTML5 gibt es für Videos ein eigenes Element: das video-Tag.

```
<video src="video.mp4"></video>
```

Die einfachste Verwendung des video-Elements besteht in einem öffnenden und einem schließenden Tag, der Inhalt dazwischen bleibt leer. Damit der Browser weiß, welches Video geladen werden soll, muss in einem src-Attribut die URL zur Videodatei angegeben sein. Die Darstellungsgröße ermittelt der Browser automatisch entsprechend der Größe der Videodatei (Abbildung 4.25).

Abbildung 4.25 HTML5-Video im Webbrowser

Optionen

Zusätzlich stehen dem Videoelement weitere Attribute zur Verfügung, mit denen Sie Aussehen und Verhalten beeinflussen können:

```
<video src="video.mp4" width="640" height="360"></video>
```

Geben Sie die Größe des Videos mit den Attributen width und height an. So können Sie bei Bedarf das Video vergrößern oder verkleinern. Unterscheidet sich die von Ihnen angegebene Größe von der eigentlichen Videogröße, verkleinert der Browser das Video entsprechend, damit es komplett zu sehen ist. Das Video wird niemals verzerrt oder abgeschnitten dargestellt. Alternativ können Sie die Größe des Videos natürlich auch mit CSS festlegen:

```
video {
  width: 640px;
  height: 360px;
}
```

Standardmäßig wird ein Video ohne Bedienelemente dargestellt. Der Nutzer müsste es, abhängig vom verwendeten Browser, per Doppelklick oder Kontextmenü starten. Um die Standardbedienelemente zu aktivieren, verwenden Sie das Attribut controls (Abbildung 4.26):

```
<video src="video.mp4" controls="true"></video>
```

Abbildung 4.26 Video mit eingeblendeter Steuerung

Nachdem das Video geladen wurde, wird das erste Einzelbild als Standbild angezeigt. Erst durch Nutzerinteraktion wird das Video abgespielt. Verwenden Sie das autoplay-Attribut, um das Video sofort nach dem Laden zu starten:

```
<video src="video.mp4" autoplay="true"></video>
```

Sowohl autoplay- als auch controls-Attribut sind sogenannte *Boolesche* Attribute, das bedeutet, ihr Wert wird auf *wahr* gesetzt, sobald sie irgendeinen Inhalt haben oder überhaupt vorhanden sind. Nach gültiger HTML5-Syntax können Sie daher den Teil mit der Wertzuweisung auch weglassen und die Kurznotation verwenden:

```
<video src="video.mp4" autoplay controls></video>
```

Anstelle des ersten Frames können Sie eine Bilddatei angeben, die als Vorschaubild im Videorahmen angezeigt wird:

```
<video src="video.mp4" poster="video.jpg"></video>
```

Das poster wird so lange angezeigt, wie der Nutzer das Video noch nicht gestartet hat. Beachten Sie: Dies funktioniert natürlich nicht, wenn Sie ein Autoplay-Attribut angegeben haben.

Besonderheiten unter iOS

Soweit die Theorie. In der Praxis gibt es auch beim video-Element noch einige Einschränkungen, und nicht alle Browserengines unterstützen alle Features. Die Bedienelemente sehen je nach Betriebssystem und Browser unterschiedlich aus, vor allem aber unterstützen nicht alle Browser alle Videoformate (Abbildung 4.27).

Abbildung 4.27 Videotyp wird nicht unterstützt.

Auch unter Mobile WebKit gibt es einige Einschränkungen. Sowohl Safari als auch Android ignorieren den autoplay-Parameter. Hintergrund ist, dass Benutzer einer mobilen Internetverbindung nicht gezwungen werden sollen, ohne ihren Willen große Videodateien herunterzuladen. Ein Smartphone-Video muss zum Abspielen also immer angeklickt werden.

Die Standardansicht ist ein schwarzer Kasten mit einem runden Play-Button in der Mitte. Wird keine Videogröße angegeben, stellt Safari das Video in 150 × 300 Pixel Größe dar.

Videos auf dem iPhone und iPod werden immer im Vollbildmodus abgespielt. Sobald der Nutzer auf PLAY tippt, werden alle anderen Elemente der Webseite ausgeblendet und die Bedienelemente des Videoplayers eingeblendet.

Das richtige Videoformat auswählen

Zurzeit gibt es für HTML5 noch verschieden gängige Videoformate: *OGG Theora* wird als Open-Source-Codec von Firefox und Opera unterstützt, seit Version 3.0 auch vom WebKit-basierten Chrome. Safari verarbeitet allerdings ausschließlich Apple-Codecs, dazu zählt neben dem QuickTime-Format *MOV* auch die Apple-Entwicklung *H.264*, welche, als Teil des MPEG-4-Standards, Videos in HD-Auflösung wiedergeben kann. Wollen Sie ein Video einbetten, welches in allen aktuellen Browsern angezeigt werden kann, müssten Sie also mehrere Quelldateien in verschiedenen Codierungen verknüpfen. Dies gelingt mit dem source-Tag, welches in das video-Element eingebunden wird:

```
<video>
  <source src="video.mp4">
  <source src="video.ogg">
</video>
```

In diesem Fall benötigen Sie kein src-Attribut, der Browser wählt automatisch die von ihm unterstützte Videoquelle aus.

Auf mobilen WebKit-Browsern gestaltet sich das etwas einfacher: Sie unterstützen ausschließlich *H.264*-Videos mit einem Baseline Profil. Allerdings müssen Sie hier neben dem Codec auch noch die maximalen Auflösungen, Frame-Raten und Bit-Raten beachten, also die erlaubte Dateigröße pro Sekunde. Kurzum: Die Aufbereitung einer Videodatei für ein Mobilgerät ist eine Wissenschaft für sich.

Glücklicherweise gibt es Hilfsmittel, die Ihnen die Umwandlung in ein mobilfähiges Format abnehmen. Ein sehr gutes und kostenloses Werkzeug ist der *Miro Video Converter* (Abbildung 4.28).

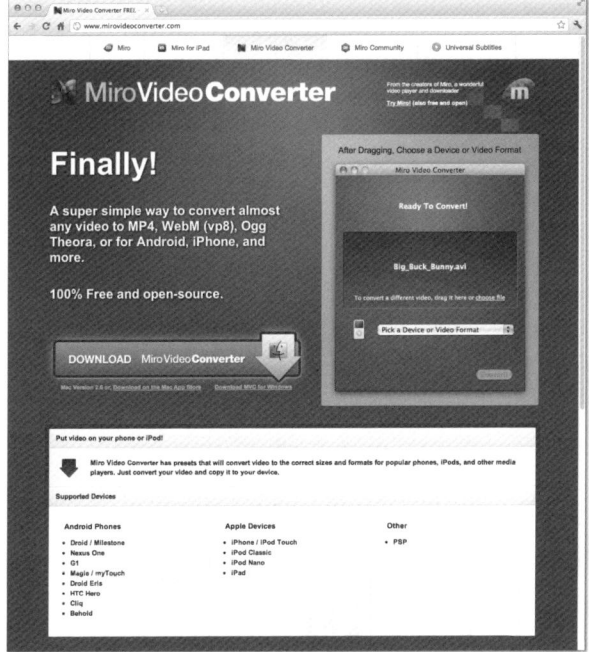

Abbildung 4.28 http://www.mirovideoconverter.com

Laden Sie das Open-Source-Tool für Windows oder Mac OS X auf *http://www.mirovi-deoconverter.com/* herunter. Nach der Installation öffnet das Programm ein kleines, sehr übersichtliches Fenster (Abbildung 4.29).

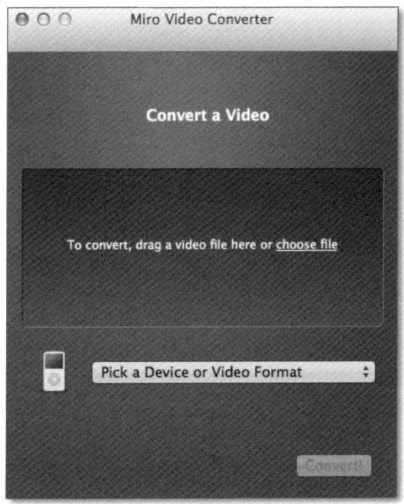

Abbildung 4.29 Ziehen Sie eine Videodatei in das Fenster.

Ziehen Sie mit der Maus Ihr Ausgangsvideo in das Fenster. Keine Sorge, das Programm verarbeitet die meisten gängigen Ausgangsformate ohne Probleme. Anschließend wählen Sie in der Dropdown-Liste Ihr Gerät aus, auf dem das Video später abgespielt werden soll (Abbildung 4.30).

Abbildung 4.30 Wählen Sie ein Gerät aus, für das das Video optimiert werden soll.

Planen Sie z.B. eine App für iPhone und iPad, ist das Format *Apple Universal* die richtige Wahl. Der Konverter wählt dann von allein die richtigen Videoparameter und den passenden Codec aus. Klicken Sie nun auf Convert: Nach einigen Minuten spuckt das Tool die richtig codierte Videodatei aus.

Videos von YouTube und anderen Videoportalen einbetten

Noch einfacher geht es übrigens, wenn Sie ein Video mithilfe der Videoportale *YouTube* oder *Vimeo* einbetten. Die Videoanbieter haben den HTML5-Trend längst erkannt und bieten einen Embed-Code an, der sowohl per Flash-Plugin in älteren Desktopbrowsern als auch auf den meisten mobilen Geräten funktioniert (Abbildung 4.31). Anstelle eines video-Tags wird hier ein iframe generiert, der auf die Seite des Anbieters verlinkt. Dort entscheidet eine Serverlogik, welcher Codec an den Browser ausgeliefert wird. Das sieht dann beispielsweise so aus (Abbildung 4.32):

```
<iframe src="http://player.vimeo.com/video/23445324?title=0&amp;byline=0&
amp;portrait=0" width="398" height="224" frameborder="0" webkitAllowFull-
Screen mozallowfullscreen allowFullScreen></iframe>
```

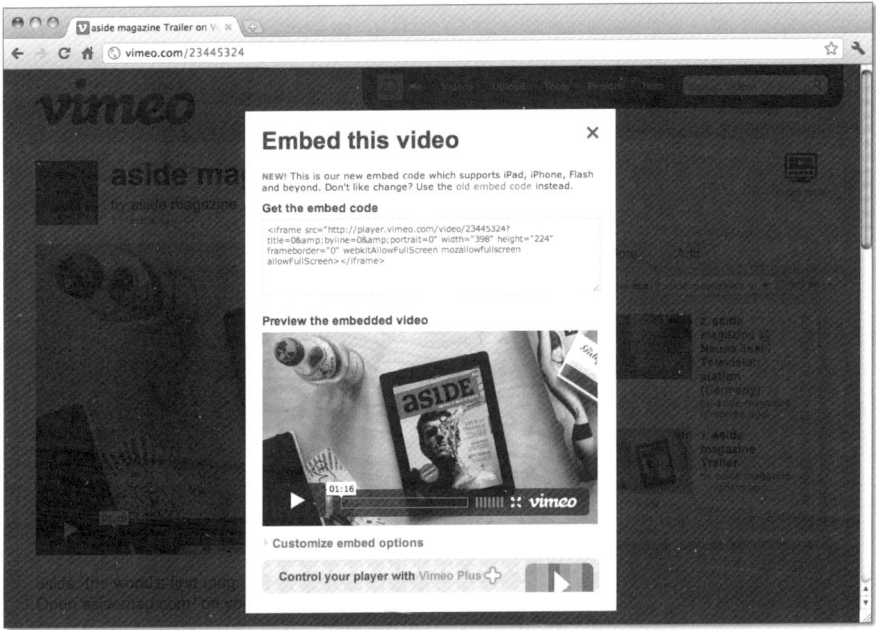

Abbildung 4.31 Video von Vimeo einbetten

Abbildung 4.32 Das eingebettete HTML5-Video auf dem iPad

Video mit JavaScript steuern

Das interessanteste Feature von HTML5-Videos ist, dass sie wie andere DOM-Objekte mit JavaScript verändert und gesteuert werden können. In einem kleinen Beispiel wollen Sie daher auf die eingebauten Bedienelemente verzichten und lediglich einen Play-Pause-Button einfügen. Eine zusätzliche Zoomschaltfläche soll das Video auf 150 % vergrößern. Legen Sie zunächst im HTML-Code ein video-Element an:

```
<video src="video.mp4" id="video"></video>
```

Per src-Attribut übergeben Sie dem Video die Quelldatei, mit der id video sprechen Sie das video-Objekt im JavaScript-Code an. Außerdem benötigen Sie zwei HTML-Schaltflächen: eine zum Abspielen bzw. Anhalten des Videos und eine für die Zoom-funktion (Abbildung 4.33):

```
<div>
  <button id="play">Play/Pause</button>
  <button id="zoom">Vergrößerung 150%</button>
</div>
```

Abbildung 4.33 HTML-Buttons unter dem Video

Als Nächstes geht es daran, die Schaltflächen zum Leben zu erwecken. Verwenden Sie dafür die in Abschnitt 2.5.2, »Einführung in jQuery«, besprochene Bibliothek jQuery. Diese binden Sie in den HTML-Code ein:

```
<script src="http://code.jquery.com/jquery-1.7.1.min.js"></script>
```

Jetzt speichern Sie in einer JavaScript-Variablen das video-Objekt ab. Sie identifizieren es über die zuvor festgelegte id namens video:

```
var video = $('#video')[0];
```

Später im Code können Sie also statt $('#video')[0] einfach nur video schreiben. Das spart nicht nur zehn Buchstaben, sondern verbessert auch noch die JavaScript-Performance.

Für die Interaktion müssen Sie der Play-Schaltfläche ein Ereignis definieren und ihm eine Funktion zuweisen, die ausgeführt wird, wenn das Ereignis eintritt:

```
$('#play').on('click', function(){
 if(video.paused) {
  video.play();
 } else {
  video.pause();
 }
});
```

Sie weisen dem Button ein click-Ereignis zu. Moment, click? Das geht doch nur mit einer Maus? Richtig, aber Touch-Geräte führen einen Klick auch dann aus, wenn der Finger den Bildschirm berührt, für einige Millisekunden liegenbleibt und dann wieder angehoben wird. Das hat zwei Vorteile: Gegenüber touchstart kann der Nutzer das Video nicht aus Versehen starten, wenn er mit dem Finger über den Bildschirm wischt. Außerdem ist der Button so mit Desktopbrowsern kompatibel, die Touch-Events nicht interpretieren können.

Abbildung 4.34 Vergrößertes Video

In der Funktion passiert nun Folgendes: JavaScript prüft zunächst, ob das Video gerade läuft oder pausiert ist. Ist die Eigenschaft video.paused erfüllt, wird die .play()-Funktion aufgerufen. Ist die Eigenschaft nicht erfüllt, also spielt das Video gerade ab, wird die .pause()-Funktion aufgerufen.

```
$('#zoom').on('click', function(){
 video.width = video.videoWidth * 1.5;
});
```

Danach versehen Sie den Zoombutton mit Leben. Bei click wird eine Funktion ausgeführt, welche die Videobreite ausliest und diese mit 1.5 multipliziert, also das Video auf 150 % vergrößert (Abbildung 4.34). Die Eigenschaft videoWidth ist dabei eine andere als die Breite des Elements: Wird Ihr Video beispielsweise so weit verkleinert, dass es nicht in die volle Breite des Elements passt, wird es so dennoch auf 150 % gezoomt.

4.3.2   Audio

Etwas einfacher ist die Einbindung von Sounddateien in HTML. Bereits in HTML4 war es möglich, über ein *ActiveX-Objekt* unkomprimierte Wave-Dateien und Midi-Kompositionen in eine Webseite einzubinden:

```
<object data="haste.mid" type="audio/x-midi"></object>
```

Die meisten Browser, selbst Netscape 4, konnten dieses Tag verarbeiten und Sounds abspielen, solange der richtige MIME-Typ angegeben war. In HTML5 gibt es ein neues Multimedia-Element:

```
<audio src="sound.mp3"></audio>
```

Das audio-Element bekommt, ähnlich wie das video-Element, die Sounddatei per src-Parameter übergeben. Aktuelle Browser verarbeiten in der Regel alle geläufigen Formate und Kompressionen, auf Nummer sicher gehen Sie mit MP3-Dateien. Möchten Sie eine Sounddatei in einem besonders hochwertigen Kompressionsverfahren wie *Advanced Audio Coding* (*AAC*) bereithalten, als Notfalllösung für nicht unterstützte Browser aber z.B. *OGG Audio* verwenden, so können Sie auch im audio-Element mehrere Quelldateien verknüpfen:

```
<audio>
 <source src="sound.aac">
 <source src="sound.oga">
</audio>
```

Der Webbrowser wird das passende Format auswählen und verwenden.

Das audio-Element wird im Browser zunächst nur als unsichtbarer Kasten dargestellt. Um die Bedienelemente zu aktivieren (Abbildung 4.35), verwenden Sie, analog zum video-Element, folgendes Attribut:

```
<audio src="sound.mp3" controls="true"></audio>
```

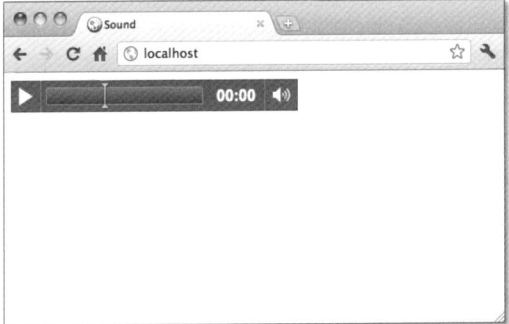

Abbildung 4.35 Eine Audiodatei in Google Chrome

Auch Sounds können automatisch beim Laden der Website abgespielt werden. Wie beim video-Element geschieht dies durch den autoplay-Parameter:

```
<audio src="sound.mp3" autoplay="true"></audio>
```

Auch hier können Sie die Kurznotation verwenden:

```
<audio src="sound.mp3" autoplay controls></audio>
```

Leider haben Sie keinen direkten Einfluss auf die Bedienelemente Ihres Audioplayers. Sie können sie lediglich ein- und ausschalten. Da sich das audio-Element aber auch mit JavaScript steuern lässt, können Sie Bedienelemente mit HTML komplett selbst entwerfen und per CSS gestalten.

jPlayer

Komplexere Einsätze von Audiodateien meistern Sie am besten mit *jPlayer*. Das Open-Source-Werkzeug stellt alle wichtigen Funktionen zur Verfügung (Abbildung 4.36): *http://www.jplayer.org*

Eine typische Integration sieht dann in etwa so aus:

```
$("#audio").jPlayer({
 ready: function () {
  $(this).jPlayer("setMedia", {
   mp3: "/media/mysound.mp3"
  });
 },
 supplied: "mp3"
});
```

191

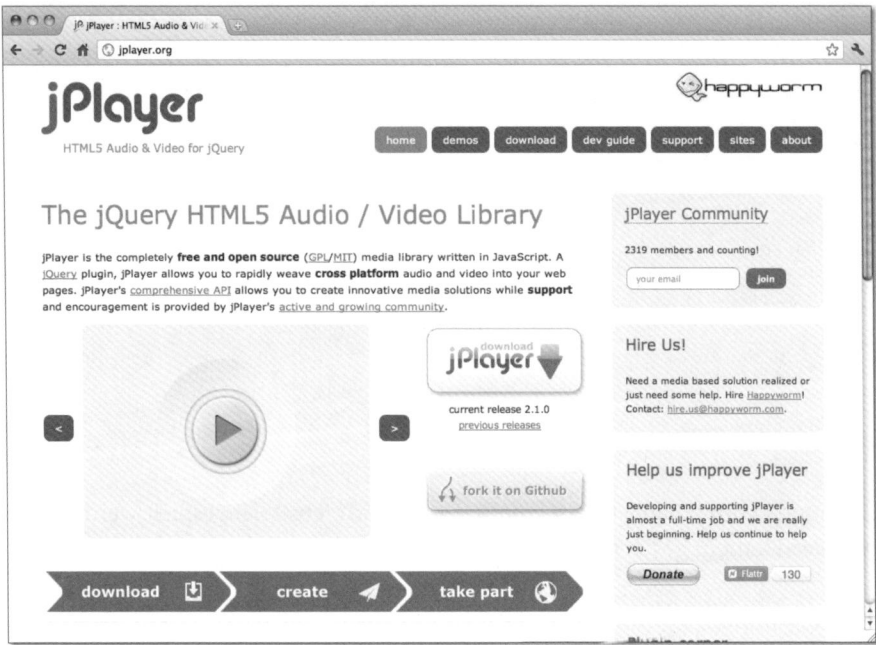

Abbildung 4.36 Der jPlayer

Der Code erzeugt einen kleinen HTML-MP3-Player, den Sie mit CSS gestalten können. Ein sehr gutes Beispiel dafür ist der kostenlose *ZEN Player* (Abbildung 4.37): *http://lab.simurai.com/ui/zen-player/*

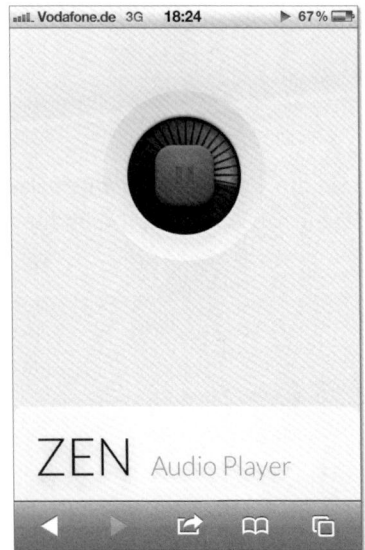

Abbildung 4.37 Der ZEN Audio Player auf dem iPhone

Besonderheiten unter iOS

Das audio-Tag unter iOS hat einen entscheidenden Nachteil: Sie können nur eine Sounddatei zur selben Zeit abspielen. Das Mischen oder Faden mehrerer Sounds ist daher leider nicht möglich. Haben Sie mehrere audio-Elemente auf einer Seite, spielt immer das zuletzt gestartete.

Safari auf iOS unterstützt folgende Audioformate:

▶ unkomprimiertes Wave (*.wav*)

▶ Audio Interchange File Format (*.aif*)

▶ MP3 (*.mp3*)

▶ Advanced Audio Codec Low Complexity (*.aac*)

▶ Advanced Audio Codec High Efficiency (*.aac*)

Praktische Verwendung von Sound

Neben dem Einsatz als Musikplayer in z.B. einer Radio-App können Sounds in Apps auch noch anderweitig eingesetzt werden. Bedenken Sie aber immer, dass jede Musikdatei vom Server geladen werden muss und damit Bandbreite kostet und die App-Ladezeit verlängert. Vermeiden Sie den Einsatz von kontinuierlicher Hintergrundmusik: Was zunächst als stimmungsvolle Untermalung erscheint, kann bei längerer Benutzung schnell nervig werden. Besonders dann, wenn Ihre App z.B. im Hörsaal, in Konferenzen oder in der U-Bahn eingesetzt wird.

Dezente Soundeffekte können als zusätzliche akustische Unterstützung der Benutzeroberfläche aber durchaus hilfreich sein. Vielleicht kennen Sie das Geräusch Ihres Instant Messengers, wenn eine neue Nachricht ankommt? Die iPhone-App von Twitter macht von den Effekten ausgiebig und gleichzeitig sehr subtil Gebrauch: Wenn im Hintergrund neue Tweets geladen wurden, deutet ein kurzes Zwitschern an, dass die Liste aktualisiert wurde. Überlegen Sie doch mal, wo in Ihrer App ein dezentes akustisches Feedback hilfreich sein könnte.

Beispiel-App

Im Folgenden basteln Sie eine kleine Beispiel-App. Diese besteht eigentlich nur aus ein paar Schaltflächen, die aber bei jedem Antippen ein leises Klicken von sich geben sollen. Dies ist besonders für Benutzer hilfreich, die viel und schnell tippen – das Klicken deutet an: »Schaltfläche wurde gedrückt«.

Als Erstes benötigen Sie ein audio-Element, mit dem Sie eine Sound-Datei verknüpfen:

```
<audio src="klick.mp3" id="audio"></audio>
```

Danach folgen die Schaltflächen. Aus Demogründen wollen Sie eine Art Taschenrechner-Layout gestalten, also einfache Buttons mit den Zahlen 1–9:

```
<button>1</button>
<button>2</button>
<button>3</button>
<button>4</button>
<button>5</button>
<button>6</button>
<button>7</button>
<button>8</button>
<button>9</button>
```

Damit die Anordnung auch an einen Taschenrechner erinnert, vergrößern Sie die Buttons per CSS und ordnen sie zentriert auf dem Bildschirm an:

```
body {
  text-align: center;
}
button {
  width: 30%;
  height: 50px;
  margin-bottom: 5px;
}
```

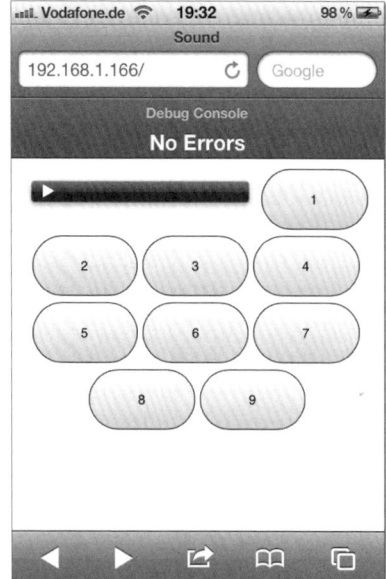

Abbildung 4.38 Der Sound-Taschenrechner

Das audio-Element drängelt jetzt noch ein wenig unmotiviert vor den Buttons herum (Abbildung 4.38). Um es zu verstecken, verschieben Sie es per CSS nach links oben aus dem Bildschirm heraus:

```css
audio {
 position: absolute;
 top: -100px;
 left: -1000px;
}
```

Jetzt wird es Zeit für JavaScript. Verknüpfen Sie zunächst die jQuery-Bibliothek mit Ihrem HTML-Dokument:

```html
<script src="jquery-1.7.1.min.js"></script>
```

Definieren Sie als Nächstes eine Variable, und weisen Sie ihr per jQuery-Selektor das audio-Element zu:

```javascript
var klick = $('#audio')[0];
```

Nun müssen Sie nur noch dem Button beibringen, bei jedem Klick das Audioelement zu starten. Dies geschieht mithilfe des entsprechenden EventHandlers:

```javascript
$('button').on('click', function(){
 klick.play();
});
```

Testen Sie Ihre App auf einem Smartphone. Bei jedem Antippen wird ein kleines Geräusch gespielt, der Audioplayer agiert dabei im Hintergrund und ist für den Nutzer unsichtbar. Mit dieser Technik können Sie jedem beliebigen Element und Ereignis einen passenden Ton zuweisen. Aber auch hier gilt: Verwenden Sie akustisches Feedback sehr subtil. Zu viele Geräusche können schnell nerven. Probieren Sie ein wenig mit verschiedenen Tönen herum, variieren Sie kurze, leise und angenehme Geräusche.

Eine komplette Übersicht über die Verwendung von Audio und Video auf iOS-Geräten finden Sie in englischer Sprache auf: *http://developer.apple.com/library/safari/#documentation/AudioVideo/Conceptual/Using_HTML5_Audio_Video/Introduction/Introduction.html*

4.4   Animationen mit CSS

Animationen sind integraler Bestandteil Ihrer WebApp. Sie dienen nicht nur zur Verschönerung von Inhalten, sondern helfen Ihren Benutzern auch, zu verstehen, was gerade passiert. Animationen leiten durch eine Benutzeroberfläche und verbinden verschiedene Menüs, Screens oder Inhalte miteinander. Sie können zudem auch Begeisterung auslösen. Alles in allem sind Animationen ein wichtiges Werkzeug, welches Sie sinnvoll und gezielt einsetzen sollten.

Es gibt mehrere Möglichkeiten, Elemente in einer WebApp zu animieren. Option eins ist die Animation mit JavaScript und jQuery. Vorteil an dieser Lösung ist, dass die Animation in allen gängigen Browsern funktioniert und angezeigt wird. Der Nachteil ist, dass die Performance der Animation in vielen Fällen zu wünschen übrig lässt. Besonders auf mobilen Endgeräten wirken JavaScript-Animationen oft ruckelig und schwerfällig, kurzum: nicht zufriedenstellend. Eine Animation muss flüssig und gleichmäßig ablaufen, damit Ihre Benutzer sie nicht als störend oder fehlerhaft empfinden.

Wenn Browserkompatibilität, wie im Fall von WebApps, eine untergeordnete Rolle spielt, sollten Sie auf CSS-Animationen zurückgreifen und auf JavaScript-Animationen verzichten. CSS-Animationen sind *hardwarebeschleunigt*, das heißt, sie werden um ein Vielfaches flüssiger angezeigt als ihre JavaScript-Pendants.

CSS-Animationen sind zurzeit immer noch nicht final in den CSS3-Standard implementiert, das heißt, Sie müssen mit bereits vertrauten Präfixen arbeiten. Da Sie hauptsächlich für die Browserengine WebKit entwickeln, verzichten wir in den folgenden Beispielen auf die Präfixe für weitere Browser.

Doch genug zur Einführung, Sie werden nun Elemente vergrößern, drehen, farblich ändern und vieles mehr! Es wird funky!

4.4.1   CSS-Transitions und CSS-Animations

Insgesamt gibt es zwei Definitionen zur Animation und Manipulation von Elementen: `-webkit-transition` und `-webkit-animation`. Bevor Sie richtig loslegen, zunächst eine kurze Einführung in diese beiden Typen:

Via `-webkit-transition` steuern Sie, in welcher Zeit und Art und Weise bestimmte Eigenschaften oder auch alle Eigenschaften eines Elements verändert werden. Die Eigenschaften können dabei z.B. die Randfarbe, die Position oder der Hintergrund sein.

`-webkit-animation` ist eine Erweiterung zu `-webkit-transition`, mit der Sie weitere Parameter wie Zwischenschritte (*Keyframes*) oder auch die Anzahl der Animationsdurchläufe festlegen.

4.4.2 Animieren mit -webkit-transition

Stellen Sie sich folgendes Szenario vor: Sie haben eine Seite mit Text. Über diesem Text möchten Sie ein kleines Banner einbauen, das sich beim Aufruf der Seite automatisch von oben ins Bild schiebt. Das Banner könnte weitere Informationen beinhalten oder auf etwas anderes, wie z.B. die aktuelle Größe von Sharky, hinweisen – ein durchaus übliches Szenario bei der Entwicklung einer WebApp.

Der Kern Ihres HTML-Codes sieht wie folgt aus:

```
<div class="banner">Mein Bannertext</div>
<article>
 <p>Hier steht etwas Blindtext.</p>
</article>
```

Wie schon in vorherigen Beispielen verzichten wir hier aus Platzgründen auf einen längeren Blindtext. Sie sollten allerdings etwas mehr Text verwenden, um den Effekt besser sehen zu können. Sie erinnern sich noch an *http://www.lipsum.com*?

Den dazugehörigen CSS-Code gestalten Sie wie folgt:

```
body {
 margin:0px;
 padding:0px;
}

.banner {
 background-color:#0000ff;
 color:#fff;
 height:50px;
 padding:10px;
}

article {
 padding:10px;
}
```

Listing 4.12 Ein paar einfache CSS-Definitionen, um das Grundgerüst zu gestalten

Sie setzen nun zunächst die Seitenränder auf null, damit das Banner schön mit dem Browserrand abschließt. Danach weisen Sie dem Banner ein verführerisches Blau als Hintergrundfarbe zu, definieren die Höhe und ebenfalls die Abstände der Inhalte zum Rand des Elements. Geben Sie außerdem dem Element article etwas inneren Abstand, damit der Text besser zu lesen ist (Abbildung 4.39).

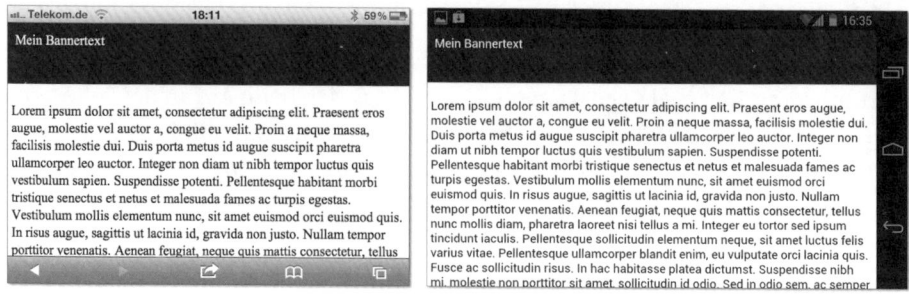

Abbildung 4.39 Die Darstellung auf dem iPhone und unter Android sehen beinhahe identisch aus.

Um nun das Banner zu animieren, müssen Sie dieses zunächst aus dem Bildrand schieben (Abbildung 4.40). Dies erreichen Sie mit einem negativen oberen Abstand margin-top:

```
.banner {
  background-color:#0000ff;
  color:#fff;
  height:50px;
  padding:10px;
  margin-top:-70px;
}
```

Listing 4.13 Die Gestaltung des Banners via CSS

Warum 70 Pixel, wenn die Höhe des Elements nur 50 Pixel beträgt? Vergessen Sie nicht den inneren Abstand (padding). Diesen müssen Sie immer noch zur Höhe dazu addieren. Oberer innerer Abstand + unterer innerer Abstand + Höhe des Elements = die gesuchte Pixelanzahl.

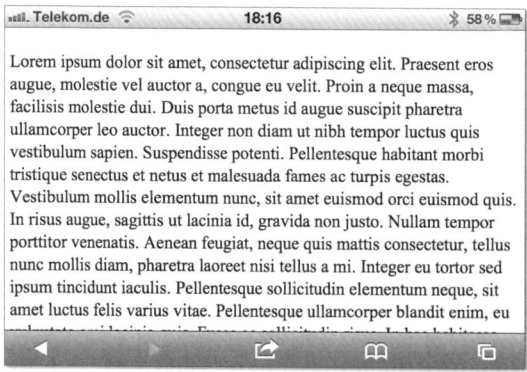

Abbildung 4.40 Das Banner ist nun außerhalb des Sichtfeldes.

Jetzt kommt der spannende Teil: Erweitern Sie den CSS-Code des Banners durch eine Animation des oberen Randes:

```
.banner {
background-color:#0000ff;
color:#fff;
height:50px;
padding:10px;
margin-top:-70px;
-webkit-transition: margin-top 2s ease-in-out;
}
```

Die Eigenschaft `-webkit-transition` besteht aus insgesamt drei Teilen: Der erste Teil, in diesem Fall `margin-top`, gibt die Eigenschaft an, die animiert werden soll. Dabei können Sie eine bestimmte CSS-Eigenschaft angeben oder aber auch über die Bezeichnung `all` alle Eigenschaften des Elements mit einbeziehen. Der zweite Teil gibt die Dauer der Animation in Sekunden an. Sie können auch Dezimalzahlen verwenden, müssen dann aber das Komma, aufgrund der englischen Sprachweise, zu einem Punkt abändern. Eine halbe Sekunde definieren Sie z. B. als `0.5s`. Der dritte Teil beschreibt die Animationsart. Sie geben hier an, ob die Animation langsam starten und enden (`ease-in-out`) oder vollkommen linear (`linear`) ablaufen soll. Hier eine Übersicht der gängigsten Animationsarten:

▶ `ease-in`: Die Animation startet langsam.

▶ `ease-out`: Die Animation wird gegen Ende abgebremst.

▶ `ease-in-out`: Die Animation startet langsam und endet langsam.

▶ `linear`: Die Animation verläuft gleichmäßig.

Sie können die Animation noch sehr viel genauer in Form einer *Bézierkurve* festlegen. Dazu bietet das *Cesar Animation Tool* (*http://matthewlein.com/ceaser/*) eine wunderbare Benutzeroberfläche, die automatisch den benötigten Code generiert.

Um die Animation zu starten, wenn die Webseite geladen ist, benötigen Sie etwas Hilfe von jQuery. Wie Sie jQuery einbinden, wissen Sie bereits. Der jQuery-Code sieht wie folgt aus:

```
$(document).ready(function() {
 $(".banner").toggleClass("banner_sichtbar");
});
```

Wenn die Seite geladen wurde, wird die Klasse des Banners durch die Klasse `banner_sichtbar` ersetzt. In dieser Klasse definieren Sie nun eine neue Position des Banners:

```
.banner_sichtbar {
 margin-top:0px;
}
```

Damit wird beim Seitenaufruf das Banner langsam eingeblendet.

Einblenden des Banners bei Aufruf eines Links

Vielleicht werden Sie sich häufiger in der Situation finden, ein Banner bei einer bestimmten Interaktion anzeigen lassen zu wollen. Der Weg dorthin ist nicht weit, denn den Hauptteil der Arbeit haben Sie bereits erledigt. Wenn Sie mit Klick auf einen Button das Banner einblenden wollen, so müssen Sie lediglich einen Button einpflegen und den jQuery-Befehl anpassen (Abbildung 4.41). Fügen Sie den Button in den HTML-Code ein:

```
<button>Banner ein-/ausblenden</button>
```

Den jQuery-Code passen Sie wie folgt an:

```
$(document).ready(function() {
 $("button").onclick(function() {
  $(".banner").toggleClass("banner_sichtbar");
 });
});
```

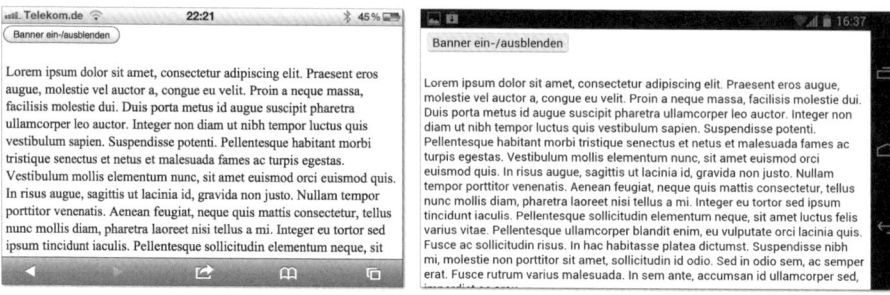

Abbildung 4.41 Das Banner über einen Button einblenden (iPhone links, Android rechts)

Sie sehen: Die Einbindung einer Animation ist einfach. In Kombination mit jQuery können Sie auf verschiedenste Art und Weise eine Animation starten. Sie könnten z.B. auch den Bewegungssensor eines Smartphones oder eine Touch-Geste nutzen, um das Banner einzublenden. Hier ist Ihre Fantasie gefragt. Das Auslesen des Bewegungssensors besprechen wir in Kapitel 6, »Auslesen des Bewegungssensors mit JavaScript«.

4.4.3   Animieren mit -webkit-animation

Eine weitere Möglichkeit, Elemente zu animieren, besteht über die Eigenschaft `-webkit-animation`. Diese Eigenschaft bietet einige Vorteile gegenüber der Animation via `-webkit-transition`. Sie können Schlüsselbilder (*Keyframes*) festlegen und somit eine Animation mehrstufig gestalten. Weitere konfigurierbare Optionen sind: eine Animationsverzögerung, die Anzahl der Animationsdurchläufe, Effekte und eine Wiederholungsfunktion.

Im folgenden Beispiel animieren Sie ein Quadrat. Im HTML-Code definieren Sie das Quadrat einfach als `div`-Element:

```
<div class="quadrat"></div>
```

Der CSS-Code lautet:

```
.quadrat {
 height:50px;
 width:50px;
 background-color:#ff0000;
}
```

Jetzt haben Sie ein rotes Quadrat, was es zu animieren gilt. Zunächst konfigurieren Sie die Schlüsselbilder. Schlüsselbilder sind einzelne Stufen der Animation, die Sie individuell festlegen können. Sie werden über Prozentangaben definiert, die sich auf die Gesamtdauer der Animation beziehen.

Sie animieren das Quadrat zunächst 50 Pixel nach rechts und danach 50 Pixel nach unten. Gleichzeitig animieren Sie im dritten Schlüsselbild die Hintergrundfarbe in Gelb. Die Eigenschaft `@-webkit-keyframes` beinhaltet dabei die Schlüsselbilder und deren Eigenschaften. Gefolgt wird diese durch den Animationsnamen, in diesem Fall `flavius`, frei benannt nach dem berühmten römisch-jüdischen Historiker Flavius Josephus, der uns für dieses Buch an der einen oder anderen Stelle inspirierte.

```
@-webkit-keyframes flavius {
 0% {
 }
 50% {
  margin-top:0px;
  margin-left:50px;
  background-color:#ff0000;
 }
 100% {
  margin-top:50px;
```

```
  margin-left:50px;
  background-color:#ffff00;
  }
}
```

Listing 4.14 Die Definition von Schlüsselbildern für eine Animationsabfolge

Als Nächstes rufen Sie den Namen der Schlüsselbilderabfolge in der Klasse Ihres zu animierenden Elements auf:

```
.quadrat {
width:50px;
height:50px;
background-color:#ff0000;

-webkit-animation-name: flavius;
-webkit-animation-duration: 4s;
-webkit-animation-iteration-count: 10;
-webkit-animation-direction: alternate;
-webkit-animation-timing-function: linear;
-webkit-animation-delay: 1s;
-webkit-animation-fill-mode: none;
}
```

Listing 4.15 Die Animation mit der zu animierenden Klasse verknüpfen

Die Eigenschaft `-webkit-animation` besteht dabei aus einer Vielzahl von weiteren Optionen:

▶ `-webkit-animation-name: flavius;`

der Name der Animation, welcher für die Konfiguration der Schlüsselbilder benötigt wird

▶ `-webkit-animation-duration: 4s;`

die Dauer der Animation

▶ `-webkit-animation-iteration-count: 10;`

Die Anzahl der Durchläufe der Animation. In diesem Fall wird die Animation zehnmal ausgeführt. Um eine Endlosschleife zu erzeugen, geben Sie hier `infinite` (engl. für »unendlich«) an.

▶ `-webkit-animation-direction: alternate;`

Mit der Animationsrichtung können Sie einstellen, dass eine Animation bei einer Wiederholung rückwärts ausgeführt wird. In diesem Fall wandert damit das Quadrat erst nach rechts, dann nach unten bei wechselnder Hintergrundfarbe. Am

Ende angekommen, legt das Quadrat dieselbe Strecke und Transformation rückwärts zurück. Ist diese Eigenschaft nicht oder mit `normal` definiert, so fängt die Animation nach Beendigung wieder an ihrem Ursprungspunkt an.

▶ `-webkit-animation-timing-function: linear;`

Wenn die Animation abgebremst werden soll, dann geben Sie hier die entsprechende Methode an. Die Methoden kennen Sie bereits aus dem Beispiel mit `-webkit-transition` (z. B. `ease-in-out`, `ease-in` etc.).

▶ `-webkit-animation-delay: 1s;`

die Verzögerung, mit der die Animation starten soll

▶ `-webkit-animation-fill-mode: none;`

Verändern Sie das Aussehen des Elements innerhalb der Schlüsselbilder, so können Sie mit dieser Eigenschaft konfigurieren, wie und wann diese Änderungen angezeigt werden:

- `none`: Die Eigenschaften des Elements werden nur angezeigt, während die Animation abläuft.

- `forwards`: Die Eigenschaften des Elements, welche im letzten Schlüsselbild definiert wurden, werden nach der Animation angezeigt.

- `backwards`: Die Eigenschaften des Elements, welche im ersten Schlüsselbild definiert wurden, werden nur während der Anfangsverzögerung der Animation angezeigt.

- `both`: Die Kombination von `backwards` und `forwards`.

Der Übersicht halber ist es sinnvoll, die Eigenschaften in dieser Art und Weise anzugeben. Möchten Sie jedes noch so kleinste Byte sparen, dann können all diese Eigenschaften auch in einer Zeile zusammengefasst werden:

```
-webkit-animation: flavius 1s 2s 10 alternate none linear;
```

Die Reihenfolge spielt dabei keine Rolle. Bei den Zahlen und Sekundenangaben ist es jedoch so, dass die erste Zahl immer die Animationsdauer, die zweite Zahl die Animationsverzögerung und die dritte Zahl die Anzahl der Durchläufe angibt.

4.4.4 Manipulation mit -webkit-transform

Über `-webkit-transform` können Sie Elemente zwei- und dreidimensional im Raum modifizieren. Dabei wird das Element und sein kompletter Inhalt auf die angegebene Weise manipuliert (Abbildung 4.42). Diese Eigenschaft beschreibt keine Animation, ist aber relevant, wenn Sie Objekte dreidimensional drehen möchten. `-webkit-transform` können Sie mit `-webkit-transition` oder `-webkit-animation` kombinieren.

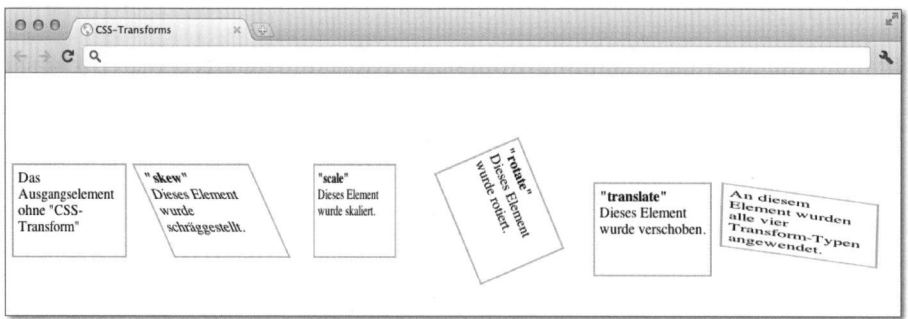

Abbildung 4.42 Die CSS-Transform Eigenschaften »skew«, »scale«, »rotate« und »trans-late« im Überblick

Sie möchten eine Art Karte mit Vorder- und Rückseite darstellen, die sich bei Berührung umdreht. Kein Problem mit der Kombination von –webkit-transform und –webkit-transition. Für die Vorbereitung benötigen Sie folgenden HTML-Code:

```
<div class="karte ">
 <div class="vorderseite">
  <p>Dies ist die Vorderseite Ihrer Karte</p>
 </div>
 <div class="rueckseite">
  <p>Dies ist die Rückseite Ihrer Karte</p>
 </div>
</div>
```

Listing 4.16 Die Vorderseite der Karte

Der dazugehörige CSS-Code:

```
.karte {
 width:320px;
 height:480px;
 position: absolute;
}

.vorderseite {
 width:100%;
 height:480px;
 background-color:#ff0000;
 position: absolute;
}
```

```
.rueckseite {
 width:100%;
 height:480px;
 background-color:#00ffff;
 position: absolute;
}
```

Listing 4.17 Die Gestaltung von Vor- und Rückseite der Karte mit CSS

Da die Karte Ihr Smartphone, in diesem Fall ein iPhone, in horizontaler Ausrichtung komplett ausfüllen soll, definieren Sie die Größe der Karte auf 320 Pixel mal 640 Pixel. Damit Vorder- und Rückseite nicht untereinander angezeigt werden, bedarf es `position:absolute;` (Abbildung 4.43).

Abbildung 4.43 Die Rückseite wird angezeigt, da sie im HTML-Code als Letztes gesetzt wurde. Die Vorderseite befindet sich versteckt unter der Rückseite.

Als Nächstes ergänzen Sie die Klasse karte um die Perspektive, mit der die Karte rotiert werden soll. Dabei gilt, je kleiner die Zahl, desto verzerrter wird die Transformation ausgeführt. Am besten ist es, Sie probieren verschiedene Werte einfach mal aus.

```
.karte {
 width:320px;
 height:480px;
 position: relative;
 -webkit-perspective: 600;
}
```

Die Vorderseite der Karte erweitern Sie folgendermaßen:

```
.vorderseite {
 width:100%;
 height:480px;
 background-color:#ff0000;
 position: absolute;


 z-index: 200;


 -webkit-transform: rotateY(0deg);
 -webkit-transform-style: preserve-3d;
 -webkit-backface-visibility: hidden;
 -webkit-transition: all 1.4s ease-in-out;
}
```

Listing 4.18 Die Einbindung der 3D-Animation

Der z-index gibt an, auf welcher Ebene das Element liegt. Elemente mit einem höheren Wert überlagern Elemente mit einem niedrigen Wert. Sie können sich das wie Zwiebelschichten vorstellen.

Danach modifizieren Sie das Erscheinungsbild des Elements über -webkit-transform. Der Wert rotateY beschreibt die Rotation auf der Y-Achse. Der Wert in den Klammern gibt die Gradzahl an (deg für *Degree*). Da es sich um die Vorderseite handelt, liegt die Transformation bei null Grad. Über -webkit-transform-style: preserve-3d legen Sie fest, dass bei der Transformation die Perspektive gewahrt bleibt und die Animation somit realistischer aussieht. -webkit-backface-visibility: hidden; blendet die Rückseite des Elements automatisch aus, so dass diese nicht zu Ihrer Klasse rueckseite in Konkurrenz steht. Würden Sie dies nicht konfigurieren, so würde bei der Drehung des Elements dessen Inhalt spiegelverkehrt dargestellt werden.

Im Anschluss wird nun noch die Animation selbst über –webkit-transition gesteuert.

Die Eigenschaften der rueckseite legen Sie nach ähnlichem Prinzip fest:

```
.rueckseite {
 width:100%;
 height:480px;
 background-color:#00ffff;
 position: absolute;


 z-index: 100;
```

```
-webkit-transform: rotateY(-180deg);
-webkit-transform-style: preserve-3d;
-webkit-backface-visibility: hidden;
-webkit-transition: all 1.4s ease-in-out;
}
```

Die Definitionen sind dieselben, lediglich die Werte sind unterschiedlich. Der geringere z-index stellt sicher, dass die Rückseite zunächst verborgen ist. -webkit-transform transformiert die Rückseite auf der Y-Achse um minus 180 Grad.

Damit eine Animation gestartet werden kann, benötigen Sie auch hier wieder jQuery. Sie fügen der Klasse karte bei Berührung eine weitere Klasse drehen hinzu, die die Animation in Gang setzt:

```
<script type="text/javascript">
 $(document).ready(function(){
  $('.karte').toggle(function(){
   $(this).addClass('drehen');
  },function(){
   $(this).removeClass('drehen');
  });
 });
</script>
```

Als Letztes fügen Sie im CSS-Code noch die Klasse drehen ein. Da die Karte sich bei der Anzeige der Vorderseite anders drehen muss als bei Anzeige der Rückseite, brauchen Sie insgesamt zwei Definitionen:

```
.karte.drehen .vorderseite {
 z-index: 200;
 -webkit-transform: rotateY(180deg);
}
.karte.drehen .rueckseite {
 z-index: 300;
 -webkit-transform: rotateY(0deg);
}
```

Sie passen den z-index an, um die Sichtbarkeit zu gewährleisten. Die jeweilige Rotation auf der Y-Achse definieren Sie wieder über -webkit-transform.

Ihre erste rotierende Karte (Abbildung 4.44)! Denken Sie nur an die Möglichkeiten: Auf der Vorderseite könnte die Funktionalität Ihrer App bereitstehen. Dreht der Benutzer die Karte mit einer Berührung eines Buttons, so können Sie auf der Rückseite z.B. Einstellmöglichkeiten zu Ansicht oder Funktionen unterbringen. Animation und Aufbau visualisieren in diesem Fall den Aufbau der App. Aber auch hier sind Ihrer Fantasie keine Grenzen gesetzt.

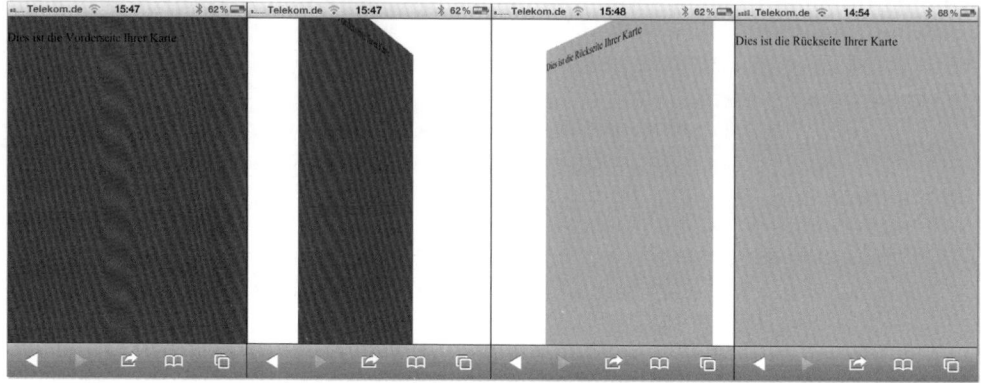

Abbildung 4.44 Die komplette Animationsabfolge in der Übersicht

4.5   Zeichnen mit JavaScript – das canvas-Element

Ein besonders interessantes Feature von HTML5 ist das canvas-Element. Mit der *Canvas*, abgeleitet vom englischen Wort für »Leinwand«, können Sie Grafiken mit Java-Script-Befehlen direkt im Browser zeichnen. Diese Funktion wurde 2004 von Apple eingeführt und nach und nach auch von anderen Browserherstellern implementiert. Heute unterstützen alle modernen Webbrowser, inklusive des Internet Explorers 9 die canvas-Funktion.

Mit canvas können Sie, vergleichbar mit einem Grafikprogramm, Kreise, Rechtecke und komplexe Formen zeichnen, diese mit Farben und Verläufen füllen und mit Transparenzeffekten und Schlagschatten versehen. Selbst die Verarbeitung von Texten und Bilddateien ist möglich. canvas unterstützt allerdings nur zweidimensionale Pixeldaten, Vektorformate wie SVG können Sie hiermit nicht zeichnen.

Da sie live im Browser generiert werden, können Sie beim Zeichnen von Canvas-Grafiken Nutzerinteraktionen einfließen lassen. In diesem Kapitel werden Sie eine einfache Zeichen-App mit Canvas und JavaScript erstellen. Zunächst aber zu den grundlegenden Befehlen.

4.5.1   Erster Schritt: Canvas und Context registrieren

Bevor Sie mit dem Zeichnen beginnen können, müssen Sie in Ihrem HTML-Dokument ein canvas-Element anlegen. Dieses muss eine feste Größe besitzen und über eine id eindeutig identifizierbar sein – so können Sie es mit JavaScript richtig adressieren.

```
<canvas width="300" height="300" id="canvas"></canvas>
```

Das canvas-Element bleibt leer. HTML-Code, der zwischen den canvas-Tags steht, wird nur in älteren Browsern angezeigt. Sie können das Element wie jedes andere HTML-Element mit CSS gestalten. Damit Sie das canvas-Element besser vom Rest der Seite unterscheiden können, verpassen Sie ihm eine grau gepunktete Außenkante:

```
<style>
 canvas {
  outline: 1px dotted #ccc;
 }
</style>
```

Nun müssen Sie die Canvas als JavaScript-Objekt registrieren. Dafür definieren Sie eine Variable mit dem Namen canvas, der Sie den 2D-Kontext des canvas-Elements zuordnen:

```
<script>
 var canvasEl = document.getElementById('canvas');
 var canvas = canvasEl.getContext('2d');
</script>
```

Die Funktion .getContext('2D') verknüpft das HTML-Element mit den JavaScript-Funktionen.

4.5.2   Grundlegende Funktionen

Stellen Sie sich die Canvas dabei wie ein Koordinatensystem vor. Die obere linke Ecke bildet dabei den Nullpunkt, von hier gehen alle Operationen aus. Um z.B. ein einfaches schwarzes Rechteck mit einer Kantenlänge von 200 × 200 Pixeln zu zeichnen, verwenden Sie folgende Funktion:

```
canvas.fillRect(50,50,200,200);
```

Sie übergeben der Funktion .fillRect() vier Parameter: den Startpunkt auf der X-Achse des Koordinatensystems, den Startpunkt auf der Y-Achse, die Breite und die Höhe des Rechtecks. In diesem Fall beginnt das Quadrat also 50 Pixel unter der linken oberen Ecke und ist genau 200 Pixel breit und hoch (Abbildung 4.45).

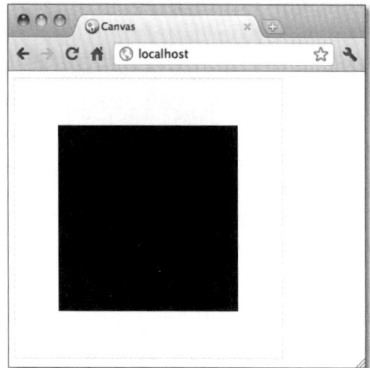

Abbildung 4.45 Das Quadrat wird auf der Canvas gezeichnet.

Um ein rotes Rechteck zu zeichnen, müssen Sie zuvor eine Füllfarbe festlegen (Abbildung 4.46). Dies geschieht analog zu CSS entweder per RGB-Wert oder als Hexadezimalcode:

```
canvas.fillStyle = "#f00";
canvas.fillRect(50,50,200,200);
```

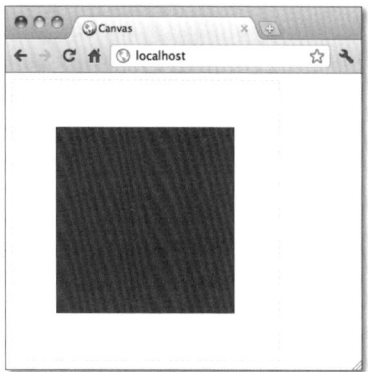

Abbildung 4.46 Rot eingefärbtes Quadrat

Die Füllfarbe bezieht sich auf alle Objekte, die Sie auf die Canvas zeichnen. Beachten Sie daher immer die Reihenfolge: Erst eine Eigenschaft zuweisen, anschließend zeichnen. Im Folgenden Beispiel zeichnen Sie ein rotes und ein blaues Rechteck:

```
canvas.fillStyle = "#f00";
canvas.fillRect(50,50,150,150);
canvas.fillStyle = "#00f";
canvas.fillRect(100,100,150,150);
```

Die Reihenfolge ist dabei entscheidend: Erst legen Sie Rot als Farbe fest, dann wird gezeichnet. Anschließend wechseln Sie die Farbe zu Blau, dann definieren Sie das nächste Rechteck.

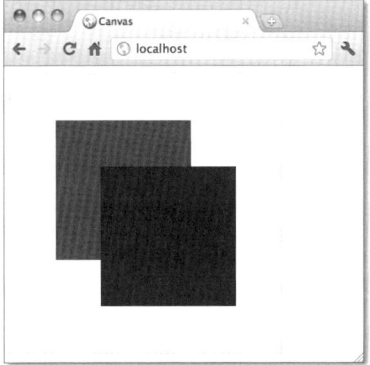

Abbildung 4.47 Das zuletzt gerenderte Quadrat liegt »oben«.

Ihnen wird auffallen, dass das blaue Rechteck das rote überlappt (Abbildung 4.47). Auf der Canvas werden Objekte immer über das bereits Gezeichnete gerendert.

Ganz ähnlich wie in CSS können Sie Farbtransparenzen festlegen. Dazu definieren Sie als Farbwert einfach einen RGBA-Wert, also einen RGB-Wert mit Alphakanal. Die ersten drei Zahlen stehen dabei für die Farbwerte Rot, Grün und Blau, der letzte Wert für die Deckkraft: 1 bedeutet deckend, 0 heißt transparent. Zeichnen Sie zwei rote Rechtecke mit 50 % Deckkraft (Abbildung 4.48):

```
canvas.fillStyle = "rgba(255,0,0,0.5)";
canvas.fillRect(50,50,150,150);
canvas.fillRect(100,100,150,150);
```

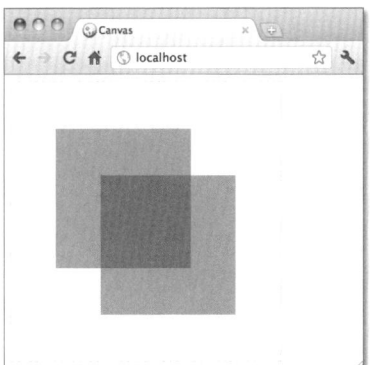

Abbildung 4.48 Transparenzen

211

Neben einfachen und transparenten Farben können Sie Objekte auf der Canvas auch mit Farbverläufen füllen:

```
var verlauf = canvas.createLinearGradient(0,0,300,300);
verlauf.addColorStop(0, "white");
verlauf.addColorStop(1, "black");

canvas.fillStyle = verlauf;
canvas.fillRect(50,50,200,200);
```

Zunächst müssen Sie eine Variable anlegen, der Sie einen Verlauf zuweisen. Den Startpunkt und die Größe definieren Sie analog zu der des Rechtecks. Anschließend werden Farben hinzugefügt. Der Verlauf im Beispiel beginnt mit Weiß in der linken oberen Ecke und verläuft in Schwarz bis in die untere rechte Ecke.

Weisen Sie anschließend dem Füllstil der Canvas Ihre Verlaufsvariable zu. Wenn Sie nun mit .fillRect() ein Rechteck zeichnen, wird dieses mit ihrem Farbverlauf gefüllt (Abbildung 4.49).

Abbildung 4.49 Farbverlauf

Analog zu gefüllten Objekten können Sie natürlich auch einfache Linien zeichnen. Dazu müssen Sie zunächst den Strichstil und die Linienbreite zuweisen:

```
canvas.strokeStyle = "#000";
canvas.lineWidth = 10;

canvas.beginPath();
canvas.moveTo(50, 50);
canvas.lineTo(200, 200);

canvas.stroke();
```

Die Funktion `.beginPath()` läutet einen neuen Pfad ein. Mit `.moveTo()` verschieben Sie den Ursprungspunkt im Koordinatensystem an die entsprechende Position, mit `.lineTo()` zeichnen Sie eine gerade Linie vom Ursprungspunkt zu den angegebenen Koordinaten. Damit Ihre Linie im zuvor festgelegten Stil gezeichnet wird, rufen Sie die Methode `canvas.stroke()` auf. Sie haben nun eine 10 Pixel dicke diagonale Linie gezeichnet (Abbildung 4.50).

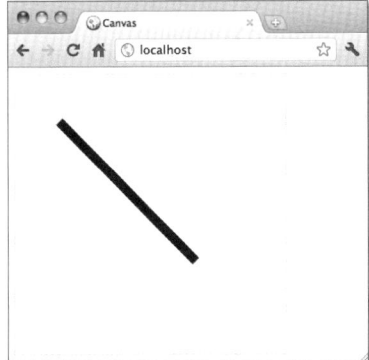

Abbildung 4.50 Eine einfache Linie

Auch komplexere Formen sind möglich:

```
canvas.fillStyle = "#f00";
canvas.strokeStyle = "#000";
canvas.lineWidth = 5;

canvas.beginPath();
canvas.moveTo(50, 50);
canvas.bezierCurveTo(50,250,250,50,250,250);
canvas.lineTo(50, 250);
canvas.lineTo(50, 50);

canvas.stroke();
canvas.fill();
```

Mit der Funktion `.bezierCurveTo()` beschreiben Sie eine quadratische *Bézierkurve*. Führen Sie den Pfad anschließend mit `.lineTo()` zurück zum Ausgangspunkt, um eine geschlossene Form zu erhalten. Die Funktion `.stroke()` zeichnet die Linie, `.fill()` füllt die Form mit der zuvor definierten Farbe (Abbildung 4.51).

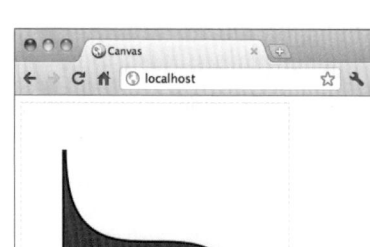

Abbildung 4.51 Bézierkurve

Sie können die Canvas übrigens auch transformieren (Abbildung 4.52):

```
canvas.rotate(0.22);
canvas.fillStyle = "#eee";
canvas.fillRect(0,0,300,300);
canvas.fillStyle = "#f00";
canvas.fillRect(100,100,100,100);
```

Die Funktion .rotate() dreht die Zeichnung um 22 % in Uhrzeigerrichtung, der Drehpunkt ist der Ursprungspunkt, also die linke obere Ecke im Koordinatensystem.

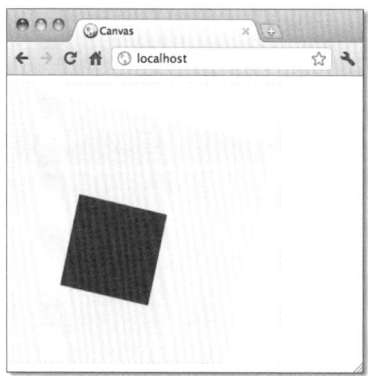

Abbildung 4.52 Dergesamte Inhalt der Canvas wird transformiert.

Wie bereits erwähnt, kann canvas auch Text rendern. Dazu legen Sie zunächst Schriftart, Schriftgröße und Schriftstil fest:

```
canvas.fillStyle = "#000";
canvas.font = "bold 36px Helvetica";
canvas.fillText("Hallo Welt", 55,150);
```

Anschließend platzieren Sie mit `.fillText()` den entsprechenden Textinhalt an einer bestimmten Position auf der Canvas (Abbildung 4.53). Beachten Sie, dass es sich nur um die Abbildung eines Textes handelt – er kann später weder markiert noch verändert werden. Zudem sind Sie hierbei auf Systemschriften beschränkt, also solche, die bereits auf dem Gerät installiert sind.

Abbildung 4.53 Text auf der Canvas

Auch Effekte wie Schlagschatten sind möglich. Sie können dazu die Schattenfarbe, den Abstand und den Weichheitsgrad festlegen. Anschließend gezeichnete Objekte, Pfade oder Texte werden automatisch mit Schatten versehen (Abbildung 4.54):

```
canvas.shadowColor = "#00f";
canvas.shadowOffsetX = 3;
canvas.shadowOffsetY = 3;
canvas.shadowBlur = 10;
canvas.fillStyle = "#000";
canvas.font = "bold 36px Helvetica";
canvas.fillText("Hallo Welt", 55,150);
```

Abbildung 4.54 Text mit Effekt

4.5.3   Zeichnen per Touch-Eingabe

Da die Zeichenoperationen nicht auf dem Server, sondern im Webbrowser direkt beim Benutzer stattfinden, können diese vom Benutzer per JavaScript-Events in Echtzeit beeinflusst werden. Im Folgenden werden Sie eine kleine WebApp entwickeln, mit der Sie auf dem iPhone mit Ihrem Finger malen können.

Wir erstellen diese App speziell für das iPhone 4 und 4S. Hier kommt ein interessanter Effekt zum Tragen: Da iOS davon ausgeht, dass Webseiten üblicherweise nicht für hochauflösende Retina-Bildschirme optimiert werden, verdoppelt das System einfach die Pixelgröße. Dem normalen Nutzer fällt dies kaum auf, da Schriften und Vektorobjekte trotzdem mit 326 ppi gerendert werden. Da es sich beim Canvas-Rendering allerdings um Pixeldaten handelt, wirken diese auf Apples neuesten Geräten schnell, nun ja, pixelig. Wir bedienen uns hier eines kleinen Tricks:

```
<meta name="viewport" content="width=device-width, initial-scale=0.5,
maximum-scale=0.5"/>
```

In Abschnitt 2.4.3, »Von der Webseite zur WebApp«, haben Sie bereits gelernt, wie die viewport-Eigenschaft funktioniert. Indem Sie initial-scale und maximum-scale auf 0.5 setzen, verkleinern Sie die Webseite auf 50 % und heben somit die Pixelverdoppelung auf. Dadurch wirken alle Linien und Bilddaten nun feiner und schärfer, vor allem wird aber das Rendering auf dem Mobilgerät schneller: Erstaunlicherweise kostet die Pixelverdopplung auf dem iPhone eine ganze Menge Rechenpower, die Sie durch das Herauszoomen wieder hinzugewinnen.

Als Nächstes legen Sie im HTML-Code ein canvas-Element in voller Gerätebreite an:

```
<canvas width="640" height="640" id="canvas"></canvas>
```

Damit Sie später bis zum Bildschirmrand zeichnen können, entfernen Sie im CSS den Außenabstand des body-Elements. Die Canvas bekommt zur besseren Unterscheidbarkeit wieder einen leichten grauen Rand:

```
body {
 margin: 0;
}
canvas {
 outline: 1px dotted #ccc;
}
```

Nachdem die Grundlagen gelegt sind, definieren Sie im JavaScript-Code ein Canvas-Objekt, welches mit dem canvas-Element verknüpft wird. Außerdem deklarieren Sie die globalen Variablen startX und startY. In Ihnen werden Sie später speichern, wo der Nutzer seinen Finger aufsetzt.

```
var canvasEl = document.getElementById('canvas');
var canvas = canvasEl.getContext('2d');
var startX, startY;
```

Im nächsten Schritt legen Sie den Zeichenstil fest. Wenn Sie möchten, können Sie hier Linienfarbe, Stärke und Effekte variieren. Der Einfachheit halber entscheiden wir uns für eine dünne schwarze Linie:

```
canvas.strokeStyle = "#000";
canvas.lineWidth = 2;
```

Jetzt kommt der eigentlich wichtige Teil: Sie fügen die Zeichenfunktion hinzu. Da ein Touch-Gerät ja bekanntlich keine Maus besitzt und somit nicht auf Klicken oder Mausbewegung reagiert, müssen Sie im JavaScript die Fingerbewegungen verarbeiten. Dafür legen Sie zwei Funktionen an: eine, die ausgeführt wird, sobald der Finger den Bildschirm berührt, und eine, die bei Fingerbewegung aufgerufen wird.

Die Funktion touchStart liest nun die Position des Fingers aus: event.touches[0].pageX ist die X-Position, event.touches[0].pageY die Y-Position im Koordinatensystem. Die Werte werden den Variablen startX und startY zugewiesen, anschließend wird der Ursprungspunkt des Pfades dorthin bewegt.

Die Funktion touchMove, welche bei jeder Fingerbewegung ausgeführt wird, deaktiviert nun zunächst mit event.preventDefault() das Scrollen der Seite. Bei jeder Bewegung wird die aktuelle Position des Fingers ausgelesen und eine Linie von der vorherigen zur aktuellen Position gezeichnet.

```
var touchStart = function(event) {
 startX = event.touches[0].pageX;
 startY = event.touches[0].pageY;
 canvas.moveTo(startX, startY);
};
var touchMove = function(event) {
 event.preventDefault();
 canvas.lineTo(event.touches[0].pageX, event.touches[0].pageY);
 canvas.stroke();
};
```

Damit Fingerbewegung und Fingerberührung von JavaScript verarbeitet werden können, müssen Sie noch jeweils einen sogenannten *EventListener* definieren. Dieser »horcht«, ob ein bestimmtes Ereignis eintritt, und führt dann eine Funktion aus:

```
canvasEl.addEventListener("touchstart", touchStart, false);
canvasEl.addEventListener("touchmove", touchMove, false);
```

Abbildung 4.55 Die Zeichen-App auf dem iPhone

Herzlichen Glückwunsch, Sie haben soeben ihre erste Zeichen-WebApp erstellt (Abbildung 4.55). Versuchen Sie, sie zu erweitern und verbessern, indem Sie andere Farben, Strichstärken o. Ä. definieren. Eine mögliche Variation wäre eine App, die begonnene Formobjekte schließt, sobald der Nutzer den Finger anhebt (Abbildung 4.56). Dazu müssen Sie nun eine Linie zu den zuvor gespeicherten Ursprungskoordinaten zeichnen. Legen Sie dafür eine Funktion touchEnd an, die Sie per EventListener mit dem Ereignis touchend verknüpfen:

```
var touchEnd = function(event) {
  canvas.lineTo(startX, startY);
  canvas.stroke();
};
canvasEl.addEventListener("touchend", touchEnd, false);
```

Abbildung 4.56 Die Zeichen-App mit dickerer Strichstärke, automatischer Formvervollständigung und Füllfarbe

4.5.4   In der Praxis – Canvas oder CSS?

Nachdem Sie nun einiges über das Zeichnen mit dem canvas-Element gelernt haben, drängt sich die Frage auf, wann es Sinn macht, dieses zu verwenden, und wann Sie auf CSS zurückgreifen sollten.

Generell ist das Erstellen komplexer Inhalte auf der Canvas immer mit einer ganzen Menge an JavaScript-Code verbunden. Interaktionen sind, wie Sie wahrscheinlich schon gemerkt haben, etwas komplizierter zu handhaben als mit HTML-Buttons bzw. Links. Versuchen Sie deswegen Inhalte semantisch in HTML zu strukturieren und mit CSS zu gestalten. Es gibt jedoch einige Anwendungsfälle, in denen es durchaus sinnvoll ist, die Canvas zu verwenden:

Spiele

In den letzten Jahren haben sich immer mehr Browserspiele etabliert, die ohne Flash auskommen und auf mobilen Geräten funktionieren. Da die Darstellung von Spielfeld und Spiellogik häufig zu komplex ist, um sie mit CSS darzustellen, hat sich die Verwendung der Canvas bereits etabliert. Alle großen Spielehersteller experimentieren mit Game-Engines, die bekannte 3D-Spiele mit JavaScript auf die Canvas bringen.

Bildbearbeitung

Die Manipulation von Bilddateien war in den letzten Jahren nur mit Serverkomponenten wie *GDlib* und *ImageMagick* machbar, selbst einfache Vorschaubilder mussten auf dem Server umgerechnet werden. Seit der Entwicklung von Canvas geht der Trend nun zur Verarbeitung im Browser, mittlerweile gibt es komplexe Bildbearbeitungs-WebApps, die den Vergleich mit einem professionellen Grafikprogramm, wie z.B. Adobe Photoshop nicht scheuen müssen.

Graphen und Diagramme

Ein beliebter Anwendungsfall sind Diagramme: Wurden diese für Statistikwebseiten und Co. früher entweder als statische Bilder vom Server berechnet oder als Flash-Plugin angezeigt, werden sie heute interaktiv auf der Canvas gerendert.

4.5.5   Canvas-Bibliotheken

In der Praxis ist es recht mühselig, komplexe Canvas-Zeichnungen zu programmieren. Glücklicherweise gibt es für typische Anwendungsfälle bewährte und kostenlose Code-Bibliotheken, auf die Sie in der App-Entwicklung zurückgreifen können. Im Folgenden wollen wir Ihnen einige davon vorstellen.

jqPlot

Die Bibliothek *jqPlot* wurde als Open-Source-Projekt von Chris Leonello ins Leben gerufen (Abbildung 4.57). Als Ergänzung für das in Abschnitt 2.5, »Entwickeln mit Java-Script-Frameworks – jQuery & Co.«, erwähnte jQuery-Framework nutzt sie die Canvas-Funktionen, um relativ einfach interaktive Graphen und Diagramme anzulegen. Sie müssen lediglich eine JavaScript-Datei in Ihre HTML-Seite einbinden, ein div-Element anlegen und der Bibliothek per jQuery-Befehl die Diagrammdaten übergeben:

```
$(document).ready(function(){
  var plot1 = $.jqplot ('chart1', [[3,7,9,1,4,6,8,2,5]]);
});
```

Das Framework unterstützt geläufige Diagrammtypen wie Balken-, Linien- oder Tortendiagramme (Abbildung 4.58). Mit etwas mehr Aufwand können Sie Daten per AJAX nachladen, Tooltips einfügen oder Diagramme vergrößerbar machen.

http://www.jqplot.com/

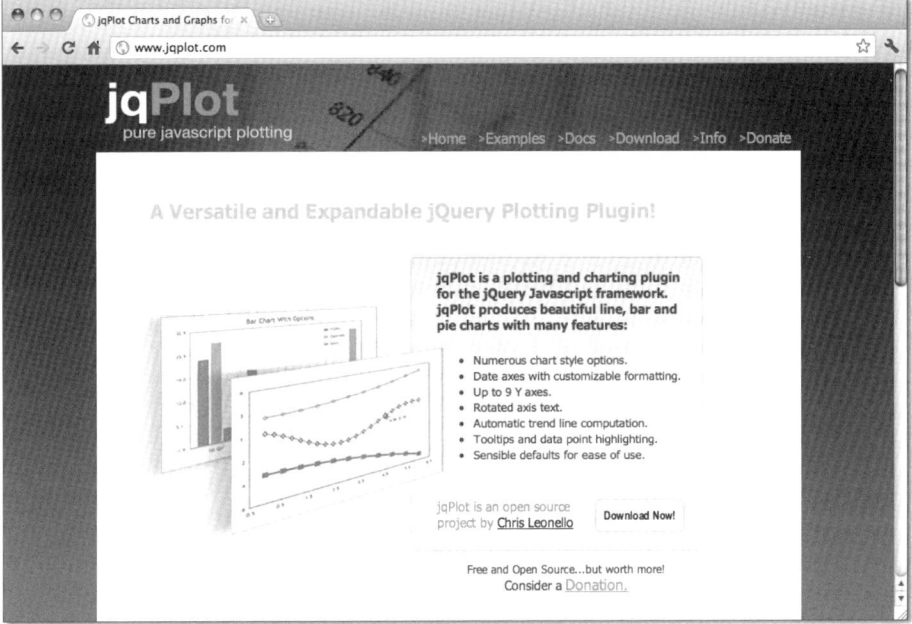

Abbildung 4.57 Die Downloadseite von jqPlot

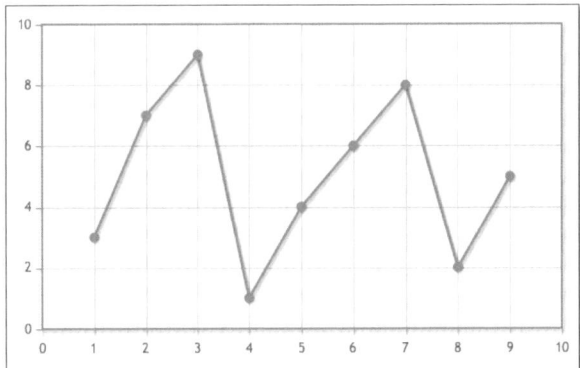

Abbildung 4.58 Beispieldiagramm

Paper.js

Paper.js versteht sich als Schnittstelle zwischen Vektorgrafik und Canvas. Das Open-Source-Projekt von Jürg Lehni und Jonathan Puckey erlaubt Animationen und komplexe Interaktionen. Die Grafiken werden wie DOM-Objekte behandelt, was die Programmierung mit JavaScript erleichtert. Selbst die Umwandlung von Pixelrastern in Vektorgrafiken ist dabei kein Problem. Auf *http://paperjs.org/examples/* stellen die

Autoren einige Beispiele zur Verfügung, die zeigen, was man mit *Paper.js* alles anstellen kann (Abbildung 4.59).

http://paperjs.org/

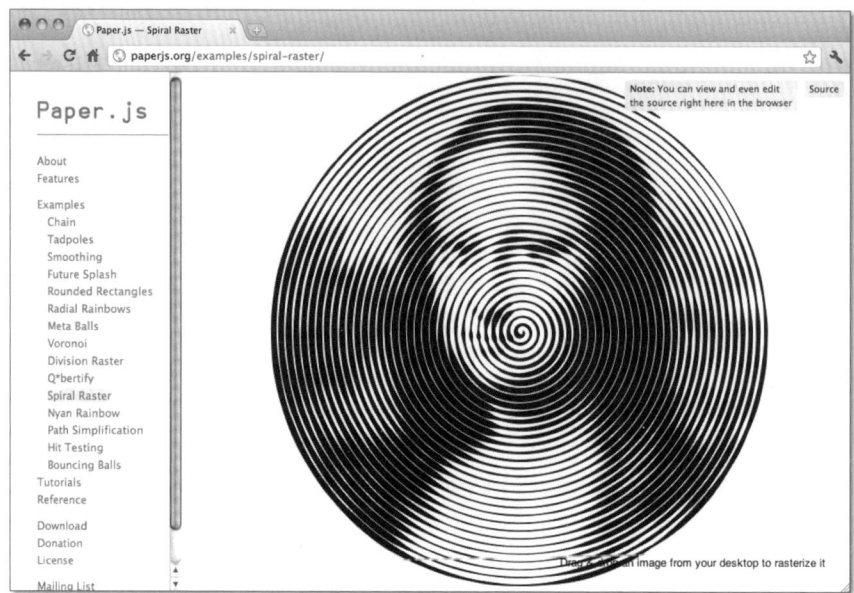

Abbildung 4.59 Mit Paper.js sind komplexe Manipulationen möglich.

jCanvas

jCanvas stellt eine Schnittstelle zwischen jQuery und Canvas her (Abbildung 4.60). Anstelle reiner JavaScript-Befehle können Sie mithilfe der gewohnten jQuery-Syntax zeichnen. Der Code für das Rechteck aus unserem ersten Beispiel sähe so aus:

```
$("canvas").drawRect({
  fillStyle: "#000",
  x: 50, y: 50,
  width: 200,
  height: 200
});
```

Das Open-Source-Projekt von Caleb Evans ist dabei nur 12 kB groß und daher auch für den Einsatz in mobilen Anwendungen geeignet.

http://calebevans.me/projects/jcanvas/index.php

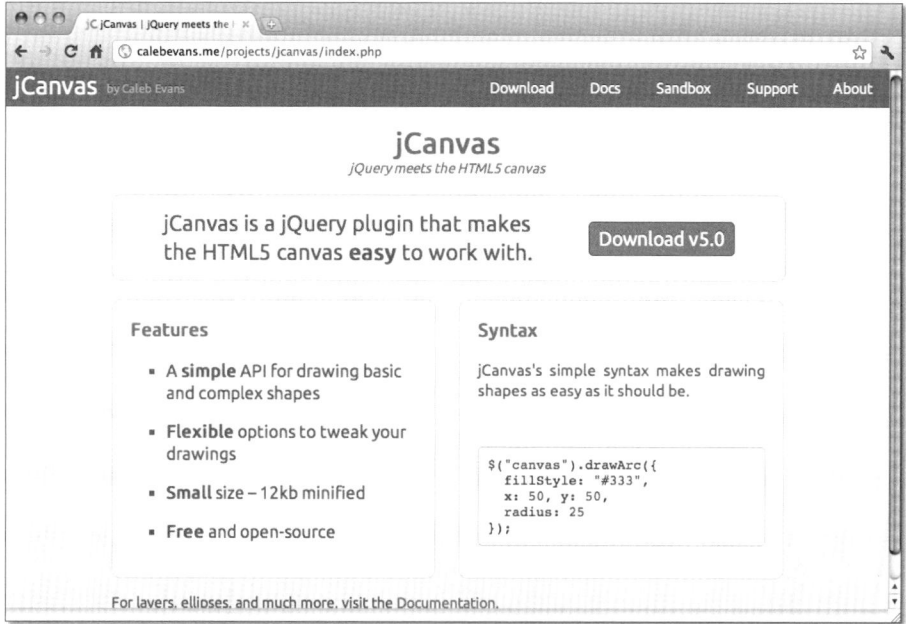

Abbildung 4.60 jCanvas

Kapitel 5
Positionsbestimmung

Alle aktuellen Smartphones sind in der Lage, ihre Position zu orten und diese an den Nutzer weiterzugeben. Damit wird aus einem einfachen Telefon mit Webbrowser ein Navigationsgerät, ein Kompass oder eine lokale Suchmaschine. Diese Funktion ist nicht nur nativen Apps vorbehalten, sondern kann, dank HTML5, auch im Webbrowser genutzt werden.

Die Positionsbestimmung erfolgt in erster Linie über das *Global Positioning System*, besser bekannt als GPS. In den 1970er Jahren vom US-Militär entwickelt, ist es heute der Standard und die Grundlage für jedes auf dem Markt erhältliche Navigationssystem. Das System besteht aus rund zwei Dutzend Satelliten, die permanent um die Erde kreisen und ihre aktuelle Position zur Oberfläche senden. Dieses Signal kann von einem GPS-Empfänger auf der Erde zu einer Geoposition umgerechnet werden. Diese Bestimmung ist recht präzise, in der Regel kann die Position auf ca. 7–8 Meter genau ermittelt werden. Voraussetzung dafür ist, dass der Empfänger gleichzeitig das Signal von mindestens drei, üblicherweise vier Satelliten empfangen kann. Allerdings ist der Empfang in geschlossenen Räumen in der Regel unmöglich – das Signal ist zu schwach, um durch Betonwände zu dringen, manchmal verhindert sogar ein starker Schneesturm den GPS-Empfang.

In Fällen, in denen die Bestimmung per GPS nicht möglich ist, greifen Smartphones daher auf ein stärkeres Signal zurück: das Funksignal der Handysendemasten. Üblicherweise ist ein Telefon immer an mehreren Sendemasten angemeldet, um ein stabiles Signal zu gewährleisten. Aus der Berechnung der Position von mindestens drei dieser Sendemasten kann das Telefon seinen aktuellen Aufenthaltsort triangulieren. Dafür berechnet es den geografischen Mittelpunkt aus allen drei Sendemasten.

iPhones und iPads verfügen noch über eine dritte Möglichkeit zur Positionsermittlung: Seit 2008 speichert Apple die GPS-Position von Wireless LANs rund um die Welt in einer Datenbank ab, aus der sich das Gerät bedienen kann. Befindet sich ein iOS-Gerät also in der Nähe eines bekannten Netzwerks, kann es darüber ermitteln, wo es sich befindet.

Die Position wird immer in geografischer Länge und Breite, auch Longitude und Latitude genannt, angegeben (Abbildung 5.1). Die Longitude steht für die Position westlich bzw. östlich des Nullmeridians, einer 1884 willkürlich festgelegten Linie, die vom Nord- zum Südpol verläuft und durch Royal Greenwich Observatory in London läuft.

Die Entfernung wird dabei als Winkel angegeben, 0–180° für westlich von Greenwich gelegene Positionen, negative Werte in östlicher Richtung.

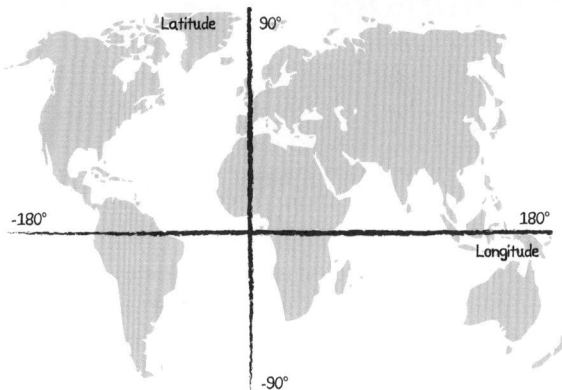

Abbildung 5.1 Stellen Sie sich Longitude und Latitude wie ein Koordinatensystem vor.

Die Latitude beschreibt die Position in Nord-Süd-Richtung. Ausgehend vom Äquator 0–90° für nördlich gelegene Orte, negative Werte für alles was im Süden liegt. Da die Skala sehr großzügig ausgelegt ist und die Längen/Breitengrade sehr weit voneinander entfernt liegen, werden Positionen immer mit mehreren Nachkommastellen und der Himmelsrichtung angegeben: 52.518611°N, 13.408056°E ist z.B. die Position des Roten Rathauses in Berlin.

In diesem Kapitel lernen Sie, wie Sie mit JavaScript die Positionsdaten Ihres Smartphones auslesen und verarbeiten können. Sie werden eine Beispiel-App entwickeln, Ihre aktuelle Position in einer Google-Karte eintragen und lernen, wie Sie mit GPS Entfernungen berechnen können.

5.1   Die Positionsbestimmung mit HTML5

Als Erstes werden Sie lernen, wie Sie mit JavaScript Ihre aktuellen GPS-Koordinaten auslesen und in eine Tabelle eintragen. Zunächst legen Sie dafür die HTML-Tabelle an:

```
<table>
  <tr id="longitude">
    <th>Longitude:</th>
    <td></td>
  </tr>
  <tr id="latitude">
    <th>Latitude:</th>
    <td></td>
  </tr>
</table>
```

Sie haben nun eine Tabelle mit zwei Zeilen und zwei Spalten. Die erste Spalte fungiert als Kopfspalte, die zweite ist noch leer – hier werden Sie mit jQuery die Koordinatenwerte eintragen. Verknüpfen Sie zunächst die jQuery-Bibliothek mit Ihrem HTML-Dokument:

```
<script src="http://code.jquery.com/jquery-1.7.1.min.js"></script>
```

Definieren Sie zwei leere Variablen, in denen Sie später Longitude und Latitude speichern:

```
var longitude, latitude;
```

Jetzt rufen Sie die Position Ihres Geräts ab: Dafür gibt es in HTML5 das Objekt `navigator.geolocation`, welches die Funktion `.getCurrentPosition()` besitzt. In den Klammern geben Sie eine weitere Funktion an, die aufgerufen werden soll, wenn die GPS-Koordinaten erfolgreich ermittelt wurden. Dies nennt man eine Callback-Funktion.

```
$(function(){
navigator.geolocation.getCurrentPosition(positionsAusgabe);
});
```

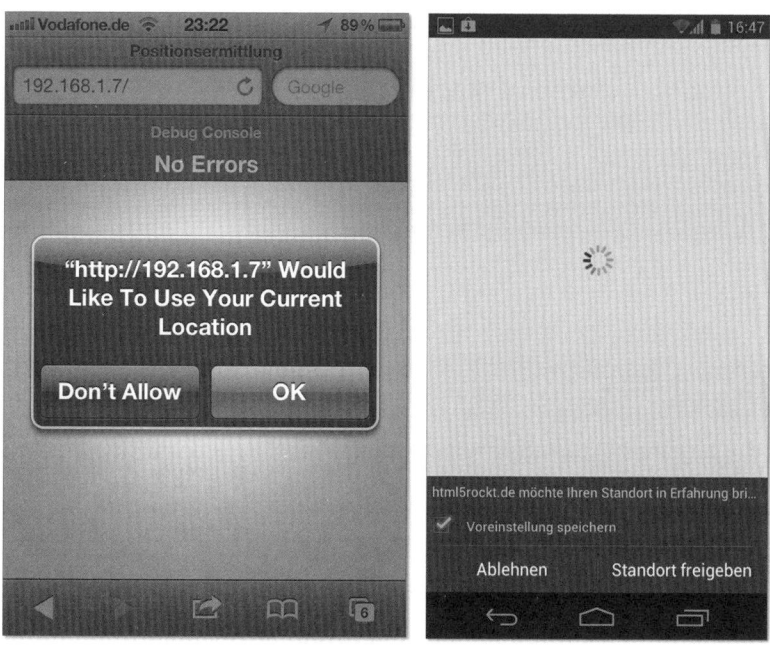

Abbildung 5.2 Der Browser fragt zunächst nach, ob die aktuelle Benutzerposition übermittelt werden soll. Im linken Bereich sehen Sie die Darstellung auf dem iPhone, rechts unter Android.

Definieren Sie nun die Funktion positionsAusgabe, die als Callback-Funktion aufgerufen wird. Der Funktion wird einen Parameter position übergeben. Dabei handelt es sich um ein Objekt, das beim Abrufen der Position durch .getCurrentPosition() erstellt wird. In dem Objekt sind u.a. Ihre GPS-Koordinaten gespeichert.

```
var positionsAusgabe = function(position){
 longitude = position.coords.longitude;
 latitude = position.coords.latitude;

 $('#longitude td').html(longitude);
 $('#latitude td').html(latitude);
};
```

Sie weisen Ihren, zuvor definierten, Variablen die Longitude und Latitude aus dem position-Objekt zu. Anschließend tragen Sie die Werte in die noch leeren Tabellenzellen ein.

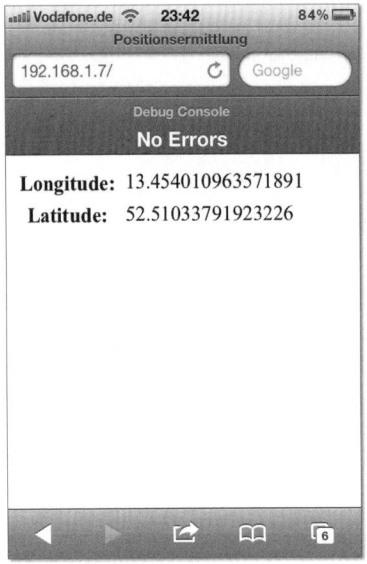

Abbildung 5.3 Ausgabe Ihrer aktuellen Benutzerposition – in diesem Fall im Berliner Stadtzentrum

Öffnen Sie die HTML-Seite nun im Browser Ihres mobilen Geräts. Direkt nach dem Laden des Dokuments wird die Positionsabfrage ausgeführt. In einem Dialogfenster werden Sie gefragt, ob Sie der Webseite ihre aktuelle Position übermitteln möchten (Abbildung 5.2). Klicken Sie auf OK, um die Positionsabfrage zuzulassen. In der rechten oberen Ecke neben der Batterieanzeige wird Ihnen nun das GPS-Symbol angezeigt, ein Indikator für den Nutzer, dass sein Telefon gerade eine Ortung durchführt.

Einen kurzen Moment darauf werden Ihre Koordinaten in der Tabelle eingetragen (Abbildung 5.3).

5.1.1 Weitere Eigenschaften der Positionsbestimmung

Neben Longitude und Latitude verfügt das `position`-Objekt noch über weitere Eigenschaften, auf die Sie ebenfalls Zugriff haben:

▶ `position.coords.accuracy`
Die Eigenschaft `accuracy` gibt Auskunft darüber, wie genau die ermittelten Positionsdaten sind. Je nach Empfang und Ortungsmethode kann Ihre Position immer nur auf einige Meter genau bestimmt werden. Die Toleranz wird als Radius in Metern angegeben. Ist der Wert beispielsweise 10 Meter, bedeutet das, dass Ihr Gerät sich auch in einem Umkreis von 10 Metern der ermittelten Position befinden könnte.

▶ `position.coords.altitude`
Die Altitude ist die Höhe über Normalnull, also dem Meeresspiegel. Diese Information ist vor allem dann interessant, wenn Sie sich im Gebirge befinden. Allerdings wird die Ausgabe der Altitude bisher noch nicht von allen Geräten unterstützt, auf vielen Android-Geräten bleibt die Variable einfach leer.

▶ `position.coords.altitudeAccuracy`
Analog zu `accuracy` gibt die Eigenschaft `altitudeAccuracy` an, wie genau Ihre Höhe über Normalnull ermittelt werden konnte. Auch hier wird der Toleranzbereich in Metern angegeben.

▶ `position.coords.heading` und `position.coords.speed`
Theoretisch stehen Ihnen noch zwei weitere Eigenschaften zur Verfügung: `heading` gibt die Richtung an, in die sich das Gerät bewegt. Wie bei einem Kompass wird hier die Richtung, ausgehend von Norden, als Winkel zwischen 0° und 360° gespeichert. Die Eigenschaft `speed` beschreibt die Geschwindigkeit, mit der sich das Gerät aktuell bewegt.

In der Praxis unterstützt aber bisher noch kein Gerät diese beiden Eigenschaften, mit ein paar Tricks können Sie diese aber dennoch ermitteln.

Stromfresser GPS

Das GPS-Modul benötigt relativ viel Strom und verringert somit die Akkulaufzeit spürbar. Nutzen Sie daher GPS-Abfragen nur, wenn es tatsächlich nötig ist. Bevor Sie eine Positionsermittlung durchführen, sollten Sie den Nutzer darüber informieren und nach Möglichkeit erläutern, wozu diese Abfrage notwendig ist. Völlig zurecht entstehen Sicherheitsbedenken, wenn einer WebApp der aktuelle Aufenthaltsort übermittelt werden soll – beruhigen Sie den Nutzer durch einen kurzen Hinweis.

5.2   Die »Where to Eat«-App

Nachdem Sie nun die Grundlagen der Positionsbestimmung verstanden haben, nutzen Sie diese Kenntnisse, um ein uraltes Menschheitsproblem zu lösen: Wo bekomme ich etwas zu essen her?

Sie kennen sicher das Problem: Sie befinden sich in einer fremden Stadt und sind auf der Suche nach einem nahegelegenen Restaurant. Im Idealfall sollte das natürlich nicht die erstbeste Burger-Bude sein – Ihnen steht heute der Sinn nach Sushi. Für diesen Zweck konzipieren Sie nun eine kleine Smartphone-App, die sich dieses Problems annimmt.

Sie sollte über folgende Kernfunktionen verfügen:

- ▶ Benutzerposition ermitteln
- ▶ eine Liste von Restaurants laden
- ▶ Restaurants und Benutzer in einer Karte eintragen
- ▶ Entfernung zwischen Benutzer und Restaurants berechnen

Optional soll der Nutzer auswählen können, welche Kategorie von Restaurant angezeigt werden soll. So ist es möglich, bestimmte Arten von Restaurants auszublenden, um schneller das gewünschte Sushi-Restaurant ausfindig zu machen.

Bevor Sie mit der Konzeption beginnen, sollten Sie sich außerdem die Benutzungssituation vor Augen führen. In den meisten Fällen wird es sich um ein vollmobiles Szenario handeln, bei dem der Nutzer mit seinem Smartphone und einer 3G-Verbindung unterwegs ist. Die App wird impulsiv und zielgerichtet aufgerufen, die drei wichtigsten Fragen müssen von der App schnell beantwortet werden:

1. Wo bin ich?
2. Wo befinden sich die nächsten Restaurants?
3. Wie weit sind diese von mir entfernt?

Ihre App sollte also:

- ▶ für ein Smartphone optimiert sein
- ▶ auf Android und iOS gleichermaßen funktionieren
- ▶ kurze Ladezeiten aufweisen
- ▶ gelernte Bedienmechanismen aufgreifen

Weniger relevant sind eine Tablet-Version oder »verspielte« Elemente. Der Nutzer möchte nichts entdecken. Animationen, Dekorationen oder Ornamente sind hier fehl am Platz.

Ihre App besteht im Wesentlichen aus drei Screens: einer Karte, auf der die Position des Nutzers und der umliegenden Restaurants eingezeichnet ist, einer Liste der Restaurants und einem Optionsmenü, in dem bestimmte Restauranttypen ausgewählt werden können. Die Screens werden über eine Symbolleiste untereinander verbunden, die App startet mit der Karte. Fertigen Sie dazu einen Wireframe an (Abbildung 5.4).

 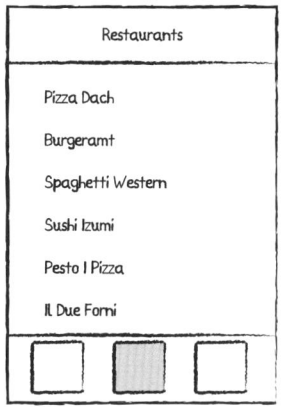 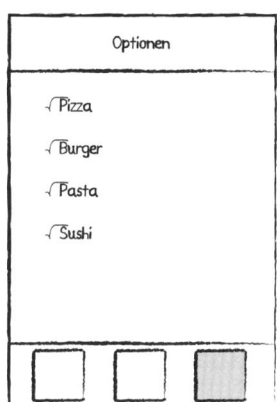

Abbildung 5.4 Der Wireframe für die »Where to Eat«-App

Den Wireframe verwenden Sie, wie in Kapitel 3, »Konzeption und Gestaltungsprinzipien«, beschrieben, für Nutzertests. Wenn Sie die Wireframes gezeichnet haben, scannen bzw. fotografieren Sie sie ab und laden die Bilder auf ein Testgerät. Sie haben nun drei Bilder, die Sie im Fotobetrachter Ihres Smartphones hin- und herwechseln können. Dadurch entsteht beim Nutzer bereits ein ziemlich realistisches »App-Gefühl«, das die Ergebnisse unseres Tests verbessert. Geben Sie Ihrem Testbenutzer eine konkrete Aufgabe, z.B. »Finden Sie heraus, wo sich die nächstgelegene Pizzeria befindet«. Der Nutzer soll diese Aufgabe mithilfe des App-Wireframes lösen, Sie übernehmen dabei die Bedienung. Wenn der Testkandidat also auf OPTIONEN tippen würde, wählen Sie für ihn das entsprechende Bild aus. Der Test hilft Ihnen dabei, die Erwartungshaltung des Nutzers zu verstehen und eventuell vergessene Funktionen zu ergänzen.

In unserem Beispieltest fallen Ihnen besonders bei der Listenansicht zwei Dinge auf: Die Benutzer konnten die Restaurants nicht den Markern auf der Karte zuordnen. Außerdem war unklar, welches nun das nächstgelegene Restaurant ist. Sie lösen diesen Umstand, indem Sie vor jedes Restaurant in der Liste einen kleinen Kartenausschnitt einfügen, der bei der Assoziation hilft. Außerdem ergänzen Sie die Liste um die jeweiligen Entfernungen der Restaurants zu unserer aktuellen Position.

5.2.1   Position auf einer statischen Karte eintragen

Das Konzept steht, nun setzen Sie die App mit HTML5 um. Zunächst müssen Sie eine GPS-Koordinate in einer Karte eintragen. Damit Sie das Kartenmaterial nicht selbst auf Ihrem Server bereitstellen müssen, gibt es Dienstleister, die dies für Sie tun. Der bekannteste ist Google Maps, der statische und dynamische Karten zur Verfügung stellt (Abbildung 5.5). Der Service ist kostenlos und kann ohne Anmeldung genutzt werden, ist aber auf 1.000 Kartenabrufe pro Nutzer und Tag beschränkt.

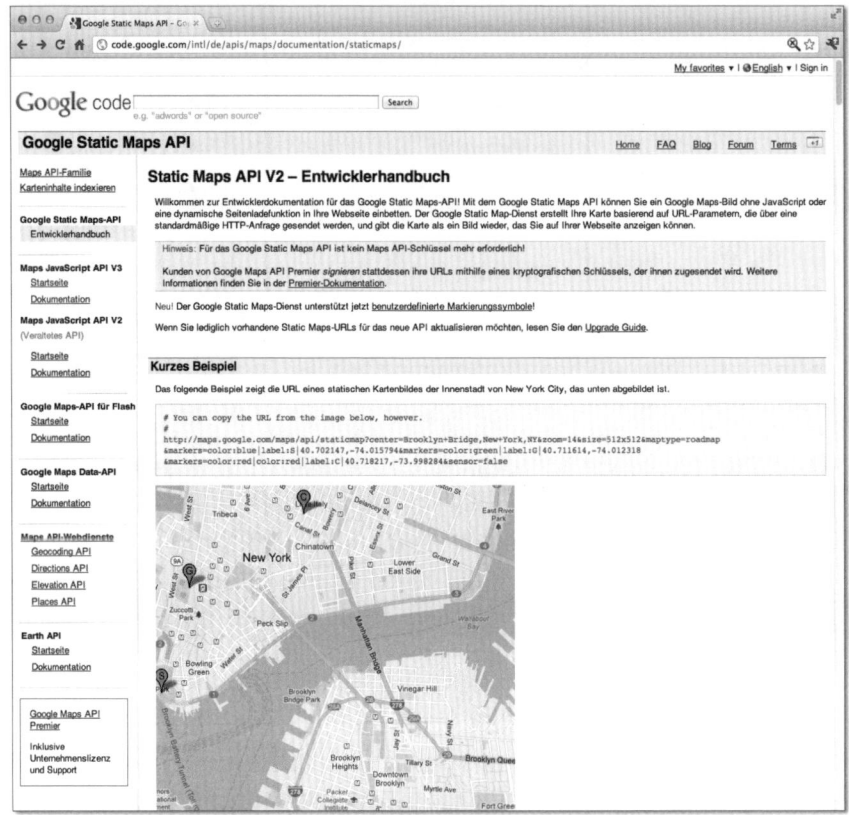

Abbildung 5.5 Die Google Maps Static API

Google bietet zwei Arten von Karten an: statische Karten, die ein nicht veränderbares Abbild einer Karte ausgeben, und dynamische Karten, die der Nutzer zoomen und hin- und herbewegen kann. Eine statische Karte zu erstellen ist sehr einfach: Sie senden eine Anfrage mit einem Parameter an den Google-Server, dieser liefert eine Bilddatei zurück, die den entsprechenden Kartenausschnitt beinhaltet (Abbildung 5.6). Testen Sie dies, indem Sie im Browser folgende Adresse aufrufen:

```
http://maps.google.com/maps/api/staticmap?center=Berlin,Germany&zoom=10&size=
500x500&sensor=false
```

Der Google-Server liefert eine Bilddatei zurück, die den angeforderten Kartenausschnitt beinhaltet. Sie können diesen sehr einfach in Ihre HTML5-Datei einbinden:

```
<img src="http://maps.google.com/maps/api/staticmap?center=Berlin,Germany&
zoom=10&size=500x500&sensor=false">
```

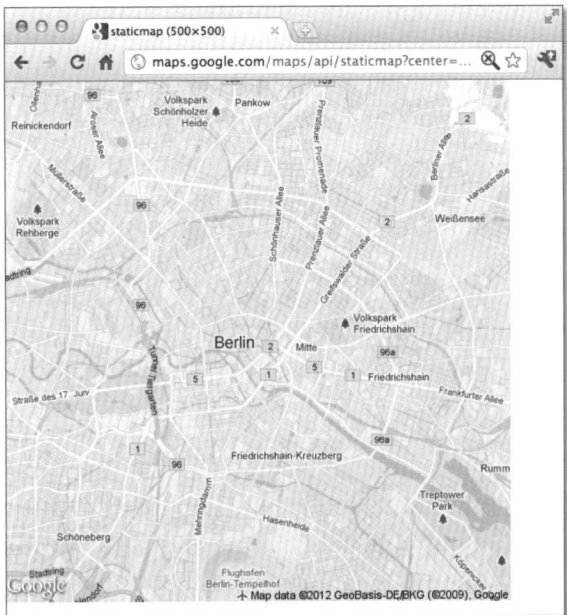

Abbildung 5.6 Kartenausgabe als Bild

Um die Karte darzustellen, benötigt der Server einige Parameter. Diese sind:

▶ center

Legt den Mittelpunkt der Karte fest, bestimmt also den Ausschnitt. Der Parameter versteht sowohl Adressangaben (z.B. Rotes Rathaus, Berlin, Germany), als auch eine GPS-Position als Wertepaar (z.B. »52.518611, 13.408056«). Beachten Sie, dass Longitude und Latitude in der amerikanischen Syntax übergeben werden müssen, dass also statt eines Kommas ein Punkt als Trenner verwendet wird.

▶ zoom

Gibt die Größe des Kartenausschnitts an. Je größer der Wert, desto »näher« befindet sich der Betrachter am Ort des Geschehens. Der Parameter kann eine natürliche Zahl zwischen 0 und 21 sein. Bei 0 ist die gesamte Weltkarte sichtbar, bei 21 werden einzelne Gebäude erkennbar. Je nach Zoomstufe werden auch mehr Details dargestellt: Bei Stufe 10 werden nur Hauptstraßen eingeblendet, ab Stufe 13 alle Nebenstraßen, ab Stufe 15 auch deren Straßennamen. Die großen Stufen sind nicht für alle Gebiete verfügbar – besonders in ländlichen Regionen sind Gebäudedetails etc. häufig nicht verfügbar.

▶ size

Definiert die Größe der Karte bzw. der Bilddatei, die vom Server ausgeliefert wird. Der Parameter legt die Breite und die Höhe des Bildes in Pixeln fest, die Angabe 500x300 erstellt beispielsweise eine Karte, die 500 Pixel breit und 300 Pixel hoch ist. Hier gibt es eine entscheidende Einschränkung: Eine statische Karte darf höchstens 640 Pixel hoch bzw. breit sein, der Maximalwert liegt also bei 640x640.

▶ sensor

Der Sensor-Parameter gibt an, ob die App die Benutzerposition über einen GPS-Sensor ermittelt oder nicht. Dies hat keine Auswirkung auf die Kartendarstellung, muss aber immer mit übergeben werden. Zulässig ist entweder die Angabe true oder false.

Neben diesen zwingend erforderlichen Parametern, gibt es eine Reihe von Zusatzoptionen, die Sie über weitere Parameter definieren können.

Kartentyp

maptype

Standardmäßig liefert Google Maps eine Straßenkarte (roadmap, Abbildung 5.7) aus, alternativ können Sie eine Reliefkarte (terrain, Abbildung 5.8) anzeigen lassen, in der Höhenunterschiede und Vegetation dargestellt werden. Als Letztes gibt es noch eine Satellitenkarte (satellite, Abbildung 5.9). Ebenfalls möglich ist eine Satellitenkarte mit eingezeichneten Straßen und Plätzen, die sogenannte *Hybridkarte* (hybrid, Abbildung 5.10).

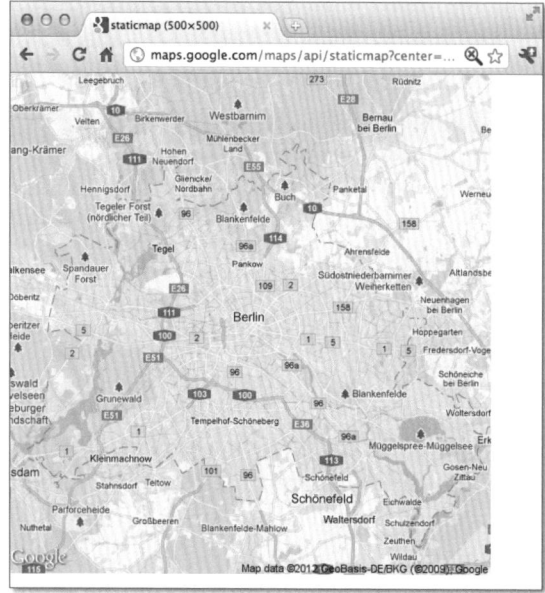

Abbildung 5.7 Kartentyp »roadmap«

Abbildung 5.8 Kartentyp »terrain«

Abbildung 5.9 Kartentyp »satellite«

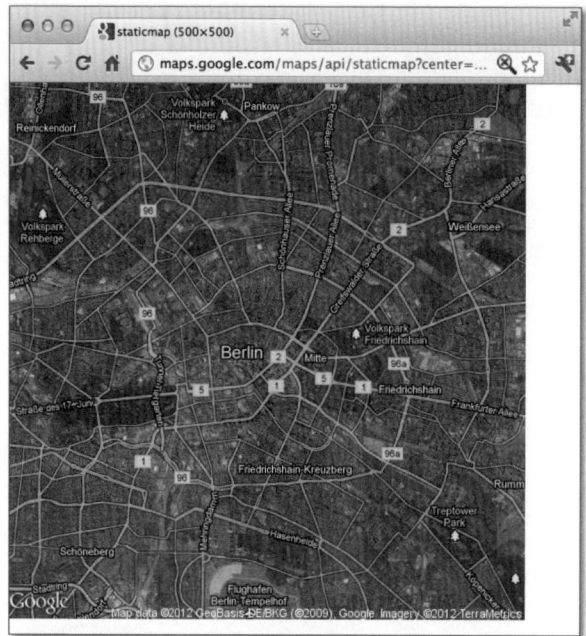

Abbildung 5.10 Kartentyp »hybrid«

Markierungen

Zusätzlich können Sie wichtige Plätze in der Karte mit den Google-typischen Markierungen einzeichnen (Abbildung 5.11). Dafür bietet die *Static Maps API* den markers-Parameter an. Der Wert, den Sie dem markers-Parameter übergeben können, ist ein wenig komplex: Zunächst definieren Sie den Stil der Markierungen, anschließend übergeben Sie, durch einen senkrechten Strich (auch »Pipe« genannt) getrennt, die Positionen der Markierungen:

```
markers=color:blue|size:mid|label:A|52.518611,13.408056|Alexanderplatz,
Berlin,Germany
```

Als Markierungsstile können Sie Farbe, Größe und Bezeichnung festlegen:

- ► color gibt die Farbe der Markierung an. Dies kann entweder eine vordefinierte Bezeichnung sein (möglich sind black, white, brown, green, purple, yellow, blue, gray, orange und red) oder ein Hexadezimalwert (z.B. #ff0000 für die Farbe Rot).
- ► size definiert die Größe. Neben der Standardgröße gibt es mittlere Marker (mid), kleine (small) und winzige (tiny) Versionen.
- ► label beinhaltet einen Großbuchstaben bzw. eine Ziffer, die auf dem Marker steht. Umlaute und Sonderzeichen sind leider nicht möglich, Zahlen größer 9 ebenso wenig. Bei kleinen und winzigen Markern funktioniert das Label nicht.

Abbildung 5.11 Die Marker in der Karte

Natürlich ist es auch möglich, den Markierungsstil zwischendurch zu wechseln (Abbildung 5.12):

```
http://maps.google.com/maps/api/staticmap?size=640x640&sensor=false&markers=
color:blue|size:mid|label:A|52.518611,13.408056&markers=color:red|label:B|
Alexanderplatz,Berlin,Germany
```

Abbildung 5.12 Unterschiedliche Markerstile in einer Karte

237

Ihnen wird aufgefallen sein, dass der center- und der zoom-Parameter fehlen. Wenn Sie einen oder mehrere Marker definieren, kann die Static Maps API den Kartenausschnitt implizit positionieren, also so, dass alle Marker im Ausschnitt sichtbar sind.

Weitere Informationen und eine komplette Dokumentation zur Static Maps API in deutscher Sprache finden Sie unter *http://code.google.com/intl/de-DE/apis/maps/ documentation/staticmaps/*.

Da der Nutzer Ihrer WebApp in der Lage sein soll, die Karte zu zoomen und zu bewegen, bietet sich die Einbindung einer dynamischen Karte an – die *Google Maps JavaScript API*.

5.2.2   Interaktive Karten mit der Google Maps JavaScript API einbinden

Die Google Maps JavaScript API erlaubt es Ihnen, eine vollwertige interaktive Karte in Ihre App einzubinden, genauso wie sie es von *http://maps.google.com/* gewohnt sind (Abbildung 5.13). Ebenso wie bei der Static Maps API ist die Verwendung kostenlos, das Kartenmaterial und der JavaScript-Code werden auf dem Google-Server gehostet und von dort eingebunden. Ihnen entstehen also keine zusätzliche Hostingkosten.

Abbildung 5.13 Die Google Maps JavaScript API

Um eine Google-Karte zu Ihrer App hinzuzufügen, müssen Sie zunächst im HTML-Code ein leeres Platzhalterelement definieren:

```
<section id="karte"></section>
```

Über CSS legen Sie die Größe des Elements fest. Anstelle einer festen Pixelgröße können Sie sie mit einem einfachen Trick bildschirmfüllend darstellen:

```
#karte {
 position: absolute;
 top: 0;
 right: 0;
 bottom: 0;
 left: 0;
}
```

Anschließend müssen Sie noch den JavaScript-Code der API einbinden:

```
<script src="http://maps.googleapis.com/maps/api/js?sensor=true"></script>
```

Jetzt können Sie eine Google-Karte initialisieren und darstellen lassen. Sie möchten die Karte gleich, zentriert an der Benutzerposition, ausgeben lassen:

```
$(function(){
 navigator.geolocation.getCurrentPosition(function(position){
  meineLongitude = position.coords.longitude;
  meineLatitude = position.coords.latitude;
  var optionen = {
   zoom: 13,
   center: new google.maps.LatLng(
   meineLatitude, meineLongitude),
   mapTypeId: google.maps.MapTypeId.ROADMAP
  };
  karte = new google.maps.Map(
  document.getElementById('karte'), optionen);
 });
});
```

Wie bereits in Abschnitt 5.1, »Die Positionsbestimmung mit HTML5«, beschrieben, ermitteln Sie zunächst mit geolocation.getCurrentPosition die GPS-Koordinaten des Benutzers. Anschließend legen Sie die Optionen der Karte in einem JavaScript-Objekt fest – neben der Anfangszoomstufe sind dies der Kartentyp und die Anfangsposition des Kartenausschnitts, hier die Koordinaten des Benutzers.

Anschließend legen Sie ein neues Objekt vom Typ google.maps.Map an, dem Sie als Parameter das Platzhalterelement mit der id karte und das Optionen-Objekt übergeben.

Herzlichen Glückwunsch, Sie haben soeben Ihre erste dynamische Karte erstellt (Abbildung 5.14)! Probieren Sie es gleich aus.

Abbildung 5.14 Eine Interaktive Google-Karte auf dem iPhone (links) und unter (Android) rechts.

5.2.3   Liste der Restaurants laden und ausgeben

Nun laden Sie eine Liste mit Restaurants. Dafür eignet sich das JSON-Format, da es per JavaScript ohne Neuladen des HTML, also asynchron, nachgeladen werden kann. Legen Sie eine neue Textdatei an, und nennen Sie diese *restaurants.json*. In die Datei schreiben Sie nun eine Liste mit Restaurants, also deren Namen und GPS-Position sowie eine Kategorie. Für Restaurants in Berlin könnte das in etwa so aussehen:

```
{
  "Pizza Dach": {
    "Kategorie": "Pizza",
    "Position": {
      "Longitude": 13.456106,
      "Latitude": 52.51024
    }
```

```
  },
  "Burgeramt": {
    "Kategorie": "Burger",
    "Position": {
      "Longitude": 13.459539,
      "Latitude": 52.510299
    }
  },
  "Pesto i Pizza": {
    "Kategorie": "Pizza",
    "Position": {
      "Longitude": 13.413776,
      "Latitude": 52.511971
    }
  }
 }
}
```

JSON ist ein sogenanntes objektorientiertes Datenaustauschformat: Ein Objekt wird immer in geschweifte Klammern gesetzt und enthält mindestens ein Wertepaar. Der »Schlüssel« des Wertepaars ist immer eine Zeichenkette, die in Anführungszeichen geschrieben werden muss. Nach dem Schlüssel folgt, getrennt von einem Doppelpunkt, der eigentliche Wert, also die Daten. Dies kann neben einer Zeichenkette oder einer Zahl auch ein weiteres JSON-Objekt sein. Diese lassen sich also beliebig tief ineinander verschachteln. Dabei ist die Einhaltung der Syntax extrem wichtig. Schon ein vergessenes Komma führt zu einer veränderten Datenstruktur oder zu unlesbaren Daten. Ob Ihre Datei in Ordnung ist, überprüfen Sie am besten mit einem JSON Validator wie JSONLint (*http://jsonlint.com/*, Abbildung 5.15).

Mithilfe von jQuery können Sie die Daten von Ihrem Server laden. Dafür gibt es die Funktion `.getJSON`, die eine JSON-Datei abrufen und verarbeiten kann.

```
$.getJSON('daten/restaurants.json?='+Date.now(), function(json){
  $.each(json, function(restaurant, daten){
      ...
  });
});
```

Der Funktion übergeben Sie zwei Parameter: Den Pfad bzw. die URL Ihrer JSON-Datei und eine Funktion, die ausgeführt werden soll, sobald die Daten geladen wurden. Dieser sogenannten Callback-Funktion wird das JSON-Objekt als Variable `json` übergeben.

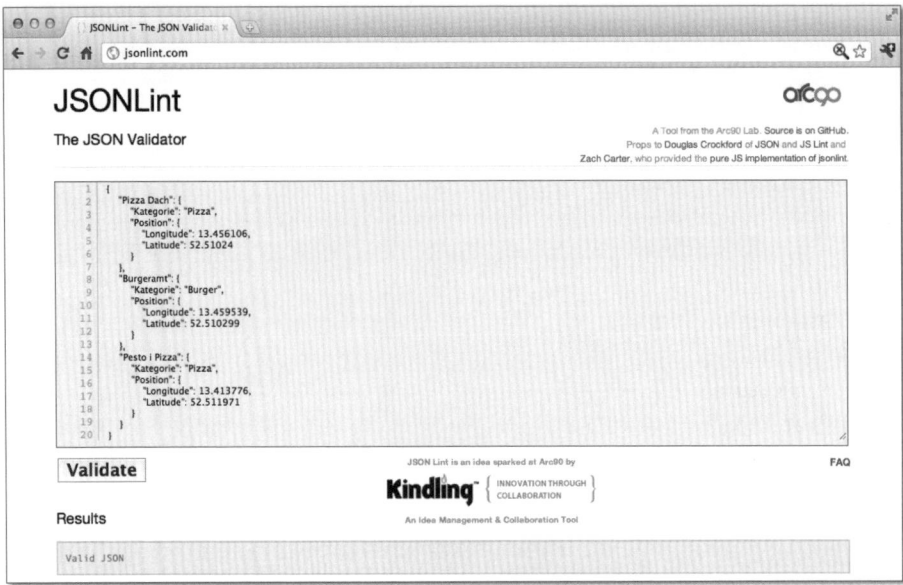

Abbildung 5.15 Mit JSONLint überprüfen Sie JSON-Dateien.

Die jQuery-Hilfsfunktion `$.each()` führt eine Funktion für jedes Unterobjekt in der JSON-Datei aus, also für jedes Restaurant. Dabei übergeben Sie den jeweiligen Werteschlüssel, also unseren Restaurantnamen, und den Wert, also die Kategorie und GPS-Koordinaten, als Parameter an die Funktion. Wenn Sie nun drei Restaurants in der JSON-Datei gespeichert haben, wird diese Funktion dreimal aufgerufen. Sie können die Funktion nutzen, um in Ihrer Google-Karte Marker für jedes Restaurant zu setzen:

```
marker = new google.maps.Marker({
 map: karte,
 position: new google.maps.LatLng(
 daten.Position.Latitude,daten.Position.Longitude),
 animation: google.maps.Animation.DROP
});
```

Sie erzeugen ein neues Objekt vom Typ `google.maps.Marker`, dem Sie mehrere Parameter übergeben: den Namen des Map-Objekts, auf dem die Marker gesetzt werden sollen, und die Position des Markers. Diese lesen Sie aus dem JSON-Objekt aus, genauer aus den Variablen `daten.Position.Latitude` und `daten.Position.Longitude`. Diese Aneinanderreihung der verschachtelten Werteschlüssel speichert die Daten als Zeichenkette bzw. Zahl.

Außerdem wollen Sie aber noch eine Liste der Restaurants mit einem kleinen Kartenausschnitt anlegen. Dazu müssen Sie zunächst im HTML-Code ein Platzhalterelement anlegen:

```
<section id="uebersicht">
 <h2>Restaurants in der N&auml;he</h2>
 <ul>
    <!-- Wird dynamisch befüllt -->
 </ul>
</section>
```

Ähnlich wie bei der Karte legen Sie ein Element vom Typ section an, dem Sie eine
Überschrift und eine leere, unsortierte Liste spendieren. Hier werden nun per jQuery
die Restaurants eingetragen:

```
$('#uebersicht').find('ul').append('<li class="'+daten.Kategorie+'">'
+restaurant+'</li>');
```

Sie fügen also der leeren Liste pro vorhandenem JSON-Eintrag ein li-Element mit
dem Restaurantnamen und einem class-Attribut an, in dem die Restaurantkategorie
gespeichert ist (Abbildung 5.16).

Abbildung 5.16 Unformatierte Restaurantliste, aus der JSON-Datei geladen

In Ihrem Konzept steht jedoch, dass zusätzlich zum Restaurantnamen ein kleiner Kartenausschnitt angezeigt werden soll. Nun können Sie mit Ihrem Wissen über die Static Maps API glänzen – erweitern Sie den jQuery-Befehl um Folgendes:

```
var ausschnitt = 'http://maps.google.com/maps/api/staticmap?size=50x50&mar-
kers=color:blue|size:tiny|'+daten.Position.Latitude+','+daten.Position.Longi-
tude+'&sensor=true';
```

```
$('#uebersicht').find('ul').append('<li class="'+daten.Kategorie+'"><img src=
"'+ausschnitt+'">'+restaurant+'</li>');
```

Sie erzeugen jeweils einen kleinen Kartenausschnitt, der 50 × 50 Pixel groß ist, und einen winzigen blauen Marker an der Position des Restaurants. Der Ausschnitt wird als Bildelement in den Listenpunkt eingefügt.

Was jetzt noch fehlt, ist die Entfernung zwischen Benutzer und dem jeweiligen Restaurant.

5.2.4 Den Abstand zwischen zwei Koordinaten berechnen

Um es gleich vorweg zu sagen: Die Entfernungsberechnung anhand von GPS-Koordinaten ist eine Wissenschaft für sich. Da sich die Erde leider nicht ganz rund, sondern eher wie eine Clementine krümmt, gelten an allen Punkten auf dem Planeten andere Regeln. Insbesondere bei der Berechnung zwischen weit entfernten Punkten, die z.B. auf unterschiedlichen Halbkugeln liegen, wird es richtig kompliziert.

Die gute Nachricht ist: Für kurze Distanzen gibt es eine relativ einfache und ausreichend genaue Formel. Alles was Sie benötigen, sind die Longitude und Latitude der beiden Punkte. Diese rechnen Sie anhand des durchschnittlichen Erdradius in Distanzen vom Nullpunkt um, damit Sie anschließend, mithilfe des Satzes des Pythagoras, eine Entfernung der beiden Punkte berechnen können. Als JavaScript-Funktion sieht das so aus:

```
var entfernungBerechnen = function(meineLongitude, meineLatitude, long1,
lat1) {
  erdRadius = 6371;
  meineLongitude = meineLongitude * (Math.PI/180);
  meineLatitude = meineLatitude * (Math.PI/180);
  long1 = long1 * (Math.PI/180);
  lat1 = lat1 * (Math.PI/180);
  x0 = meineLongitude * erdRadius * Math.cos(meineLatitude);
  y0 = meineLatitude  * erdRadius;
  x1 = long1 * erdRadius * Math.cos(lat1);
  y1 = lat1  * erdRadius;
```

```
 dx = x0 - x1;
 dy = y0 - y1;
 d = Math.sqrt((dx*dx) + (dy*dy));
 if(d < 1) {
  return Math.round(d*1000)+" m";
 } else {
  return Math.round(d*10)/10+" km";
 }
};
```

Sie übergeben der Funktion vier Parameter: Ihre Longitude und Latitude und die Longitude und Latitude des entfernten Punktes. Nach etwas mathematischer Magie gibt die Funktion eine Zeichenkette zurück, welche die Luftlinie zwischen beiden Positionen zurückgibt, wahlweise in Kilometern oder, bei kürzeren Distanzen, in Metern.

Die Entfernung ist relativ genau; Atomraketen sollten Sie damit zwar nicht steuern, aber um ein Restaurant zu finden, reicht diese Funktion völlig aus. Ergänzen Sie den jQuery-Befehl für die Restaurantliste nun um den Funktionsaufruf:

```
$('#uebersicht').find('ul').append('<li class="'+daten.Kategorie+'"><img src=
"'+ausschnitt+'">'+restaurant+'<span>'+entfernungBerechnen(meineLongitude,
meineLatitude,daten.Position.Longitude,daten.Position.Latitude)+'</span></li>');
```

In unserer Restaurantliste sieht das Ganze nun so aus wie in Abbildung 5.17.

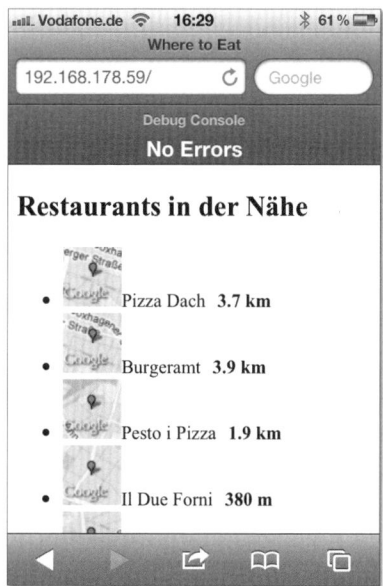

Abbildung 5.17 Schon besser – Liste mit Kartenausschnitt und Entfernung

5.2.5   Die Programmoberfläche

Sie haben nun alle benötigten Funktionalitäten für Ihre Geolocation-App beisammen. Nun müssen Sie das Ganze noch in einen App-Rahmen gießen. Sie beginnen mit dem HTML-Code. Sie haben bereits den Platzhalter für die Karte und die Restaurantliste angelegt, ergänzen Sie einen weiteren Bereich für die Optionen:

```
<section id="karte">
</section>
<section id="uebersicht">
 <h2>Restaurants in der N&auml;he</h2>
 <ul>
 <!-- Wird dynamisch befüllt -->
 </ul>
</section>
<section id="optionen">
 <h2>Optionen</h2>
 <ul>
 <li><label>Pizza<span><input type="checkbox" checked="checked"
 class="Pizza"></span></label></li>
 <li><label>Burger<span><input type="checkbox" checked="checked" class=
 "Burger"></span></label></li>
 <li><label>Pasta<span><input type="checkbox" checked="checked" class=
 "Pasta"></span></label></li>
 <li><label>Sushi<span><input type="checkbox" checked="checked" class=
 "Sushi"></span></label></li>
 </ul>
</section>
```

Dieser besteht aus einer unsortierten Liste mit den Restaurantkategorien, die jeweils eine angewählte Checkbox pro Listeneintrag enthält. Um das Layout kümmert sich eine CSS-Datei, in der Folgendes steht:

```
body {
 margin: 0;
 font-family: Helvetica, sans-serif;
}
section {
 overflow: scroll;
 -webkit-overflow-scrolling:touch;
 width: 100%;
 min-height: 411px;
 background: #c5ccd4;
 padding-bottom: 50px;
```

```
  position: absolute;
  display: none;
}
section.aktiv{
  display: block;
}
section#karte {
  top: 0;
  right: 0;
  bottom: 49px;
  left: 0;
  background-image: url(../bilder/loader.gif);
  background-repeat: no-repeat;
  background-position: center;
}
h2 {
  margin: 0;
  padding: 20px 20px 0;
  font-size: 17px;
  color: #4c566c;
  text-shadow: 0 1px 0 #fff;
}
```

Das Stylesheet verändert das Aussehen Ihres HTML-Dokuments so, dass Schriftart und Farben denen einer typischen mobilen App entsprechen. Die Sektionen werden »übereinandergelegt« und je nach Situation ausgeblendet. Wenn Sie Ihre App aufrufen, werden Sie zunächst nur eine weiße Seite sehen, doch dazu gleich mehr. Die Sektion #karte erhält als Hintergrundbild einen kleinen Ladekreis, der zentriert angezeigt wird. Dies hat folgende Bewandtnis: Abhängig von der Dauer der Positionsbestimmung und der Ladezeit der Google Maps JavaScript API kann es einige Sekunden dauern, bis eine Karte angezeigt wird. Um dem Nutzer anzuzeigen, dass etwas geladen wird, dreht sich der Ladekreis in der Bildschirmmitte. Dieser verschwindet von allein, sobald die Karte geladen ist und den Hintergrund verdeckt. Auf *http://ajaxloader.info* können Sie aus verschiedenen Modellen wählen, eigene Farben einstellen und kostenlos herunterladen.

Damit die Karte beim Start der App angezeigt wird, weisen Sie ihr per jQuery die Klasse aktiv zu:

```
$('#karte').addClass("aktiv");
```

Um zwischen den einzelnen Sektionen zu wechseln, benötigen Sie noch eine Symbolleiste im App-Stil.

5.2.6 Eine Symbolleiste einfügen

Die Symbolleiste ist ein gelerntes und daher für Ihre App ideales Navigationselement. Im Gegensatz zu Desktopanwendungen befinden sich Symbolleisten bei Mobilgeräten meist am unteren Bildschirmrand, damit Sie gut mit einer Hand und dem Daumen zu erreichen sind. Fügen Sie folgenden Code in Ihre HTML-Datei ein:

```
<nav>
 <li>
 <a class="karte" href="#karte">Karte</a></li>
 <li>
 <a class="uebersicht" href="#uebersicht">Liste</a></li>
 <li>
 <a class="optionen" href="#optionen">Optionen</a></li>
</nav>
```

Sie haben jetzt eine Liste mit Textlinks erstellt, die per Anker auf die jeweiligen Sektionen Ihrer App verweisen. Damit daraus eine Toolbar wird, müssen Sie noch etwas CSS hinzufügen:

```
nav {
 height: 49px;
 background: #000 -webkit-gradient(
  linear,
  left top,
  left bottom,
  color-stop(0, #000),
  color-stop(0.02, #565656),
  color-stop(0.04, #303030),
  color-stop(0.5, #141414),
  color-stop(0.51, #000)
 );
 display: -webkit-box;
 position: fixed;
 bottom: 0;
 left: 0;
 right: 0;
}
nav li {
 margin: 0;
 padding: 0;
 list-style: none;
 -webkit-box-flex: 1;
```

```
 display: -webkit-box;
 width: 100px;
}
nav li a {
 display: -webkit-box;
 -webkit-box-flex: 1;
 -webkit-box-pack: center;
 border-radius: 3px;
 margin: 3px 2px 2px 2px;
 font-size: 9.5px;
 font-weight: bold;
 text-align: center;
 color: #aaa;
 text-decoration: none;
 -webkit-box-align: end;
 background-repeat: no-repeat;
 background-position: center 3px;
 background-size: 35px 25px;
}
nav li a.aktiv {
 background-color: rgba(255,255,255,.15);
 color: #fff;
}
a[href='#karte'] {
 background-image: url(../bilder/karte.png);
}
a[href='#uebersicht'] {
 background-image: url(../bilder/uebersicht.png);
}
a[href='#optionen'] {
 background-image: url(../bilder/optionen.png);
}
```

Listing 5.1 Das Stylesheet der Toolbar

Jetzt sieht Ihr Navigationselement schon eher nach einer Symbolleiste aus (Abbildung 5.18).

Die Symbole sind transparente PNG-Bilder. In diesem Fall wurden wir in der kostenlosen Symbolbibliothek »Icon Sweets« fündig. Sie können alle Symbole als Photoshop-Datei unter *http://iconsweets2.com/* herunterladen und kostenlos in Ihren Projekten verwenden.

Das Umschalten zwischen den Sektionen realisieren Sie per JavaScript:

```
$('nav a').on('click',function(){
  $('section, nav a').removeClass('aktiv');
  $(this).addClass('aktiv');
  $($(this).attr('href')).addClass('aktiv');
  return false;
});
```

Abbildung 5.18 Die fertige Navigationsleiste

5.2.7 Die Restaurantliste erstellen

Widmen Sie sich nun der Restaurantliste und den Optionen. Noch fühlt es sich mehr wie eine Webseite und weniger wie eine mobile App an. Abhilfe schafft auch hier wieder CSS (Abbildung 5.19):

```
ul {
  padding: 0;
  margin: 9px;
  list-style: none;
  border: 1px solid #a1a7ad;
  border-radius: 8px;
  font-size: 19px;
  font-weight: bold;
  box-shadow: 0 1px 0 #fff;
}
ul li {
  background: #f7f7f7;
  border-top: 1px solid #fdfdfd;
  border-bottom: 1px solid #cacaca;
  padding: 5px 10px;
  line-height: 34px;
}
ul li:first-child {
  border-top-left-radius: 8px;
  border-top-right-radius: 8px;
  border-top-color: #e5e5e5;
}
```

```css
ul li:last-child {
  border-bottom-left-radius: 8px;
  border-bottom-right-radius: 8px;
  border-bottom-width: 0;
}
ul li span {
  float: right;
  display: block;
  color: #999;
  font-weight: normal;
}
```

Abbildung 5.19 So soll es aussehen – die Liste der Restaurants auf dem iPhone (links) und unter Android (rechts)

Indem Sie die iOS-typischen Abstände, Farben und Schriftgrößen definieren, kommen Sie einem App-typischen Look & Feel schon sehr nahe. Zusätzlich zu diesen allgemeinen Formatierungen sind noch ein paar Spezialregeln vonnöten, die nur für die Übersicht bzw. die Optionen Anwendung finden:

```css
#uebersicht ul {
  overflow: hidden;
  -webkit-background-clip: padding;
}
```

251

```
#uebersicht ul li {
 line-height: 50px;
 padding-left: 5px;
}
#uebersicht ul li img {
 width: 50px;
 height: 50px;
 border-radius: 3px;
 display: inline-block;
 vertical-align: middle;
 margin-right: 5px;
}
#optionen li input {
 height: 34px;
 width: 34px;
 margin: 0;
}
```

Sorgen Sie nun mit JavaScript dafür, dass sich das An- bzw. Abwählen bestimmter Restauranttypen in den Optionen in der Übersicht niederschlägt (Abbildung 5.20):

```
$('#optionen :checkbox').on('change', function(){
 $('#uebersicht li.'+this.className)
 .toggleClass('versteckt');
});
```

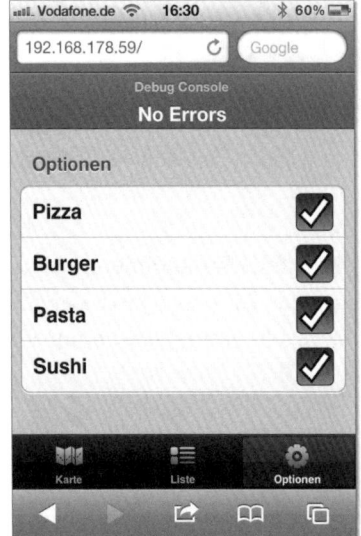 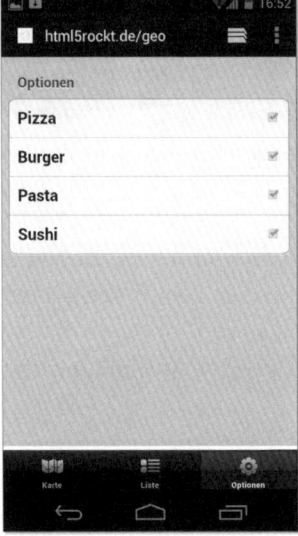

Abbildung 5.20 Die Liste der Optionen auf dem iPhone und unter Android

Je nachdem, ob eine Checkbox angewählt ist oder nicht, wird den entsprechenden Restaurants in der Liste die Klasse versteckt hinzugefügt oder entfernt.

5.2.8   Der letzte Schliff

Ihre Geolocation-App ist nun einsatzbereit. Ihre WebApp zeigt nun eine Karte mit Restaurants an und berechnet die Entfernungen korrekt zu Ihrer momentanen Position. Testen Sie die App während der Entwicklung immer wieder auf Ihrem Smartphone, um sicherzustellen, dass alles so funktioniert, wie es soll. Allerdings sieht das Ganze immer noch sehr nach einer Webseite aus, nicht zuletzt weil die Adressleiste des Browsers permanent sichtbar ist. Fügen Sie einen JavaScript-Befehl ein, um die Adressleiste zu verstecken:

```
window.scrollTo(0,1);
```

Natürlich sollten Sie außerdem verhindern, dass der Nutzer die Seite verkleinern bzw. vergrößern kann, die Aktivierung des Vollbildmodus ist ebenfalls ratsam. Schreiben Sie dazu, wie bereits beschrieben, Folgendes in den head-Bereich Ihres HTML-Codes:

```
<meta name="viewport" content="width=device-width, initial-scale=1 ,
maximum-scale=1"/>
<meta name="apple-mobile-web-app-capable" content="yes" />
```

Außerdem sollten Sie ein schönes Symbol für den Home-Bildschirm (Abbildung 5.21) sowie einen Ladebildschirm erstellen (Abbildung 5.22) und im head-Bereich des Dokuments verknüpfen:

```
<link rel="apple-touch-icon-precomposed"
href="/bilder/icon-ipad.png" sizes="72x72" />

<link rel="apple-touch-icon-precomposed"
href="/bilder/icon-iphone-retina.png" sizes="114x114" />

<link rel="apple-touch-icon-precomposed"
href="/bilder/icon-ipad-retina.png" sizes="114x114" />

<link rel="apple-touch-icon-precomposed"
href="/bilder/icon-iphone.png" />

<link rel="apple-touch-startup-image"
href="/bilder/splash-ipad-portrait.png" media="screen and (min-device-width:
481px) and (max-device-width: 1024px)" />
```

```
<link rel="apple-touch-startup-image"
href="/bilder/splash-iphone.png" />
```

Abbildung 5.21 Das App-Symbol, gestaltet mithilfe des Icon-Templates von http://appicon-
template.com/

Wählen Sie für Ihre App zu guter Letzt einen prägnanten Namen, der nicht länger als
zwölf Zeichen ist, und definieren Sie diesen im title Ihrer WebApp:

```
<title>Where to Eat</title>
```

Fertig! Die App funktioniert sowohl auf einem Smartphone (Abbildung 5.22) als auch
auf dem iPad (Abbildung 5.24).

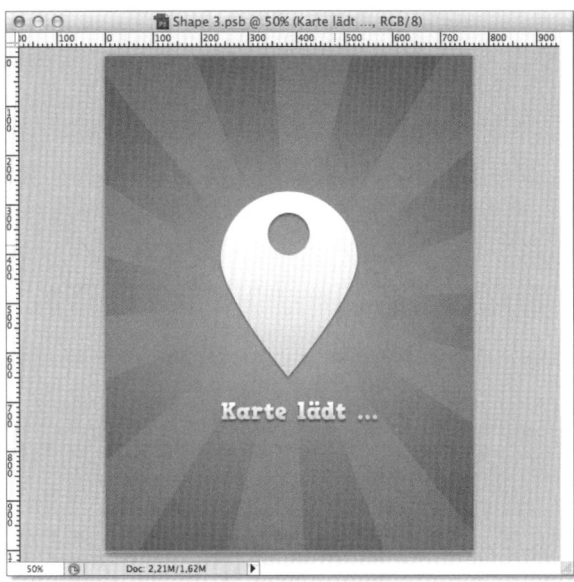

Abbildung 5.22 Mit einem Bildbearbeitungsprogramm, wie z.B. Photoshop, bereiten Sie einen Ladebildschirm vor.

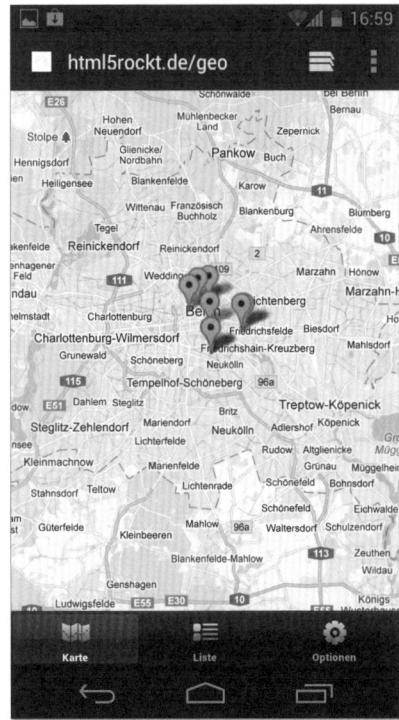

Abbildung 5.23 Die App funktioniert problemlos auch unter Android

255

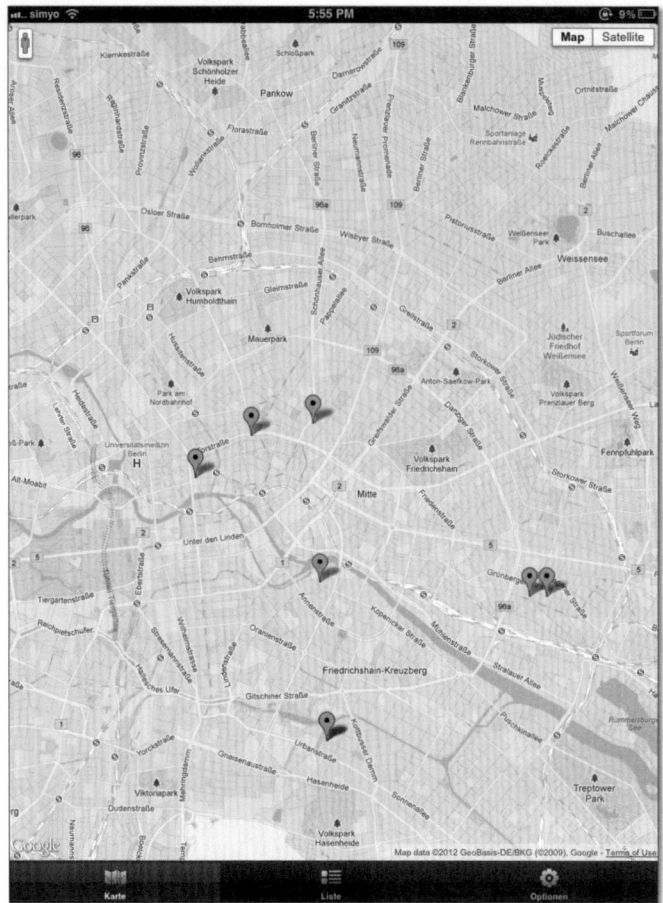

Abbildung 5.24 Die App auf dem iPad

5.3   More Fun mit Geodaten

Die Google Maps APIs sind nur eine Möglichkeit, mit geografischen Daten ansprechende Apps zu kreieren. Darüber hinaus gibt es von verschiedenen Anbietern Schnittstellen, die es Ihnen ermöglichen, die Benutzerposition für unterschiedlichste Anwendungsfälle zu nutzen. Sie können die »Where to Eat«-App z.B. mit einer Liste aus der Qype-Bibliothek füttern, in der weltweit unzählige Restaurants gespeichert sind. Im Folgenden wollen wir Ihnen einige kostenlose APIs vorstellen, die ortsbezogene Daten bereithalten.

5.3.1   Qype-API

Seit 2006 bietet die Hamburger Plattform Qype Restaurant- und Ladenbesitzern die Möglichkeit, ihre Örtlichkeiten im Netz zu präsentieren und von Benutzern bewerten zu lassen. Besonders in Deutschland ist so gut wie jedes Ladengeschäft verzeichnet. Die kostenlose API ermöglicht es App-Entwicklern, Beschreibungen und Bewertungen abzurufen und nach bestimmten Kriterien zu filtern (Abbildung 5.25). Eine ausführliche Dokumentation in deutscher Sprache finden Sie unter *http://www.qype.com/developers/api*.

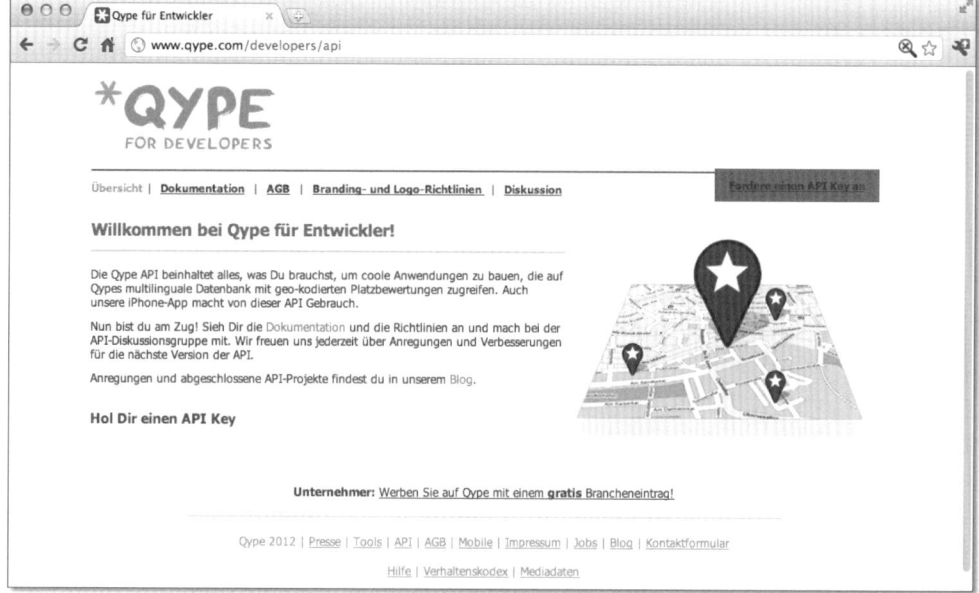

Abbildung 5.25 Die Qype-API

5.3.2   foursquare-API

Das soziale Netzwerk foursquare wurde 2009 von Dennis Crowley in New York gegründet. Nutzer können in Bars und Cafés »einchecken« und dafür Punkte und Belohnungen sammeln. Die kostenlose API kann für eigene Anwendungen genutzt werden (Abbildung 5.26), eine englischsprachige Dokumentation finden Sie unter *https://developer.foursquare.com/*.

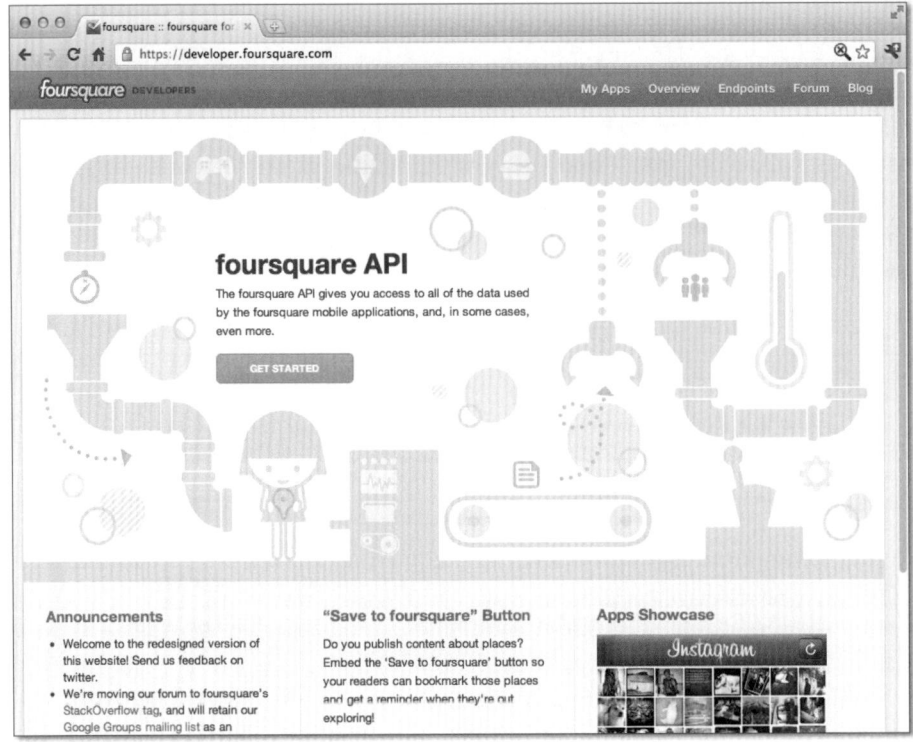

Abbildung 5.26 Die foursquare-API

5.3.3 Google Places

Ähnlich wie bei Qype können Nutzer auch bei Google Places besuchte Örtlichkeiten bewerten und empfehlen. Seit Kurzem bietet der Service eine kostenlose API an (Abbildung 5.27), die sich aber noch in der Entwicklungsphase befindet. Eine kostenlose Entwicklervorschau finden Sie unter *http://code.google.com/intl/de-DE/apis/maps/documentation/places/*.

5.3.4 Twitter-API

Überall auf der Welt nutzen Menschen den beliebten Microblogging-Dienst Twitter, um Statusnachrichten und Neuigkeiten zu verbreiten. Eine wichtige Funktion ist die Option IN DER NÄHE, bei der Sie nach Tweets in Ihrer Umgebung suchen können – z.B. um zu erfahren, was das aktuelle Stadtgespräch ist. Per API können Sie diese Funktion in Ihrer eigenen WebApp nutzen (Abbildung 5.28), eine englischsprachige Dokumentation finden Sie unter *https://dev.twitter.com/docs/api*.

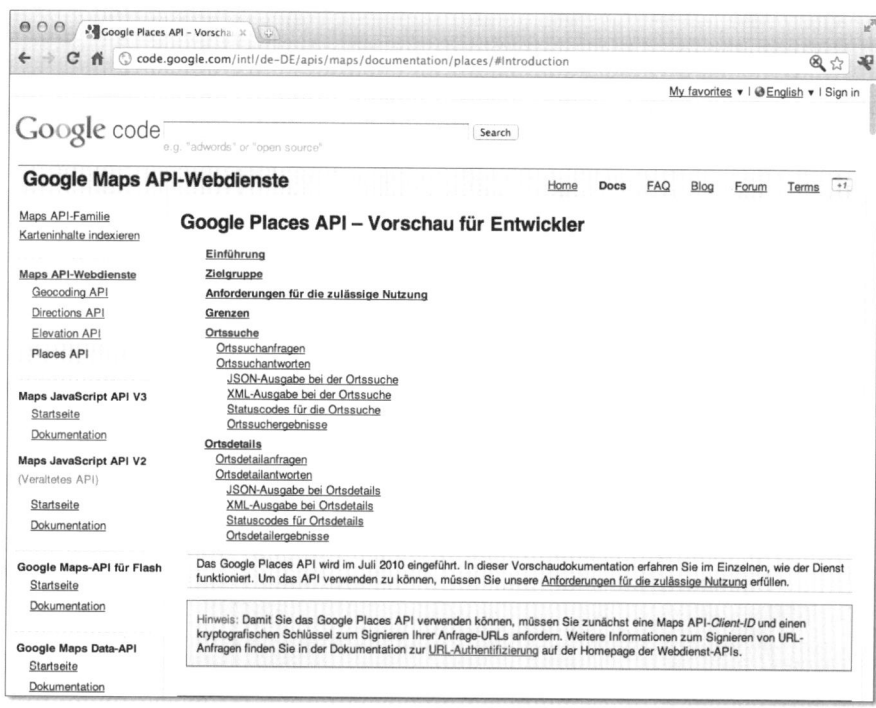

Abbildung 5.27 Die Google-Places-API

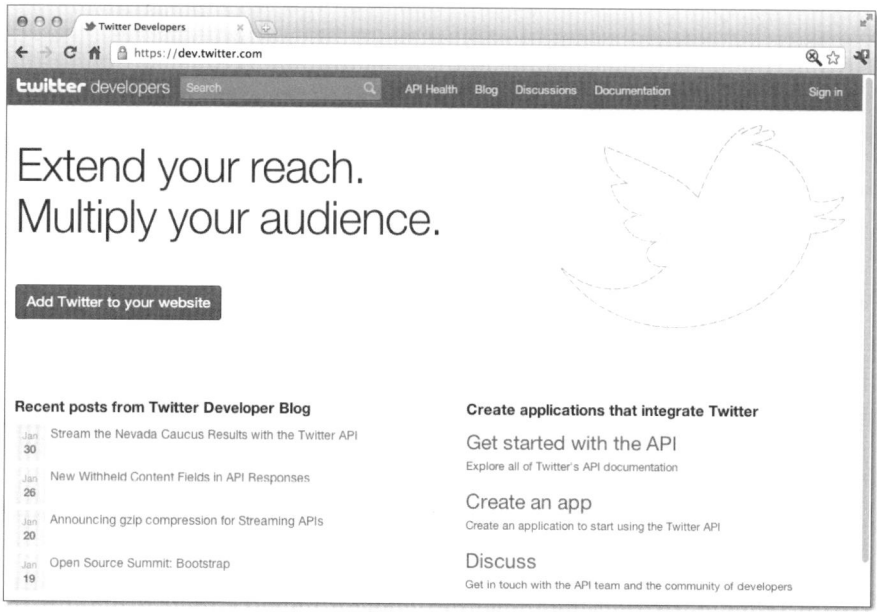

Abbildung 5.28 Die Twitter-API

5.3.5 Flickr-API

Der Fotosharing-Dienst Flickr bietet Nutzern weltweit die Möglichkeit, eigene Fotos zu teilen und zu taggen. Eine wichtige Rolle spielt dabei der Ort, an dem das Foto entstanden ist. Eine kostenlose API bietet Ihnen die Möglichkeit, nach Fotos aus Ihrer Umgebung zu suchen – ideal für mobile WebApps (Abbildung 5.29). Die englischsprachige Dokumentation finden Sie unter *http://www.flickr.com/services/api/*.

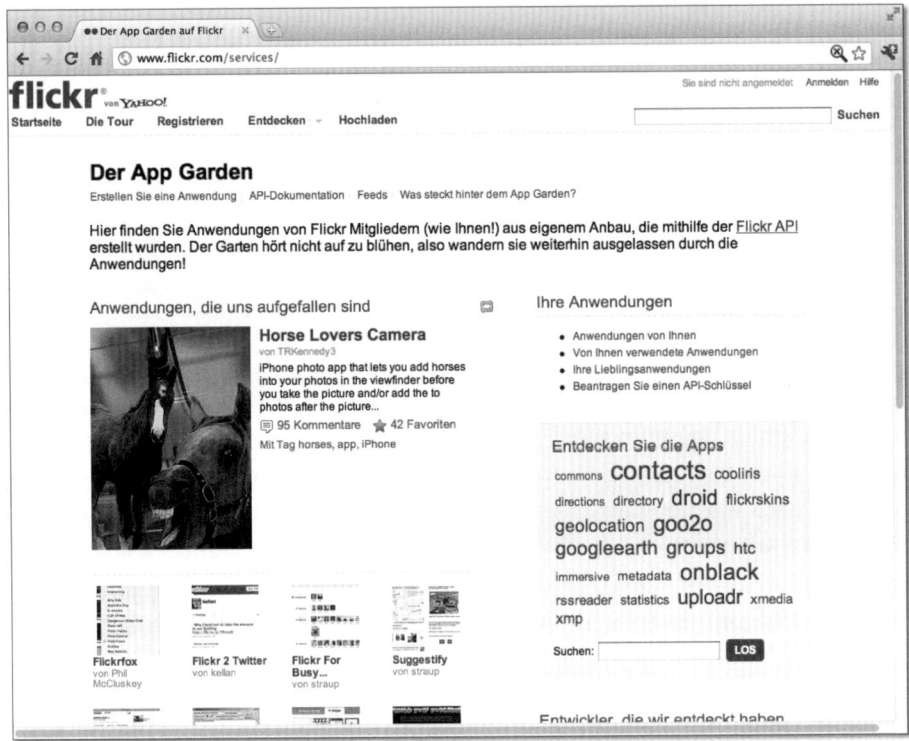

Abbildung 5.29 Die Flickr-API

Geofunktionen sind in den meisten Apps nicht mehr wegzudenken. Stellen Sie sich nur mal die vielen unterschiedlichen Einsatzmöglichkeiten vor: vom Restaurant-Finder, über eine App, die sich merkt, wo Sie Ihr Auto geparkt haben, bis hin zu einer digitalen GPS-gestützten Schnitzeljagd mit Ihren Freunden. Da geht einiges!

Kapitel 6
Auslesen des Bewegungssensors mit JavaScript

In diesem Kapitel lernen Sie, wie Sie mithilfe von JavaScript den Bewegungssensor des Mobilgeräts auslesen. Ob iPhone, iPad, Android-Telefon oder Tablet, jedes dieser Geräte verfügt über einen Bewegungssensor, der Informationen über die Orientierung und Ausrichtung Ihres Geräts liefert. Diese Informationen können Sie nutzen, um z.B. Elemente zu animieren oder um bestimmte Ereignisse bei einer bestimmten Bewegung aufzurufen. Genau das werden Sie in diesem Kapitel programmieren: Eine WebApp, die ein Bild einblendet, wenn Sie das Gerät schütteln. Die Inspiration zu dieser App kam uns beim lautstarken Mitsingen des Songs »Hey Ya« des amerikanischen HipHop-Duos Outkast. An einer Stelle im Lied rufen die beiden zu einer Tanzbewegung auf, die das Schütteln eines Polaroid-Bildes imitiert. Sie erinnern sich? Polaroid-Kameras? Diese klobigen Apparate, bei denen das Foto nach dem Auslösen gleich vorne aus der Kamera herausschießt und nach einigen Sekunden, geradezu magisch, das Bild erscheint? Man kann das Entwickeln des Bildes beschleunigen, indem man das Polaroid schüttelt – im Outkast-Song besungen mit »Shake it like a Polaroid picture«, was in Ihrem Fall ebenfalls der Name der folgenden App sein wird.

Bevor Sie mit den Vorüberlegungen zur App beginnen, sollten Sie aber zunächst einmal »Hey Ya« gehört haben. Einfach mal bei einem großen Videoportal oder Google eingeben. Motiviert? Mitgesungen? Sehr gut! Dann kann es losgehen.

Zunächst benötigen Sie ein Foto. Da es per WebApp leider nicht möglich ist, auf die eingebaute Kamera des Smartphones zuzugreifen, bedienen Sie sich einfach per Webservice aus dem Fotoportal Flickr.

Die App soll Folgendes können:

▶ Lade ein zufälliges Bild eines Fotografen aus dem Bilderservice Flickr.

▶ Blende das Bild langsam ein, wenn das Gerät geschüttelt wird.

▶ Auf Knopfdruck verschwindet das Bild wieder, und es wird ein neues Bild eingeblendet.

Auch optisch soll die App an ein Polaroid erinnern.

6.1 Diese Daten liefert der Bewegungssensor

Bevor Sie genauer in die Programmierung und Konzeption der App einsteigen, lohnt es sich, einen Blick auf die Funktionsweise des Bewegungssensors zu werfen.

Der Sensor in mobilen Geräten misst die Bewegung immer relativ zur Gravitation. Die Werte, die der Sensor ausgibt, geben dabei die Geschwindigkeit in Metern pro Sekunde zum Quadrat an (m/s^2), also die Beschleunigung, mit der das Gerät bewegt wird.

Um dies zu verdeutlichen, programmieren Sie eine kleine WebApp, die die Daten des Bewegungssensors ausgibt. Das Auslesen des Bewegungssensors via JavaScript wird von Android erst ab Version 4.0 unterstützt. Aktualisieren Sie daher ggf. Ihr Android-Gerät.

Sie starten, wie bereits aus den vorhergehenden Kapiteln gewohnt, mit einer Basis-HTML5-Seite und ergänzen dann den Code wie folgt. Um die ausgelesenen Werte später einfach in einem Container ausgeben zu können, laden Sie zunächst jQuery vor dem schließenden body-Tag.

```
<script src="http://ajax.googleapis.com/ajax/libs/jquery/1.7.1/
jquery.min.js"></script>
```

Listing 6.1 Die Verknüpfung der jQuery-Bibliothek

Sie benötigen jQuery im weiteren Verlauf sowieso noch häufiger, deswegen können Sie auch an dieser Stelle schon damit arbeiten. Bitte bedenken Sie, dass Sie in diesem Fall die jQuery-Bibliothek von den Google-Servern laden. Dazu benötigen Sie natürlich einen Internetzugang.

Als Nächstes definieren Sie darunter die jQuery-Funktion $(function(){});, die ausgeführt wird, wenn das Dokument fertig geladen ist:

```
<script>
 $(function(){


 });
</script>
```

Innerhalb dieser Funktion platzieren Sie nun den Code zum Auslesen des Bewegungssensors:

```
window.ondevicemotion = function(event) {
// Hier der Code, der ausgeführt werden soll, wenn das Gerät bewegt wird.
};
```

Zunächst definieren Sie also den EventHandler ondevicemotion, der angibt, einen bestimmten Code auszuführen, wenn das Gerät bewegt wird.

Immer davon ausgehend, dass Sie das Gerät vor sich in der Hand halten, bezeichnet die X-Achse die Links-Rechts-Neigung des Geräts, die Y-Achse die Neigung nach vorne und hinten. Die Z-Achse beschreibt die Beschleunigung von oben nach unten (Abbildung 6.1). Die Z-Beschleunigung verändert sich z.B., wenn Sie das Gerät über Kopf halten.

Abbildung 6.1 Die verschiedenen Achsen in der Übersicht

Als Nächstes gilt es nun, einige Variablen anzulegen, die die Daten des Bewegungssensors beinhalten. Sie lesen die einzelnen Achsenbewegungen über die Schreibweise `event.accelerationIncludingGravity.x;` aus, wobei x in diesem Fall für die X-Achsenbewegung steht. Analog dazu können Sie so die drei Achsenbewegungen in den jeweils passenden Variablen zwischenspeichern. Der Inhalt dieser Variablen muss mit jeder Gerätebewegung aktualisiert werden, weswegen Sie die Variablenzuweisungen in dem vorher definierten EventHandler `ondevicemotion` anlegen:

```
window.ondevicemotion = function(event) {
  var accelerationX = event.accelerationIncludingGravity.x;
  var accelerationY = event.accelerationIncludingGravity.y;
  var accelerationZ = event.accelerationIncludingGravity.z;
}
```

Listing 6.2 Die einzelnen Werte des Bewegungssensors in Variablen speichern

Bis jetzt lesen Sie lediglich den Bewegungssensor aus und speichern die Werte in den verschiedenen Variablen. Den Inhalt dieser Variablen gilt es nun, in der WebApp innerhalb bestimmter Container auszugeben. Dazu erstellen Sie zunächst im body-Bereich einige Container, in die später die Variablen geladen werden. Ein paar Überschriften können, zwecks besserer Übersicht, ebenfalls nicht schaden.

```
<h1>Folgende Werte gibt der Bewegungssensor aus:</h1>
<h2>Die Bewegung auf der X-Achse:</h2>
<p id="accX"></p>

<h2>Die Bewegung auf der Y-Achse:</h2>
<p id="accY"></p>
```

```
<h2>Die Bewegung auf der Z-Achse:</h2>
<p id="accZ"></p>
```

Listing 6.3 Der HTML-Code zur formatierten Ausgabe der Achsenwerte

Beachten Sie die p-Container mit den jeweiligen ids für die drei Bewegungsachsen. Weisen Sie nun mithilfe der jQuery-Funktion .html() dem jeweiligen Element über die id (z.B. accZ) den Inhalt der jeweiligen Variablen (accelerationZ) zu. Folgenden Code müssen Sie in Ihr Script im head-Bereich, direkt unter die Definition der Variablen accelerationX, accelerationY und accelerationZ, integrieren:

```
$("#accX").html(accelerationX);
$("#accY").html(accelerationY);
$("#accZ").html(accelerationZ);
```

Das war es auch schon. Schauen Sie sich die App auf einem mobilen Endgerät an (Abbildung 6.2). In einem Desktopbrowser werden die Werte leer bleiben.

Abbildung 6.2 Die Werte des Bewegungssensors (links auf dem iPhone, rechts auf einem Android-Smartphone)

6.2   Vorüberlegungen zur App »Shake it like a Polaroid picture«

Hey Ya! Nachdem Sie nun wissen, wie Sie den Bewegungssensor auslesen und ein generelles Verständnis dafür bekommen haben, welche Werte der Sensor liefert, heißt es »Shake it like a Polaroid picture«! Wie in der Einführung zu diesem Kapitel bereits angedeutet, programmieren Sie im nächsten Schritt eine WebApp, die mithilfe des Bewegungssensors eine Schüttelgeste registriert und daraufhin ein Bild einblendet. Das Bild wird zufällig aus dem Fotodienst Flickr geladen. Neben der reinen Funktionalität werden Sie der App auch einen bestimmten Look verpassen, der die Polaroid-Analogie sichtbar macht. Sie werden die WebApp Schritt für Schritt um Funktionen und visuelle Schmankerl ergänzen. Eins nach dem anderen. Am Ende soll das Ganze so aussehen wie im dazugehörigen Wireframe (Abbildung 6.3).

Abbildung 6.3 Ein einfacher Wireframe der WebApp

Für die WebApp (Abbildung 6.4) benötigen Sie insgesamt drei Komponenten:

1. die HTML-Datei und die zugehörige CSS-Datei, die die Funktionen und visuellen Merkmale enthält

2. etwas JSON-Code, um ein Bild aus Flickr zu laden

3. eine extra JavaScript-Bibliothek, die das Erkennen einer Schüttelgeste vereinfacht

Abbildung 6.4 So wird die WebApp auf einem iPhone (links) und auf einem Android-Smartphone (rechts) am Schluss aussehen.

6.3   »Shake it like a Polaroid picture« – die Umsetzung

Nach den ersten Vorüberlegungen widmen Sie sich nun der Umsetzung der App. Dabei schauen wir uns gemeinsam alle benötigten Teile an und programmieren und gestalten Schritt für Schritt die App.

6.3.1   Die HTML-Datei

Wie Sie es bereits aus den vorhergehenden Kapiteln gewohnt sind, starten Sie mit einigen Ergänzungen im head-Bereich, die Zoom- und WebApp-Icons konfigurieren sowie die CSS-Datei verlinken:

```html
<head>
  <!-- iOS WebApp Metatags -->
  <meta name="viewport" content="width=device-width, initial-scale=1, maximum-
scale=1">
  <meta name="apple-mobile-web-app-capable" content="yes" >

  <!-- Homescreen Icons für iOS und Android -->
  <link rel="apple-touch-icon-precomposed" href="/bilder/icon-ipad.png"
sizes="72x72" />
  <link rel="apple-touch-icon-precomposed" href="/bilder/icon-iphone-
retina.png" sizes="114x114" />
  <link rel="apple-touch-icon-precomposed" href="/bilder/icon-ipad-
retina.png" sizes="114x114" />
  <link rel="apple-touch-icon-precomposed" href="/bilder/icon-iphone.png" />

  <!-- CSS Stylesheet -->
  <link href="styles/styles.css" rel="stylesheet">
</head>
```

Listing 6.4 Der Kopfbereich der HTML-Datei, welcher Verknüpfungen zu Icons und Stylesheets enthält sowie die Webseite als WebApp konfiguriert

Der body-Bereich dieser WebApp ist sehr übersichtlich:

```html
<!-- Polaroid-->
<div class="polaroid-rahmen">
 <div class="flickr-bild"></div>
</div>

<footer>
 <button>Polaroid laden!</button>
</footer>
```

Listing 6.5 Der Inhalt des body-Bereichs

Um die Ästhetik eines echten Polaroids nachzuahmen, benötigen Sie zunächst einen div-Container, der den Polaroid-Rahmen definiert. Innerhalb dieses Containers wird dann im div-Container mit der CSS-Klasse flickr-bild das Bild erscheinen.

Im footer platzieren Sie zusätzlich noch einen Button, der auf Knopfdruck ein neues Polaroid, und damit auch Bild, lädt.

Als Nächstes implementieren Sie eine JavaScript-Bibliothek namens *shake.js*, die die Registrierung einer Schüttelgeste einfach macht. Weitere Informationen finden Sie auf der Webseite des Plugins unter *https://github.com/alexgibson/shake.js*. Laden Sie die Erweiterung von der Webseite, und speichern Sie diese in einem Unterordner *js*. Verlinken Sie dann direkt nach der jQuery-Einbindung die dazugehörige JavaScript-Datei:

```
<!-- jQuery Shake Plugin -->
<script src="js/shake.js"></script>
```

Das Plugin erfordert insgesamt zwei Codeblöcke, die Sie innerhalb einer weiteren Funktion definieren:

```
<script>
$(function(){
 // Callback Funktion: Shake
 var onShake = function() {
  alert('Shake it!');
 };

 // Shake Plugin
 window.onload = function() {
  window.addEventListener('shake', shakeEventDidOccur, false);

  function shakeEventDidOccur () {
   // Folgender Code wird bei einer Schüttelgeste ausgeführt
   onShake();
  }
 };
});
</script>
```

Listing 6.6 Die Implementierung des Shake-Plugin

Vom Prinzip her beinhaltet die Funktion onShake() jegliche Befehle, die ausgeführt werden sollen, wenn eine Schüttelgeste erkannt wird. Das Erkennen dieser Schüttelgeste wird im zweiten Codeblock initiiert. Die größte Relevanz hat die Funktion shakeEventDidOccur. In dieser Funktion geben Sie den Code an, der ausgeführt werden soll, wenn eine Schüttelgeste registriert wird. In Ihrem Fall heißt diese Funktion onShake(), welche eine Popup-Meldung (alert) mit dem Inhalt »Shake it« anzeigt (Abbildung 6.5).

Abbildung 6.5 Bei einer Schüttelgeste wird via »alert« eine Nachricht angezeigt.

Warum Sie in diesem Fall ein externes Plugin verwenden? Natürlich könnten Sie auch eine eigene Funktion in JavaScript programmieren, die eine Veränderung der drei Achsenwerte misst und ab einer bestimmten Grenze eine Funktion ausführt. Aber warum sich hier unnötig Arbeit machen? Das Plugin deckt bereits viele Eventualitäten ab und funktioniert auf vielen Endgeräten.

Suchen Sie nach Hinweisen und Plugins im Internet

Bei einer Problemstellung lohnt es sich fast immer, zunächst im Internet nach Hinweisen oder sogar externen Plugins Ausschau zu halten. Eine Großzahl der jQuery-Plugins sind kostenlos und mit einer Open-Source-Lizenz verfügbar. Sie vereinfachen und beschleunigen die Programmierung Ihrer WebApp und sparen Ihnen somit viel Zeit.

6.3.2 Laden eines Bildes aus dem Fotodienst Flickr via JSON

Der Fotodienst Flickr bietet die Möglichkeit, Bilder von Gruppen oder auch einzelnen Benutzern über JSON in ein Objekt zu laden. So können Sie die Daten leicht mit jQuery weiterverarbeiten.

Im Folgenden werden Sie ein Bild aus Flickr laden und als Hintergrundbild des Containers `flickr-bild` setzen. Der Vorteil, es als Hintergrundbild zu setzen, ist, dass Sie es so mit CSS ohne Verzerrung automatisch auf die Größe des Containers skalieren können. Sie könnten dies auch mit JavaScript lösen, allerdings ist CSS die einfachere und auch performantere Lösung.

Lagern Sie das Laden des Bildes in eine Funktion namens `neuespolaroid()` aus. Damit können Sie später einfach ein neues Bild laden, indem Sie lediglich die Funktion aufrufen. Platzieren Sie alle weiteren Codeschnipsel in folgender Funktion:

```
var neuespolaroid = function() {

};
```

Als Erstes definieren Sie eine Variable namens `randomImage`, die später die Webadresse des Bildes enthält, welches Sie ausgeben möchten.

```
var randomImage = "";
```

Im nächsten Schritt folgt das Laden der Bilder von Flickr. Für dieses Beispiel haben wir Florians Fotostream ausgewählt.

```
$.getJSON("http://api.flickr.com/services/feeds/photos_public.gne?id=
29306403@N07&lang=de-de&format=json&jsoncallback=?", function(data){

});
```

Der Aufruf besteht dabei aus einer Funktion `getJSON`, der Webadresse des sogenannten *Feeds*, der Bilder und einer Funktion, die Sie im weiteren Verlauf mit Leben füllen werden.

Doch zunächst ein paar Worte zum Feed. Jeder Flickr-Fotostream kann als Feed abonniert werden. Sie finden die Adresse des Feeds ganz unten auf einer Fotostreamseite von *http://flickr.com* (Abbildung 6.6).

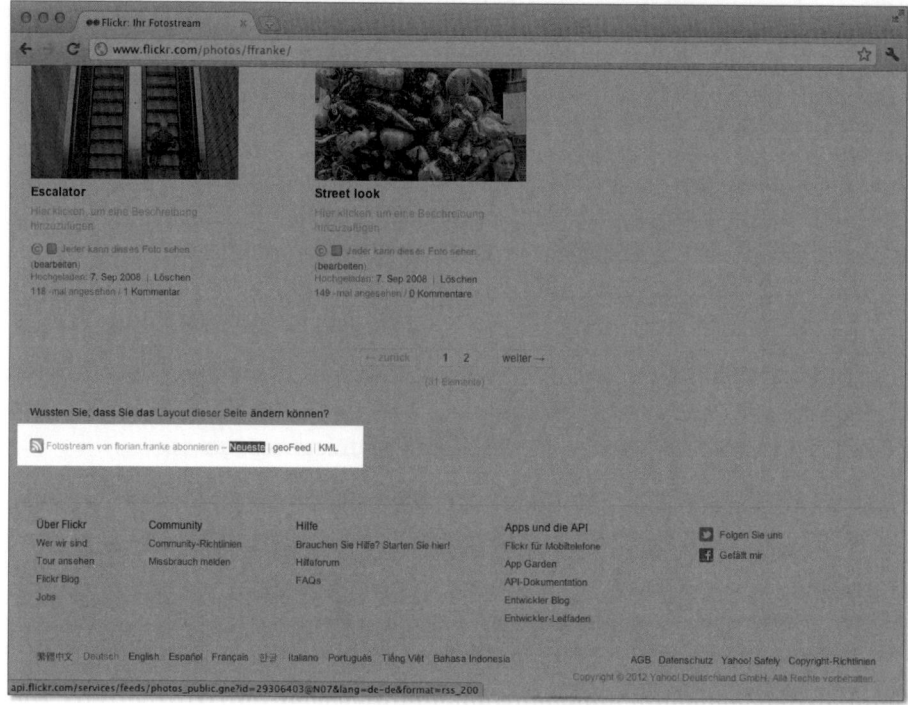

Abbildung 6.6 Der Feed-Link auf flickr.com

Damit die Fotos allerdings via JSON verwendbar sind, muss der Flickr-Benutzer anderen erlauben, seine Fotos herunterladen zu dürfen. Wenn Sie die Fotos Ihres eigenen Flickr-Accounts verwenden möchten, dann können Sie dies unter Ihren Account-Einstellungen in Datenschutz & Berechtigungen unter Wer hat Zugriff auf Ihre Originalbilddateien? einstellen (Abbildung 6.7).

Kopieren Sie nun die Adresse Ihres Flickr-Feeds. Für Florians Feed würde die Adresse wie folgt lauten:

```
http://api.flickr.com/services/feeds/photos_public.gne?id=29306403@N07&lang=
de-de&format=rss_200
```

Die Adresse setzt sich aus der Feed-Adresse sowie einigen Parametern zusammen:

- ▶ `id` bezeichnet Ihre eindeutige Flickr-ID. Sie können Ihre ID auch über die folgende Webseite ermitteln: *http://idgettr.com/*
- ▶ `lang` bezeichnet die Sprache, mit der der Feed angezeigt werden soll. Für diese WebApp hat diese Variable für Sie keine Relevanz.
- ▶ `format` benennt das Format, in welchem der Feed abgerufen wird.

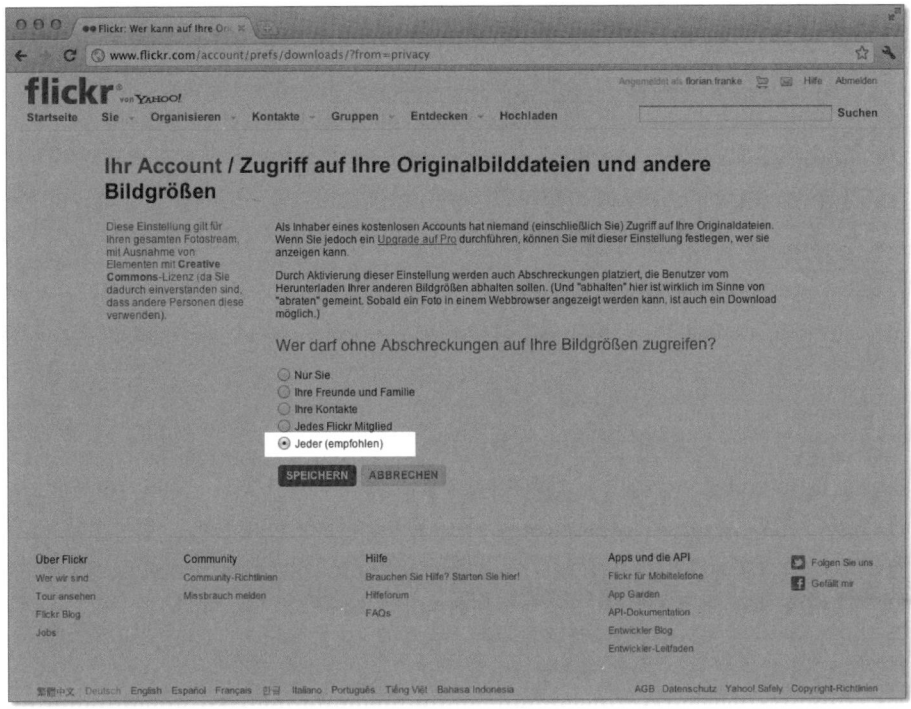

Abbildung 6.7 Anderen Benutzern erlauben, Ihre Bilder herunterzuladen

Beachten Sie, dass Sie für die Verwendung via JSON das Format der Webadresse wie folgt anpassen müssen. Achten Sie dabei auf den letzten Teil `&format=json&jsoncallback=?`.

```
http://api.flickr.com/services/feeds/photos_public.gne?id=29306403@N07&lang=
de-de&format=json&jsoncallback=?
```

Diese Flickr-Adresse können Sie nun via JSON und jQuery weiter verwenden.

Doch nun zurück zum JSON-Aufruf. Innerhalb des Aufrufs existiert eine Funktion, in der Sie das zufällige Bild laden. Die Funktion beinhaltet bereits die JSON-Daten, die nun weiterverarbeitet werden möchten. Unterm Strich wollen Sie die Bildadresse in einer Variablen speichern und dann dem Container das Flickr-Bild als Hintergrundbild zuweisen. Sie laden ein zufälliges Bild aus dem gewählten Feed mit folgendem Code:

```
$.getJSON("http://api.flickr.com/services/feeds/photos_public.gne?id=
29306403@N07&lang=de-de&format=json&jsoncallback=?", function(data){
  // Zufälliges Bild aus dem Flickr-Stream auswählen
  randomImage = data.items[Math.floor(Math.random() * data.items.length)].media.m;
});
```

Listing 6.7 Ein zufälliges Bild aus dem Flickr-Feed laden `data.items` beschreibt alle Elemente, die sich innerhalb des JSON-Aufrufs befinden. Mit der Erweiterung `media.m` sprechen Sie die Bildadresse des Bildes in mittlerer Größe des jeweiligen Elements an. Zur zufälligen Auswahl eines Elements verwenden Sie die Funktion `Math.random()`, die eine Zufallszahl zwischen 0 und 1 generiert und anschließend mit der Anzahl der Elemente (`data.items.length`) multipliziert. `Math.floor` stellt sicher, dass die Zahl abgerundet wird und somit eine ganze Zahl entsteht. Ohne eine Zufallsfunktion, würden Sie z.B. das vierte Element folgendermaßen ansprechen:

```
randomImage = data.items[4].media.m;
```

Soweit, so gut. Sie haben nun die Webadresse des Bildes in mittlerer Qualität in der Variable `randomImage` gespeichert.

Als Nächstes ersetzen Sie die Größe des Bildes durch eine höher aufgelöste Version. Denn diese sieht später in Ihrer App schärfer und somit besser aus. Die Bilder von Flickr sind immer nach folgendem Schema benannt: *ID_GRÖSSE.jpg*. Als konkretes Beispiel ein Bild von Florians Fotostream:

```
2836234208_5e405a7dce_m.jpg
```

Um eine größere Version zu laden, müssen Sie lediglich den Zusatz `_m` durch `_z` ersetzen. Dies erreichen Sie mit folgendem Code, direkt nach der Definition von `randomImage`:

```
// Das Bild durch eine größere Version ersetzen
var randomImageCorrect = randomImage.replace("_m.jpg", "_z.jpg");
```

Dabei wird der Inhalt von `randomImage` mit der JavaScript-Funktion `replace` auf den Wert `_m.jpg` durchsucht. Wenn diese Zeichenfolge gefunden worden ist, wird sie durch `_z.jpg` ersetzt. Damit haben Sie nun die Webadresse des großen Bildes in der Variablen `randomImageCorrect` gesichert.

Das zufällige Bild als Hintergrundbild des Polaroids definieren

Nun heißt es, das Bild als Hintergrundbild des Containers `flickr-bild` zu setzen. Wie schon im Vorhinein erwähnt, hat die Definition des Bildes als Hintergrund den Vorteil, dass Sie es leicht und verzerrungsfrei mit CSS auf die Größe des Containers skalieren können. Je nach Format wird dann automatisch an den Rändern etwas weggeschnitten.

```
// Das Bild als Hintergrundbild des Containers festlegen
$('.flickr-bild').css("background","url(" + randomImageCorrect + ")");
```

Sie kennen diese Syntax bereits aus vorhergehenden Kapiteln. Sie weisen per jQuery dem Container `flickr-bild` eine neue CSS-Eigenschaft `background` zu. Als Wert für die Webadresse des Hintergrundbildes setzen Sie hier den Inhalt von `randomImageCorrect`. Damit das Bild nun noch richtig skaliert wird, bedarf es folgender Definitionen in der CSS-Datei:

```css
.flickr-bild {
  width:240px;
  height:240px;
  background-color:#f8f8f8;
  background-size:cover;
  opacity:0;
  -webkit-transition: all 1s ease-in-out;
}
```

Zum einen setzen Sie hier die Größe des Flickr-Fotos auf 240 × 240 Pixel. Relevant für die Größenanpassung des Bildes ist die Eigenschaft `background-size` mit dem Wert `cover`. Das kommt Ihnen bekannt vor? Richtig, am Anfang des Buches haben wir Sie auf einige neue CSS3-Features, darunter auch `background-size:cover`, hingewiesen. Zum Schluss definieren Sie noch zwei Eigenschaften, die Sie aber erst im weiteren Verlauf benötigen. Setzen Sie die Sichtbarkeit (`opacity`) auf 0 und `-webkit-transition` auf `all 1s ease-in-out;`. Diese beiden Eigenschaften sind nachher Teil des Einblendeffekts, wenn Sie das Gerät schütteln.

Nun aber zurück zur HTML-Datei. Weitere CSS-Definitionen legen Sie im späteren Verlauf des Kapitels fest. Um den Benutzer darauf hinzuweisen, dass er nach dem Laden des Bildes sein Gerät schütteln muss, wechseln Sie den Text des Buttons aus und fügen diesem außerdem noch eine CSS-Klasse hinzu. Diese CSS-Klasse namens `shakeit` färbt den Button von einem kräftigen Orange in ein himmlisches Blau, welches dem Benutzer signalisiert, dass sich etwas verändert hat und ihm somit klar macht, was er als Nächstes zu tun hat.

```javascript
// Text des Buttons ändern und CSS-Klasse hinzufügen
$('button').text("Und jetzt, shake it!").toggleClass("shakeit");
```

An dieser Stelle springen Sie noch schnell ins CSS und fügen folgende CSS-Eigenschaften für den Button und die `shakeit`-Klasse hinzu:

```css
button {
  -webkit-appearance: none;
  border-radius: 4px;
  border: 1px solid #fc8e3d;
  background-color: #f66800;
```

```
background-image:
 -webkit-gradient(linear, left top, left bottom,
 color-stop(0,rgba(255,255,255,.3)),
 color-stop(1,rgba(255,255,255,0)));
font: bold 16px/24px sans-serif;
text-shadow: 0 1px 0 #000;
color:#fff;
padding: 8px 15px;
margin: 20px;
}

.shakeit {
background-color:#1dd5fd;
 border-color: #59e2ff;
}
```

Listing 6.8 Die CSS-Definitionen für den Shake-It Button

Sämtliche Definitionen sollten Ihnen bereits bekannt sein. Neben einer Hintergrundfarbe können Sie auch noch Ränder, Textschatten und Verläufe definieren.

Damit haben Sie ein zufälliges Bild aus Flickr geladen, einem Container als Hintergrundbild zugewiesen und noch Text und Farbe des Buttons verändert. Der Code der Funktion neuespolaroid() sollte nun wie folgt aussehen:

```
// Neues Polaroid einblenden
var neuespolaroid = function() {
 // Variable für zufälliges Bild festlegen
 var randomImage = "";

 // Feed über einen JSON-Aufruf laden
 $.getJSON("http://api.flickr.com/services/feeds/photos_public.gne?id=
29306403@N07&lang=en-us&format=json&jsoncallback=?", function(data){
 // Zufälliges Bild aus dem Flickr-Stream auswählen
 randomImage = data.items[Math.floor(Math.random() * data.items.length)]
.media.m;

 // Das Bild durch eine größere Version ersetzen
 var randomImageCorrect = randomImage.replace("_m.jpg", "_z.jpg");

 // Das Bild als Hintergrundbild des Containers festlegen
 $('.flickr-bild').css("background","url(" + randomImageCorrect + ")");
```

```
  // Text des Buttons ändern
  $('button').text("Und jetzt, shake it!").toggleClass("shakeit");
 });
};
```

Listing 6.9 Die gesamte Funktion »neuespolaroid«, die ein neues Polaroid aus dem Flickr-Feed lädt und den Text des Buttons anpasst

Bisher wird diese Funktion noch an keiner Stelle aufgerufen. Dies werden Sie im nächsten Schritt ändern. Doch zunächst gilt es, ein paar grundlegende CSS-Eigenschaften festzulegen, um etwas mehr Polaroid-Feeling aufkommen zu lassen.

6.3.3 Die CSS-Datei

Sie haben bereits CSS-Eigenschaften für den Container des Flickr-Bildes sowie des button-Elements festgelegt, nun widmen Sie sich den anderen Containern. Zum Start formatieren Sie die Seiteneigenschaften über body:

```
body {
 margin: 25px 0;
 padding:0px;
 background:url(../bilder/holz.jpg);
 text-align:center;
}
```

Weil Sie einen guten Geschmack haben und es zudem einfach cool aussieht, entschließen Sie sich, den Hintergrund der WebApp durch eine Holztextur aufzufrischen. Eine Menge guter, frei verwendbarer Texturen finden Sie unter *http://backgrounds.mysitemyway.com/*. Das Bild legen Sie im Unterordner *bilder* ab und verlinken es dementsprechend in der CSS-Datei.

Damit der Eindruck eines echten Polaroids entsteht, sollten Sie den Container polaroid-rahmen noch dementsprechend gestalten:

```
.polaroid-rahmen {
 border: 15px solid #fff;
 border-bottom-width: 60px;
 background-color:#fff;
 width:240px;
 box-shadow: 0px 0px 5px 2px rgba(0, 0, 0, 0.2);
}
```

Neben einem weißen Hintergrund und einem leichten Schatten fügen Sie den typischen Polaroid-Rahmen, der unten etwas größer ist, hinzu.

> **Interessanter Fakt**
>
> Wissen Sie, warum ein Polaroid unten einen größeren Rand aufweist? In diesem Bereich sind die Chemikalien eingefasst, die das Bild entwickeln.

Als Letztes gestalten Sie den footer. Sie möchten, dass der Button immer zentral am unteren Bildrand erscheint. Folgender CSS-Code realisiert dies:

```css
footer {
 position: absolute;
 left: 0; right: 0;
 bottom: 0;
}
```

Damit sind alle CSS-Vorbereitungen getroffen.

6.3.4 Das Laden eines Polaroids

Kurzes Resümee an dieser Stelle: Sie haben erfolgreich eine Funktion neuespolaroid() angelegt, die ein Bild aus Flickr lädt und als Hintergrundbild des Containers flickr-bild festlegt. Des Weiteren haben Sie alle nötigen CSS-Definitionen vorgenommen. Nun rufen Sie die Funktion neuespolaroid() über den Button auf. Mit folgendem Code, den Sie unterhalb Ihrer Funktion neuespolaroid() einsetzen, wird die Funktion bei einem Klick auf den Button ausgeführt:

```javascript
// Eventhandler: Button
$('button').on('click', function(){
 neuespolaroid();
});
```

Damit nun das Bild eingeblendet wird, müssen Sie den EventHandler Shake anpassen, den Sie zu Anfang des Kapitels angelegt hatten:

```javascript
// Eventhandler: Shake
var onShake = function() {
 // CSS-Klasse austauschen und Bild einblenden
 $('.flickr-bild').toggleClass('sichtbar');
};
```

Sie ergänzen den Container flickr-bild durch die CSS-Klasse sichtbar. Damit blendet sich das Bild, nach einer Schüttelgeste, langsam ein. Die Animation haben Sie bereits via CSS und -webkit-transition konfiguriert.

Herzlichen Glückwunsch, Sie haben Ihre erste Schüttelgesten-WebApp gebaut. Im Moment ist die WebApp allerdings recht limitiert. Sie müssen die Seite immer aktualisieren, wenn Sie ein neues Polaroid laden wollen. Schöner wäre es doch, wenn durch erneutes Drücken des Buttons das alte Polaroid aus dem Bildschirm flöge und ein neues eingeblendet würde. Dafür müssen Sie den Code an einigen Stellen erweitern. Also, weiter geht's!

Altes Polaroid weg, neues Polaroid her

Um die WebApp so zu erweitern, dass auf Knopfdruck das alte Polaroid aus dem Bildschirm fliegt und ein neues eingeblendet wird, werden Sie:

1. die CSS-Eigenschaften ergänzen
2. eine neue Funktion `polaroidweg()` anlegen, die das alte Polaroid aus dem Bild fliegen lässt
3. die Funktion des Buttons so anpassen, dass bei Drücken des Buttons und unter bestimmten Umständen die Funktion `polaroidweg()` ausgeführt wird
4. das Shake-Event erweitern, so dass nur in bestimmten Fällen das Flickr -Bild eingeblendet wird
5. die Funktion `neuespolaroid()` erweitern

1. Die CSS-Eigenschaften erweitern

Für die Animation des Polaroids verwenden Sie die CSS-Eigenschaft `-webkit-transition`. Dabei weisen Sie der CSS-Klasse `polaroid-rahmen` zunächst einen negativen oberen Abstand (`margin`) von `-800` zu. Dadurch verschwindet das Polaroid aus dem Sichtfeld des Benutzers:

```
.polaroid-rahmen {
 border: 15px solid #fff;
 border-bottom-width: 60px;
 background-color:#efefef;
 width:240px;
 box-shadow: 0px 0px 5px 2px rgba(0, 0, 0, 0.2);

 /*Neu hinzugekommen:*/
 -webkit-transition: all 1s ease-in-out;
 margin: -800px auto;
}
```

Listing 6.10 Vorbereitung für die Animation des Polaroids via CSS

Die CSS-Klasse `sichtbar`, die Sie später per jQuery zum Container `polaroid-rahmen` hinzufügen, setzt den oberen Abstand auf 0 Pixel zurück:

```
.polaroid-rahmen.sichtbar {
 margin-top: 0;
}
```

Gut! Jetzt widmen Sie sich dem JavaScript, um das Polaroid einfliegen zu lassen.

2. Die neue Funktion polaroidweg()

Nehmen Sie nun an, der Benutzer hat bereits ein Polaroid geladen und erfolgreich durch eine Schüttelgeste das Bild eingeblendet. Würde er nun erneut auf den Button drücken, dann würde das zurzeit angezeigte Polaroid plötzlich verschwinden. Zum einen sehr unschön, zum anderen für den Benutzer undurchsichtig. Es könnte ihm wie ein Programmfehler vorkommen. Sie haben bereits gelernt, dass Animationen dem Benutzer helfen können, eine Oberfläche besser zu verstehen. Dies ist auch hier der Fall. Der Benutzer begreift durch die Animation, was gerade passiert.

Mit der Funktion polaroidweg() erreichen Sie im Wesentlichen drei Dinge:

1. Sie blenden das Bild wieder aus, damit es beim nächsten Polaroid durch die Schüttelgeste wieder eingeblendet wird:

```
//Altes Polaroid verschwinden lassen

var polaroidweg = function() {

  $('.flickr-bild').toggleClass('sichtbar');

};
```

2. Sie lassen ebenfalls das Polaroid wieder aus dem Bildschirm fliegen, so dass es beim Aufrufen der Funktion neuespolaroid() wieder eingeflogen werden kann:

```
//Altes Polaroid verschwinden lassen

var polaroidweg = function() {

  $('.flickr-bild').toggleClass('sichtbar');

  $('.polaroid-rahmen').toggleClass('sichtbar');

};
```

Da Sie die Animationszeit des rausfliegenden Polaroids auf eine Sekunde gesetzt haben (-webkit-transition: all 1s ease-in-out), warten Sie nun, bis die Animation abgeschlossen ist, und führen dann erneut die Funktion neuespolaroid() aus. Dies erreichen Sie mit dem JavaScript-Befehl setTimeout. Dabei geben Sie die Zeit in Millisekunden sowie die auszuführende Funktion an:

```
//Altes Polaroid verschwinden lassen

var polaroidweg = function() {

  $('.flickr-bild').toggleClass('sichtbar');

  $('.polaroid-rahmen').toggleClass('sichtbar');
```

```
setTimeout(function() {
 neuespolaroid();
 }, 1000);
 };
```

Als Nächstes muss die Funktion an irgendeiner Stelle aufgerufen werden.

3. Anpassung des Buttons

Bis jetzt führt der Button bei einem Klick die Funktion `neuespolaroid()` aus. Da Sie aber nun zuerst das alte Polaroid ausblenden möchten, wird dieser Schritt in der Zukunft von der Funktion `polaroidweg()` übernommen. Der Button muss also die Funktion `polaroidweg()` aufrufen. Allerdings darf er dies auch nur dann tun, wenn der Benutzer bereits einmal geschüttelt hat.

Da Sie die CSS-Klassen mit `toggleClass` jeweils hinzufügen und entfernen, ist es wichtig, den aktuellen Status des jeweiligen Containers zu beachten, also ob das Flickr-Bild z.B. gerade angezeigt wird, das heißt, ob dem Container des Flickr-Bildes noch zusätzlich die CSS-Klasse `sichtbar` zugeordnet ist oder nicht. Am benutzerfreundlichsten und auch am wenigsten fehleranfällig ist es, wenn der Button nur ein neues Polaroid lädt, wenn bereits ein Polaroid geladen wurde, der Benutzer das Gerät aber noch nicht geschüttelt hat. Um dies zu erreichen, implementieren Sie eine Variable namens `geschuettelt`. Nur wenn diese Variable unwahr (`false`) ist, wird beim Drücken des Buttons ein neues Polaroid geladen.

Definieren Sie zunächst die Variable `geschuettelt` am Anfang des gesamten Java-Script-Codes, und weisen Sie Ihr den Wert `false` zu:

```
var geschuettelt = false;
```

Den EventHandler des Buttons erweitern Sie nun um eine `if`-Abfrage, die den Inhalt der Variablen `geschuettelt` überprüft:

```
// Eventhandler: Button
$('button').on('click', function(){
 if(geschuettelt) {
  polaroidweg();
 } else {
  neuespolaroid();
 }
});
```

Wenn `geschuettelt` in diesem Fall vorliegt, das heißt, auf wahr (`true`) gesetzt ist, dann wird die Funktion `polaroidweg()` ausgeführt. Ist dies nicht der Fall (`} else {`), wird die Funktion `neuespolaroid()` aufgerufen.

279

4. Anpassung des Shake-Events

Für die Anpassung des Shake-Events gilt im Prinzip dasselbe wie für die Anpassung des Buttons. Auf den Container `flickr-bild` darf `toggleClass` bei einer Schüttelgeste nur angewendet werden, wenn das Bild noch nicht sichtbar ist:

```
// Eventhandler: Shake
var onShake = function() {
 if(!geschuettelt) {
   // CSS-Klasse austauschen und Bild einblenden
   $('.flickr-bild').toggleClass('sichtbar');
   $('button').text("Neues Polaroid!").toggleClass("shakeit");
   geschuettelt = true;
 }
};
```

Listing 6.11 Die Anpassung des Shake-Events, sodass CSS-Klassen nur ausgewechselt werden, wenn das Bild noch nicht sichtbar ist

Das Ausrufezeichen in der `if`-Abfrage gibt an, dass `geschuettelt` auf unwahr (also `false`) überprüft wird. Wenn dieser Zustand vorliegt, dann wird der Inhalt der `if`-Abfrage ausgeführt und das `flickr-bild` korrekt eingeblendet. Um den Benutzer zu unterstützen und ihm zu erklären, was als Nächstes zu tun ist, verändern Sie noch den Text und die Farbe (über die CSS-Klasse `shakeit`) des Buttons auf seinen ursprünglichen Zustand. Den Text und die CSS-Klasse des Buttons hatten Sie zuvor ja bereits in der Funktion `neuespolaroid()` verändert. Zu guter Letzt wird die Variable `geschuettelt` auf wahr (`true`) gesetzt. So wird vermieden, dass eine weitere Schüttelgeste `toggleClass` wieder ausführt und somit das Bild wieder verschwinden lässt. Das wäre sicherlich nicht im Sinne des Erfinders des Polaroids gewesen.

5. Die Funktion neuespolaroid() erweitern

Sie wissen bereits, wie man Containern CSS-Klassen per jQuery hinzufügt. Die Methode der `toggleClass` kommt nun auch hier wieder zum Einsatz. Setzen Sie folgenden Code an den Anfang der Funktion `neuespolaroid()`:

```
$('.polaroid-rahmen').toggleClass('sichtbar');
```

Damit weisen Sie dem Container `polaroid-rahmen` die CSS-Klasse `sichtbar` zu. Aufgrund der Änderungen, die Sie vorher an der CSS-Datei vorgenommen hatten, müsste das Polaroid nun erfolgreich einfliegen. Wichtig ist, dass Sie die Variable `geschuettelt` beim Laden eines neuen Polaroids wieder auf unwahr (`false`) setzen. Ansonsten würde die Schüttelgeste nichts mehr auslösen. Setzen Sie die Variable, direkt nach der obigen Zeile Code, wie folgt auf unwahr:

```
// geschuettelt wieder auf unwahr setzen
geschuettelt = false;
```

Das war's! Damit können Sie so viele Polaroids nacheinander einblenden lassen, wie sie möchten. Sie können sich gerne an dieser Stelle schon zufriedengeben oder aber im folgenden Abschnitt der WebApp durch kleine Details noch das Sahnehäubchen aufsetzen.

6.3.5   Das Sahnehäubchen – eine leichte Rotation des Polaroids

Wir haben doch gewusst, dass Sie weitermachen und sich mit nichts weniger als dem Besten zufriedengeben. Das ist der richtige Geist! Wäre es nicht schön, wenn das Polaroid mit einer leichten Drehung herein- und herausfliegen würde? Und wäre es nicht schön, wenn die Stärke der Drehung auch noch per Zufall festgelegt wäre? Jaja, wenn man einmal anfängt ... Zum Glück ist es nicht viel Arbeit, diese feinen Details hinzuzufügen. Zuerst erweitern Sie die Funktion `polaroidweg()` direkt nach dem Hinzufügen der CSS-Klasse des Containers `flickr-bild`, um diese Zeile:

```
$('.polaroid-rahmen').css("-webkit-transform", "rotate(" +
(Math.floor(Math.random() * 180)-90) +  "deg)");
```

Sie weisen hier dem Container `polaroid-rahmen` eine neue CSS-Eigenschaft `-webkit-transform` zu. Als Wert geben Sie `rotate` an. Den Inhalt dieses `rotate`-Wertes, der die Rotation des Elements in Grad angibt, errechnen Sie durch eine Zufallszahl. Damit sich der Container `polaroid-rahmen` nicht immer nur zu einer Seite dreht, ziehen Sie den Wert 90 von dem Zufallszahlenbereich bis 180 ab. Damit könnte theoretisch, sollte die Zufallszahl z.B. 45 betragen, die letztendliche Rotation, durch die Minimierung um den Wert 90, −45 betragen. Der mögliche Wertebereich liegt somit bei −90 bis +90. Damit der Browser die Zahl korrekt interpretieren kann, müssen Sie noch die Bezeichnung `deg` sowie eine geschlossene Klammer anführen. Würden Sie keine Zufallszahl verwenden und die Rotation nur im CSS angeben, dann sähe sie z.B. folgendermaßen aus:

```
-webkit-transfom: rotate(45deg);
```

Mit dieser Zuweisung haben Sie die Rotation gestaltet, die das Polaroid annimmt, wenn es aus dem Bild fliegt. Zusätzlich möchten Sie jedoch, dass das Polaroid, welches sichtbar stehen bleibt, ebenfalls etwas links oder rechts geneigt ist. Dafür implementieren Sie fast dieselbe Zeile einfach an den Anfang der Funktion `neuespolaroid()`:

```
$('.polaroid-rahmen').css("-webkit-transform", "rotate(" +
(Math.floor(Math.random() * 10)-5) +  "deg)");
```

Passen Sie hier lediglich den möglichen Wertbereich so an, dass das Polaroid nicht auf einmal auf dem Kopf steht. In diesem Fall liegt der Wertebereich zwischen -5 und 5 Grad, was einer leichten, aber formschönen Neigung entspricht.

Hey Ya! Sie haben's geschafft! Jetzt nochmal den Song richtig laut aufdrehen und das Gerät schütteln – Shake it like a Polaroid picture! Im Folgenden finden Sie nun noch zur Übersicht den gesamten Code:

```
<!DOCTYPE html>
<html>
 <head>
  <title>Shake It!</title>

  <!-- iOS WebApp Metatags -->
  <meta name="viewport" content="width=device-width, initial-scale=1 ,
  maximum-scale=1">
  <meta name="apple-mobile-web-app-capable" content="yes" >

  <!-- Homescreen-Icons für iOS und Android -->
  <link rel="apple-touch-icon-precomposed" href="bilder/icon-ipad.png"
  sizes="72x72" />
  <link rel="apple-touch-icon-precomposed" href="bilder/icon-ipad-
  retina.png" sizes="114x114" />
  <link rel="apple-touch-icon-precomposed" href="bilder/icon-iphone-
  retina.png" sizes="114x114" />
  <link rel="apple-touch-icon-precomposed" href="bilder/icon-iphone.png" />

  <!-- CSS Stylesheet -->
  <link href="styles/styles.css" rel="stylesheet">

 </head>
 <body>
  <!-- HTML-Gerüst -->

  <!-- Polaroid-->
  <div class="polaroid-rahmen">
   <div class="flickr-bild"></div>
  </div>

  <footer>
   <button>Polaroid laden!</button>
  </footer>
```

```
<!-- jQuery aus dem Google CDN -->
<script src="http://ajax.googleapis.com/ajax/libs/jquery/1.7.1/jquery.min.js"
type="text/javascript"></script>

<!-- Shake Plugin -->
<script src="javascript/shake.js" type="text/javascript"></script>

<!-- Das JavaScript -->
<script>
 var geschuettelt = false;

 $(function(){
  //Altes Polaroid verschwinden lassen
  var polaroidweg = function() {
   $('.flickr-bild').toggleClass('sichtbar');
   $('.polaroid-rahmen').css("-webkit-transform", "rotate(" + (Math.floor
   (Math.random() * 180)-90) +  "deg)");
   $('.polaroid-rahmen').toggleClass('sichtbar');
   setTimeout(function() {
    neuespolaroid();
   }, 1000);
  };

  // Neues Polaroid einblenden
  var neuespolaroid = function() {
   // Leichte Rotation per Zufall
   $('.polaroid-rahmen').css("-webkit-transform", "rotate(" + (Math.floor
   (Math.random() * 10)-5) +  "deg)");

   // Geschuettelt wieder auf 0 setzen
   geschuettelt = false;

   // Flickr-Bild laden
   var randomImage = "";
   $.getJSON("http://api.flickr.com/services/feeds/photos_public.gne?id=
   29306403@N07&lang=en-us&format=json&jsoncallback=?", function(data){

   // Zufälliges Bild aus dem Flickr-Stream auswählen
   randomImage = data.items[Math.floor(Math.random() * data.items.length)]
   .media.m;

   // Das Bild durch eine größere Version ersetzen
   var randomImageCorrect = randomImage.replace("_m.jpg", "_z.jpg");
```

6

```
  // Das Bild als Hintergrundbild des Containers festlegen
  $('.flickr-bild').css("background","url(" + randomImageCorrect + ")");

  // Text des Buttons ändern und CSS-Klasse hinzufügen
  $('button').text("Und jetzt, shake it!").toggleClass("shakeit");
  });
};

// Eventhandler: Button
$('button').on('click', function(){
 if(geschuettelt) {
  polaroidweg();
 } else {
  neuespolaroid();
 }
});

// Eventhandler: Shake
var onShake = function() {
 if(!geschuettelt) {
  // CSS-Klasse austauschen und Bild einblenden
  $('.flickr-bild').toggleClass('sichtbar');
  $('button').text("Neues Polaroid!").toggleClass("shakeit");
  geschuettelt = true;
 }
};

// Shake Plugin
window.onload = function() {
 window.addEventListener('shake', shakeEventDidOccur, false);
  function shakeEventDidOccur () {
    // Folgender Code wird bei einer Schüttelgeste ausgeführt
    onShake();
  }
 };
});
</script>
</body>
</html>
```

Listing 6.12 Der Inhalt von index.html

```
@charset "UTF-8";

body {
 margin: 25px 0;
 padding:0px;
 background:url(../bilder/holz.jpg);
 text-align:center;
}
.polaroid-rahmen {
 border: 15px solid #fff;
 border-bottom-width: 60px;
 background-color:#000;
 width:240px;
 box-shadow: 0px 0px 5px 2px rgba(0, 0, 0, 0.2);
 -webkit-transition: all 1s ease-in-out;
 margin: -800px auto;
}
.polaroid-rahmen.sichtbar {
 margin-top: 0;
}
.flickr-bild {
 width:240px;
 height:240px;
 background-color:#f8f8f8;
 background-size:cover;
 opacity:0;
 -webkit-transition: all 1s ease-in-out;
}
.flickr-bild.sichtbar {
 opacity:1;
}
footer {
 position: absolute;
 left: 0; right: 0;
 bottom: 0;
}
button {
 -webkit-appearance: none;
 border-radius: 4px;
 border: 1px solid #fc8e3d;
 background-color: #f66800;
 background-image: -webkit-gradient(linear, left top, left bottom,
```

```
color-stop(0,rgba(255,255,255,.3)),
color-stop(1,rgba(255,255,255,0)));
font: bold 16px/24px sans-serif;
text-shadow: 0 1px 0 #000;
color:#fff;
padding: 8px 15px;
margin: 20px;
}
.shakeit {
background-color:#1dd5fd;
border-color: #59e2ff;
}
```

Listing 6.13 Der Inhalt von style.css

Kapitel 7

Offline – damit eine App in jedem Winkel der Welt funktioniert

Bestimmt haben Sie diese Situation auch schon einmal erlebt: Sie sitzen im Zug, surfen mit Ihrem Smartphone im Internet und auf einmal – Funkloch! Nichts geht mehr, die E-Mail, die sie gerade versuchen, abzusenden – im digitalen Nirvana untergegangen.

Damit wären wir bei einem der großen Nachteile von WebApps: Damit sie fehlerfrei funktionieren, benötigen sie eine stabile und im Idealfall schnelle Internetverbindung. Alle HTML-, CSS- und JavaScript-Dateien werden bei jedem Start einer WebApp neu vom Server geladen. Das braucht seine Zeit, im schlimmsten Fall passiert es gar nicht. Besonders trickreich wird es, wenn der Nutzer Daten auf einen Server überträgt und diese unterwegs verloren gehen. Ein typisches Beispiel dafür sind die eben erwähnten Webmail-Apps. Aber auch Todo-Listen oder HTML5-Spiele können, bei schlechter Verbindung, Daten verlieren und damit zu einer frustrierenden Erfahrung werden.

In diesem Kapitel stellen wir Ihnen zwei Ansätze vor, die genau diese Probleme lösen: Sie erlauben es, eine App auch ohne Internetverbindung zu benutzen und Daten direkt auf dem Gerät zu speichern und abzurufen. Sie werden eine kleine Todo-App programmieren, die auch offline voll funktionsfähig ist. Doch zunächst einmal sollten Sie wissen, wie Sie in den Offline-Modus Ihres Smartphones gelangen.

Wählen Sie auf Ihrem iPhone bzw. iPad das Symbol für SYSTEMEINSTELLUNGEN. Bereits der erste Punkt namens FLUGMODUS deaktiviert alle Daten- und Funkverbindungen Ihres Geräts und macht es so zum idealen Testkandidaten für Offline-Apps (Abbildung 7.1).

Abbildung 7.1 Mit dem »Flugmodus« schalten Sie unter
iOS sämtliche Datenverbindungen aus.

Ähnlich einfach funktioniert dies auf Ihrem Android-Telefon: Drücken Sie den An-/
Ausschalter bis ein Menü erscheint. Wählen Sie den Punkt FLUGMODUS bzw. OFF-
LINE-MODUS aus (Abbildung 7.2).

Abbildung 7.2 Der »Offline-Modus« unter Android

7.1   Abhilfe schafft das Cache-Manifest

Sämtliche Browser sind zwar von Haus aus mit einem Caching-Mechanismus ausgerüstet, jedoch ist dieser recht unzuverlässig und letztendlich abhängig von vielen Faktoren, die Sie schwer kontrollieren können. Deswegen ist mit HTML5 das Cache-Manifest eingeführt worden – eine Liste mit Dateien, die offline verfügbar sein sollen. Es gibt insgesamt drei entscheidende Vorteile, Dateien offline verfügbar zu machen:

1. **Funktionalität offline bereitstellen**: Der Benutzer kann Ihre WebApp verwenden, selbst wenn er keinen Netzzugang hat.

2. **Geschwindigkeit**: Dateien, die auf dem Gerät gespeichert sind, werden schneller geladen als solche, die zunächst aus dem Internet geladen werden müssen. Besonders bei Bildern kann dies Ihrer WebApp einen entscheidenden Geschwindigkeitszuwachs verpassen.

3. **Die Last für den Onlineserver wird minimiert**: Besonders bei sehr großen Projekten kann es hilfreich sein, die Last auf den Onlineserver zu verringern. Ihm bleibt so mehr Bandbreite für die Auslieferung von neuen Daten. Gleichzeitig wird er diese schneller ausliefern können, was wiederum einen Geschwindigkeitszuwachs für Ihre WebApp bedeutet.

7.1.1   Die Struktur der Cache-Manifest-Datei

Die Cache-Manifest-Datei ist eine einfache Textdatei, die aus maximal drei Bereichen besteht:

▶ CACHE:
  In diesem Bereich definieren Sie die Dateien, die explizit nach dem ersten Laden gecacht werden sollen.

▶ NETWORK:
  Unter NETWORK legen Sie fest, welche Dateien unter allen Umständen vom Onlineserver geladen werden müssen.

▶ FALLBACK:
  Dieser Bereich beschreibt, was passiert, wenn eine bestimmte Datei online nicht geladen werden kann. Wenn Sie z.B. für eine bestimmte Sektion Ihrer WebApp eine Online-Verbindung benötigen, dann können Sie hier festlegen, dass, wenn keine Online-Verbindung besteht, alternativ eine andere Datei angezeigt wird. Diese Datei enthält z.B. einen Hinweis darauf, dass dieser Bereich nur online verfügbar ist.

Die maximale Cache-Größe beträgt 5 MB. Sie können diese Grenze überschreiten, jedoch muss dann der Benutzer dem zustimmen. In Aktion sehen Sie dies bei der WebApp der Financial Times auf dem iPad (Abbildung 7.3).

289

Abbildung 7.3 Die WebApp der Financial Times Deutschland bittet um mehr Speicherplatz.

7.1.2   Ihre erste Cache-Manifest-Datei

Sie legen nun Ihre erste Cache-Manifest-Datei an. Die Datei startet immer mit folgender Bezeichnung:

```
CACHE MANIFEST
```

Daran anschließend definieren Sie nun die bereits erwähnten Bereiche CACHE, NET-WORK und FALLBACK:

```
CACHE MANIFEST
CACHE:
/index.html
/bilder/hintergrund.png
http://www.html5-rockt.de/logo.png
```

Geben Sie unter CACHE die Dateien an, die explizit gecacht werden sollen. In Ihrer Todo-App werden das die Dateien *index.html*, das Hintergrundbild im Ordner *bilder* namens *hintergrund.png* und das Logo einer fremden Webseite sein. Auch wenn die *index.html* automatisch gecacht wird, empfehlen wir, diese hier nochmals zu verknüpfen. So gehen Sie auf Nummer sicher. Beachten Sie, stets den Pfad zu Ihren Dateien richtig anzugeben. Mit einem vorgestellten »/« gehen Sie immer vom Hauptpfad (root) aus. Wenn Sie den Schrägstrich nicht voranstellen, wird der Browser die Datei relativ zur Cache-Manifest-Datei suchen. Dies dürfte für Sie mittlerweile kalter Kaffee sein, denn dasselbe Prinzip gilt bei allen anderen Pfadangaben, ob CSS oder JavaScript, gleichermaßen. Praktischerweise können Sie auch Dateien angeben, die von einem fremden Server geladen werden sollen; tippen Sie einfach die komplette Adresse ein, inklusive des vorangestellten *http://*.

Der Syntax für den Bereich `NETWORK` ist identisch zu der im Bereich `CACHE`:

```
NETWORK:
/aktuelles.html
```

Sie können übrigens nicht nur einzelne Dateien angeben, sondern auch komplette Ordner definieren. Die Schreibweise dafür würde folgendermaßen aussehen:

```
NETWORK:
/meinOrdner/
```

Dies gilt natürlich für alle Bereiche der Cache-Manifest-Datei.

Für den Bereich `FALLBACK` müssen Sie zunächst die Datei bzw. den Ordner angeben, der darauf überprüft werden soll, ob er online verfügbar ist. Daran anschließend benennen Sie die Ressource, die verwendet werden soll, wenn der Online-Zugriff nicht möglich ist.

```
FALLBACK:
/index.html /offline.html
```

Damit überprüfen Sie, ob die Datei *index.html* vom Onlineserver geladen werden kann. Ist dies nicht der Fall, so wird die Datei *offline.html* angezeigt.

Neben der Möglichkeit, Ordner oder Dateien anzugeben, können Sie auch sogenannte *Wildcards* definieren. Eine Wildcard ist eine Bezeichnung, die nach einem bestimmten Muster im Dateinamen sucht. Mit folgender Schreibweise cachen Sie alle Dateien, die vom Typ *.html* sind:

```
CACHE:
*.html
```

Kommentare können Sie in der Cache-Manifest-Datei mit einem vorangestellten # einsetzen, um Ihren Code besser zu strukturieren. Dies wird besonders im weiteren Verlauf des Kapitels relevant werden.

```
# Mein Kommentar
```

7.1.3   Wann werden welche Daten gecacht?

Sie haben nun gelernt, wie Sie eine Cache-Manifest-Datei anlegen und damit Dateien und Ordner offline verfügbar machen können. Die Cache-Manifest-Datei cacht beim ersten Aufruf alle von Ihnen definierten Ressourcen.

Was passiert aber, wenn Sie nun eine Ressource, z.B. das Hintergrundbild *hintergrund.png*, auf Ihrem Onlineserver von einer netten Holzparkettästhetik auf einen Sonnenuntergang aktualisieren? Wichtig ist, dass Sie beachten, dass der Cache erst aktualisiert wird, wenn sich die Cache-Manifest-Datei verändert, und NICHT, wenn Sie eine Ressource verändern. Wenn Sie sich wundern, warum Ihre WebApp Ihr aktualisiertes JavaScript nicht ausführt, liegt es vielleicht daran. Sie müssen also immer die Cache-Manifest-Datei aktualisieren, wenn Sie etwas an einer Ressource verändert haben. Dies erreichen Sie über den Einsatz eines Kommentars. In diesem Kommentar geben Sie einfach das Datum der letzten Aktualisierung oder eine Versionsnummer an. Was Sie angeben, ist völlig Ihrer Fantasie überlassen. Wir empfehlen, diesen Kommentar an den Anfang Ihrer Cache-Manifest-Datei, direkt unter CACHE MANIFEST, zu setzen:

```
CACHE MANIFEST
# Aktualisiert 8. Mai, Version 0.2
```

Wenn Sie nun etwas an einer Ressource verändert haben, müssen Sie lediglich dieses Datum anpassen. Der Browser erkennt, dass die Cache-Manifest-Datei aktualisiert worden ist und führt das Caching erneut aus.

Vorsicht bei der Notierung der Ressourcen

Kann eine Datei nicht korrekt geladen werden, weil z.B. der Pfad nicht korrekt angegeben ist, so schlägt das gesamte Caching fehl. Achten Sie also genau auf eine fehlerfreie Notierung aller Ressourcen.

7.1.4   Die Cache-Manifest-Datei im Einsatz

Es fehlen noch zwei Dinge, bevor Ihre Cache-Manifest-Datei bereit für den Einsatz ist. Damit sie vom Browser korrekt interpretiert wird, muss sie den korrekten MIME-Typ aufweisen. Um den MIME-Typ festzulegen, müssen Sie Ihren Webserver leicht konfigurieren. Viele der für einen Webserver relevanten Konfigurationen werden in einer Datei namens *.htaccess* definiert, die Sie im Hauptpfad Ihres Webservers speichern. Die *.htaccess*-Datei ist eine Datei, die in ihrem Dateinamen lediglich aus einer Endung besteht. Manche Betriebssysteme erlauben es nicht, solch eine Datei zu erstellen, teilweise wird die Datei auch im Dateimanager nicht angezeigt. Wir haben Ihnen etwas Arbeit abgenommen. Sie können eine leere *.htaccess*-Datei von unserer Homepage laden: *http://www.html5rockt.de/htaccess.zip*. In dieser Datei, die Sie einfach mit einem Texteditor Ihrer Wahl öffnen, definieren Sie nun den MIME-Typ für die Cache-Manifest-Datei wie folgt:

```
AddType text/cache-manifest .appcache
```

Platzieren Sie diese *.htaccess* in dem Hauptordner Ihrer WebApp. Damit ist Ihr Webserver für die korrekte Auslieferung der Cache-Manifest-Datei konfiguriert.

Der zweite Schritt besteht darin, die Cache-Manifest-Datei in Ihrer WebApp zu verlinken. Jede HTML-Datei Ihrer WebApp muss eine Verlinkung auf die Cache-Manifest-Datei aufweisen, damit das Caching korrekt funktioniert. Sie referenzieren die Cache-Manifest-Datei im html-Tag mithilfe des Attributs manifest. Achten Sie auf eine korrekte Pfadangabe. In Ihrem Beispiel liegt die Cache-Manifest-Datei namens *todolist.appcache* im Unterordner *cache*:

```
<html manifest="cache/todolist.appcache">
```

Das war's! Jetzt noch ein kleiner Tipp: Nehmen Sie an, Ihre WebApp bestünde aus sehr vielen Dateien, nämlich Bildern, JavaScript-Dateien etc., die Sie alle cachen möchten. Es wäre recht zeitaufwendig (und zugegebenermaßen auch sterbenslangweilig) eine lange Liste all dieser Dateien in Ihrer Cache-Manifest-Datei anzulegen. Deswegen gibt es ein kleines *Bookmarklet*, also ein Lesezeichen mit besonderer Funktion, welches automatisch eine Cache-Manifest-Datei auf Basis der verwendeten Dateien erstellt. Das Bookmarklet namens *manifestR* finden Sie unter *http://westciv.com/tools/manifestR/* (Abbildung 7.4). Und wieder etwas Zeit gespart.

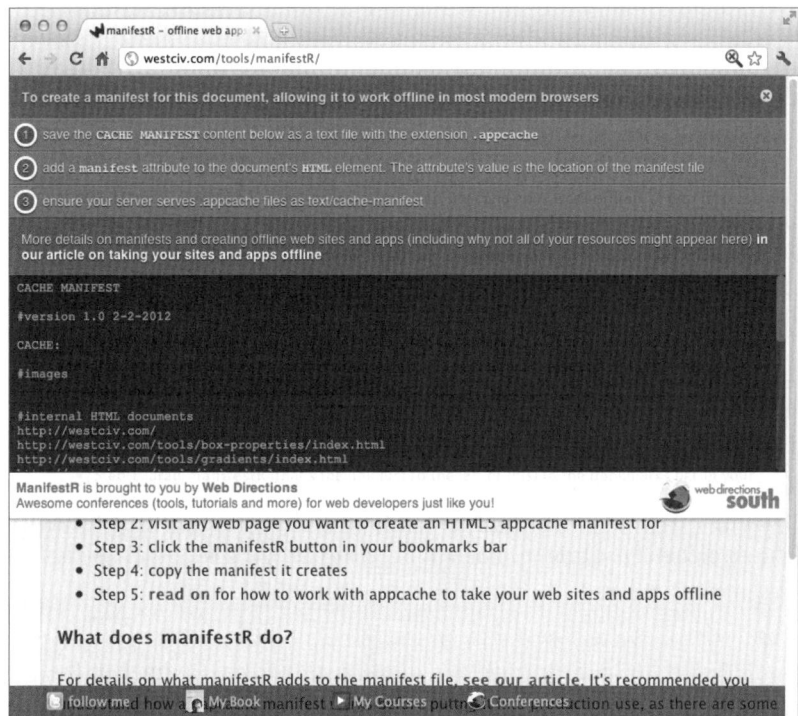

Abbildung 7.4 Das manifestR im Einsatz

7.2   localStorage, die Offline-Datenbank

In regulären Programmen werden auch immer Daten gespeichert, die der Nutzer eingibt bzw. generiert. Bei WebApps passiert dies in der Regel in einer Datenbank auf einem Webserver, z.B. mit MySQL. Der große Nachteil: Das Speichern und Auslesen der Datenbank funktioniert nur bei bestehender Online-Verbindung, außerdem wird zusätzlicher Traffic erzeugt.

Es müsste also möglich sein, Daten aus der WebApp auf dem Gerät speichern zu können. Hierfür gibt es in HTML5 das `localStorage`-Objekt, den sogenannten *lokalen Speicher*. Die WebApp kann in ihm Daten speichern und auslesen – völlig ohne Online-Verbindung. Der Clou: Die gespeicherten Daten bleiben selbst dann erhalten, wenn Sie die WebApp beenden oder das Smartphone ausschalten. Löschen muss der Nutzer die Daten schon selbst, entweder über die Systemeinstellungen oder über eine Funktion in der WebApp.

Der `localStorage` wird über JavaScript angesprochen. Alle Daten werden dabei, ähnlich wie in einem JSON-Objekt, als Wertepaare gespeichert: Es gibt einen Schlüssel und einen Werteinhalt. Der Schlüssel dient dazu, den Eintrag zu identifizieren und sollte daher eindeutig sein.

7.2.1   localStorage-Funktionen

Das Speichern und Auslesen von Daten im `localStorage` erfolgt über JavaScript-Funktionen, die per Punktnotation auf dem `localStorage`-Objekt aufgerufen werden. Der Funktionssatz ist recht übersichtlich, es gibt lediglich vier Methoden:

- `localStorage.setItem(schluessel, wert);`
  Die Funktion `.setItem` speichert ein Element im `localStorage` ab. Sie erwartet zwei Parameter: Den Schlüssel, über den der Eintrag später identifiziert wird, und einen Wert. Dies ist im Normalfall der Inhalt einer JavaScript-Variablen, also eine Zeichenkette, eine Zahl oder auch ein Objekt.

- `localStorage.getItem(schluessel);`
  Mit dieser Funktion lesen Sie einen Eintrag aus dem `localStorage` aus. Dazu müssen Sie den entsprechenden Schlüssel kennen und diesen als Parameter an die Funktion übergeben. Die Funktion gibt Ihnen dann den zugehörigen Wert zurück. Das Gleiche erreichen Sie übrigens auch mit `localeStorage[schluessel]` – ähnlich zum Auslesen eines Arrays.

- `localStorage.removeItem(schluessel);`
  Mit `.removeItem` löschen Sie Einträge aus dem `localStorage`. Übergeben Sie der Funktion dazu den Schlüssel als Parameter. Sobald ein Eintrag gelöscht ist, können Sie ihn nicht mehr wiederherstellen.

▶ `localStorage.clear();`

Den kompletten `localStorage` löschen Sie mit `.clear()`. Dies entfernt *alle* Einträge für eine WebApp aus dem Storage.

7.2.2   Temporäre Speicherung von Daten im sessionStorage

Manchmal kommt es vor, dass Sie Daten gar nicht dauerhaft, sondern nur für die Nutzungsdauer einer WebApp speichern wollen. Analog zum `localStorage` gibt es dafür in HTML5 den sogenannten `sessionStorage`. Dieser ist z.B. bei Spielen nützlich, wenn Daten nur für eine Spielrunde gespeichert werden sollen. Der `sessionStorage` lässt sich über die gleichen Funktionen wie der `localStorage` ansprechen:

```
sessionStorage.setItem(schluessel, wert);
sessionStorage.getItem(schluessel);
sessionStorage.removeItem(schluessel);
sessionStorage.clear();
```

Sowohl `localStorage`- als auch `sessionStorage`-Speicherstände können Sie bequem beispielsweise mit Google Chrome überblicken (Abbildung 7.5).

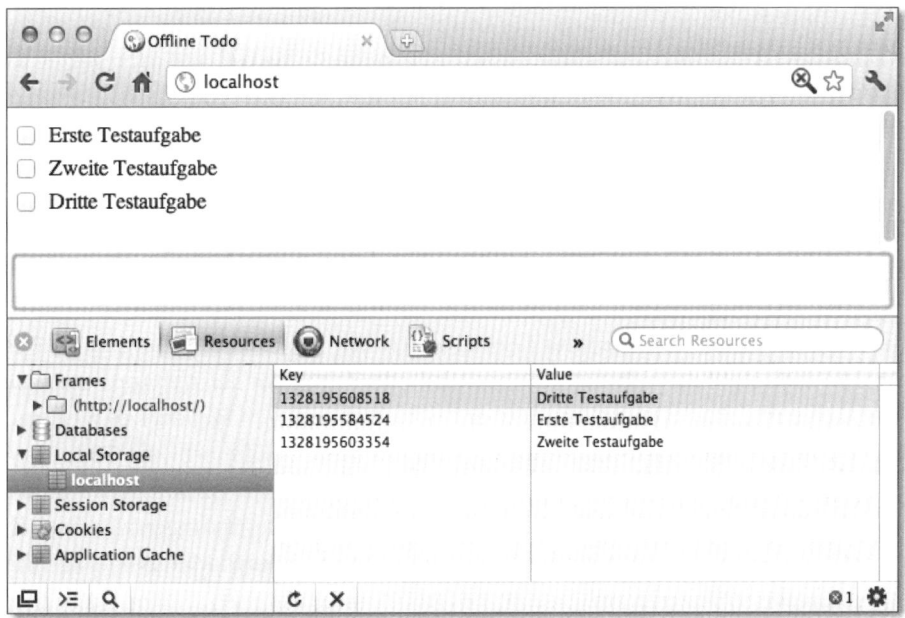

Abbildung 7.5 Mit Google Chrome können Sie komfortabel den aktuellen Stand des localStorage einsehen.

7.3 Die Offline-Todo-App

Die Todo-Liste ist für viele Menschen Werkzeug Nummer eins, um ihren hektischen Alltag in den Griff zu kriegen. Eine Todo-Liste kann nach und nach abgearbeitet werden und hilft, Aufgaben nach Wichtigkeit zu ordnen und zu erledigen. So vorteilhaft eine Todo-Liste auch sein kann, sie ist nicht für jeden das Mittel der Wahl. Während sie für den einen eine gute Möglichkeit bietet, den Überblick zu behalten, ist sie für den anderen eine konstante Erinnerung an Dinge, die noch erledigt werden müssen. Zu welcher Gruppe Sie auch immer gehören mögen, eine Todo-Liste kann man trotzdem eigentlich immer gebrauchen. Das Prinzip der Todo-Liste ist nicht beschränkt auf unerledigte Aufgaben und Termine. Im Prinzip ist auch ein Einkaufszettel eine Art Todo-Liste. Eine Liste ist vielseitig einsetzbar, sei es zur Erinnerung, zur Dokumentation oder zur Ordnung von Dingen.

Um eine Todo-Liste sinnvoll zu pflegen und einzusetzen, müssen Sie sie immer bei sich tragen. Die meisten Aufgaben oder Ideen entstehen spontan und werden gerne schnell wieder vergessen. Gerade deswegen führen Sie ja eine Todo-Liste: Damit Sie nichts vergessen. Ihr Smartphone ist damit ein perfekter Ort für Ihre Todo-Liste. Immer dabei und einfach zu verwalten.

Natürlich könnten Sie auf bereits bestehende Apps zurückgreifen. An dieser Stelle des Buches sind Sie aber in der Lage, die komplette Funktionalität einer Todo-App als WebApp selbst umzusetzen! Schritt für Schritt können Sie die WebApp dann gezielt an Ihre Bedürfnisse anpassen. In diesem Kapitel werden Sie eine Todo-App programmieren, die komplett offline funktioniert und mit der Sie entweder Ihre beruflichen Aufgaben oder Ihren Lebensmitteleinkauf in den Griff kriegen können.

7.3.1 Welche Anforderungen muss Ihre Todo-App erfüllen?

Mit Ihrer Todo-App können Sie Aufgaben zu einer Liste hinzufügen und »abhaken«. Dabei werden alle Elemente Ihrer Liste übersichtlich auf einer Seite angezeigt. Das neueste Todo steht dabei immer an oberster Stelle. Beim Start der WebApp haben Sie demnach einen schnellen Überblick über Ihre anstehenden Aufgaben. Des Weiteren werden Sie die WebApp schön gestalten, damit es mehr Spaß macht, die Todo-Liste zu pflegen – und vor allem erledigte Aufgaben wegzustreichen. Neben dem attraktiven Aussehen muss die WebApp aber auch mit so wenigen Berührungen wie möglich zum Ziel führen. Sie möchten sich nicht erst stundenlang durch Menüs wühlen, um eine Aufgabe anzulegen. Insgesamt bedarf es maximal also zweier Aktionen: WebApp starten, Aufgabe erstellen. Fertig.

Neben dem stylischen Aussehen und der einfachen Bedienung ist Ihnen auch eine hohe Kompatibilität wichtig. Vielleicht benutzen Sie Ihr Smartphone weniger häufig als Ihr Tablet. Deswegen wird die App auch auf einem Tablet funktionieren und hervorragend aussehen. Und das alles mit demselben Code. Hier kommt eine der größten

Stärken von HTML5 zum Tragen: Die automatische Skalierbarkeit auf verschiedenste Bildschirmgrößen.

Die wichtigste Eigenschaft Ihrer Todo-App ist, dass sie offline funktioniert. Aufgaben und gute Ideen entstehen überall und interessieren sich nicht dafür, ob Sie gerade Netz haben oder nicht. Die WebApp wird damit die Todo-Liste auf dem Gerät speichern. So sind alle Aufgaben immer verfügbar. Zusätzlich können Sie neue Aufgaben auch ohne Internetverbindung anlegen.

7.3.2 Der Wireframe der Todo-App

Das Interface besteht insgesamt aus zwei Bereichen. Im oberen Bereich wird Ihre Todo-Liste angezeigt (Abbildung 7.6). Jedes Todo ist als kleiner Kasten gestaltet, der es klar von anderen Todos abgrenzt. Links neben jedem Todo findet sich eine Art Checkbox, mit der Sie Todos als »erledigt« markieren und somit löschen können. Im unteren Bereich des Bildschirms findet sich ein Eingabefeld, mit welchem Sie neue Todos hinzufügen. Dabei halten Sie das Interface so minimalistisch, dass Sie sogar auf einen SUBMIT-Button verzichten. Ihr Todo fügen Sie einfach mit einem einfachen ⏎ hinzu. Generell gilt: Verzichten Sie auf Interface-Elemente wie Buttons, wenn Sie durch einfache Gesten oder andere Tasten (wie in diesem Fall die ⏎-Taste) ersetzt werden können. Ein einfaches und damit intuitives Interface werden Ihre Benutzer schätzen und letztendlich häufiger verwenden. Erfolgreiche Apps zeichnen sich durch hervorragende Benutzeroberflächen aus, die mit möglichst wenig Tabs zum Ziel führen.

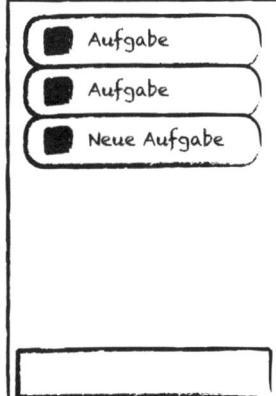

Abbildung 7.6 Der Wireframe für die Todo-App

Legen Sie eine HTML-Datei mit dem üblichen Grundgerüst an. Vergessen Sie nicht die Meta-Elemente im head-Bereich der Webseite, mit dem Sie den Vollbildmodus aktivieren und das Zoomen deaktivieren. In das body-Element kommen nun die Elemente für die Liste und das Eingabefeld:

```
<ul id="todo-liste">
 <!-- Wird per Nutzereingabe befüllt -->
</ul>

<form id="add">
 <input type="text" name="add-task" placeholder="Aufgabe eingeben &amp; Go
dr&uuml;cken">
</form>
```

Es besteht aus einer leeren, unsortierten Liste mit der id todo-liste und einem Formular mit der id add. In dem Formular befindet sich ein Texteingabefeld mit dem Namen add-task. Hier wird der Nutzer später seine Aufgaben eintragen. In das Eingabefeld fügen Sie mittels des placeholder-Attributs einen kurzen Text mit einem Hinweis ein. Der Browser zeigt den Inhalt des placeholder-Attributs als Text innerhalb des Eingabefeldes an und blendet ihn automatisch aus, sobald Sie etwas eingeben möchten. Dies erleichtert das Verständnis und erspart im Idealfall eine Bedienungsanleitung.

Nachdem Sie die grundlegende Struktur angelegt haben, bestimmen Sie nun per Stylesheet, wie Ihre WebApp aussehen soll. Bei der Todo-App legen Sie drei CSS-Dateien an, die Sie in folgender Reihenfolge mit Ihrer HTML-Datei verknüpfen:

```
<link rel="stylesheet" href="styles/reset.css" type="text/css">
<link rel="stylesheet" href="styles/app.css"  type="text/css">
<link rel="stylesheet" href="styles/skin.css" type="text/css">
```

Die *reset.css* überschreibt zunächst alle Standardstile des Webbrowsers. Dies ist besonders dann hilfreich, wenn Ihre WebApp in unterschiedlichen Browsern, also auf unterschiedlichen Plattformen, gleich aussehen soll. Sie folgt dem Beispiel von Eric Meyers CSS Reset, welches auf *http://meyerweb.com/eric/tools/css/reset/* näher beschrieben wird. In der Datei steht folgender Codeblock:

```
html, body, div, span, ul, li, form, label, input {
 margin: 0;
 padding: 0;
 border: 0;
 font-weight: inherit;
 font-style: inherit;
 font-size: 100%;
 font-family: inherit;
 vertical-align: baseline;
}
body {
```

```
  line-height: 1.5;
}
```

Listing 7.1 Der CSS Reset eliminiert alle Browserstile

Um Bandbreite zu sparen, werden hier nur die Elemente aufgeführt, die in der App tatsächlich verwendet werden. In Eric Meyers Originaldatei werden alle Elemente zurückgesetzt, also auch Tabellen, Iframes, Überschriften und Textblöcke.

In den anderen beiden Dateien definieren Sie, getrennt voneinander, Aussehen und Anordnung der Elemente. So haben Sie später die Möglichkeit, die Ästhetik zu verändern, ohne die Aufteilung der Elemente zu beeinträchtigen. Die Datei *app.css* enthält daher lediglich Anweisungen für das Grundgerüst der App (Abbildung 7.7):

```
html {
  height: 100%;
}
#todo-liste {
  position: absolute;
  top: 0; bottom: 50px;
  left: 0; right: 0;
  padding: 8px;
  overflow-y: scroll;
  -webkit-overflow-scrolling: touch;
}
#todo-liste li {
  white-space: nowrap;
  overflow: hidden;
  text-overflow: ellipsis;
}
#todo-liste li input[type=checkbox] {
  margin-right: 10px;
}
#add input[name=add-task] {
  position: absolute;
  left: 0; right: 0;
  bottom: 0;
  margin: 6px;
  padding: 10px;
  -webkit-tap-highlight-color: rgba(0,0,0,0);
}
```

Listing 7.2 Das App-Grundgerüst

Abbildung 7.7 Das Grundgerüst im Browser

Obwohl die App noch nicht besonders ansprechend aussieht, sind bereits alle Elemente am richtigen Platz. Als Nächstes fertigen Sie eine *Skin* an, also eine ästhetische Ebene:

```
body {
  font-family: sans-serif;
  overflow: hidden;
  background: #f9d081 url(../bilder/holz.jpg);
  background-size: 100% 100%;
}
li {
  padding: 10px;
  background-image:
  -webkit-gradient(linear, left top, left bottom,
  color-stop(0,rgba(255,255,255,.9)),
  color-stop(1,rgba(255,255,255,.8)));
  border-radius: 8px;
  box-shadow: 0 1px 0 rgba(0,0,0,.3);
  margin-bottom: 1px;
  -webkit-user-select: none;
  -webkit-transform: translate3d(0,0,0);
}
```

```
li input[type=checkbox] {
 -webkit-appearance: none;
 float: left;
 width: 25px;
 height: 25px;
 background-image:
 -webkit-gradient(linear, left top, left bottom,
color-stop(0,rgba(0,0,0,.2)),
color-stop(1,rgba(0,0,0,.1)));
 border-radius: 2px;
 border: 1px solid rgba(0,0,0,.4);
 box-shadow: 0 1px 1px rgba(0,0,0,.3) inset;
}
li.done input[type=checkbox] {
 background: url(../bilder/erledigt.png) no-repeat center;
 border: none;
}
#add input {
 border-radius: 4px;
 color: #000;
 font-weight: bold;
 background-image:
 -webkit-gradient(linear, left top, left bottom,
color-stop(0,rgba(255,255,255,.9)),
color-stop(1,rgba(255,255,255,.4)));
 border-radius: 2px;
 border: 1px solid rgba(0,0,0,.4);
 box-shadow: 0 1px 1px rgba(0,0,0,.3) inset;
}
```

Listing 7.3 Das Skin-Stylesheet sorgt für die Ästhetik.

Die WebApp soll sich von der typischen Ästhetik eines Computerprogramms abheben und einen eigenen Charakter bekommen. Dafür sorgen Sie mit einem bildschirmfüllenden Hintergrundbild. Der Einfachheit halber haben wir hier den Holzfußboden in Johannes Berliner Büroküche mit dem iPhone abfotografiert (Abbildung 7.8). Stattdessen lieber einen Sonnenuntergang am Strand oder einen moosigen Waldboden? Vielleicht ist Ihr Küchenboden ebenso gut geeignet? Wählen Sie ein Motiv, das Ihnen gut gefällt und welches Sie gerne anschauen. Erledigte Einträge bekommen einen schönen grünen Haken, der sie von unerledigten Aufgaben abhebt.

Abbildung 7.8 Die Todo-App inklusive Skin und Hintergrundbild auf dem iPhone (links) und unter Android (rechts)

Ihre Todo-App besteht jetzt schon aus einer ganzen Menge CSS- und Bilddateien. Damit diese nicht bei jedem Programmstart vom Server geladen werden, legen Sie ein Cache-Manifest an, in dem Sie alle verwendeten Dateien, inklusive der HTML-Datei, auflisten:

```
CACHE MANIFEST
# Ver 0.1
CACHE
index.html

css/reset.css
css/app.css
css/skin.css

bilder/erledigt.png
bilder/holz.jpg

http://ajax.googleapis.com/ajax/libs/jquery/1.7.1/jquery.min.js
js/app.js
```

Vergessen Sie nicht die JavaScript-Dateien, mit denen Sie der WebApp im nächsten Schritt ihr Leben einhauchen. Doch zunächst müssen Sie die Cache-Manifest-Datei im öffnenden html-Tag verknüpfen:

```
<html manifest="cache.appmanifest">
```

Beachten Sie, dass ab jetzt alle aufgelisteten Dateien immer aus dem Speicher Ihres Telefons geladen werden. Für die Entwicklungsphase ist es daher ratsam, das Cache-Manifest noch zu deaktivieren.

Verknüpfen Sie, wie bereits in den Kapiteln zuvor, die jQuery-Bibliothek mit der HTML-Datei. Legen Sie außerdem eine Textdatei *app.js* an, in der Sie den JavaScript-Code für Ihre WebApp schreiben:

```
<script src="http://ajax.googleapis.com/ajax/libs/jquery/1.7.1/
jquery.min.js"></script>
<script src="js/app.js"></script>
```

In dieser Datei legen Sie die Funktion an, der Sie die Todo-Liste übergeben. Die Funktion hängt der Liste #todo-liste ein neues Element mit dem Namen und einer entsprechenden id an. Diese wird mittels Date.now() aus dem Erstellungszeitpunkt generiert. Anschließend wird sie im localStorage gespeichert:

```
var addTask = function(todo){
 var id = Date.now();
 $('#todo-liste').append('<li class="todo" id="'+ id +'"><label><input type=
"checkbox">'+ todo +'</label></li>');
 localStorage.setItem(id, todo);
};
```

Direkt danach fügen Sie dem Formularelement einen EventListener hinzu, welcher beim Absenden des Formulars den Inhalt des Eingabefeldes ausliest und die Funktion addTask ausführt:

```
$('#add').on('submit',function(){
 var todo = $('#add').find('input[name=add-task]').val();
 if(todo != "") {
  addTask(todo);
 }
 /* Letzten Listenpunkt im Viewport sichtbar machen */
 document.querySelector('#todo-liste li:last-child').scrollIntoView();
 /* Eingabefeld leeren */
 $('#add').find('input[name=add-task]').val('');
 return false;
});
```

Die Funktion überprüft außerdem, ob überhaupt eine Aufgabe eingegeben wurde. Damit verhindern Sie, dass der Nutzer eine Liste mit leeren Einträgen erstellt. Außerdem scrollen Sie die Liste zu dem letzten, also soeben erstellten, Eintrag. Anschließend wird das Eingabefeld geleert und steht damit sofort für eine frische Aufgabe

bereit. Die letzte Zeile `return false;` verhindert, dass das Formular beim Absenden
die App neu lädt. Sie können Ihrer Liste nun bereits neue Aufgaben hinzufügen und
abspeichern (Abbildung 7.9).

Abbildung 7.9 Die Eingabe einer neuen Aufgabe auf einem iPhone und unter Android.

Das Abhaken der Todo-Liste übernimmt die Funktion `changeTaskState`:

```
var changeTaskState = function(todo){
  todo.attr('class', 'done');
  localStorage.removeItem(todo.attr('id'));
  window.setTimeout(function(){
    todo.remove();
  },1500);
};
```

Der Funktion wird das Listenelement übergeben, dessen Klasse auf `done` gesetzt und
der entsprechende Eintrag aus dem `localStorage` gelöscht. Nach einer kurzen Verzögerung von 1,5 Sekunden wird auch das Listenelement aus dem DOM-Baum gelöscht.
Diese Verzögerung nutzen Sie später dazu, das Element mit einer kleinen Animation
elegant auszublenden. Die Funktion wird wieder mit einem EventListener aufgerufen:

```
$('#todo-liste').find(':checkbox').live('change', function(){
  var todo = $(this).parent().parent();
  changeTaskState(todo);
});
```

Der EventListener bezieht sich auf alle Checkboxen innerhalb der Liste `#todo-liste`. Sobald eine Veränderung eintritt, also ein `change`, ruft dieser die Funktion `changeTaskState` auf.

Ihre App kann nun bereits Aufgaben anlegen und abhaken bzw. löschen. Sobald Sie die App schließen und erneut aufrufen, ist die Liste aber leer. Sie müssen also beim App-Start die Einträge des `localStorage` auslesen und der Liste hinzufügen:

```
$(function(){
 if(localStorage.length > 0) {
  for(id in localStorage) {
   $('#todo-liste').append('<li id="'+ id +'">'+localStorage[id]+'</li>');
  }
 }
 $('#todo-liste').find('li').prepend('<input type="checkbox">').wrapIn-
ner('<label></label>');
});
```

Der bekannte jQuery-Rumpf `$(function(){ … });` sorgt dafür, dass die Funktion ausgeführt wird, sobald die WebApp und die jQuery-Bibliothek geladen sind. Es wird überprüft, ob überhaupt Einträge vorhanden sind, also ob die WebApp schon einmal gestartet wurde und ob Todos angelegt wurden. Ist dies der Fall, werden die Einträge ausgelesen und der Liste `#todo-liste` angehängt. Nachdem die Liste befüllt wurde, bekommen alle Einträge noch ein Checkbox-Element vorangestellt.

Abbildung 7.10 Ihre fertige Todo-App unter iOS

305

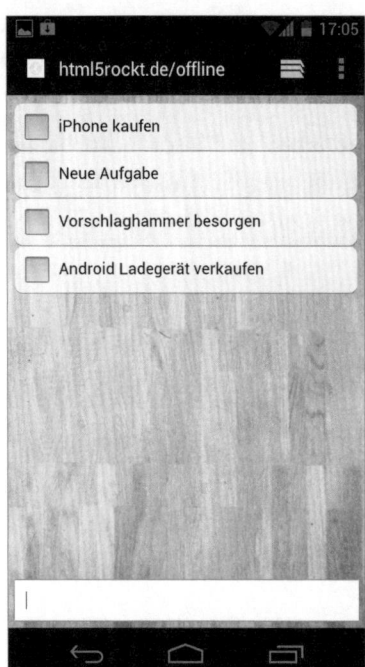

Abbildung 7.11 Ihre fertige Todo-App unter Android

Im Prinzip sind Sie jetzt fertig (Abbildung 7.10 und Abbildung 7.11). Sie haben eine vollständige Todo-App erstellt, die, wenn Sie einmal komplett in den Speicher des Geräts geladen wurde und unabhängig von einer Internetverbindung, funktioniert. Sie speichert zudem Aufgaben auf dem Gerät, bietet die Möglichkeit, Dinge abzuhaken, und vergisst auch beim Beenden keine Todos. Als Perfektionist wollen Sie dem Nutzer aber ein besonderes Erlebnis bereiten: Wie bereits erwähnt, sollen die Listeneinträge beim Abhaken mit einer kleinen Animation »aus der Liste fliegen«, bevor sie gelöscht werden.

7.3.3 Funktionsbezogene Animation

Genau für solche Effekte verwenden Sie, wie gewohnt, CSS3-Animationen. Ihre erledigte Aufgabe soll beim Abhaken nach rechts aus dem Gerät geschoben werden und verschwinden (Abbildung 7.12). Damit dies etwas realistischer aussieht, nimmt das Element erst etwas »Anlauf«, also macht eine kleine Bewegung nach links, bevor es aus dem rechten Bildschirmrand heraus verschwindet. Legen Sie dazu, wie in Kapitel 4, »HTML5 als Designwerkzeug«, beschrieben, einen Keyframe-Satz an:

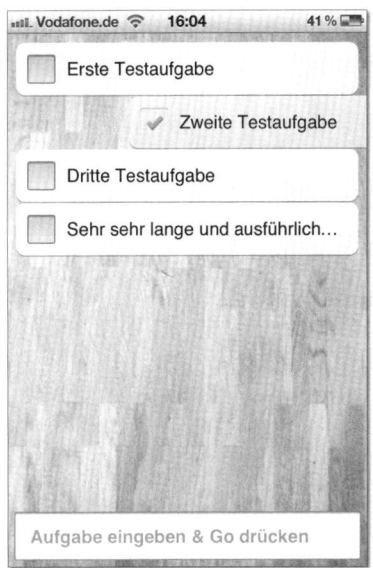

Abbildung 7.12 Ein kurzer Ausschnitt der Animation beim Abhaken einer Aufgabe

```
@-webkit-keyframes erledigt {
 0% {
  -webkit-transform: translateX(0);
 }
 20% {
  opacity: 1;
  -webkit-transform: translateX(-20px);
 }
 100% {
  opacity: 0;
  -webkit-transform: translateX(2000px);
 }
}
```

Diesen verknüpfen Sie jetzt mit der Klasse done, also den abgehakten Listenelementen:

```
li.done {
 right: 0;
 left: 0;
 background-color: #0c0;
 position: relative;
 -webkit-animation-name: erledigt;
 -webkit-animation-duration: 1s;
```

```
 -webkit-animation-timing-function: linear;
 -webkit-animation-fill-mode: forwards;
}
```

Probieren Sie ein bisschen herum, bis Sie die richtige Animationsdauer und Beschleunigungskurve erreicht haben. Länger als 1,5 Sekunden sollte Ihre Animation aber nicht dauern, da dann das Element per JavaScript gelöscht wird. Ist Ihre Animation kürzer als 1,5 Sekunden, kann es passieren, dass das Element in seinen Ursprungszustand zurückspringt – dies verhindern Sie mit `-webkit-animation-fill-mode: forwards`.

7.3.4   Zusätzliche EventHandler

Bestimmt sind Sie schon fleißig dabei, Aufgaben anzulegen und abzuhaken. Ihnen ist mit Sicherheit schon das ständige Hoch- und Runterfahren der Bildschirmtastatur aufgefallen. Auch wenn die Tastatur sichtbar ist, können Sie durch die Liste scrollen und Aufgaben abhaken – dies führt zu unerwünschten Effekten und einem ständigen Springen in der Liste. Um dies zu verhindern, soll ein Antippen der Liste den Eingabemodus sofort beenden:

```
$('#add').find('input[name=add-task]').on('focus', function(){
 $('#todo-liste').on('touchstart', function(){
  $('#add').find('input[name=add-task]').blur();
  $('#add').submit();
 });
}).on('blur', function(){
 $('#todo-liste').off('touchstart');
 $('#add').submit();
});
```

Sie definieren per jQuery einen EventListener, der feststellt, ob der Fokus auf dem Eingabefeld liegt, damit also auch die Tastatur sichtbar ist. Ist dies der Fall, wird wiederum die Liste mit einem EventListener verknüpft: Eine einfache Fingerberührung, also ein `touchstart`, reicht, um dem Eingabefeld per `.blur()` den Fokus zu entziehen und die Tastatur so verschwinden zu lassen.

In den folgenden Nutzertests werden Sie feststellen, dass sich Ihre WebApp nun viel flüssiger und frustrationsfreier bedienen lässt. Es sind genau solche Details, die gute von großartigen WebApps unterscheiden. Achten Sie daher so früh wie möglich auf alle etwaigen Irritationen und »Fehlberührungen« – bevor sie sich daran gewöhnen.

Ähnliches gilt für das Eingabefeld: Damit Sie es richtig fokussieren können, müssen Sie es »klicken«, also das Feld berühren, den Finger für einige Millisekunden ruhen lassen und anschließend loslassen. Mit folgendem EventListener machen Sie das Feld etwas empfindlicher:

```
$('#add').on('touchstart', function(){
  $(this).find('input[name=add-task]').trigger('click');
});
```

Sobald der Finger nun das Formular berührt, wird mit der Funktion `.trigger()` ein Klick ausgelöst, also der Eingabemodus aufgerufen. Es ist nur ein Detail, aber es wird die Benutzung Ihrer WebApp merklich beschleunigen.

Achten Sie bei der WebApp-Erstellung stets auf solche kleinen Stolpersteine. Fallen Ihnen vielleicht noch andere auf?

7.4   Checkliste zum Überprüfen der Offline-Fähigkeit einer WebApp

Jetzt sind Sie schon ein echter Offline-Profi. Als kleine Hilfe haben wir Ihnen im Folgenden eine kleine Checkliste zusammengestellt, die Ihnen dabei helfen soll, Ihre WebApp offline-sicher zu machen:

1. **Dateien komprimieren**: Sind alle Bilder und Skripte so weit komprimiert wie möglich? Je kleiner die Dateien sind, desto kürzer ist die Ladezeit Ihrer WebApp.

2. **Weniger ist mehr**: Je weniger Dateien Sie verwenden, desto weniger Anfragen muss der Webserver verarbeiten. Je weniger Anfragen der Server verarbeiten muss, desto weniger Dateien können unterwegs verloren gehen.

3. **Cache-Manifest anlegen**: Fassen Sie alle benötigten Dateien im Cache-Manifest zusammen. Achten Sie darauf, nicht mehr benötigte Dateien aus der Liste zu streichen, um den Zwischenspeicher Ihres Geräts nicht unnötig zu belasten – auch dies hat Auswirkungen auf die Geschwindigkeit der WebApp.

4. **MIME-Type festlegen**: Haben Sie bereits eine entsprechende *.htaccess*-Datei angelegt und darin den MIME-Type festgelegt?

5. **Cache-Manifest verlinken**: Haben Sie bereits die Cache-Manifest-Datei mit dem HTML-Dokument verlinkt?

6. **Benutzereingaben**: Werden Benutzereingaben auf dem Server gespeichert? Ist es eventuell möglich, diese durch `sessionStorage` oder `localStorage` zu ersetzen?

7. **Funkloch**: Was passiert im schlimmsten anzunehmenden Fall, dem kompletten Verbindungsausfall? Gibt Ihre WebApp eine Fehlermeldung aus, falls Daten nicht geladen oder gespeichert werden können?

Kapitel 8
WebApps mit Frameworks entwickeln

Sie haben nun bereits eine Menge gelernt und vielleicht schon das eine oder andere Kapitel auf ein konkretes Projekt angewendet. Auch wenn Sie schon jetzt Routine im Umgang mit HTML5, Benutzeroberflächen, Gestaltungen & Co. haben – geht das nicht irgendwie schneller? Immer diese Button-Gestaltungen, immer alle Elemente für die Touch-Bedienung optimieren, dafür muss es doch auch einen einfacheren Weg geben? Besonders weil Ihre WebApp auf einem iPhone schon gut funktioniert und auch das Look & Feel einer nativen App perfekt imitiert. Auf einem Android-Gerät sieht der iOS-Style aber wenig nativ aus. Hinzu kommen noch die verschiedenen Bildschirmgrößen, die Sie zwar bisher hervorragend in den Griff bekommen haben, jedoch mit einigem Aufwand.

Als WebApp-Entwickler sind Sie, wenn Sie genauso menschlich sind wie wir, ein fauler Charakter. Sie möchten nichts doppelt machen, Sie möchten auch nicht Ihre App für alle Geräte manuell anpassen müssen. Sie möchten vor allem eins: Effektiv und schnell eine hochwertige WebApp entwickeln, gestalten und veröffentlichen – zwei Worte: jQuery Mobile.

8.1 Entwicklung einer WebApp mit jQuery Mobile

jQuery Mobile ist ein Interface-Framework, das heißt, es hilft Ihnen dabei, die Bedienoberfläche, wie z.B. Kopfzeilen, Fußzeilen, Buttons, Listen, Auswahlboxen, Slider u.v.m., einfach und schnell in Ihre WebApp zu implementieren. Dabei ist die Gestaltung dieser Elemente bereits für sämtliche Touch-Geräte (iOS, Android, Blackberry) aber auch Bildschirmgrößen (Tablets und diverse Smartphones) optimiert.

Zusätzlich organisiert jQuery Mobile für Sie Ihre einzelnen Unterseiten und Bereiche und animiert die Übergänge zwischen diesen. Damit nimmt Ihnen das Framework die Arbeit für das Interface nahezu komplett ab, und Sie können sich voll und ganz dem eigentlichen Kern Ihrer WebApp widmen: der Funktionalität.

jQuery Mobile ist ein recht junges Framework. Die erste Version außerhalb der Betaphase erschien im November 2011. Das Framework wird jedoch stetig und in kurzen Intervallen verbessert.

> **Beachten Sie**
>
> jQuery Mobile unterstützt Sie lediglich beim Interface und bei der Navigation. Komplexe Funktionalitäten innerhalb einer Seite, wie z.B. die Implementierung einer Google-Karte oder das Auslesen eines Flickr-Bildes, müssen Sie nach wie vor selbst programmieren. Die gute Nachricht: Wenn Sie diese Zeilen lesen, dann wissen Sie bereits, wie man all das macht. Zudem benötigen Sie einen Webserver, ob lokal via XAMPP oder auf einem Webspace, damit jQuery Mobile korrekt funktioniert.

8.1.1   Zum heiteren Hering – ein Fischrestaurant als WebApp

Machen wir uns nichts vor: Sie lieben Aquarien. Diese großen blauen Wasserwelten, in denen viele verschiedene Fischarten, teils schimmernd in den schillerndsten Farben, geradezu hypnotisch und beruhigend ihre Bahnen ziehen. Besonders die ersten Kapitel dieses Buches haben bei Ihnen die Vorliebe für Fische nur noch verstärkt.

Welch glücklicher Zufall: Ihr Kunde für die nächste WebApp ist ein Fischrestaurant namens »Zum heiteren Hering«. Sein Besitzer, Herr Mattis Mattisen, ist ein ungewöhnlicher Charakter – er liebt die Nordsee, das Web, HTML5 und sein Smartphone. Für sein Restaurant würde er auch gerne diese neuen Technologien einsetzen. Allerdings hat er von der Entwicklung von WebApps keine Ahnung (warum auch, wenn der Fisch frisch auf den Teller kommt), weshalb er Sie engagiert, eine WebApp für sein Restaurant zu entwickeln.

Die WebApp besteht dabei aus insgesamt vier Rubriken:

- ▶ einer Startseite, die den Benutzer mit einem Foto des Restaurants begrüßt
- ▶ der Menükarte als Übersicht und einer Detailseite mit weiteren Informationen zum jeweiligen Gericht
- ▶ einer Seite mit einer Karte, die automatisch die Route von Ihrem aktuellen Aufenthaltsort zum Restaurant anzeigt
- ▶ einer Kontaktseite, um mithilfe eines Formulars Feedback zum Restaurant oder eine Reservierung zu hinterlassen (die Anfrage wird automatisch an die E-Mail-Adresse von Herrn Mattisen gesendet)

Herr Mattisen erwähnte außerdem in einem ersten Gespräch, dass viele seiner Freunde unterschiedliche Smartphones besitzen und die WebApp auch auf einem Tablet gut aussehen muss.

Sie merken: Das riecht nicht nur nach Fisch, sondern vor allem nach einer Entwicklung mithilfe von jQuery Mobile. Also, los geht's!

8.1.2 Die Startseite

Die Startseite des Restaurants ist relativ einfach aufgebaut (Abbildung 8.1). Sie begrüßen den Fischliebhaber mit einem Foto des Restaurants und einem Text mit passen-
der Schriftart. Im unteren Teil schließt sich die Navigationsleiste an, mit der der
Nutzer zwischen den einzelnen Rubriken wechseln kann.

Abbildung 8.1 So wird später die Startseite auf einem iPhone (links) und
unter Android (rechts) aussehen.

jQuery Mobile in Ihr Projekt einbinden

Sie starten, wie gewohnt, mit folgenden Grundlagen:

```
<!DOCTYPE html>
<html>
<head>
 <title>Zum heiteren Hering - Kantine des Aquariums</title>
 <meta http-equiv="Content-Type" content="text/html; charset=UTF-8"/>

 <!-- Einbindung von jQuery Mobile -->
 <link rel="stylesheet" href="http://code.jquery.com/mobile/1.1.0-rc.1/
 jquery.mobile-1.1.0-rc.1.min.css" />
 <script src="http://code.jquery.com/jquery-1.7.1.min.js"></script>
 <script src="http://code.jquery.com/mobile/1.1.0-rc.1/jquery.mobile-1.1.0-
 rc.1.min.js"></script>

 <!-- Einstellungen zur Defintion als WebApp -->
```

```
<meta name="apple-mobile-web-app-capable" content="yes" />
<meta name="viewport" content="width=device-width, initial-scale=1,
maximum-scale=1">

<link rel="apple-touch-icon-precomposed" href="bilder/icon-ipad.png" sizes=
"72x72" />
<link rel="apple-touch-icon-precomposed" href="bilder/icon-iphone-
retina.png" sizes="114x114" />
<link rel="apple-touch-icon-precomposed" href="bilder/icon-ipad-retina.png"
sizes="144x144" />
<link rel="apple-touch-icon-precomposed" href="bilder/icon-iphone.png" />

<!-- Weitere Stile -->
<link rel="stylesheet" href="styles/styles.css" />
</head>
<body>

</body>
</html>
```

Listing 8.1 Das bereits bekannte HTML-Grundgerüst mit Icon und Stildefinitionen

Neu ist für Sie lediglich die Einbindung von jQuery Mobile. Die anderen Parameter kennen Sie bereits aus früheren Kapiteln. Da die Website nicht offline verfügbar sein muss, binden Sie die jQuery-Mobile-Komponenten direkt von den jQuery-Servern ein.

Versionen

Für dieses Beispiel setzen Sie jQuery Mobile in der Version 1.1.0-rc1 ein. Je nach Weiterentwicklung steht eventuell schon eine neue Version zur Verfügung. Die aktuellen Adressen finden Sie auf *http://jquerymobile.com/download/*.

Zunächst laden Sie das jQuery-Mobile-CSS:

```
<link rel="stylesheet" href="http://code.jquery.com/mobile/1.1.0-rc.1/
jquery.mobile-1.1.0-rc.1.min.css" />
```

Als Nächstes folgt die Einbindung von jQuery (welches Sie wahrscheinlich auch in jedes andere Projekt eingebunden hätten):

```
<script src="http://code.jquery.com/jquery-1.7.1.min.js"></script>
```

Zu guter Letzt folgt der Code, der die spezifischen jQuery-Mobile-Funktionen bereitstellt:

```
<script src="http://code.jquery.com/mobile/1.1.0-rc.1/jquery.mobile-1.1.0-
rc.1.min.js"></script>
```

Das war es schon. Jetzt widmen Sie sich dem Inhalt.

Seiten in jQuery Mobile

Jedes jQuery-Mobile-Projekt, wie jede Website auch, ist unterteilt in Seiten, wie z.B.
KONTAKT, PROFIL und LEISTUNGEN. Seitenwechsel werden von jQuery Mobile automatisch animiert. Sie definieren eine Seite in jQuery Mobile mithilfe eines speziellen
div-Containers, der folgendermaßen aufgebaut ist:

```
<div data-role="page" id="startseite">
 <div data-role="content">
 </div><!-- /content -->
</div><!-- /page -->
```

Durch das Attribut data-role mit dem Wert page teilen Sie jQuery Mobile mit, dass es
sich hierbei um eine Seite handelt. Zusätzlich vergeben Sie eine eindeutige id mit
dem Wert startseite, um Sie später eindeutig zuordnen zu können.

Innerhalb des div-Containers befindet sich ein weiterer Container mit dem Wert content für das Attribut data-role. Generell werden innerhalb einer jQuery-Mobile-
WebApp sämtliche Inhaltstypen und Definitionen über das Attribut data-role festgelegt. Dies wird Ihnen also noch häufiger begegnen.

Den Inhalt einer Seite platzieren Sie innerhalb des content-Containers.

Alles in eine Seite?

Sie haben zwei Möglichkeiten, Ihre Seite innerhalb einer jQuery-WebApp zu organi-
sieren. Entweder Sie legen für jede neue Seite auch eine neue HTML-Datei an, oder
Sie definieren alle Seiten innerhalb einer HTML-Datei. Sie können dabei so viele Seiten (div-Container mit dem Wert page des data-role-Attributs), wie Sie möchten, in
einer HTML anlegen. Aus Gründen der Übersichtlichkeit empfehlen wir aber, für
jede Seite auch eine neue Datei anzulegen. Bei komplexen Projekten können Seiten
recht umfangreich werden, weswegen eine Trennung über verschiedene Dateien
letzten Endes übersichtlicher ist.

Inhaltsgestaltung, Typografie und Bilder

Neben etwas Text möchte Herr Mattisen auch ein Foto des Restaurants auf der Start-seite. Für dieses Beispiel verwenden Sie wieder ein Bild aus dem Creative-Commons-Archiv von Flickr (*http://www.flickr.com/creativecommons/*), welche größtenteils, unter Angabe des Autors, auch kommerziell eingesetzt werden dürfen. Wir haben uns für ein Bild des Flickr-Benutzers »prayitno« entschieden. Setzen Sie das Bild und etwas Text im content-container ein (Abbildung 8.2):

```
<div data-role="page" id="startseite">
 <div data-role="content">
  <img src="bilder/restaurant.jpg" class="schatten" />
  <h1>Ahoi & herzlich Willkommen beim heiteren Hering</h1>
  <p>Der heitere Hering ist das älteste Fischrestaurant in ganz Deutschland
  und versorgt Sie nach Ihrem Besuch des nahegelegen Aquariums mit den besten
  Fischspezialitäten. Keine Angst, die Fische stammen nicht aus dem Aquarium.
  </p>
  <p>Benutzen Sie die untere Leiste, um mehr über unser Restaurant zu erfahren,
  die Speisekarte aufzurufen oder uns zu kontaktieren. Wir freuen uns
  auf Ihren Besuch.
  </p>
 </div><!-- /content -->
</div><!-- /page -->
```

Listing 8.2 Ein Bild und etwas Text als Inhalt für die Startseite

Abbildung 8.2 Die Startseite ohne jegliche Anpassungen

Um die Darstellung des Bildes etwas aufzulockern, fügen Sie diesem über die Klasse schatten in der *styles.css* einen Schatten, einen Rahmen und eine leichte Drehung hinzu. Damit das Bild auf einem Tablet in voller Pracht und auf einem Smartphone nicht zu groß angezeigt wird, legen Sie außerdem noch die Breite des Bildes auf 95 % fest. Die Höhe wird automatisch berechnet, um eine Verzerrung zu vermeiden.

```
.schatten {
 width:95%;
 height:auto;
 border:6px solid #fff;
 box-shadow: 0px 0px 5px rgba(50, 50, 50, 0.85);
 -webkit-transform:rotate(1deg);
}
```

Listing 8.3 Die Gestaltung eines Schattens für das Bild

Wie Sie merken, wird der Inhalt bereits in kleinen Teilen formatiert. Bei der Überschrift und dem Fließtext greift bereits das jQuery-Mobile-CSS. Sie passen nun das CSS etwas an, um der WebApp mehr Charakter zu verleihen. Nachdem das angeschrägte Bild die Startseite schon etwas auflockert, möchten Sie zum einen ein Hintergrundmuster festlegen und zum anderen die Schriftart etwas maritimer gestalten. Für das Hintergrundmuster bietet die Webseite *http://www.subtlepatterns.com* eine umfangreiche Auswahl an reduzierten und wenig aufdringlichen Mustern, die Sie ebenfalls kommerziell einsetzen dürfen. Der Einsatz von solch einfachen und reduzierten Mustern lockert klinisch-weiße Hintergründe etwas auf. Aufgrund von Wasser & Co. entscheiden Sie sich für ein blaues Muster mit dem Namen *Blu Stripes* (*http://subtlepatterns.com/?p=1043*) und verknüpfen es in Ihrer *styles.css* Datei:

```
[data-role=page] {
 background-image: url(http://subtlepatterns.com/patterns/blu_stripes.png);
}
```

Attribute sprechen Sie in CSS über den Einsatz von eckigen Klammern an. Damit bekommt jedes Element mit dem Attribut data-role und dem Wert page als Hintergrundbild das *Blu Stripes*-Muster zugewiesen (Abbildung 8.3).

Ah, schon viel besser. Spüren Sie die Seebrise und den Salzduft in der Luft?

Als Nächstes kümmern Sie sich um die Typografie, die im Moment noch zu charakterlos daherkommt. Hierbei helfen Ihnen wieder die Google Webfonts (*http://www.google.com/webfonts*). Herr Mattisen liebt geschwungene Schriften, weswegen Sie sich bei den Überschriften für die *Leckerli One* entscheiden. Da stark geschwungene Schriften für Fließtexte in kleinen Schriftgrößen eher unlesbar sind, setzen Sie hierfür die *Noticia Text* ein.

Abbildung 8.3 Die Startseite mit dem Hintergrund und dem Schatteneffekt, angewendet auf das Bild

Verknüpfen Sie beide Schriften im head-Bereich der Website, direkt vor der Verlinkung Ihrer *styles.css*-Datei:

```
<link href="http://fonts.googleapis.com/css?family=Leckerli+One"
rel="stylesheet" type="text/css">
<link href="http://fonts.googleapis.com/css?family=Noticia+Text"
rel="stylesheet" type="text/css">
<link rel="stylesheet" href="styles/styles.css" />
```

Listing 8.4 Die Verknüpfung von Google Webfonts und allgemeinen Stildefinitionen

Weisen Sie nun in der *styles.css* die Schriftarten der Überschrift und des Inhaltstextes zu (Abbildung 8.4):

```
[data-role=content] h1 {
  font-family: 'Leckerli One', cursive;
  font-weight: normal;
  color:#173b84;
  font-size:2em;
  line-height:1em;
```

```
 text-shadow: 1px 1px 0px rgba(255, 255, 255, 1);
 text-align:center;
}

[data-role=content] p, [data-role=content] li {
 font-family: 'Noticia Text', serif;
}
```

Listing 8.5 Überschrift und Fließtext mit den Webfonts gestalteten

Beachten Sie auch hier die Definition über `data-role=content`. In jQuery Mobile finden Überschriften und Fließtexte nicht nur im Inhaltsbereich Verwendung. Deswegen sollten Sie die Gestaltung auf diesen Bereich beschränken. Neben der Schriftart legen Sie noch andere Eigenschaften wie Schriftfarbe und Schatten fest.

Abbildung 8.4 Die Startseite mit den Google-Webfont-Schriftarten

Kopf- und Fußzeilen

jQuery Mobile bietet die Möglichkeit, Kopf- (dazu später mehr) und Fußzeilen zu definieren. Diese werden dabei automatisch immer am oberen oder unteren Bildschirmrand fixiert. Für die Startseite benötigen Sie eine Fußzeile, die nicht mitscrollt, immer an derselben Stelle steht und die Navigation beinhaltet. Sie definieren eine Fußzeile ebenfalls über das `data-role`-Attribut. Da die Fußzeile Bestandteil einer Seite ist, legen Sie diese unterhalb des `content`-Containers, aber innerhalb des `page`-Containers an.

```
<div data-role="footer" data-id="footernav" data-tap-toggle="false" data-
position="fixed" data-theme="b">
</div><!-- /footer -->
```

Neben dem Wert footer für das Attribut data-role legen Sie noch weitere Attribute fest, die die Eigenschaften der Fußzeile verändern:

▶ data-tap-toggle="false"
Dieser Wert bestimmt, dass die Kopf- und Fußzeile bei einem Klick oder einer Berührung an irgendeiner Stelle der WebApp *nicht* ausgeblendet wird. Wenn Sie eine WebApp gestalten, bei der es wichtig ist, dass so viel Bildschirmfläche wie möglich sichtbar ist (wie z.B. bei einer Fotogalerie-App), können Sie dieses Attribut weglassen. Ein Beispiel finden Sie unter *http://jquerymobile.com/demos*. Klicken Sie einfach auf eine leere Stelle innerhalb der Seite, und die Fußzeile wird ausgeblendet.

▶ data-position="fixed"
Über den Wert fixed wird festgelegt, dass die Fußleiste immer über dem Inhalt liegt und sich beim Scrollen nicht mitbewegt. Wenn Sie diese Definition weglassen, wird die Fußleiste einfach an das untere Ende der Seite angesetzt. Für die WebApp des »heiteren Herings« wäre dies allerdings schlecht, da im schlimmsten Fall bei viel Inhalt die Fußleiste, und damit auch die Navigationsleiste, nicht sichtbar wären.

▶ data-theme="b"
jQuery Mobile kommt von Haus aus mit drei verschiedenen Stilen (*Themes*) für die Gestaltung aller Elemente daher, die sich hauptsächlich in der Farbigkeit unterscheiden. Sie können auch eigene Themes entwerfen und einsetzen, doch dazu später mehr. In diesem Fall verwenden Sie das Theme b, bei dem alle Elemente in einen schönen Blauton getaucht werden.

Im Moment ist die Fußleiste nicht sichtbar, weil sie noch keinen Inhalt enthält. Dies ändern Sie nun mit dem Einsatz der Navigationsleiste.

Die Navigationsleiste innerhalb der Fußzeile

jQuery Mobile beinhaltet bereits vordefinierte Stile für Navigationsleisten. Dies ist praktisch, weil es Ihnen im Endeffekt eine Menge Zeit bei der Gestaltung spart.

In einer Navigationsleiste werden maximal fünf Elemente in einer Reihe angezeigt. Übersteigen sie diese Zahl, so wird die Navigationsleiste in zwei Zeilen ausgegeben. Das Schöne ist, dass die Buttons automatisch auf die verfügbare Bildschirmbreite skaliert werden. So wird die verfügbare Fläche immer optimal ausgenutzt. Auch die Navigationsleiste legen Sie über das data-role-Attribut fest. Der Wert hierfür heißt navbar.

Zusätzlich weisen Sie der Navigationsleiste das Theme b zu. Sie wissen schon, die
Farbe Blau wegen Wasser und so (Abbildung 8.5).

```
<div data-role="navbar" data-theme="b">
 <ul>
  <li><a href="menue.html" data-icon="star" data-transition="fade">MENÜ</a>
  </li>
  <li><a href="anfahrt.html" data-icon="star" data-transition="fade">
  ANFAHRT</a></li>
  <li><a href="kontakt.html" data-icon="star" data-transition="fade">KONTAKT
  </a></li>
 </ul>
</div><!-- /navbar -->
```

Listing 8.6 Die Navigationsleiste

Abbildung 8.5 Die Menüleiste mit Sternen als Icons

Innerhalb der Navigationsleiste gestalten Sie die Navigationselemente in Form einer
ungeordneten Liste ul. Jedes Listenelement und der Link innerhalb dessen, werden
automatisch von jQuery Mobile umgestaltet. Schauen Sie sich einen der Links etwas
genauer an. Auch hier finden Sie Attribute und Klassen, die jQuery-Mobile-spezifisch
sind und die wir Ihnen im Folgenden erläutern:

▶ data-icon="star"
  Zum Lieferumfang von jQuery Mobile gehören nicht nur Farbdefinitionen, sondern auch ein kleines Icon-Set, mit welchem Sie Buttons und Links anreichern
  können (Abbildung 8.6). Sie legen ein Icon über das data-icon-Attribut fest. Als
  Werte stehen folgende Optionen standardmäßig zur Verfügung: arrow-r, arrow-l,
  arrow-u, arrow-d, delete, plus, minus, check, gear, refresh, forward, back, grid, star,
  alert, info, home, search.

Abbildung 8.6 Die Standard-Icons von jQuery Mobile

▶ data-transition="fade"
  Über das data-transition-Attribut können Sie den Effekt konfigurieren, der beim
  Seitenwechsel verwendet wird. Neben einer einfachen Überblendung (fade), ste-

hen Ihnen noch folgende Effekte zur Verfügung: fade, pop, flip, turn, flow, slide, slideup, slidedown, none. Beachten Sie, dass manche Effekte nicht in allen Browsern unterstützt werden und teilweise performanceintensiv sind. Am besten Sie experimentieren mit den Effekten auf dem jeweiligen Endgerät. Nur so können Sie sicher sein, dass die WebApp gut benutzbar ist. Ein Effekt, der in einem Desktopbrowser flüssig abläuft, kann auf einem Smartphone zur Ruckelpartie werden.

Herzlichen Glückwunsch, Sie haben mit minimalem Aufwand eine Fuß- und Navigationsleiste erstellt! Allerdings sind Sie Perfektionist und stören sich etwas an dem Stern-Icon bei den einzelnen Links der Navigation (Abbildung 8.5). Ein Stern? Warum denn ein Stern? Hier geht's um ein Restaurant, nicht um eine Sternenwarte. Andere Icons müssen her. Das Problem: Im Standard-Icon-Set von jQuery Mobile sind keine passenden Symbole enthalten. Sie brauchen etwas, das MENÜ, ANFAHRT und KONTAKT kommuniziert, mit anderen Worten *Messer und Gabel*, einen *Karten-Marker* und einen *Briefumschlag*.

jQuery Mobile bietet die Möglichkeit, eigene Icons zu verwenden. Zunächst müssen Sie, für ein optimales Ergebnis, die Icons in Weiß und im PNG-Format mit transparentem Hintergrund in der Größe 36 × 36 Pixel anlegen. Der Kreis- und Schatteneffekt wird automatisch von jQuery Mobile hinzugefügt. Obwohl die Icons im Endeffekt nur in einer Größe von 18 × 18 Pixel dargestellt werden, empfehlen wir Ihnen, die Icons in der doppelten Größe anzulegen. So erscheinen diese auf hochaufgelösten Bildschirmen, wie das des iPhones oder des iPads mit Retina-Bildschirm, wesentlich schärfer. Für eine große Anzahl an Icons, die Sie unter Nennung des Autors auch kommerziell einsetzen dürfen, lohnt ein Blick auf die Website *www.thenounproject.com*. Alle Icons können Sie hier kostenlos im Vektorformat herunterladen und somit einfach in Weiß umfärben. Um Ihnen die Arbeit etwas leichter zu machen, haben wir Ihnen bereits die benötigten Icons erstellt. Sie finden diese auf der beiliegenden DVD.

Damit Sie die Icons nun verwenden können, bedarf es noch drei kleiner Schritte: Als Erstes benennen Sie die Icon-Dateien um. Der Dateiname des Icons besteht immer aus dem Anfangsteil app-icon-. Daran schließt sich eine Bezeichnung an, die Sie selbst wählen können und über welche Sie später das Icon einbinden. In Ihrem Fall z.B. anfahrt. Danach folgt noch der Zusatz highres, da es sich um ein hochaufgelöstes Icon handelt. Die kompletten Dateinamen sehen damit wie folgt aus:

```
app-icon-menue-highres.png
app-icon-anfahrt-highres.png
app-icon-kontakt-highres.png
```

Speichern Sie die Icons in einem Unterordner namens *bilder*. In Schritt zwei ergänzen Sie nun die *styles.css* um folgende Klassen:

```
.ui-icon-menue {
 background-image: url("../bilder/app-icon-menue-highres.png");
  background-size: 18px 18px;
}
.ui-icon-anfahrt {
 background-image: url("../bilder/app-icon-anfahrt-highres.png");
  background-size: 18px 18px;
}
.ui-icon-kontakt {
 background-image: url("../bilder/app-icon-kontakt-highres.png");
 background-size: 18px 18px;
}
```

Listing 8.7 Austausch der Icons in der Navigationsleiste

Beachten Sie, dass auch in der Klassenbezeichnung nach .ui-icon- die von Ihnen in den Dateinamen festgelegte Bezeichnung Verwendung findet. Innerhalb der Klassen verknüpfen Sie jeweils die richtige Icon-Datei und setzen die Größe auf 18 × 18 Pixel. Das Bild wird von jQuery Mobile als Hintergrundbild definiert, weswegen Sie die Größenanpassung über die Definition background-size festlegen.

Als letzten Schritt binden Sie nun das richtige Icon ein. Ersetzen Sie einfach star durch die von Ihnen festgelegte Bezeichnung. Im Großen und Ganzen sollte Ihr Code nun wie folgt aussehen:

```
<div data-role="navbar" data-theme="b">
 <ul>
  <li><a href="menue.html" data-icon="menue" data-transition="fade">MENÜ</a>
  </li>
  <li><a href="anfahrt.html" data-icon="anfahrt" data-transition="fade">
  ANFAHRT</a></li>
  <li><a href="kontakt.html" data-icon="kontakt" data-transition="fade">KONTAKT
  </a></li>
 </ul>
</div><!-- /navbar -->
```

Listing 8.8 Die komplette Navigationsleiste

Damit sind Sie mit der Startseite durch und haben bereits das Grundgerüst für die weitere Seiten gelegt (Abbildung 8.7). Sehr gut!

Abbildung 8.7 Die fertige Startseite mit allen Elementen auf
dem iPhone und unter Android

8.1.3   Kurze Kaffeepause – ein Blick hinter die Kulissen von jQuery Mobile

Bevor Sie mit den anderen Seiten loslegen, erklären wir Ihnen, wie genau Seitenaufrufe unter jQuery Mobile funktionieren und was genau geladen wird. Sie wissen bereits, dass eine HTML-Datei mehrere App-Seiten beinhalten kann. Sie wissen auch, dass wir Ihnen empfehlen, die Seiten in separate HTML-Dateien auszulagern, da Ihr Projekt damit übersichtlicher wird. Diese Vorgehensweise hat jedoch einen Nachteil. jQuery Mobile lädt neue HTML-Dateien nicht, indem es einfach die neue Seite aufruft und die alte verlässt. Es lädt die neue HTML-Datei via AJAX dynamisch nach. Dabei wird von der neuen HTML-Datei *nur* das geladen, was innerhalb eines page-Containers steht. Der head-Bereich, bis auf Aufnahme des title-Tags, wird nicht nachgeladen. Das bedeutet, dass Sie alle externen JavaScript-Dateien, Stylesheets, die Sie auf Ihren Unterseiten benötigen, auf Ihrer Startseite bereits implementiert haben müssen.

Wenn der head-Bereich nur auf der Startseite geladen wird, so ist er bei allen anderen HTML-Dateien irrelevant und kann theoretisch leer bleiben, richtig? Leider nein. Sie sollten auf allen Seiten denselben head-Bereich verwenden. Auch wenn die WebApp bei der Verwendung diesen Bereich nicht mit lädt, so könnte der Benutzer auch z.B. direkt die Datei *menue.html* aufrufen. Würde hier der head-Bereich mit allen externen JavaScript-Dateien und Stylesheets fehlen, so würde die WebApp nicht funktionieren. Der direkte Aufruf einer HTML-Datei, die nicht die Startseite ist, kann außerdem sehr unbewusst passieren. Stellen Sie sich vor, der Nutzer ruft die WebApp »Zum heiteren Hering« auf, wechselt in die Rubrik MENÜ und kommt dann auf die Idee, die WebApp zum Startbildschirm hinzuzufügen. Da jQuery Mobile bei einem Seitenwechsel auch automatisch die Adressleiste um die neue HTML-Datei erweitert, verwendet der Direktlink vom Home-Bildschirm somit auch diese Adresse (z.B. *http:// www.zumheiterenhering.de/menue.html*).

Im weiteren Verlauf werden Sie die Startseite (*index.html*) für die anderen Seiten duplizieren, umbenennen und den Inhalt austauschen. Deswegen sollte der head-Bereich schon vorher korrekt gesetzt sein. Ergänzen Sie den head-Bereich um folgende JavaScript-Verlinkungen für die spätere Verwendung in der Rubrik ANFAHRT:

```
<script src="js/jquery.ui.map.full.min.js" type="text/javascript"></script>
<script type="text/javascript" src="https://www.google.com/jsapi"></script>
<script type="text/javascript">
 google.load("maps", "3", {'other_params':'sensor=true'});
</script>
```

Listing 8.9 Die Einbindung der Google Maps API mit Google Load

Wir gehen den Code Schritt für Schritt durch, wenn Sie die Rubrik ANFAHRT anlegen. Doch dazu später mehr. Kaffee ausgetrunken? Dann kann es ja weitergehen.

8.1.4   À la carte – die Menüseite

Herr Mattis Mattisen ist stolz auf seine breit gefächerte Menüauswahl. Ob großer Fisch oder kleiner Fisch, ob gebraten oder frittiert – beim »heiteren Hering« wird jeder satt. Die Menükarte ist, neben dem Preis, das entscheidende Kriterium für die Auswahl eines Restaurants. Sie haben die hervorragende Idee, das Menü in einer Art Liste auszugeben (Abbildung 8.8). Diese Liste beinhaltet ein Bild des Gerichts, dessen Namen und eine kurze Beschreibung. Wählt der Benutzer ein Gericht aus, so schiebt sich von der Seite die Detailseite hinein. Dieses *Master-Detail-Prinzip* kennen Sie bereits aus nativen Apps, wie z.B. der Kontakte-App auf dem iPhone.

Duplizieren Sie nun als Erstes Ihre Startseite (*index.html*), und benennen Sie diese in *menue.html* um. Anschließend entfernen Sie den Inhalt des content-Containers. Sie sollten die id des page-Containers zusätzlich noch in menue abändern. Ihr Code innerhalb des body-Bereichs sieht nun folgendermaßen aus:

```
<!-- Menue Seite -->
<div data-role="page" id="menue" >
 <div data-role="header" data-theme="b">
  <a href="index.html" data-role="button" data-icon="home" data-iconpos=
  "notext" data-position="fixed" data-tap-toggle="false">Dieser Text wird
  nicht angezeigt</a>
```

```
  <h1>Unser Menü</h1>
</div>
<div data-role="content">
</div><!-- div content -->
<div data-role="footer" data-id="footernav" data-tap-toggle="false"
data-position="fixed" data-theme="b">
  <div data-role="navbar" data-theme="b">
   <ul>
    <li><a href="menue.html" data-icon="menue" data-transition="fade"
    class="ui-btn-active">MENÜ</a></li>
    <li><a href="anfahrt.html" data-icon="anfahrt" data-transition=
    "fade">ANFAHRT</a></li>
    <li><a href="kontakt.html" data-icon="kontakt" data-transition=
    "fade">KONTAKT</a></li>
   </ul>
  </div><!-- /navbar -->
 </div><!-- /footer -->
</div><!-- /page -->
```

Listing 8.10 Das Raster der Menüliste

Abbildung 8.8 So sieht Ihre Menüliste am Ende auf dem iPhone (links) und unter Android (rechts) aus.

Beachten Sie den neuen Bereich oberhalb des content-Containers. Sie setzen auf allen Unterseiten eine Kopfzeile, einen sogenannten header ein, der den Namen der aktuellen Seite trägt und außerdem einen Button bereitstellt, der den Benutzer zurück zur Startseite führt. Im header-Container finden Sie die Zuordnung eines Themes, in diesem Fall wieder b, was einer blauen Farbigkeit entspricht. Auch beim Link des Home-Buttons verwenden Sie verschiedene Attribute, um das Aussehen und Verhalten des Buttons zu beeinflussen:

▶ data-role="button"
Der Link wird als Button dargestellt.

▶ data-icon="home"
Das data-icon-Attribut kennen Sie schon von der Erstellung der Navigationsleiste. In diesem Fall verwenden Sie den Wert home. So wird ein kleines Haus angezeigt, was dem Benutzer »Startseite« signalisiert.

▶ data-iconpos="notext"
Über das Attribut data-iconpos mit dem Wert notext legen Sie fest, dass lediglich das Icon, nicht aber der Text angezeigt wird. Dies ist besonders auf kleinen Bildschirmen sinnvoll, da der Button und der Titel in der Kopfzeile sonst nicht komplett dargestellt werden könnten.

Eine Liste in jQuery Mobile

Sie gestalten eine Liste in jQuery Mobile wie in jeder anderen HTML5-Webseite über die Elemente ul und ol. Damit die Liste von jQuery Mobile korrekt formatiert wird, müssen Sie das altbekannte data-role-Attribut hinzufügen:

```
<ul id="gerichteliste" data-role="listview">
 <li>Ein Element in einer Liste</li>
 <li>Ein weiteres Element in einer Liste</li>
</ul>
```

Über den Wert listview legen Sie fest, dass es sich hierbei um eine Liste handelt, die von jQuery Mobile gestaltet werden soll. Zusätzlich zum data-role-Attribut weisen Sie dem ul-Element die id gerichteliste hinzu, um sie so später via JavaScript anzusprechen.

Die Menükarte in einer JSON-Datei auslagern

Wie Sie schon am Anfang des Kapitels festgestellt haben, sind Sie ein fauler Mensch – jedenfalls was die Programmierung angeht. Zur Erstellung der Menükarte könnten Sie jeden Listeneintrag nach folgendem Schema von Hand anlegen:

```
<li>
 <a href="detailansicht_nummer1.html">
  <img src="bilder/bildDesGerichtes_nummer1.png />
  <h3>Titel des Gerichtes Nummer 1</h3>
```

```
  <p>Kleiner Untertitel des Gerichtes Nummer 1</p>
 </a>
</li>
```

Prinzipiell wird Sie dieser Weg zum Ziel führen, jedoch schaffen Sie sich dadurch unnötig Arbeit. Nehmen Sie an, Herr Mattisen expandiert und seine Gerichteliste steigt von fünf auf über 20 Gerichte an. Sie müssten nun für jede Detailansicht eines Gerichts eine separate HTML-Datei anlegen. Und das Schlimmste: Im Endeffekt sehen diese Dateien so gut wie gleich aus. Lediglich die Bildadresse, der Titel und der Untertitel verändern sich. Das klingt nach einer Menge überflüssigem Code. Sie sind zum Glück nicht nur etwas faul, sondern vor allem smart, weswegen Sie die Daten (Bildadresse, Titel, Untertitel) der Gerichte in eine externe Datei auslagern und dann mit etwas jQuery in die Seite einfügen. Die externe Datei ist quasi Ihre Datenbank. Sie haben schon in den vorherigen Kapiteln mit JSON gearbeitet, weswegen Sie auch beim »heiteren Hering« die Daten in einer JSON-Datei speichern. Erstellen Sie eine neue Datei namens *gerichte.json*, und speichern Sie diese im Verzeichnis Ihrer WebApp ab. Diese Datei beinhaltet ein Objekt gerichte, welches wiederum aus den einzelnen Gerichten und deren Eigenschaften besteht.

```
{
 "gerichte": [
  {
   "name": "Heiterer Hering",
   "bild": "gericht1.png",
   "untertitel": "Lorem ipsum dolor sit amet, consectetur adipiscing elit.
   Curabitur pulvinar rhoncus malesuada."
  },
  {
   "name": "Fröhliche Forelle",
   "bild": "gericht2.png",
   "untertitel": "Lorem ipsum dolor sit amet, consectetur adipiscing elit.
   Curabitur pulvinar rhoncus malesuada."
  },
  {
   "name": "Buckeliger Barsch",
   "bild": "gericht3.png",
   "untertitel": "Lorem ipsum dolor sit amet, consectetur adipiscing elit.
   Curabitur pulvinar rhoncus malesuada."
  },
  {
   "name": "Feuerroter Rotbarsch",
   "bild": "gericht4.png",
```

```
  "untertitel": "Lorem ipsum dolor sit amet, consectetur adipiscing elit.
  Curabitur pulvinar rhoncus malesuada."
 },
 {
  "name": "Deftige Dorade",
  "bild": "gericht5.png",
  "untertitel": "Lorem ipsum dolor sit amet, consectetur adipiscing elit.
  Curabitur pulvinar rhoncus malesuada."
 }
 ]
}
```

Listing 8.11 Die JSON-Datei mit den Gericht- und Bildinformationen

> **Vorsicht – Syntaxfalle!**
> Achten Sie genau auf die korrekte Syntax in der JSON-Datei. Ein Komma, ein Anführungszeichen oder eine Klammer zu viel oder zu wenig und die Ausgabe wird nicht funktionieren. Schlimmer noch: Sie werden nicht mal eine Fehlermeldung erhalten. Erinnern Sie sich noch an JSON Lint (*http://jsonlint.com/*)?

Diese JSON-Datei beinhaltet somit alle notwendigen Informationen jedes Gerichts.

Die JSON-Datei auslesen und ausgeben

Nachdem Sie nun die Daten in eine externe Datei ausgelagert haben, kümmern Sie sich um die Ausgabe in der WebApp. Dazu benötigen Sie etwas JavaScript-Code, welchen Sie am Ende innerhalb des page-Containers einfügen. Wieso innerhalb des page-Containers? Sie erinnern sich bestimmt: jQuery Mobile lädt bei einem Seitenwechsel nur den Inhalt des page-Containers, nicht aber die komplette HTML-Datei. Stünde der Code außerhalb des page-Containers, so würde dieser nicht nachgeladen werden und damit die Ausgabe nicht funktionieren.

Eines der ersten Dinge, die Sie im Zuge von jQuery gelernt haben, ist das Ausführen von Code über $(document).ready, wenn die Seite fertig geladen ist:

```
$(document).ready(function() {
 // Alles, was hier steht, wird ausgeführt, wenn die Seite fertig geladen
 ist.
});
```

Leider funktioniert dies innerhalb einer jQuery-Mobile-WebApp nur bedingt. Häufig werden nur Teile von Seiten nachgeladen (oder sogar vorgeladen), weswegen Sie sich auf das ursprüngliche $(document).ready nicht verlassen können. Stellen Sie sich vor, die Startseite würde geladen. Im Zuge dessen würde jeder Code ausgeführt werden, der innerhalb $(document).ready definiert ist. Wenn Sie nun die Rubrik wechselten und wieder zur Startseite zurückkehrten, würde aber die Startseite nicht erneut komplett nachgeladen. Das Ergebnis wäre, dass die Funktion nicht mehr ausgeführt und damit die Seite fehlerhaft dargestellt würde. In jQuery Mobile müssen Sie somit eine andere Funktion definieren, die Code ausführt, wenn die jeweilige Seite angezeigt (und nicht geladen) wird.

```
$('#NameDerSeite').on("pageshow", function() {
// Alles, was hier steht, wird ausgeführt, wenn die Seite angezeigt wird.
});
```

Zunächst sprechen Sie die id der jeweiligen Seite an, um dann mit .on("pageshow", function () {}); zu überprüfen, ob die Seite angezeigt wird. Ist dies der Fall, so wird der Code innerhalb der geschweiften Klammern ausgeführt. Dies ist genau das, was Sie in Ihrem Fall benötigen.

Sie werden nun innerhalb dieser Funktion folgende Dinge ausführen:

1. Den momentanen Inhalt der Gerichteliste leeren, damit es beim erneuten Aufruf nicht zu Dopplungen kommt.

2. Die JSON-Datei laden, alle Gerichte durchgehen und die Inhalte in der Gerichteliste ausgeben.

3. Die Liste durch jQuery Mobile gestalten lassen.

```
<script>
 $('#menue').on("pageshow", function() {
  $('#gerichteliste').empty();
  $.getJSON('gerichte.json', function(data) {
   $.each(data.gerichte, function(i,item){
    $('<li><a href="gericht-detail.html" data-transition="slide" onClick=
    "javascript:sessionStorage.gericht=\''+item.name+'\';"><img src="bilder/
    '+item.bild+'" /><h3>' + item.name + '</h3>' + '<p>' + item.untertitel +
    '</p></a></li>').appendTo('#gerichteliste');
   });
   $('#gerichteliste').listview('refresh');
  });
 });
</script>
```

Listing 8.12 Die JSON-Datei auslesen und die als Gerichteliste ausgeben

Sie sehen nun auch, warum es wichtig ist, jedem page-Container seine eindeutige id zuzuweisen. Nur so können Sie mit jQuery überprüfen, ob die Seite geladen wurde.

Um den aktuellen Inhalt der Gerichteliste zu leeren, genügt folgender Code:

```
$('#gerichteliste').empty();
```

Als Nächstes lesen Sie die JSON-Datei *gerichte.json* via `$.getJSON` aus:

```
$.getJSON('gerichte.json', function(data) {
});
```

Innerhalb dieses Aufrufs gehen Sie nun mit `$.each` jeden Eintrag des Objekts `gerichte` durch. Die Bezeichnung `data.gerichte` wird dabei als Variable `item` gespeichert:

```
$.each(data.gerichte, function(i,item){
});
```

Nun heißt es, die einzelnen Daten der JSON-Datei an den richtigen Stellen einzufügen und dann der Liste mit der `id gerichteliste` hinzuzufügen. Dies erreichen Sie mit `appendTo`. Dabei definieren Sie zunächst, was eingefügt werden soll, und anschließend, in welches HTML-Element. Der einzufügende Teil besteht dabei aus folgenden Teilen:

```
<li></li>
```

Über das `li`-Element definieren Sie einen Listeneintrag.

```
<a href="gericht-detail.html" data-transition="slide"
onClick="javascript:sessionStorage.gericht=\''+item.name+'\';"></a>
```

Wenn der Benutzer einen Listeneintrag auswählt, soll sich die Unterseite *gericht-detail.html* öffnen. Neben dem bereits bekannten `data-transition`-Attribut benötigen Sie hier noch einen `onclick`-Aufruf. Problem ist, dass Sie in irgendeiner Form der Seite *gericht-detail.html* beim Aufruf mitteilen müssen, welchen Listeneintrag der Benutzer ausgewählt hat. Dazu, und weil Sie bereits damit vertraut sind, speichern Sie den ausgewählten Eintrag (den Titel des Gerichts) temporär in einem `sessionStorage`. Mit `item.name` geben Sie den Titel an der richtigen Stelle aus. Später werden Sie dann in der *gericht-detail.html* diese Variable aus dem `sessionStorage` auslesen.

Als Nächstes fügen Sie das Bild ein. Wie auch zuvor mit `item.name` wird hier der Inhalt der JSON-Datei verarbeitet und der Wert von `item.bild` ausgegeben. Alle Bilder liegen im Unterordner *bilder*.

```
<img src="bilder/'+item.bild+'" />
```

Nach demselben Schema nun zu guter Letzt noch Titel und Untertitel:

```
<h3>' + item.name + '</h3>' + '<p>' + item.untertitel + '</p>
```

Damit sollte der komplette Code wie folgt aussehen:

```
$('<li><a href="gericht-detail.html" data-transition="slide" onClick="java-
script:sessionStorage.gericht=\''+item.name+'\';"><img src="bilder/
'+item.bild+'" /><h3>' + item.name + '</h3>' + '<p>' + item.untertitel +
'</p></a></li>').appendTo('#gerichteliste');
```

Nachdem Sie nun die JSON-Datei ausgelesen und die Listenelemente mit jQuery zusammengebaut haben, erscheinen die Elemente bereits in der WebApp – leider jedoch ohne die korrekte Formatierung (Abbildung 8.9).

Abbildung 8.9 Ansicht der Liste ohne die von jQuery Mobile gesetzten Stile

jQuery Mobile rendert und gestaltet alle Elemente beim Laden. Das heißt, dass Elemente, die Sie nach dem Laden der Seite mit jQuery hinzufügen, nicht mehr umgestaltet werden. Fügen Sie folgenden Code nach der Erstellung aller Listenelemente ein, um diesen Prozess manuell anzustoßen:

```
$('#gerichteliste').listview('refresh');
```

Damit aktualisieren Sie die Gestaltung der Liste mit der id gerichteliste. Die hier verwendeten Bilder haben wir ebenfalls aus dem Creative-Commons-Archiv von

Flickr heruntergeladen und im Ordner *bilder* gespeichert. Die Autoren der Bilder heißen www.theedinburghblog.co.uk, kthypryn, Julien Menichini und Vadim Lavrusik.
Da diese Bilder zu groß für die Listendarstellung sind, sollten Sie diese innerhalb
Ihrer *styles.css* anpassen. Zusätzlich verändern Sie noch den linken Rand des Titels
und Untertitels, damit diese nicht von dem Bild verdeckt werden. jQuery Mobile
kürzt automatisch den Untertitel, wenn dieser zu lang für die aktuelle Bildschirmgröße ist. Cool, oder?

```
[data-role=listview] img {
 height:100%;
 width:auto;
}


[data-role=listview] h3, [data-role=listview] p{
 padding-left:30px;
}
```

Das war's! Sie haben erfolgreich Inhalte in eine JSON-Datei ausgelagert und dynamisch eine Liste erzeugt (Abbildung 8.10). Das Anlegen von weiteren Gerichten ist
somit ein Kinderspiel. Sie müssen lediglich einen neuen Eintrag in der JSON-Datei
anlegen, und die korrekte Formatierung passiert automatisch. Somit kann Herr Mattisen bedenkenlos expandieren.

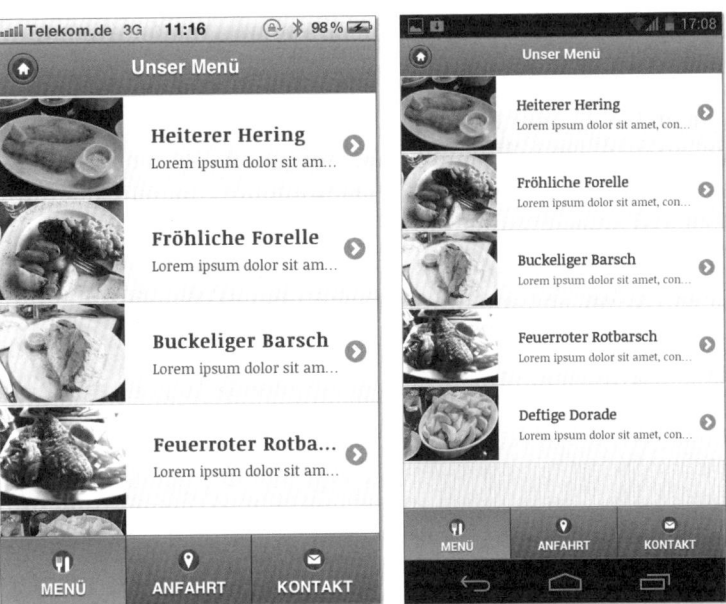

Abbildung 8.10 Die fertige Menüliste auf dem iPhone (links) und unter Android (rechts)

Ein Gericht im Detail

Was jetzt natürlich noch fehlt, ist die Detaildarstellung, die innerhalb der Datei *gericht-detail.html* stattfindet. Kopieren Sie die Menüseite (*menue.html*), und entfernen Sie alles innerhalb des content-Containers. Dem content-Container weisen Sie noch die id gericht-inhalt zu, dem page-Container die id gericht-einzeln.

Damit der Benutzer zurück zur Liste navigieren kann, möchten Sie in der Kopfzeile einen Zurück-Button implementieren. jQuery Mobile beinhaltet einen vorgefertigten Zurück-Button, den Sie mit data-add-back-btn="true" dem page-Container hinzufügen. Dieser Button erscheint dann automatisch in der Kopfzeile. Den Text des Buttons, der standardmäßig mit Back betitelt ist, ändern Sie über das Attribut data-back-btn-text. Der fertige Code (ohne die Fußzeile) sieht nun folgendermaßen aus:

```
<div data-role="page" id="gericht-einzeln" data-add-back-btn="true"
data-back-btn-text="Zurück">
 <div data-role="header" data-theme="b">
  <h1>Gericht</h1>
 </div>
 <div data-role="content" id="gericht-inhalt">
  <!-- Hier wird dynamisch das Gericht reingeladen -->
 </div><!-- div content -->
 <!-- Aus Platzgründen wurde die Fußzeile an dieser Stelle weggelassen -->
</div><!-- /page -->
```

Listing 8.13 Der fertige Code der Gerichtdarstellung (einzeln)

Vom Prinzip her passiert in der Seite des Gerichtdetails dasselbe wie in der Listenansicht. Die JSON-Datei wird ausgelesen, und Inhalte werden ausgegeben. Der Unterschied ist hier jedoch, dass Sie nicht alle Elemente ausgeben, sondern nur das Element, dessen Titel mit dem Titel aus dem sessionStorage übereinstimmt. Der JavaScript-Code ist somit nahezu identisch und muss nur an zwei Stellen erweitert werden. Setzen Sie den folgenden Code innerhalb an das Ende des page-Containers:

```
<script>
 $('#gericht-einzeln').on("pageshow", function() {
  // Gericht Inhalt leeren
  $('#gericht-inhalt').empty();

  // Aktuelles Gericht aus dem sessionStorage laden
  var gericht = sessionStorage.gericht;

  // JSON Datei laden
  $.getJSON('gerichte.json', function(data) {
```

```
 $.each(data.gerichte, function(i,item){
  // Überprüfen des Gerichtnamens mit dem aus dem sessionStorage.
  if(item.name == gericht){
   $('<img src="bilder/'+item.bild+'" /><h3>' + item.name + '</h3>' + '<p>'
   + item.untertitel + '</p>').appendTo('#gericht-inhalt');
  }
 });
 });
});
</script>
```

Listing 8.14 Das Auslesen der JSON-Datei, der Abgleich mit der sessionStorage und letztendlich die Ausgabe des gewählten Gerichts

Zunächst leeren Sie auch hier den Inhalt des Containers, in dem das Gericht letztendlich ausgegeben werden soll. Dadurch entstehen keine Dopplungen.

```
$('#gericht-inhalt').empty();
```

Im nächsten Schritt speichern Sie den Inhalt der sessionStorage-Variablen gericht in einer JavaScript-Variablen mit gleichem Namen.

```
var gericht = sessionStorage.gericht;
```

Als Nächstes lesen Sie analog zur Menüliste die JSON-Datei aus. Innerhalb des Auslesens jedes Elements überprüfen Sie dann, ob der ausgelesene Titel mit dem Titel der Variablen gericht, die letztendlich von der Menüseite über den sessionStorage übergeben wurde, übereinstimmt.

```
if(item.name == gericht){
};
```

Ist dies der Fall, so lassen Sie, wie gewohnt, die Inhalte in bestimmte Teile des HTML-Codes einpflegen und letztendlich dem Container mit der id gericht-inhalt hinzufügen.

```
$('<img src="bilder/'+item.bild+'" class="schatten"/><h3>' + item.name +
'</h3>' + '<p>' + item.untertitel + '</p>').appendTo('#gericht-inhalt');
```

Fertig. So einfach ist das, und Sie benötigen nicht für jedes neue Gericht eine einzelne Detailseite (Abbildung 8.11).

Abbildung 8.11 Die fertige Detailseite eines Gerichts auf dem iPhone (links) und unter Android (rechts)

8.1.5   Implementierung einer Google-Maps-Karte inklusive Routenplanung

Jeder Benutzer kann nun sehen, welche kulinarischen Köstlichkeiten das Restaurant »Zum heiteren Hering« bereithält. Nun sollten Sie Ihren Benutzern helfen, das Restaurant zu finden. Dazu zeigen Sie auf der Seite ANFAHRT eine Google-Maps-Karte an, die beim Aufruf die Position des Benutzers ermittelt und anschließend die Route zum Restaurant ausgibt. Kopieren Sie Ihre Startseite (*index.html*), und entfernen Sie wieder den Inhalt des content-Containers. Als id geben Sie dem content-Container den Wert anfahrt-inhalt und dem page-Container die id anfahrt. In der Navigationsleiste, welche sich in der Fußleiste befindet, setzen Sie beim Link, der zur Seite der Anfahrt führt, noch die CSS-Klasse ui-btn-active. Damit wird nun dieser Button als aktiv dargestellt. Gleichermaßen können Sie die Klasse nun beim Link, der zur Menüseite führt, entfernen. Da Sie auf der Startseite keine Kopfzeile einsetzen, sollten Sie diesen analog zur Menüseite einfügen.

```
<div data-role="header" data-theme="b">
 <a href="index.html" data-role="button" data-icon="home" data-iconpos=
 "notext">Dieser Text wird nicht angezeigt</a>
 <h1>Anfahrt</h1>
</div>
```

Der Inhalt des content-Containers besteht lediglich aus einem weiteren Container, in welchen Sie die Google-Maps-Karte laden werden:

```
<div id="karte-container"></div>
```

Bei der Erstellung des head-Bereichs haben Sie bereits alle notwendigen JavaScript-Dateien für die Verwendung der Google Maps API eingebunden. In diesem Fall haben Sie das mithilfe des *Google Loaders* erreicht. Mit diesem können Sie nicht nur die Google Maps API laden, sondern z.B. auch jQuery und andere Skripte. Eine detaillierte englische Beschreibung finden Sie unter *https://developers.google.com/loader/*. Je nach Einsatzzweck kann der Einsatz des Google Loaders die Geschwindigkeit Ihrer WebApp steigern, da automatisch nur bestimmte und benötigte Komponenten geladen werden.

```
<script type="text/javascript" src="https://www.google.com/jsapi"></script>
<script type="text/javascript">
 google.load("maps", "3",{'other_params':'sensor=true'});
</script>
```

Insgesamt besteht das JavaScript, welches die Karte ausgibt, aus drei Teilen:

1. Positionsdaten auslesen
2. die Karte konfigurieren: Startpunkt (die im ersten Schritt ermittelte Position) und ein Ziel festlegen
3. die Karte ausgeben

Wie auch im Beispiel der Menükarte platzieren Sie Ihr JavaScript innerhalb des page-Containers ans Ende. Mit der Funktion .on("pageshow", function () {}); setzen Sie fest, dass der Code ausgeführt werden soll, wenn die Seite mit der id anfahrt angezeigt wird.

```
$('#anfahrt').on("pageshow", function() {
});
```

Das Auslesen der Positionsdaten haben Sie bereits in Kapitel 5, »Positionsbestimmung«, kennengelernt.

```
var positionsAusgabe = function(position){
 var longpos = position.coords.longitude;
 var latpos = position.coords.latitude;
 $('#karte-container').height($(window).height());
};
navigator.geolocation.getCurrentPosition(positionsAusgabe);
```

Listing 8.15 Das Auslesen der Positionsdaten

8

Sie definieren eine Variable namens positionsAusgabe. Die Variable beinhaltet eine Funktion, die die Longitude- und Latitude-Werte in den Variablen longpos und latpos abspeichert. Abschließend setzen Sie die Höhe des Containers mit der id karte-container, in den Sie später die Karte reinladen, auf die Höhe des Browserfensters. Dies ist wichtig, da Sie die Karte bildschirmfüllend anzeigen lassen wollen. Nach der Definition der Variablen rufen Sie die Ermittlung der Positionsdaten über navigator.geolocation.getCurrentPosition(positionsAusgabe) auf. Soweit nichts Neues für Sie. Sie erweitern nun den Code, der bei der Positionsbestimmung aufgerufen wird, um die Erstellung der Google-Maps-Karte und die Zeichnung der Route. Schließen Sie dafür, direkt nach dem Festsetzen der Höhe des Karten-Containers folgenden Code ein:

```
$('#karte-container').gmap(
 'displayDirections',
 {
  'origin': new google.maps.LatLng(latpos,longpos),
  'destination': "Friedrichstr. 37, Norderney",
  'travelMode': google.maps.DirectionsTravelMode.DRIVING
 },
 function(success, response) {
  if (success) {
   return new google.maps.LatLng(latpos, longpos);
  } else {
   alert('Die Karte und/oder Route konnte nicht geladen werden');
   $('#karte-container').gmap('getService',
   'DirectionsRenderer').setMap(null);
  }
 }
);
```

Listing 8.16 Die Konfiguration der Google Maps Karte inklusive der berechneten Route zu einer definierten Adresse

Zunächst initiieren Sie die Google Maps API und setzen den Container karte-container als Ziel der Ausgabe fest. Das Objekt gmap erweitern Sie dabei um folgende Parameter:

▶ displayDirections
 Dieser Wert gibt an, dass eine Route angezeigt werden soll.

▶ origin
 Dies ist der Startpunkt der Route. In diesem Fall verwenden Sie hier die Werte für Latitude und Longitude, die Sie zuvor über die Positionsbestimmung in den Variablen latpos und langpos gespeichert haben.

▶ destination

Neben den GPS-Koordinaten können Sie auch einfachen Text angeben. Im Falle des Routenziels (destination) wählen Sie zur Veranschaulichung ein sehr gutes Fischrestaurant auf der Nordseeinsel Norderney mit der Adresse »Friedrichstr. 37, Norderney«.

▶ travelmode

Hiermit geben Sie vor, dass die Route für die Fahrt mit dem Auto angezeigt werden soll.

Nachdem Sie nun einige Parameter konfiguriert haben, wird eine Funktion initiiert. Ist dabei der Aufruf erfolgreich gewesen, so wird die Google-Maps-Karte erstellt. Wenn nicht, wird eine Fehlermeldung ausgegeben. Der komplette Code sollte jetzt bei Ihnen folgendermaßen aussehen:

```
<script>
 $('#anfahrt').on("pageshow", function() {
  var positionsAusgabe = function(position){
   var longpos = position.coords.longitude;
   var latpos = position.coords.latitude;
   $('#karte-container').height($(window).height());
   $('#karte-container').gmap(
    'displayDirections',
    {
     'origin': new google.maps.LatLng(latpos,longpos),
     'destination': "Friedrichstr. 37, Norderney",
     'travelMode': google.maps.DirectionsTravelMode.DRIVING
    },
    function(success, response) {
     if ( success ) {
      return new google.maps.LatLng(latpos, longpos);
     } else {
      alert('error');
      $('#karte-container').gmap('getService', 'DirectionsRenderer').setMap(null);
     }
    }
   );
  };
 navigator.geolocation.getCurrentPosition(positionsAusgabe);
});
</script>
```

Listing 8.17 Das komplette Script zur Positionsbestimmung, Routenberechnung und Ausgabe der Karte

Die reine Funktionalität haben Sie damit eingerichtet. Nun sollten Sie im letzten Schritt über die *styles.css* die Darstellung so anpassen, dass die Karte den kompletten Bildschirm füllt. Von Haus aus besitzt der content-Container einen Rand (padding), damit Inhalte nicht am Bildschirmrand kleben. In diesem Fall möchten Sie jedoch gerade dies erreichen. Erweitern Sie die *styles.css* also um folgende Definition:

```
#anfahrt-inhalt {
  padding:0px;
}
```

Das war's! Die Seite ANFAHRT haben Sie hiermit auch erledigt (Abbildung 8.12).

Abbildung 8.12 Die Seite »Anfahrt« komplett mit Routenplanung auf dem iPhone (links) und unter Android (rechts)

8.1.6   Ein Kontaktformular mithilfe von PHP

Ihre Benutzer wissen nun, was man beim »heiteren Hering« zu essen bekommt und wie man am besten mit dem Auto zum Restaurant gelangt. Während Sie mit der Programmierung der Google-Maps-Karte beschäftigt waren, hatte Herr Mattis Ihnen eine E-Mail gesendet. Er hat eine Werbeanzeige im lokalen Zeitungsblättchen »Der muntere Seemann« geschaltet und die Gästezahlen haben sich in kurzer Zeit mehr als verdoppelt. Das Restaurant ist momentan an vielen Abenden komplett ausgebucht und ohne Reservierung geht gar nichts mehr – der perfekte Zeitpunkt für Sie, das Kontaktformular der WebApp umzusetzen.

Im Großen und Ganzen soll ein Benutzer seinen Namen, Telefon, E-Mail-Adresse und eine Anfrage eingeben können, die dann per E-Mail an Herrn Mattisen gesendet wird. Neben den auszufüllenden Textfeldern kann der Benutzer zusätzlich noch über ein Dropdown-Feld die Art der Anfrage auswählen. So kann Herr Mattisen jegliche Beschwerdeanfragen gleich in den Papierkorb ..., ähm, seiner Sekretärin zum Bearbeiten geben.

Sie benötigen also ein Formular und ein Script, welches den Inhalt der Daten per E-Mail versendet. Der E-Mail-Versand ist mit reinem jQuery nicht möglich, weswegen Sie für dieses Szenario eine Mischung aus jQuery und PHP einsetzen. PHP ist eine serverseitige Skriptsprache, die, genau wie jQuery Mobile, einen Webserver voraussetzt. Wenn Sie die WebApp nicht lokal entwickeln, informieren Sie sich, ob Ihr Webspace PHP unterstützt. Aber keine Angst, die meisten Hoster tun dies.

Duplizieren Sie zunächst eine Seite, z.B. die *menue.html*, entfernen Sie den Inhalt des content-Containers, und weisen Sie diesem die id kontakt-inhalt zu. Der page-Container erhält die id kontakt. Des Weiteren fügen Sie in der Navigationsleiste die Klasse ui-btn-active dem Link *Kontakt* hinzu. In den content-Container fügen Sie nun das Formular ein.

```
<form id="kontaktformular">
 <div data-role="fieldcontain">
  <label for="name">Name:</label>
  <input type="text" name="name" id="name" value="" />
 </div>
 <div data-role="fieldcontain">
  <label for="email">E-Mail:</label>
  <input type="email" name="email" id="email" value="" />
 </div>
 <div data-role="fieldcontain">
  <label for="telefon">Telefon:</label>
  <input type="tel" name="telefon" id="telefon" value="" />
 </div>
 <div data-role="fieldcontain">
  <label for="artanfrage">Art der Anfrage:</label>
  <select name="artanfrage" id="artanfrage">
   <option value="Reservierung">Reservierung</option>
   <option value="Hinweis">Hinweis</option>
   <option value="Beschwerde">Beschwerde</option>
  </select>
 </div>
 <div data-role="fieldcontain">
  <label for="name">Anfrage:</label>
```

```
    <textarea name="anfrage" id="anfrage" value=""></textarea>
  </div>
  <button type="submit" data-theme="a" id="submitform">Abschicken</button>
</form>
```

Listing 8.18 Das HTML-Grundgerüst für das Kontaktformular

Die Formelemente werden automatisch von jQuery Mobile gestaltet. Wir empfehlen Ihnen, alle Formelemente, mit Ausnahme des ABSCHICKEN-Buttons, jeweils in einen div-Container mit der data-role fieldcontain zu setzen. Damit erreichen Sie eine noch sauberere und bessere Darstellung der einzelnen Felder. Alles in allem bisher jedoch noch wenig spektakulär. Achten Sie darauf, dass Sie die ids für die einzelnen Felder korrekt benennen, denn diese werden Sie im nächsten Schritt an das PHP-Script übergeben. Beim Button entschließen Sie sich, eine dunkle Gestaltung zu verwenden. Sie haben bisher häufig das data-theme b eingesetzt. Zum Standardlieferumfang von jQuery Mobile gehören insgesamt drei Themes, a, b und c. Sie können bis zu 26 Themes definieren, doch dazu später mehr. In diesem Fall verwenden Sie also das Theme a für den Button. Damit bekommt dieser einen dunklen Hintergrund (Abbildung 8.13).

Abbildung 8.13 Das Kontaktformular mit dem dunklen »Abschicken«-Button auf dem iPhone (links) und unter Android (rechts)

Nun heißt es, die Formulardaten auszulesen und an die PHP-Datei zu übergeben. Ist der Versand erfolgreich, so möchten Sie, dass eine Erfolgsmeldung angezeigt wird, die Sie in Form der Datei *kontakt-erfolgreich.html* gestalten. Zunächst benötigen Sie eine Funktion, die ausgeführt wird, wenn der Benutzer auf ABSCHICKEN drückt.

```
$("form#kontaktformular").submit(function() {
});
```

Eine Formvalidierung ist in jQuery Mobile ebenfalls bereits enthalten. Sie haben vielleicht bemerkt, dass das Input-Feld für »E-Mail« das Attribut type mit dem Wert email enthält. Damit wird automatisch dessen Inhalt auf eine valide E-Mail-Adresse hin überprüft. Aber zurück zur Funktion. Wenn also Ihr Benutzer das Formular abschickt, dann speichern Sie die Inhalte der einzelnen Felder in ähnlich benannten Variablen. Über .attr('value'); lesen Sie den jeweiligen Wert des Attributs value aus:

```
$("form#kontaktformular").submit(function() {
 var name = $('#name').attr('value');
 var email = $('#email').attr('value');
 var telefon = $('#telefon').attr('value');
 var artanfrage = $('#artanfrage').attr('value');
 var anfrage  = $('#anfrage').attr('value');
});
```

Listing 8.19 Das Auslesen der eingetragen Werte und die Speicherung derer in Variablen

Nachdem Sie nun die Werte in Variablen gespeichert haben, versenden Sie die Daten mit der jQuery-Funktion .ajax an das PHP-Script:

```
$.ajax({
 type: "get",
 url: "formularmailer.php",
 data: "name="+ name +"&email="+ email+"&telefon="+ telefon+"&artanfrage="+
 artanfrage+"&anfrage="+ anfrage,
 success: function(){
  $.mobile.changePage("kontakt-erfolgreich.html", { transition: "flip"} );
 }
});
return false;
```

Listing 8.20 Das Versenden der Daten an die PHP-Datei via AJAX

Sie senden die Daten mithilfe des Typs get an das PHP-Script namens *formular-mailer.php*. Der Parameter data beinhaltet dabei die Daten mitsamt der Variablen-bezeichnung. Im Endeffekt erzeugt der AJAX-Versand den URL-Aufruf formular-mailer.php?name=IhrName&email=IhreEmail&telefon=IhreTelefonnumer&artanfrage=ArtderAnfrage&anfrage=IhreAnfrage. Die Variablen werden dabei mit einem &-Zei-

chen voneinander getrennt. Wenn Sie sich in der Vergangenheit bereits mit server-seitigen Skriptsprachen beschäftigt haben, ist dies nichts Neues für Sie.

Glückt die Übermittlung der Daten, so wird die Seite *kontakt-erfolgreich.html* aufge-rufen. Neben direkten Links können Sie Seiten auch via jQuery über den Aufruf `$.mobile.changePage` wechseln. Dabei können Sie neben der Zieladresse auch den Übergangseffekt einstellen. In diesem Fall entscheiden Sie sich für den Übergangsef-fekt `flip`, der die Seite wie eine Art Spielkarte umdreht. Sie haben den Effekt in einem früheren Kapitel bereits per Hand programmiert. Hier wird der Effekt automatisch von jQuery Mobile übernommen.

Ihr JavaScript sendet nun die Daten an das PHP-Script. Dort greifen Sie die übermit-telten Daten ab und versenden die E-Mail:

```php
<?php
header('content-type: application/json; charset=utf-8');

$name = strip_tags($_GET['name']);
$email = strip_tags($_GET['email']);
$telefon = strip_tags($_GET['telefon']);
$artanfrage = strip_tags($_GET['artanfrage']);
$anfrage = strip_tags($_GET['anfrage']);
$header = "Von: ". name . " <" . $email . ">rn";

$empfaenger = 'mattisen@zumheiterenhering.de';
$titel = 'Das Kontaktformular wurde ausgeführt';
$mailtext = "
Name: $name
E-Mail: $email
Telefon: $telefon
Art der Anfrage: $artanfrage
Anfrage: $anfrage
";

if (mail($empfaenger, $titel, $mailtext, $header)) {
  echo json_encode('success');
}
?>
```

Listing 8.21 Die komplette PHP-Datei, die letztendlich die E-Mail versendet

PHP-Code wird immer innerhalb der typischen PHP-Klammern `<?php` und `?>` angege-ben. Einen html-, head- oder body-Bereich brauchen Sie hier nicht. Die PHP-Datei übernimmt lediglich die Übermittlung der E-Mail. Nachdem Sie den header definiert haben, folgt der Abfang der Variablen. Sie speichern die Inhalte der Variablen in PHP-Variablen, denen jeweils ein $-Zeichen vorangestellt ist. Bei der Speicherung entfernt PHP durch die Funktion strip_tags automatisch alle HTML-Tags. Dies ist sinnvoll, da sonst pfiffige Benutzer das PHP-Script manipulieren könnten, indem Sie im Kontaktformular HTML-Code einfügen.

```
$name = strip_tags($_GET['name']);
$email = strip_tags($_GET['email']);
$telefon = strip_tags($_GET['telefon']);
$artanfrage = strip_tags($_GET['artanfrage']);
$anfrage = strip_tags($_GET['anfrage']);
$header = "Von: ". name . " <" . $email . ">rn";
```

Listing 8.22 HTML-Tags und sonstigen Schadcode aus den eingegeben Daten entfernen

Die PHP-Variable $header wird später im sogenannten *E-Mail-Header* ausgegeben. Das ist der Teil der E-Mail, in dem der Absender und dessen E-Mail-Adresse gespeichert sind. Sie haben nun die Variablen, die übermittelt wurden, in PHP-Variablen gesichert. Als Nächstes definieren Sie eine Empfängeradresse sowie den Inhalt der E-Mail:

```
$empfaenger = 'mattisen@zumheiterenhering.de';
$titel = 'Das Kontaktformular wurde ausgeführt';
$mailtext = "
Name: $name
E-Mail: $email
Telefon: $telefon
Art der Anfrage: $artanfrage
Anfrage: $anfrage
";
```

Listing 8.23 Empfänger und Formatierung der E-Mail

Sie geben dabei als Empfänger Herrn Mattisens E-Mail-Adresse an. Der $titel ist der Titel der E-Mail, wobei $mailtext den Inhalt der E-Mail beschreibt. Der Übersicht halber geben Sie hier nicht einfach nur den Inhalt der Variablen aus, sondern noch eine kurze Bezeichnung des jeweiligen Wertes. Sonst meckert Herr Mattisen oder zumindest dessen Sekretärin.

Zu guter Letzt tragen Sie über die PHP-Funktion mail alle nötigen Daten zusammen und senden die E-Mail. Wenn der Versand erfolgreich ist, wird an das JavaScript, welches die Daten übermittelte, im JSON-Format der Hinweis success übergeben.

```
if (mail($empfaenger, $titel, $mailtext, $header)) {
  echo json_encode('success');
}
```

Somit versenden Sie die Daten per E-Mail. Wenn die E-Mail nicht ankommen sollte, überprüfen Sie gegebenenfalls Ihren Spam-Filter.

Der Benutzer hat seine Kontaktdaten eingetragen und das Formular abgesendet. Eine E-Mail mit den Daten ist an Herrn Mattisen unterwegs. Was jetzt noch fehlt, ist die Erfolgsmeldung, dass das Formular korrekt übermittelt wurde. Duplizieren Sie dafür die Datei *kontakt.html*, und benennen Sie diese in *kontakt-erfolgreich.html* um. Entfernen Sie den Inhalt des content-Containers, und setzen Sie dann für diesen die id kontakt-erfolgreich-inhalt ein. Den page-Container betiteln Sie mit der id kontakt-erfolgreich. In der Kopfzeile können Sie ebenfalls noch die Bezeichnung anpassen. Im Inhaltsbereich geben Sie nun eine Erfolgsmeldung aus. Ihrer Kreativität sind hier natürlich keine Grenzen gesetzt, für diesen Fall reicht allerdings eine kurze Notiz (Abbildung 8.14):

```
<div data-role="content" id="kontakt-erfolgreich-inhalt">
 <h3>Vielen Dank für Ihre Anfrage!</h3>
 <p>Wir melden uns schnellstmöglichst bei Ihnen.</p>
</div><!-- div content -->
```

Abbildung 8.14 Diese Seite wird angezeigt, wenn das Formular erfolgreich abgesendet wurde.

Sie haben es geschafft. Die WebApp des Restaurants »Zum heiteren Hering« ist fertig. Mit jQuery Mobile haben Sie somit in kurzer Zeit eine flinke und recht aufwendige WebApp gestaltet. jQuery Mobile hat Ihnen dabei vor allem beim Interface und bei der Unterstützung verschiedener Geräte viel Arbeit abgenommen. So konnten Sie sich voll und ganz auf die Funktionalität konzentrieren.

jQuery Mobile beinhaltet natürlich noch wesentlich mehr Optionen und Funktionen. Die offizielle Dokumentation ist zwar auf Englisch, jedoch trotzdem sehr gut und einfach zu verstehen: *http://jquerymobile.com/demos/*. Hier finden Sie viele Beispiele und Tipps.

Herr Mattisen ist übrigens begeistert von Ihrer Arbeit und hofft, auch in Zukunft mit Ihnen weiter an der WebApp arbeiten zu können. Bis dahin macht er Ihnen ein freudiges Angebot: Sie können so oft, wie Sie möchten, im »heiteren Hering« einkehren – auf Kosten des Hauses versteht sich.

8.1.7   jQuery-Mobile-Apps mit dem Themeroller und dem Interface-Builder von Codiqa noch schneller entwickeln

Damit Sie noch schneller attraktive jQuery-Mobile-Apps anfertigen können, stellen wir Ihnen im Folgenden noch zwei WebApps vor: Themeroller und Codiqa.

Anlegen eines eigenen Themes mit dem Themeroller

jQuery Mobile beinhaltet drei verschiedene Themes, die Sie jeweils mit dem Attribut `data-theme` verwenden können. Insgesamt können Sie jedoch Themes verwenden, bis Ihnen die Buchstaben ausgehen, mit anderen Worten, bis zu 26 verschiedene.

Der *Themeroller* (*http://jquerymobile.com/themeroller/*) hilft Ihnen dabei, Ihr eigenes Theme zu entwerfen (Abbildung 8.15).

Sie können hier per Drag & Drop den einzelnen Elementen und Bausteinen von jQuery Mobile Farben zuweisen und diese unter einem Theme-Buchstaben abspeichern. Am besten ist es, Sie spielen einfach mal mit dem Themeroller herum. Dann sollten Sie recht schnell einen Überblick über dessen Funktionalität bekommen. Wenn Sie alle Farben, Stile und Themes angelegt haben, können Sie das Komplettpaket über Download Theme herunterladen. Die Webseite schnürt Ihnen dabei automatisch eine Zip-Datei mit allen benötigten Klassen. Fügen Sie die erstellten Dateien in Ihre WebApp ein, und verknüpfen Sie die CSS-Datei in Ihrem Projekt direkt vor der Verlinkung der jQuery-Mobile-Dateien.

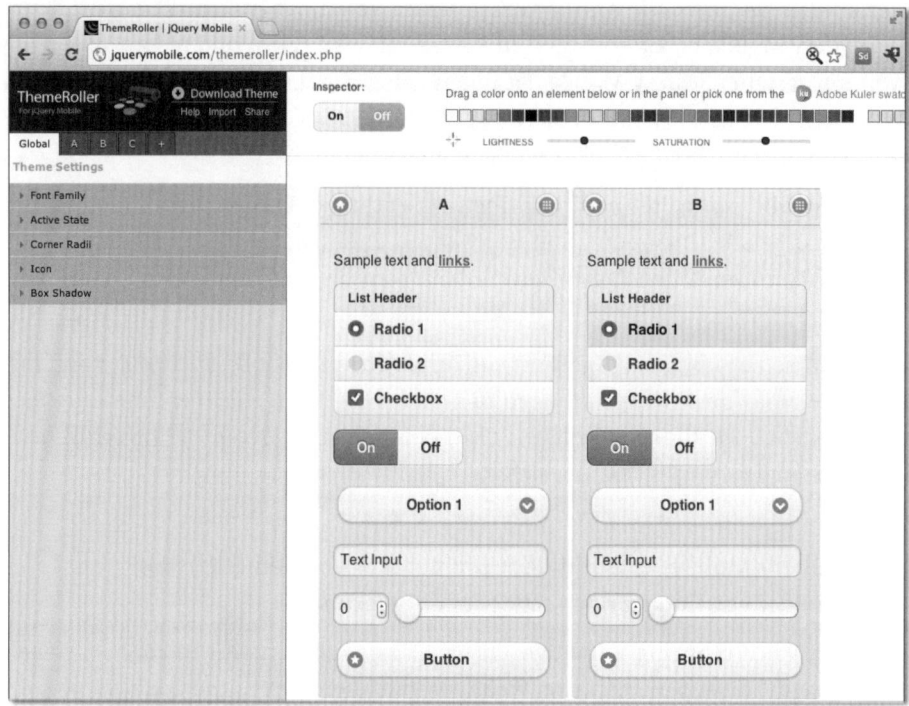

Abbildung 8.15 Der jQuery-Mobile-Themeroller

```
<link rel="stylesheet" href="css/themes/IhrEigenesTheme.css" />
<link rel="stylesheet" href="http://code.jquery.com/mobile/1.0.1/
jquery.mobile.structure-1.0.1.min.css" />
<script src="http://code.jquery.com/jquery-1.6.4.min.js"></script>
<script src="http://code.jquery.com/mobile/1.0.1/jquery.mobile-
1.0.1.min.js"></script>
```

Mithilfe des Themerollers können Sie schnell eigene Farbschemata entwerfen und Ihrem Projekt hinzufügen. Zusätzlich können Sie aber über das Drag-&-Drop-Interface die Farben live und schnell an den Interface-Elementen testen. Dies ist sehr hilfreich, wenn Sie einfach kurz abschätzen wollen, wie ein bestimmter Button z. B. in der Farbe Rot aussieht.

Interfaces bauen mit Codiqa

Codiqa ist eine beeindruckende Website, mit der Sie unter *http://codiqa.com* das komplette Interface (und sogar teilweise auch Inhalte) Ihrer jQuery-Mobile-WebApp per Drag & Drop gestalten können (Abbildung 8.16).

Abbildung 8.16 Der Codiqa-Interface-Builder

Nach einer kurzen und kostenlosen Anmeldung können Sie anfangen, Seiten zusammenzuklicken und Interface-Elemente hinzuzufügen. Sie haben so die Möglichkeit, in sehr kurzer Zeit das Grundgerüst Ihrer WebApp zu bauen, ohne auch nur eine Codezeile HTML zu schreiben. Für aufwendige und komplexe Inhalte, wie z.B. die Einbindung einer Google-Maps-Karte müssen Sie aber nach wie vor händisch ran. Genau wie beim Themeroller können Sie hier den kompletten Code als Zip-Datei herunterladen. Codiqa setzt dabei alle Seiten in eine HTML-Datei. Der Übersicht halber empfehlen wir diese Vorgehensweise, wie schon am Anfang des Kapitels erwähnt, nur für kleinere Projekte.

Ein zusätzlicher Nutzen von Codiqa ist, dass Sie Ihre Entwürfe auch mit anderen Leuten teilen können. Diese Funktion, neben der Möglichkeit, Ihre Entwürfe online zu speichern, schlagen jedoch mit mindestens 10 US-Dollar/Monat zu Buche. Wenn Sie jedoch viel mit jQuery Mobile entwickeln, kann sich diese Investition durchaus lohnen. Der reine Interface-Builder und die Downloadoption der HTML-Datei sind jedoch kostenlos verfügbar.

8.2   Die Entwicklung einer App mit Sencha Touch

Eines der anspruchsvollsten und sicherlich vollständigsten Frameworks für die Entwicklung von mobilen WebApps ist Sencha Touch (Abbildung 8.17). Es entstand Mitte 2010 aus einer Verschmelzung der AJAX-Bibliothek *Ext JS* und der mobilen UI-Bibliothek *jQTouch*. Im Gegensatz zu jQuery Mobile orientiert sich die Syntax stärker an klassenbasierten Programmiersprachen, wie z.B. *Java*. In der Praxis bedeutet das, dass sich der Code modularer gestalten lässt, dass er aber auch etwas anspruchsvoller ist. Keine Sorge, wir werden uns Mühe geben, unsere Beispiele trotzdem verständlich und anschaulich zu erläutern.

Abbildung 8.17 http://www.sencha.com

Die aktuelle Version 2.0 bietet sogar die Möglichkeit einer sogenannten Model-View-Controller-Architektur an, bei der Datenmodell, Darstellung und Steuerung flexibel voneinander getrennt werden. Soll heißen: Für eingefleischte Softwareentwickler ist Sencha auf jeden Fall die richtige Wahl!

Wir haben uns aber aus einem anderen Grund dafür entschieden, Ihnen Sencha Touch vorzustellen: Es bietet die Möglichkeit, schon mit wenigen Zeilen JavaScript ansprechende Apps zu gestalten. Die Bibliothek umfasst alle gängigen Bedienmuster wie Tabs, Toolbars und Carousels, welche unabhängig vom Gerätetyp zuverlässig funktionieren. Ein besonders interessantes Feature sind die interaktiven Diagramme *Touch Charts*. In diesem Kapitel werden Sie eine kleine Wetter-App entwickeln, welche die Maximal- und Minimaltemperaturen in einem Liniendiagramm anzeigt.

Sencha Touch ist als Open-Source-Produkt kostenlos erhältlich, und auch kommerzielle Projekte dürfen ohne zusätzliche Lizenzgebühren hiermit entwickelt werden.

8.2.1   Installation und erste Schritte mit Sencha Touch

Bevor Sie loslegen können, müssen Sie zunächst das Framework von *http://www.sencha.com/products/touch/download/* herunterladen (Abbildung 8.18).

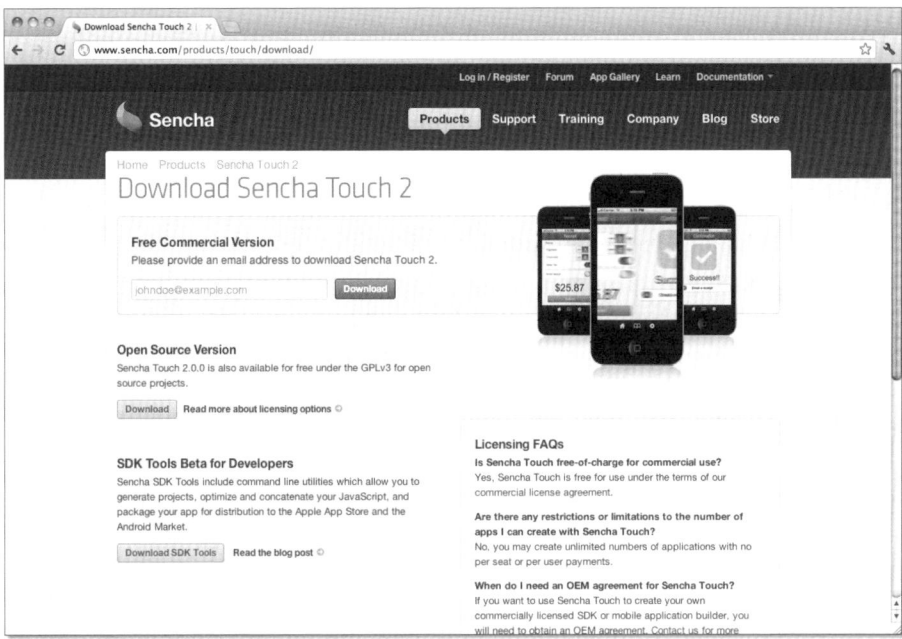

Abbildung 8.18 Downloadseite von Sencha Touch

Lassen Sie sich nicht von der ca. 25 MB großen Downloaddatei abschrecken – für Ihre erste App benötigen Sie lediglich zwei Dateien. Kopieren Sie die folgenden Java-Scripts in Ihren Projektordner, und verlinken Sie sie mit dem bereits bekannten HTML-Grundgerüst:

```
<link rel="stylesheet" href="styles/sencha-touch.css">
<script src="javascript/sencha-touch-all-debug.js"></script>
<script src="javascript/app.js"></script>
```

Zusätzlich legen Sie eine Datei *app.js* an, die Sie ebenfalls im head-Bereich verlinken. Dies ist auch schon alles, was Sie an HTML-Code für Ihre Sencha-Touch-App schreiben müssen. Ab jetzt definieren Sie alle Elemente und Funktionen der App in der Sencha-Touch-Syntax in der JavaScript-Datei. Hier zeigt sich ein großer Vorteil von Frameworks: Statt immer zwischen drei verschiedenen Sprachen wechseln zu müssen, bleiben Sie immer in derselben Syntax. Dadurch können Sie nicht nur schneller entwickeln, Sie eliminieren auch eine zusätzliche Fehlerquelle.

Schreiben Sie nun Folgendes in die Datei *app.js*:

```
new Ext.application({
 launch: function() {
  Ext.create("Ext.Container", {
   fullscreen: true,
   html: "Hallo Welt"
  });
 }
});
```

Damit haben Sie soeben Ihre erste Mini-App mit Sencha Touch programmiert, eine sogenannte »Hallo Welt«-Anwendung (Abbildung 8.19). Eine Sencha-Touch-App beginnt immer mit new Ext.application(), dem Application-Objekt. Dieses stellt das Grundgerüst für Ihre App dar, in ihm werden sämtliche Funktionen und Elemente angelegt und konfiguriert. Unter anderem die Funktion launch, die beim Starten der App, also wenn das Framework vollständig vom Server geladen wurde, ausgeführt wird. Innerhalb der Launch-Funktion legen Sie mit Ext.create einen Ext.Container an. Dies ist ein Sencha-Touch-Objekt, welches zunächst keine besonderen Eigenschaften aufweist, sondern als Blanko-Element mit weiteren Inhalten befüllt werden kann. In geschweiften Klammern übergeben Sie dem Objekt anschließend alle Konfigurationsparameter als JSON-Objekt. Ihr Container hat nur zwei Eigenschaften: fullscreen besagt, dass er den kompletten Bildschirm des Geräts ausfüllen soll. Mit html definieren Sie den Inhalt des Containers – dies kann, wie der Name der Eigenschaft schon sagt, beliebiger HTML-Code sein.

Abbildung 8.19 Macht nicht viel und sieht nach nichts aus, die »Hallo Welt«-App.

Soviel zur Theorie. Im nächsten Schritt programmieren Sie eine kleine Demo-App, die aus einer Kopfzeile und zwei Schaltflächen besteht (Abbildung 8.20).

Abbildung 8.20 Das ist schon eher nach Ihrem Geschmack – die Demo-App.

Zunächst beginnen Sie wieder mit dem `Ext.application`-Grundgerüst. Vor der initia-
len Launch-Funktion fügen Sie diesmal jedoch noch einige Optionen Ihrer App ein.
Dazu zählen das Aussehen der Statusleiste im Vollbildmodus, das Symbol für den
Home-Bildschirm und der Ladebildschirm für iPhone und iPad:

```
new Ext.application({
 statsBarStyle: 'black',
 phoneIcon: '../bilder/iphone-icon.png',
 phoneStartupScreen: '../bilder/iphone-splash.png',
 tabletIcon: '../bilder/ipad-icon.png',
 tabletStartupScreen: '../bilder/ipad-splash.png',
 launch: function() {
  // Hier wird der Container definiert.
 }
});
```

In der Launch-Funktion erstellen Sie nun wie bereits zuvor einen leeren Container,
der später alle weiteren Elemente enthält:

```
Ext.create("Ext.Container", {
 fullscreen: true,
 layout: 'vbox',
 // Hier werden die weiteren Elemente definiert.
});
```

Bevor Sie die eigentlichen Elemente Ihrer App einfügen, definieren Sie das generelle Layout. Wie im ersten Beispiel sorgt `fullscreen: true` dafür, dass Ihre App den kompletten Bildschirm des Geräts einnimmt. Sollten Sie diese Eigenschaft vergessen, kann es unter Umständen passieren, dass gar nichts anzeigt wird. Daher sollten Sie dem umschließenden Container immer die Fullscreen-Option hinzufügen. Im Parameter `layout` legen Sie den Layoutmodus fest. `vbox` bedeutet, dass alle Elemente vertikal, also untereinander, angeordnet werden. Möglich wären auch die Optionen `hbox`, bei der die Elemente horizontal nebeneinander angezeigt werden, oder `card`, bei der alle Elemente wie Spielkarten übereinander gestapelt werden.

Innerhalb des Containers kreieren Sie nun die eigentlichen Elemente der App. Normalerweise geschieht dies mit dem `Ext.create`-Konstruktor, netterweise hält Sencha Touch aber hier für Sie eine Möglichkeit zur Kurznotation bereit. Sie können die Elemente als Array direkt in die Konfiguration Ihres Containers schreiben:

```
items: [{ xtype: 'toolbar' },{ xtype: 'panel' }]
```

Abbildung 8.21 Toolbar und Panel

Sie haben nun zwei weitere Objekte angelegt, die in den Container geschachtelt werden. Um welches Element es sich dabei handelt, legt die Eigenschaft `xtype` fest. Das erste Element ist die Kopfzeile, oder auch `toolbar` (Abbildung 8.21). Das zweite Element ist ein `panel`, ähnlich wie der Container, ein leeres Element, in das Sie weitere Elemente oder HTML-Code schreiben können. Hier fügen Sie gleich ein paar Buttons hinzu, zunächst jedoch zur besseren Lesbarkeit ein paar Zeilenumbrüche:

```
items: [
  {
    xtype: 'toolbar'
  },
  {
```

```
  xtype: 'panel'
  }
]
```

Das hat einen bestimmten Grund: Sie werden die (noch) leeren Objekte gleich mit weiteren Eigenschaften füllen. Damit Sie den Überblick behalten, definieren Sie pro Zeile nur eine Eigenschaft. Achten Sie hier besonders auf die Syntax: Bei items handelt es sich um ein Array, also muss es zwingend mit eckigen Klammern umschlossen werden. Die jeweiligen Elemente sind JSON-Objekte, die immer von geschweiften Klammern umfasst werden müssen. Zwischen zwei Objekten oder Eigenschaften muss immer ein Komma stehen. Ein vergessenes Komma oder eine fehlende Klammer sind häufig der Grund dafür, weshalb eine App nicht läuft oder nicht das tut, was sie soll.

Fügen Sie nun Ihrer Kopfzeile einen Titel hinzu:

```
items: [
 {
  xtype: 'toolbar',
  title: 'Demo App'
 },
 {
  xtype: 'panel',
  padding: 10
 }
]
```

Das Panel bekommt außerdem einen kleinen Innenabstand von 10 Pixeln. Praktischerweise heißt diese Eigenschaft analog zur CSS-Syntax padding. Als Nächstes fügen Sie dem Panel ein weiteres Panel und zwei Schaltflächen hinzu (Abbildung 8.22):

```
items: [
 {
  xtype: 'toolbar',
  title: 'Demo App'
 },
 {
  xtype: 'panel',
  padding: 10,
  items: [
   {
    xtype: 'panel'
```

```
        },
        {
          xtype: 'button'
        },
        {
          xtype: 'button'
        }
      ]
    }
]
```

Abbildung 8.22 Nächste Station: Buttons

Sie merken: Es ist mit Sencha Touch problemlos möglich, beliebig viele Elemente ineinander zu schachteln. Fügen Sie den Elementen nun etwas HTML bzw. Text hinzu (Abbildung 8.23):

```
items: [
  {
    xtype: 'panel',
    html: 'Meine erste <b>Sencha-App</b>'
  },
  {
    xtype: 'button',
    text: 'Normaler Button'
  },
  {
    xtype: 'button',
    text: 'Klick mich nicht!'
  }
]
```

Abbildung 8.23 So soll es aussehen.

Meist ist es egal, ob Sie für Bezeichner die Eigenschaft html oder text nutzen – html erlaubt jedoch einen etwas größeren Gestaltungsspielraum. Dabei müssen Sie zwei Dinge beachten: Innerhalb der HTML-Eigenschaft dürfen Sie keine Zeilenumbrüche verwenden. Außerdem werden alle HTML-Elemente von Sencha Touch mit dem Framework-eigenen CSS gestylt. So ist die Schriftart bereits per Standard auf *Helvetica* bzw. *Droid Sans* festgelegt, Schriftgrößen und Farben sind ebenfalls definiert. Das hat den Vorteil, dass sich alle Elemente bereits von Haus aus wie eine App und somit »wie aus einem Guss« anfühlen. Dies kann manchmal aber auch ein wenig einschränkend sein. Wie Sie diese Standardstile umgehen, zeigen wir Ihnen in Abschnitt 8.3.3 im Abschnitt »Der Profi-Trick – Kopfzeile anpassen«.

Eine einfache Möglichkeit, zumindest das »Aneinanderkleben« der Buttons zu verhindern, bietet die Eigenschaft margin: Analog zur CSS-Syntax bietet sie die Möglichkeit, den Außenabstand eines jeden Elements festzulegen. Spendieren Sie Ihren Buttons ein paar Pixel! Anstatt nun aber beiden Buttons und dem Panel eine margin-Eigenschaft zuzuweisen, definieren Sie im übergeordneten Panel eine Standardeinstellung, welche an die Unterelemente vererbt wird:

```
defaults: {
 margin: 10
}
```

Puuh, Sie haben es fast geschafft – doch halt, sollte der zweite Button nicht in Rot dargestellt werden? Sencha Touch bietet die Möglichkeit, Schaltflächen je nach deren Funktion in einer anderen Farbe erscheinen zu lassen:

```
{
 xtype: 'button',
 text: 'Klick mich nicht!',
```

```
margin: 10,
ui: 'decline',
iconCls: 'action',
iconMask: true
}
```

Die Eigenschaft ui (kurz für *User Interface*, engl. Benutzeroberfläche) verändert nicht nur die Hintergrundfarbe, sondern gleichzeitig die Textfarbe eines Buttons. Möglich sind dabei folgende Werte:

▶ normal für einen grauen Button

▶ action für einen dunkelblauen Button

▶ decline für einen roten Button

▶ confirm für einen grünen Button

Darüber hinaus können Sie mit ui die Außenform der Schaltfläche verändern:

▶ back – der Button wird zu einem linksgerichteten Pfeil.

▶ forward – der Button wird zu einem rechtsgerichteten Pfeil.

▶ round – der Button erscheint abgerundet.

Über iconCls fügen Sie der Schaltfläche ein Symbol hinzu. Der Wert 'action' steht für ein kleines Rechteck mit einem Pfeil. Wichtig ist, dass Sie außerdem die Eigenschaft iconMask: true setzen.

Es wäre jetzt aber noch toll, wenn tatsächlich etwas passiert, wenn Sie auf den Button tippen. Dafür sorgt die Eigenschaft handler:

```
handler: function() {
 alert('Du hast ja doch geklickt!');
}
```

Abbildung 8.24 Die Standard-Dialogbox

Tippen Sie nun den Button an, wird eine Funktion ausgeführt, die ein JavaScript-Dialogfenster öffnet, welches den Text »Du hast ja doch geklickt« anzeigt (Abbildung 8.24). Leider haben diese Fenster die schlechte Angewohnheit, dass Sie die Ausführung des restlichen Programmcodes der App unterbrechen. Glücklicherweise haben auch hier die Entwickler von Sencha Touch eine Lösung parat (Abbildung 8.25):

```
handler: function() {
  Ext.Msg.alert('Booom!','Du hast ja doch geklickt.',Ext.emptyFn);
}
```

Abbildung 8.25 Das Sencha-Dialogfeld. Quizfrage: Wenn zwischen 23:12 und 23:19 die Akkukapazität um 2 % sinkt, wie lange hält dann die Batterie meines iPhones?

Die Funktion Ext.Msg.alert öffnet eine ganz ähnliche Dialogbox, die jedoch den Programmcode im Hintergrund weiterlaufen lässt. Zusätzlich bietet Sie eine Callback-Funktion, die aufgerufen wird, wenn der Nutzer auf OK tippt. In unserem Fall ist dies Ext.emptyFn, eine leere Funktion, die – Sie haben es erraten – nichts macht.

Mit genau 44 Zeilen Code haben Sie nun Ihre erste richtige Sencha-Touch-App entwickelt. War doch gar nicht so schlimm, oder? Hier noch mal das komplette Skript Ihrer Demo-App:

```
new Ext.application({
  statsBarStyle: 'black',
  phoneIcon: '../bilder/iphone-icon.png',
  phoneStartupScreen: '../bilder/iphone-splash.png',
  tabletIcon: '../bilder/ipad-icon.png',
  tabletStartupScreen: '../bilder/ipad-splash.png',
  launch: function() {
    Ext.create("Ext.Container",
    fullscreen: true,
    layout: 'vbox',
```

```
    items: [
     {
      xtype: 'toolbar',
      title: 'Demo App',
     },{
      xtype: 'panel',
      padding: 10,
      defaults: {
       margin: 10
      }
      items: [
       {
        xtype: 'panel',
        html: 'Meine erste <b>Sencha-App</b>'
       },
       {
        xtype: 'button',
        text: 'Normaler Button'
       },
       {
        xtype: 'button',
        ui: 'decline',
        text: 'Klick mich nicht!',
        iconCls: 'action',
        iconMask: true,
        handler: function() {
         Ext.Msg.alert('Booom!','Du hast ja doch geklickt.',Ext.emptyFn);
        }
       }
      ]
     }
    ]
   });
  }
});
```

Probieren Sie Ihre App auf verschiedenen Geräten aus – Sie werden feststellen, dass sie ohne weitere Anpassungen auf iPhone und iPad funktioniert, selbst auf Android-Geräten und Blackberrys läuft sie zuverlässig. Besonders wenn Sie für mehrere Plattformen Apps entwickeln, sind Frameworks eine extreme Arbeitserleichterung. Natürlich können wir in diesem Buch nur einen Bruchteil der Möglichkeiten des Frameworks beleuchten. Eine vollständige Dokumentation in englischer Sprache finden Sie unter *http://docs.sencha.com/touch/2-0/* (Abbildung 8.26).

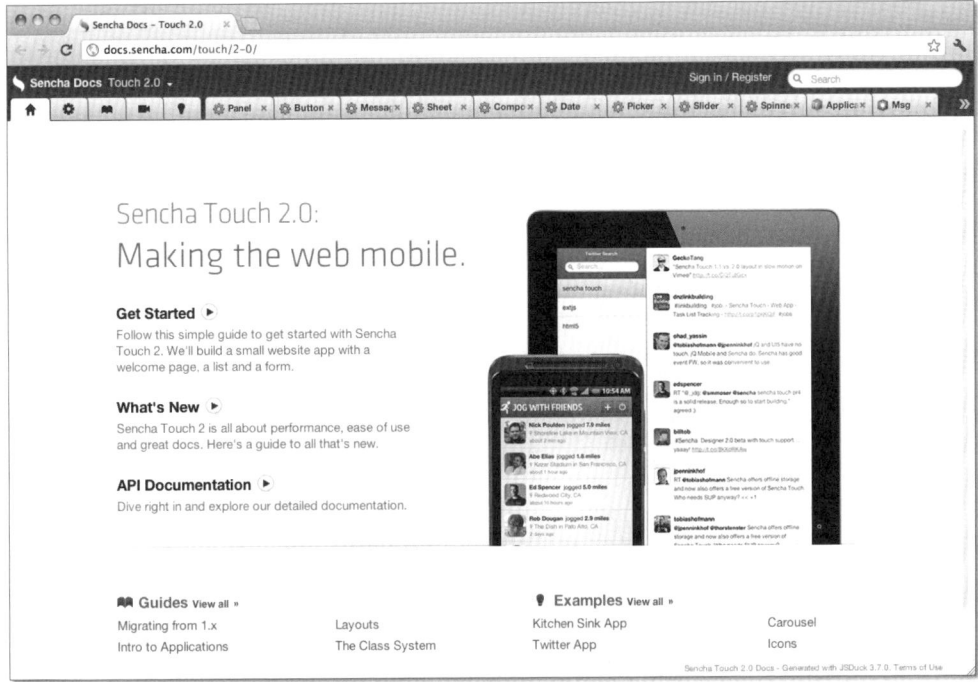

Abbildung 8.26 Die Sencha-Touch-Dokumentation

Im Folgenden werden Sie nun mit Sencha Touch ein kleines Wetterdiagramm und ein Tablet-Magazin entwickeln.

8.2.2   Interaktive Diagramme mit Sencha Touch Charts – die Wetterstation

Wenn man sich auf eines verlassen kann, dann auf die Wettervorhersage: Sie wird garantiert niemals stimmen! Dank Internet und Smartphones können Sie heute das Wetter stundengenau für einen bestimmten Ort ermitteln und haben eine doch relativ verlässliche Vorhersage. Neben der eingebauten Wetter-App im iPhone tummeln sich im App Store unzählige kostenlose und kostenpflichtige Programme, die Wetterkarten, Niederschlagsradar, Luftdruck und Schneemengen anzeigen. Eine wichtige Frage muss sich der Nutzer jedoch immer aus der tabellarischen Temperaturansicht zusammenrechnen: Wird es in den nächsten Tagen kälter oder wärmer?

Genau diese Frage wollen Sie mit einer kleinen Wetterstation beantworten und damit den Wetter-App-Markt etwas aufmischen. Dabei soll die App nichts anderes machen, als die Maximal- und Minimaltemperatur in einem Diagramm darzustellen. Mit einem Blick kann der Nutzer so erkennen, ob es in der kommenden Zeit kühler oder wärmer wird.

Glücklicherweise bietet Sencha Touch eine umfangreiche Bibliothek zur Darstellung von Diagrammen und Infografiken. In Abschnitt 4.5.5, »Canvas-Bibliotheken«, hatten wir bereits kurz erwähnt, dass Sie mithilfe der Canvas Graphen rendern können. Die *Sencha Touch Charts* sind speziell für die Verwendung auf Touch-Geräten konzipiert.

Wie wird das Wetter?

Zunächst jedoch müssen Sie irgendwoher eine Wettervorhersage herbekommen. Statt jeden Abend nach der Tagesschau die Prognosen abzuschreiben, nutzen Sie – Sie haben es bestimmt schon erraten – einen Webservice mit aktuellen Wetterdaten. Es gibt ca. ein Dutzend verschiedene deutsche und internationale Anbieter, die Wetterdaten als JSON-Feed zur Verfügung stellen.

Für dieses Beispiel wählen Sie den kostenfreien Service von *World Weather Online* (Abbildung 8.27). Er bietet eine JSON-API, die das Suchen nach Ortsnamen ermöglicht und es erlaubt, die kostenlosen Wetterdaten auch kommerziell zu nutzen. Die Wetterdaten selbst kommen aus Deutschland und Dänemark. Als Erstes müssen Sie einen API-Schlüssel erstellen, mit dem Sie sich später beim Anbieter identifizieren. Öffnen Sie dazu *http://worldweatheronline.com/register.aspx*, und geben Sie Ihren Namen und ihre E-Mail-Adresse ein. Der API-Schlüssel wird Ihnen anschließend per E-Mail zugesandt. In der Regel handelt es sich um eine lange und kryptische Reihenfolge von Zahlen und Buchstaben.

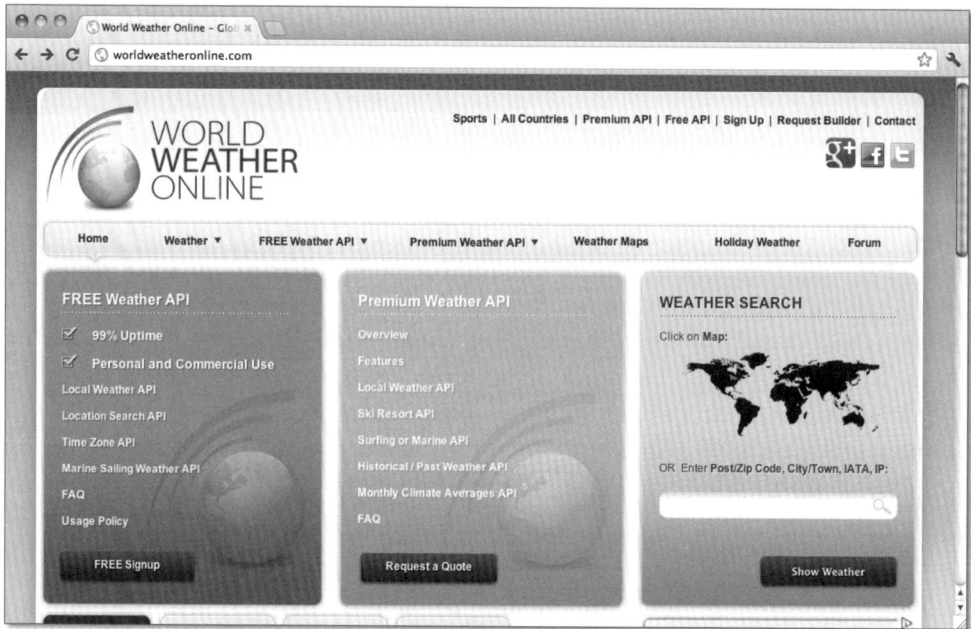

Abbildung 8.27 http://www.worldweatheronline.com

Testen Sie nun die Wetter-API. Dazu geben Sie die URL des JSON-Feeds in Ihren Browser ein: *http://free.worldweatheronline.com/feed/weather.ashx?key=API_KEY&q=Berlin&format=json&num_of_days=5*

Mit dieser Adresse rufen Sie das Wetter der nächsten fünf Tage für Berlin im JSON-Format ab. Natürlich müssen Sie anstelle von API_KEY den Schlüssel einfügen, der Ihnen per E-Mail zugesandt wurde. Im Browser wird nun ein JSON-String als Quellcode angezeigt, gekürzt sieht dieser in etwa so aus:

```
{
 "data": {
  …
  "request": [{
   "query": "Berlin, Germany",
   "type": "City"
  }],
  "weather": [{
   "date": "2012-03-14",
   "precipMM": "0.9",
   "tempMaxC": "8",
   "tempMaxF": "46",
   "tempMinC": "6",
   "tempMinF": "43",
   "weatherCode": "119",
   "weatherDesc": [{
    "value": "Cloudy"
   }],
   "weatherIconUrl": [{
    "value": "http://www.worldweatheronline.com/images/wsymbols01_png_64/
    wsymbol_0003_white_cloud.png"
   }],
   "winddir16Point": "WNW",
   "winddirDegree": "298",
   "winddirection": "WNW",
   "windspeedKmph": "17",
   "windspeedMiles": "11"
  },{
   "date": "2012-03-15",
      …
  }
     …
  ]
 }
}
```

Zunächst enthält der Callback die Bestätigung, dass es sich um das Wetter in der deutschen Hauptstadt handelt und nicht etwa um das gleichnamige Dorf in Connecticut. Darunter steht für jeden der nächsten fünf Tage jeweils ein Objekt, in dem Wetterbeschreibung, Windgeschwindigkeit, Windrichtung und allerlei andere nützliche Informationen enthalten sind. Sie interessieren sich aber besonders für die Werte tempMaxC und tempMinC: Die Maximal- und Minimaltemperatur in Grad Celsius.

Das Interface

Jetzt geht es los: Laden Sie zunächst das Sencha-Touch-Charts-Modul von *http:// www.sencha.com/products/charts/download/* herunter (Abbildung 8.28) und verlinken Sie zusätzlich zum Sencha-Touch-JavaScript die Dateien *touch-charts-demo.css* und *touch-charts.js* in ihrer *index.html*:

```
<link rel="stylesheet" href="styles/touch-charts-demo.css" type="text/css">
<script src="javascript/sencha-touch.js" type="text/javascript"
charset="utf-8"></script>
<script src="javascript/touch-charts.js" type="text/javascript"
charset="utf-8"></script>
```

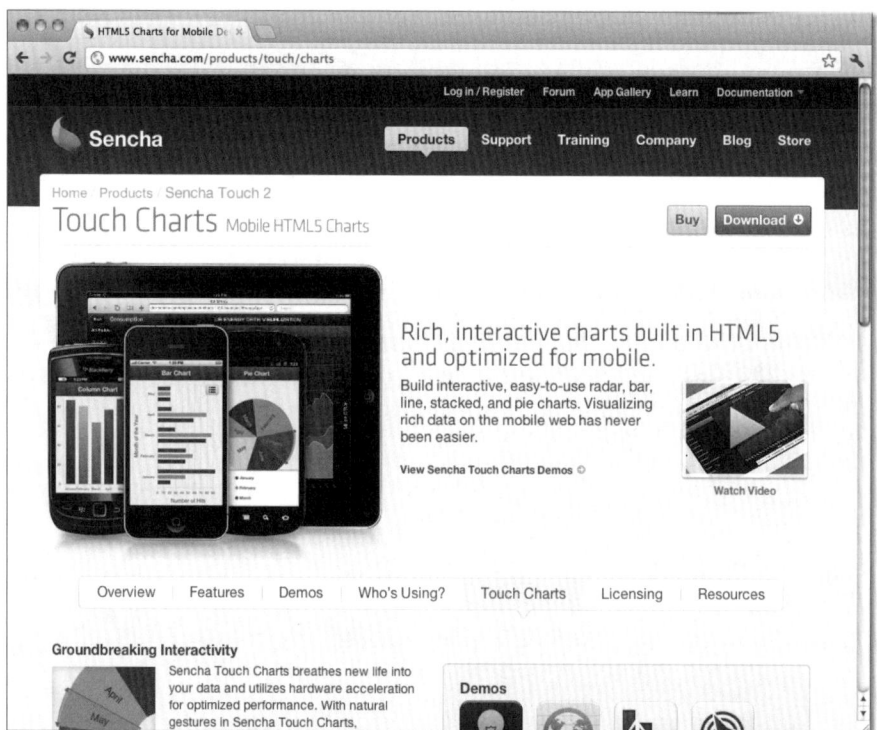

Abbildung 8.28 Touch Charts von Sencha

Definieren Sie zunächst die globalen Variablen wetter und diagramm. Danach folgt der
JSONP-Request, der die Wetterdaten abruft:

```
var wetter, diagramm;
var wetterAbrufen = function(stadt){
 Ext.util.JSONP.request({
  url: 'http://free.worldweatheronline.com/feed/weather.ashx',
  callbackKey: 'callback',
  params: {
   key: IHR_KEY,
   q: stadt,
   format: 'json',
   num_of_days: 5
  },
  callback: function(result) {
   wetterAnzeigen(result.data.weather);
  }
 });
};
```

Die Parameter werden als params-Objekt an die Funktion übergeben – dies ist wesentlich übersichtlicher als sie an die URL zu hängen. Die callback-Funktion wird ausgeführt, wenn die Daten erfolgreich abgerufen wurden. Der Inhalt des JSON-Callbacks
wird in der Variable result übergeben. Da Sie aber ohnehin nur die Temperaturen
aus dem Unterobjekt weather benötigen, übergeben Sie nur diese an die Funktion
wetterVorbereiten.

Die Wetterdaten vorbereiten

Alle Daten im JSON-Objekt werden als Zeichenketten, also als Strings, übergeben. Für
die Darstellung im Diagramm müssen Sie diese nun noch in Ganzzahlen, also *Integer*,
umrechnen:

```
var wetterAnzeigen = function(rohdaten) {
  for(i = 0; i < rohdaten.length; i++) {
   rohdaten[i].tempMaxC = parseInt(rohdaten[i].tempMaxC);
   rohdaten[i].tempMinC = parseInt(rohdaten[i].tempMinC);
  }
  wetter = new Ext.data.JsonStore({
   fields: ['date','tempMaxC','tempMinC'],
   data: rohdaten
```

```
  });
  diagramm.bindStore(wetter);
};
```

In einer for-Schleife gehen Sie dabei durch alle Elemente des Objekts und wandeln mit der Funktion parseInt() die Temperaturen in Zahlenwerte um. Den Unterschied zwischen Zahlen und Strings haben Sie bereits in Abschnitt 2.5.1, »Die JavaScript-Syntax«, kennengelernt.

Für die Darstellung in einem Diagramm erwartet Sencha Touch die Daten in einem bestimmten Format, dem *JSONStore*. Im Prinzip ist ein JSONStore nichts anderes als ein JSON-Objekt – es erlaubt die Speicherung unterschiedlicher Datentypen in einem Objekt. Die Funktion Ext.data.JsonStore erwartet zwei Parameter: zum einen die Datengrundlage, also das JSON-Objekt, das als Quelle dient, und zum anderen die Werte, welche aus ihm übernommen werden sollen. Nachdem die Daten nun im richtigen Format vorliegen, können Sie diese mit .bindStore() dem Diagramm zuweisen.

Im nächsten Schritt legen Sie die Initialfunktion an:

```
Ext.setup({
 onReady: function() {
  wetterAbrufen('Berlin');
  // Hier kommen alle weiteren Funktionen hinein
 }
});
```

Anstelle des zuvor verwendeten Konstruktors müssen Sie für die Verwendung der Touch Charts mit Ext.setup beginnen. Dies ist ein Relikt aus der ersten Version von Sencha Touch, ändert aber an der generellen Funktionsweise wenig. In die Funktion onReady schreiben Sie nun alle weiteren Funktionen. Diese werden direkt nach App-Start ausgeführt. So auch die Funktion wetterAbrufen(). Sie soll direkt nach Programmstart das Berliner Wetter vom Server laden und im Diagramm anzeigen. Moment mal, in welchem Diagramm? Richtig, dieses müssen Sie ja erst noch anlegen!

```
chart = new Ext.chart.Chart({
 store: null,
 axes: [{ … }],
 series: [{ … }]
});
```

Legen Sie ein neues Objekt vom Typ `Ext.chart.Chart` an. Dieses erwartet mindestens drei Parameter: Der `store` ist die Datengrundlage – Ihr Diagramm ist zunächst leer, also `null`, es bekommt seine Daten ja in der Funktion `wetterAnzeigen()` übergeben. Auf die anderen beiden Parameter, die Diagrammachsen (`axes`) und die Kurven (`series`) werden wir nun etwas genauer eingehen.

Die Diagrammachsen

Besonders komplexe Diagramme können locker bis zu vier verschiedene Achsen besitzen, um unterschiedliche Dimensionen von Daten auf einmal darzustellen. Ihre Wetterstation soll auf der X-Achse die nächsten Tage anzeigen, auf der Y-Achse die Temperaturen. Fügen Sie Folgendes in das `Ext.chart.Chart` ein:

```
axes: [{
  type: 'Numeric',
  position: 'right',
  decimals: 0,
  adjustMinimumByMajorUnit: true,
  adjustMaximumByMajorUnit: true,
  fields: ['tempMaxC','tempMinC']
}, {
  type: 'Category',
  position: 'bottom',
  fields: ['date']
}],
```

Es handelt sich hierbei um ein Array mit zwei Unterobjekten: Das erste stellt die Y-Achse, also die Temperaturen, dar. Zunächst legen Sie mit `type` die Art der Achse fest, `position: right` besagt, dass diese auf der rechten Seite des Diagramms angezeigt wird. Um merkwürdige Rundungsfehler zu vermeiden, legen Sie mit `decimals: 0` fest, dass keine Nachkommastellen angezeigt werden. Da es je nach Ort mal sehr kalt oder sehr warm sein kann, sorgen die Parameter `adjustMinimumByMajorUnit` und `adjust-MaximumByMajorUnit` dafür, dass Temperaturen immer vernünftig auf dem Diagramm verteilt werden. Der `fields`-Parameter legt schließlich fest, welche Daten auf der Y-Achse angezeigt werden sollen.

Die zweite Achse ist etwas einfacher: Sie wird unter dem Diagramm angezeigt und stellt die Datumsangaben dar.

Diagrammdaten oder auch Serien

Serien definieren die eigentlichen Kurven des Diagramms. Genau wie bei den Achsen handelt es sich dabei um ein Array mehrerer Objekte. Sie können hier beliebig viele Objekte eingeben:

```
series: [{
 type: 'line',
 axis: 'right',
 xField: 'date',
 yField: 'tempMaxC',
 style: {
  stroke: '#f40',
  'stroke-width': 10,
  opacity: 1
 },
},{
 type: 'line',
  xis: 'right',
 xField: 'date',
 yField: 'tempMinC',
 style: {
  stroke: '#04c',
  'stroke-width': 10,
  opacity: 1
 },
}]
```

Im Fall der Wetterstation benötigen Sie zwei Serien: eine für die Maximal- und eine für die Minimaltemperatur. Serien erwarten dabei mehrere Parameter:

▶ type: Definiert die Art der Serie – der Wert »line« rendert eine Kurve.

▶ axis: Gibt an, an welcher Achse sich die Kurve orientiert.

▶ xField: Steht für den Schlüssel auf der X-Achse, also das Datum.

▶ yField: Steht für den Wert, also die Maximal- bzw. Minimaltemperatur.

Zusätzlich können Sie mit style die Farbe und Strichstärke der Kurve festlegen. Natürlich wollen Sie die wärmsten Werte in Rot und die kältesten in Blau darstellen. Auf Ihrem Smartphone sieht das Ganze dann in etwa so aus wie in Abbildung 8.29.

Zumindest theoretisch. Wenn Sie Ihre App aktuell auf dem iPhone öffnen, sehen Sie – richtig, nichts. Dazu müssen Sie das Chart noch zu einem Ext.Panel hinzufügen, ohne die in Sencha Touch ja bekanntlich nichts geht:

```
new Ext.chart.Panel({
 fullscreen: true,
 items: chart,
 // Hier kommt die Kopfzeile hin
});
```

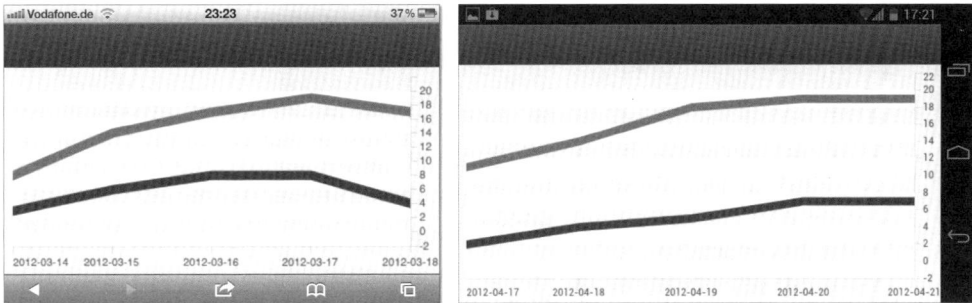

Abbildung 8.29 Das Wetter von Berlin auf dem iPhone (links) und unter Android (rechts)

Jetzt haben Sie bereits eine App, die das Berliner Wetter für die nächsten fünf Tage anzeigt. Blöd nur, wenn Sie in Frankfurt wohnen. Oder in Hamburg. Oder in Castrop-Rauxel. Oder in … wo stand der »heitere Hering« noch gleich? Legen Sie eine Kopfzeile mit einem Auswahlfeld an, in das Sie Ihre Lieblingsstädte schreiben:

```
dockedItems: [{
 xtype: 'selectfield',
 name: 'city',
 options: [
  {text: 'Berlin',   value: 'Berlin'},
  {text: 'Frankfurt',  value: 'Frankfurt'},
  {text: 'New York',   value: 'New York'},
  {text: 'London',   value: 'London'},
  {text: 'Paris',   value: 'Paris'},
 ],
 listeners: {
  change: function(e, stadt){
   wetterAbrufen(stadt);
  }
 }
}]
```

Das Selectfield statten Sie mit einem EventListener aus, der bei der Auswahl einer anderen Stadt deren Wetter abruft und anzeigt. Und so wie in Abbildung 8.30 sieht das Ganze aus, wenn es fertig ist.

Abbildung 8.30 Die Auswahlbox von Sencha Touch sieht auf dem iPhone (links) und unter Android (rechts) komplett identisch aus.

Der letzte Schliff

Die Temperaturlinien sehen noch etwas kantig und spitz aus, oder (Abbildung 8.31)? Probieren sie doch mal, den Parameter `smooth: true` zu den Serien hinzuzufügen (Abbildung 8.32).

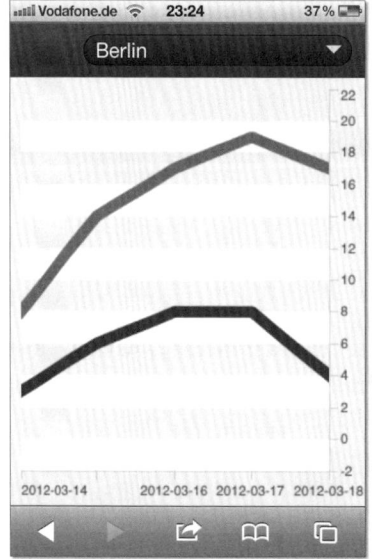

Abbildung 8.31 Die ungeglättete Kurve ...

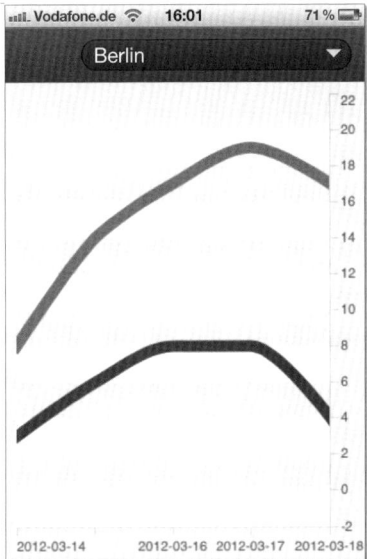

Abbildung 8.32 … und ihr »kurviges« Pendant

Echte Profis fügen einem Sencha-Touch-Chart übrigens noch den Parameter `ani-mate: true` hinzu – er sorgt dafür, dass beim Städtewechsel die Kurven nicht umspringen, sondern von einer Position in die andere animiert werden.

Die komplette Dokumentation der Touch Charts finden Sie in englischer Sprache unter *http://docs.sencha.com/touch-charts/1-0/*.

8.2.3   HTML5-Tablet-Magazin mit Sencha Touch

Wie Sie mit Sencha Touch Apps und Diagramme erstellen können, wissen Sie nun. In diesem Abschnitt lernen Sie, wie Sie ein Tablet-Magazin nur mit HTML5, JavaScript und dem Sencha-Touch-Framework erstellen können. Um das Layout kümmert sich das MagazineGrid, mit dem Sie in Abschnitt 4.1.2, »Das Raster für einen speziellen Einsatz – MagazineGrid«, bereits einige Seiten gestaltet haben. Erinnern Sie sich noch? Andernfalls sollten Sie schnell noch einmal zurückblättern – keine Sorge, wir warten hier auf Sie.

Noch einmal nachgeschaut? Super, dann kann's ja losgehen! Als Grundlage dienen in diesem Beispiel die Magazinseiten Ihrer Ägyptenreise aus Abschnitt 4.1.2. Bevor Sie diese aber zu einem Magazin »zusammenbinden« können, müssen Sie sie noch ein wenig präparieren. Legen Sie zunächst einen Projektordner an, und kopieren Sie die Datei *magazinegrid.min.css* in den Unterordner *styles* und die HTML-Seiten in den Hauptordner. Benennen Sie diese entsprechend ihrer Reihenfolge im Magazin in *cover.html*, *seite1.html*, *seite2.html* usw. um. Kopieren Sie anschließend die Dateien

371

des Sencha-Touch-Frameworks in den Projektordner. Im Idealfall sollte Ihr Projekt-ordner in etwa so aussehen wie in Abbildung 8.33.

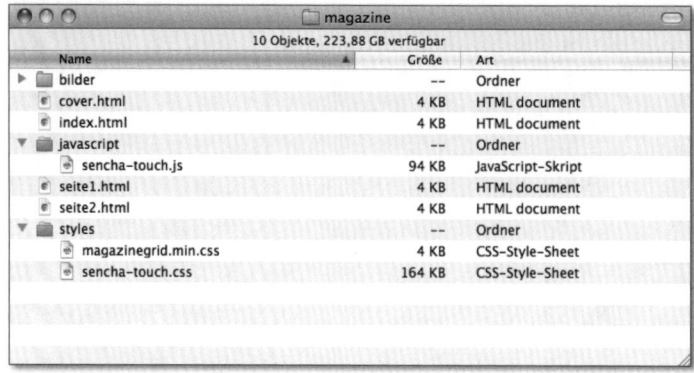

Abbildung 8.33 So sollte Ihr Projektordner aussehen.

Ihr Magazin nutzt eine Kombination aus zwei verschiedenen Frameworks, es ist ein sogenanntes *Mashup*. Dies ist problemlos möglich, da sich beide Frameworks nicht in die Quere kommen, sich also keine Variablen-, Selektor- oder Funktionsnamen tei-len. Das ist nicht selbstverständlich. Sie sollten daher, bevor Sie planen, zwei Frame-works miteinander zu kombinieren, überprüfen, ob diese gut zusammenspielen. Doch zurück zu Ihrem *Magazin-Mashup*:

Legen Sie eine Datei mit dem Namen *index.html* an, und verknüpfen Sie Magazine-Grid und Sencha Touch darin:

```
<link rel="stylesheet" href="styles/sencha-touch.css" type="text/css">
<link rel="stylesheet" href="styles/magazinegrid.min.css" type="text/css">
<link rel="stylesheet" href="styles/styles.css" type="text/css">
<script src="javascript/sencha-touch.js" type="text/javascript"></script>
<script src="javascript/app.js" type="text/javascript"></script>
```

Auch bei diesem Projekt legen Sie wieder eine Datei *styles.css* und *app.js* an, in die Sie alle eigenen Skriptbefehle und CSS-Stile schreiben.

Jetzt geht es an die HTML-Dateien: Da Sie später mit Sencha Touch alle Seiten in ein Browserfenster laden werden, sollten Sie die Verlinkungen zum MagazineGrid in den Seiten entfernen. Genauer gesagt, können Sie die komplette HTML-Grundstruktur entfernen, also alles vor dem öffnenden `article`-Tag und alles nach dem schließen-den `article`-Tag. So wird z.B. aus

```
<!DOCTYPE html>
<html>
 <head>
```

```
  <title>Egypt Travel</title>
  <link rel="stylesheet" href="styles/magazinegrid.min.css" type="text/css">
  <link rel="stylesheet" href="styles/styles.css" type="text/css">
 </head>
 <body>
  <article id="cover">
   <section id="titel">
    <h1>Egypt Travel</h1>
    <p>Das interaktive Reisemagazin für iPad, iPhone und Android.<b>&rarr;
    </b></p>
   </section>
  </article>
 </body>
</html>
```

eine sehr kurze Version:

```
<article id="cover">
 <section id="titel">
  <h1>Egypt Travel</h1>
  <p>Das interaktive Reisemagazin für iPad, iPhone und Android.<b>&rarr;
  </b></p>
 </section>
</article>
```

Wiederholen Sie diese Prozedur für alle Magazinseiten. Nachdem Sie nun die Inhalte des Magazins vorbereitet haben, machen Sie sich an den interaktiven Teil der App.

Vorbereitungen für die App

Zunächst definieren Sie einige Variablen. Schreiben Sie diese ganz an den Anfang in die Datei *app.js*:

```
var seitenListe = ["cover.html","seite1.html","seite2.html"];
var toolbar, carousel;
```

Die Variable seitenListe ist ein Array, in dem die Dateinamen aller Seiten stehen, aus denen das Magazin zusammengesetzt wird. Aus toolbar und carousel werden später die entscheidenden Bedienelemente Ihres Magazins. Erstellen Sie nun ein Ext.application-Grundgerüst, in dem Sie das App-Icon und den Stil der Statusleiste festlegen:

```
new Ext.application({
 name: 'Magazin',
 statusBarStyle: 'black',
```

```
 icon: 'bilder/icon-ipad.png',
 launch: function() {
  // Hier kommen alle weiteren Funktionen rein
 }
});
```

Alle weiteren Funktionen schreiben Sie in den Rumpf der Launch-Funktion, denn diese sollen beim Start des Magazins ausgeführt werden. Um Ihrem Magazin das App-typische Aussehen zu verleihen, verpassen Sie ihm eine Kopfzeile:

```
toolbar = Ext.create("Ext.Toolbar", {
 title: "Egypt<b>Travel</b>",
 items: [{
  xtype: "button",
  dock: "left",
  iconCls: 'home',
  iconMask: true,
  handler: coverAnzeigen
 }]
});
```

In der Kopfzeile soll der Name Ihres Magazins stehen – nur für den Fall, dass der Leser vergisst, was er gerade liest.

Damit Sie nicht wertvollen Bildschirmplatz verschenken, nutzen Sie die Kopfzeile für zusätzliche Funktionen und Schaltflächen. Ihr Reisemagazin soll z.B. einen Button enthalten, mit dem der Leser von jeder Seite aus die Titelseite erreichen kann. Dieser bekommt ein Home-Symbol und einen EventHandler, der beim Antippen die Funktion coverAnzeigen ausführt.

Wie ist ein Tablet-Magazin aufgebaut?

Nun fehlen eigentlich nur noch die Magazinseiten, richtig? Doch zunächst müssen Sie verstehen, wie genau ein Tablet-Magazin eigentlich aufgebaut ist. Bei gedruckten Zeitschriften ist das ganz einfach: Vier Seiten werden auf einen Druckbogen gedruckt, zwei auf die Vorderseite, zwei auf die Rückseite – diese werden anschließend zusammengeheftet oder gebunden. Übrigens ist dies auch der Grund dafür, dass Magazine immer eine gerade Anzahl an Seiten haben. Der Inhalt ist in Artikel unterteilt, in der Regel ist ein Artikel 2–10 Seiten lang. Der Leser »navigiert« von links nach rechts durch das Magazin, seiner natürlichen Leserichtung folgend, indem er die Seiten umblättert.

Bei Tablet-Magazinen versucht man, diese Blättermetapher aufrechtzuerhalten – schließlich wurde Sie vom Leser bzw. Nutzer schon erlernt. Um also ein größtmögliches Magazingefühl zu erhalten, werden die Seiten nebeneinander aufgereiht. Die aktuelle Seite ist dabei im Viewport sichtbar, die anderen liegen links und rechts »außerhalb« des Geräts. Zum Navigieren schiebt der Nutzer sie mit einer Wischbewegung, dem sogenannten *Swipen*, durch den Viewport. Dieses Bedienmuster nennt man auch *Carousel*.

Carousels mit Sencha Touch

Praktischerweise existiert in Sencha Touch eine solche Carousel-View bereits, die Sie für Ihr Magazin verwenden können. Sie initialisieren sie mit der Methode Ext.create:

```
carousel = Ext.create("Ext.Carousel", {
 flex: 1
});
```

Das Carousel selbst bleibt leer, der Parameter flex: 1 bedeutet, dass sich das Element an sein Elternelement anpasst. Alternativ könnten Sie Höhe und Breite auch in Pixeln angeben, da Ihr Magazin aber später auch in der Landscape-Ansicht und auf Smartphones funktionieren soll, ist die flexible Größenausdehnung ratsam. Neu ist auch, dass Sie ein Sencha-Touch-Objekt einer Variablen, in diesem Fall carousel, zuweisen. Dies ist notwendig, damit Sie das Carousel später in Funktionen adressieren können.

Home-Button

An dieser Stelle kommt der Home-Button ins Spiel: Wenn er angeklickt wird, soll das Magazin zum Cover springen, also zur allerersten Seite des Magazins, oder auch das allererste Element im Carousel. Definieren Sie die Funktion coverAnzeigen wie folgt:

```
var coverAnzeigen = function(){
 carousel.setActiveItem(0);
}
```

Die Methode carousel.setActiveItem() sorgt dafür, dass eine bestimmte Seite im Carousel direkt aufgerufen wird. Die »nullte« Seite ist das Cover. Sie könnten mit dieser Methode also auch eine Bookmark-Funktion oder ein Inhaltsverzeichnis oder Querverweise innerhalb Ihres Magazins realisieren. Doch zunächst belassen wir es bei der Funktion coverAnzeigen.

Interface-Elemente zusammenfügen

Bisher haben Sie zwar Kopfzeile und Carousel angelegt, aber noch nirgendwo verknüpft. Damit die Elemente angezeigt werden, müssen Sie diese in einem Ext.Container zusammenfügen:

```
Ext.create("Ext.Container", {
 fullscreen: true,
 layout: 'vbox',
 items: [ toolbar, carousel ]
});
```

Die Funktion und die Eigenschaften sollten Ihnen bereits bekannt sein: `fullscreen: true` sorgt dafür, dass der Container bildschirmfüllend angezeigt wird, der Layoutmodus `vbox` bedeutet, dass die Objekte `toolbar` und `carousel` horizontal übereinandergestapelt werden: die Kopfzeile oben, das Seitencarousel darunter.

Abbildung 8.34 Das Magazingrundgerüst

Seiten laden

Ihr Magazin sieht zwar schon wie eine App aus, ist aber noch recht leer (Abbildung 8.34). Dies sollten Sie nun ändern: In einer `for`-Schleife laden Sie Seiten einzeln per AJAX-Request in das Carousel:

```
for (i in seitenListe) {
 Ext.Ajax.request({
  url: seitenListe[i],
  params: {
   id: 1
  },
  success: function(response){
   var seite = Ext.create('Ext.Panel', {
    html: response.responseText,
     scrollable: {
```

```
    direction: 'vertical',
    directionLock: true
  }
});
carousel.add(seite);
}
});
}
```

Die Schleife sorgt dafür, dass der `Ext.Ajax.request` pro Eintrag im Array `seitenListe` einmal ausgeführt wird. Dieser fragt die Datei im entsprechenden Eintrag ab und erzeugt im Fall `success`, also wenn bei der URL eine Datei gefunden wurde, ein neues `Ext.Panel` mit dem Inhalt der jeweiligen Magazinseite. Der Parameter `scrollable` sorgt dafür, dass die Seiten innerhalb des Carousels vertikal gescrollt werden können. Das ist vor allem dann praktisch, wenn eine Seite länger als der Viewport ist. Wenn Sie den `scrollable`-Parameter weglassen, sind die Seiten statisch. Anschließend fügen Sie mit `carousel.add(seite)` das soeben erstellte `Ext.Panel` zum Carousel hinzu.

Abbildung 8.35 Das Magazincover

Nicht schlecht, Sie sind soeben unter die Herausgeber gegangen (Abbildung 8.35 bis Abbildung 8.37)! Sie halten Ihr erstes selbst erstelltes Tablet-Magazin in den Händen. Fügen Sie es zum Home-Bildschirm hinzu, um das volle Fullscreen-Erlebnis zu haben. Doch halt – irgendwie passt die Kopfzeile jetzt nicht mehr so recht zum Design Ihres Magazins. Sie sieht vielmehr nach einer Standard-App aus. Ihr Magazin soll jedoch schon etwas Besonderes sein.

Der Profi-Trick – Kopfzeile anpassen

Zum Glück werden alle Bedienelemente der Sencha-Touch-Oberfläche zu HTML-Elementen generiert, und diese können Sie als Profi locker mit CSS anpassen (Abbildung 8.38):

```
.x-toolbar-dark {
  background: -webkit-linear-gradient(#666,#333 2%,#111);
}
.x-title div {
  font: normal 200% 'FranchiseRegular';
  text-transform: uppercase;
}
.x-title div b {
  font: normal 100% 'FranchiseRegular';
  color: #f20;
}
```

Abbildung 8.36 Eine Magazinseite

Abbildung 8.37 Magazineseite mit Bildern

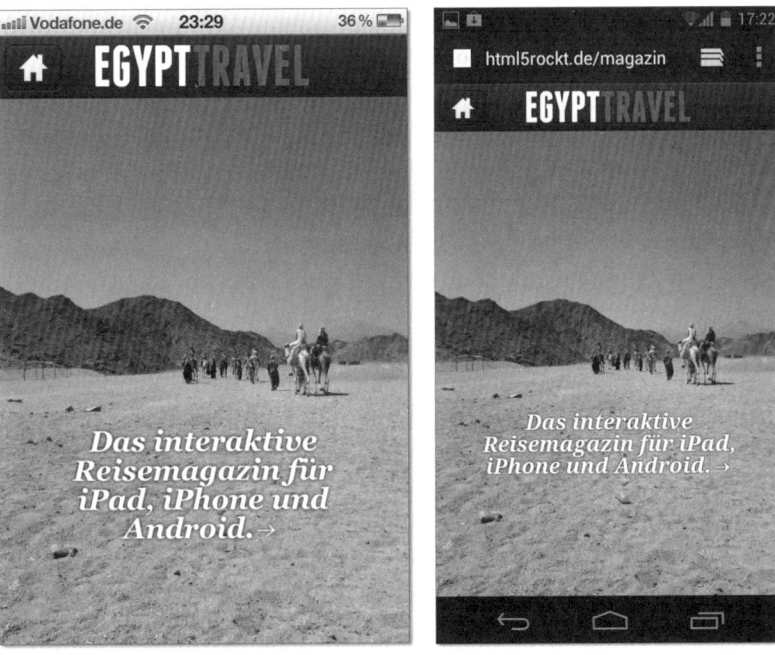

Abbildung 8.38 Mit einigen kleineren Anpassungen macht Ihr Magazin auf einem Smartphone (links iPhone, rechts Android) eine gute Figur – hier wurde das Logo zugunsten des Coverbildes entfernt.

Mit einem schwarzen Farbverlauf und der Webfont Ihres Magazins verleihen Sie der App einen individuellen Touch. Die Kopfzeile integriert sich so viel besser in Ihr Magazinlayout und hebt sich von anderen Sencha-Touch-Apps ab.

Sie haben nun gelernt, wie Sie WebApps mithilfe der Frameworks jQuery Mobile und Sencha Touch erstellen und wie Sie reine HTML5-Magazine erstellen. Eine Alternative dazu ist die Erstellung von Magazinen mit dem *Laker Compendium*: Hier werden die einzelnen Seiten mit HTML und CSS gestaltet, anschließend aber zu einer nativen App verpackt, die Sie an den App Store übermitteln können. Dies ist vor allem dann attraktiv, wenn Sie ein Magazin verkaufen und von Apples einfachem Verkaufsökosystem profitieren wollen. Wie Sie Magazine mit Laker Compendium erstellen und in den App Store übermitteln, lernen Sie am Ende des nächsten Kapitels.

Kapitel 9
Native Anwendungen und App Stores

In Bezug auf WebApps sind Sie jetzt bereits ein richtiger Profi. Sie haben gelernt, WebApps von Hand oder auch mithilfe eines Frameworks zu programmieren. Teilweise sind Sie dabei vielleicht an die Grenzen einer WebApp gestoßen. In diesem Kapitel zeigen wir Ihnen, wie Sie die Vorteile einer nativen App (Performance, Hardwarezugriff, Distribution in einem App Store) auch für Ihre WebApp nutzen können. Am Ende des Kapitels haben Sie zudem Ihre WebApp in einer nativen App verpackt und an Apples App Store, Google Play oder aber an einen WebApp-Store übermittelt.

9.1 Eine WebApp wird zur nativen Anwendung

Wie Sie im Verlauf des Buches festgestellt haben, können Sie mit WebApps schon eine ganze Menge erreichen. Ob nun das Auslesen des Bewegungssensors, die Positionsbestimmung via GPS und Wireless LAN oder die Visualisierung von Wetterdaten – HTML5 ist in vielen Fällen dafür vollkommen ausreichend. Es gibt allerdings Situationen, in denen die Entwicklung einer nativen Anwendung durchaus Sinn macht. Überraschenderweise spielt aber auch in nativen Apps HTML5 und CSS3 eine große Rolle. Besonders wenn es um die Gestaltung von Inhalten geht, ist diese Kombination meist die erste Wahl. In diesem Kapitel wollen wir Ihnen kurz und prägnant die Vor- und Nachteile einer nativen App vorstellen, eine WebApp mithilfe von *Phone-Gap* (auch bekannt als *Apache Cordova*) zu einer nativen umwandeln und letztendlich einen Einblick in die Veröffentlichung der Apps in den jeweiligen Stores geben.

Bedenken Sie, dass das Thema native Apps sehr umfangreich ist und wir daher an dieser Stelle die einzelnen Punkte nur anreißen können.

9.1.1 Die Vor- und Nachteile einer nativen App

Im Verlauf des Buches haben wir Sie bereits an einigen Stellen auf die Vor- und Nachteile einer nativen App hingewiesen. Im Folgenden finden Sie eine ausführliche Aufstellung. Dabei gibt es nicht nur technische Unterschiede, sondern auch »strategische« Differenzen, was z.B. den Vertrieb der App angeht.

Die Vorteile einer nativen App

▶ Zugriff auf sämtliche Hardware
Eine native App kann neben dem Positions- und Bewegungssensor noch auf weitere Hardwarefunktionen, wie z.B. die Kamera oder das Mikrofon, zugreifen.

▶ Performance und Hardwarebeschleunigung
Die Performance einer nativen App kann unter Umständen ein Vielfaches höher liegen als die einer WebApp. Besonders komplexe 3D-Animationen, wie sie in Spielen benötigt werden, sind nur mit einer nativen App möglich.

▶ Einfache Vermarktung
Auch wenn die Anbieter der App Stores einen prozentualen Anteil Ihrer Gewinne einbehalten – der Vertrieb einer nativen App ist einfach. Besonders in Apples App Store haben viele Millionen Benutzer bereits Ihre Kreditkartendaten hinterlegt, weswegen die Hürde, eine App zu kaufen, dort besonders gering ist. Des Weiteren sind es Ihre Nutzer, im Gegensatz zu den Gepflogenheiten im Web, gewohnt, für Apps Geld auszugeben. Oder können Sie sich daran erinnern, das letzte Mal für einen Inhalt auf einer Webseite Geld ausgegeben zu haben? Wir auch nicht.

Die Nachteile einer nativen App

▶ Eine native App funktioniert nur auf einer Plattform
Während eine WebApp auf allen Plattformen, ob iOS, Android oder Windows Phone, funktioniert, müssen Sie eine native App für jede Plattform separat programmieren. Das kann unter Umständen sehr zeitaufwendig und damit sehr teuer sein.

▶ Regularien der App Stores
Ob Ihre App in den App Store des jeweiligen Anbieters zugelassen wird, hängt ganz von den Regularien des Betreibers ab. Im schlimmsten Fall wird Ihrer App der Zugang verwehrt, und Sie haben keine andere Möglichkeit, Ihre App zu vertreiben. Es gab bereits einige Fälle, bei denen Entwickler, durch eine flexible Auslegung der Regeln, im Regen standen, weil Ihre App abgelehnt wurde.

▶ Langsamer Updatezyklus
Sie haben einen Fehler in Ihrer bereits veröffentlichten App entdeckt? Wenn Sie ein Update einreichen, muss auch dieses wieder durch die Regularien des Store-Betreibers. Und das kann schon mal ein paar Tage dauern. Für einen Benutzer können ein paar Tage mit einer nicht funktionierenden App allerdings sehr lang sein.

▶ Neue Programmiersprachen erlernen
Als Webentwickler kennen Sie bereits HTML5, CSS3 und JavaScript auswendig wie Ihre Westentasche. Für native Apps brauchen Sie allerdings viel weitreichendere Kenntnisse ausgewachsener Programmiersprachen wie *Objective C*, um nur ein Beispiel zu nennen. Hinzu kommt das Erlernen von neuen Programmen und Ent-

wicklungsumgebungen. Dieser Aufwand ist nicht zu unterschätzen und kann viele Monate in Anspruch nehmen.

▶ Einstiegskosten
Die Entwicklung einer nativen App kostet zunächst nichts, wenn Sie allerdings die App auf Ihrem Endgerät testen oder im Store vertreiben möchten, wird bei vielen Anbietern eine jährliche Gebühr fällig.

▶ Kein Einblick in das Nutzerverhalten
Während Sie bei WebApps mithilfe eines Statistik-Tools wie Google Analytics einfach herausfinden können, wie lange und wo sich Ihre Benutzer am häufigsten aufhalten, ist dies bei einer nativen App mit mehr Aufwand verbunden.

Eine native App hat viele Vor- und Nachteile gegenüber einer WebApp. Wir glauben, dass HTML5 im Laufe der Zeit immer performanter und mächtiger werden wird, so dass die Grenzen zwischen einer WebApp und einer nativen App immer mehr verschwinden werden. Klar denken wir das, sonst hätten wir das Buch nicht geschrieben, aber Spaß beiseite: Das Web an sich ist immer in Bewegung, und die Entwicklung ist rasant. Und viele Dinge, die früher nur mit nativer Software möglich waren, wie z.B. aufwendige 3D-Animationen, sind nun, via *WebGL*, auch im Browser möglich. Eine WebApp kann genauso gut, wenn nicht besser und marktfähiger sein als eine native App. Als prominentes Beispiel haben Sie bereits die WebApp der Financial Times kennengelernt (*http://app.ft.com*). Es geht, und die Zeit dafür ist da.

9.1.2   Die Erstellung einer nativen App mit PhoneGap (Apache Cordova)

PhoneGap ist ein Open-Source-Framework, mit welchem Sie Ihre WebApp innerhalb einer nativen App publizieren können. Zusätzlich bietet das Framework einfachen Zugriff auf die Kamera, das Mikrofon und weitere Hardwarekomponenten, die bisher nativen Apps vorenthalten waren. Sie entwickeln Ihre WebApp ganz normal mit HTML5, CSS3 und JavaScript, verpacken sie in PhoneGap und können dann direkt aus HTML und JavaScript heraus auf Kamera & Co. zugreifen. Damit ist eine PhoneGap-App streng genommen keine native App, aber auch keine WebApp, sondern versucht das Beste aus beiden Welten zu kombinieren. PhoneGap ist außerdem für die verschiedensten Plattformen, wie iOS, Android, Blackberry, Windows Phone und weitere, ausgelegt, so dass Sie Ihre App mit minimalem Aufwand auf verschiedenen Endgeräten platzieren können.

PhoneGap ist im Oktober 2011 von Adobe aufgekauft worden, weswegen das Framework in die Apache Foundation integriert wurde und seither unter dem Namen *Apache Cordova* bekannt ist. Der Name PhoneGap wird allerdings immer noch weitreichend verwendet, weswegen wir das Framework im weiteren Verlauf des Kapitels weiterhin so bezeichnen.

Um Ihnen einen kleinen Eindruck zu vermitteln, wie Sie eine PhoneGap-App erstellen, passen Sie im Folgenden die »Shake it like a Polaroid Picture«-App aus Kapitel 6, »Ablesen des Bewegungssensors mit JavaScript«, so an, dass statt des Flickr-Bildes ein Foto verwendet wird, das Sie mit der Kamera Ihres Smartphones aufgenommen haben. Wir zeigen Ihnen, wie Sie PhoneGap in die WebApp implementieren und diese wiederum mit *PhoneGap Build* in diverse native App-Formate konvertieren – und auf Ihrem Smartphone installieren.

Kostenpflichtige Developer Accounts

Damit Sie die App auf Ihrem iOS-Endgerät testen können, brauchen Sie einen gültigen Apple Developer Account (99 €/Jahr). Wenn Sie auf Android testen, so müssen Sie nur einen kostenpflichtigen Account erwerben, wenn Sie Ihre App in Googles App Store namens Google Play vertreiben möchten.

9.1.3 »Shake it like a Polaroid picture« – die native Version

Die gute Nachricht ist, dass die Anpassung der WebApp sehr einfach ist. Sie werden in kürzester Zeit den Code fertig haben, denn den größten Teil der Arbeit (das Interface, die Animation des Polaroids) haben Sie bereits erledigt. Im Endeffekt ändert sich jetzt nur die Quelle des Bildes. Es wird nicht mehr aus Flickr geladen, sondern eben das verwendet, was Sie gerade aufgenommen haben. Kopieren Sie dazu zunächst den gesamten Ordner der »Shake it like a Polaroid picture«-App, und öffnen Sie die *index.html*. Als Erstes sollten Sie jQuery fest in das Projekt einbinden, das heißt, nicht von den jQuery-Servern laden, sondern im Ordner *javascripts* ablegen. Folgenden Code platzieren Sie im head-Bereich:

```
<script src="javascript/jquery.min.js" type="text/javascript"></script>
```

Die aktuelle jQuery-Bibliothek können Sie von *http://jquery.com* herunterladen. Als Nächstes folgt die JavaScript-Bibliothek von PhoneGap, welche die Kommunikation zwischen dem nativen Teil der App und dem WebApp-Teil herstellt. Setzen Sie auch diese im head-Bereich ein.

```
<script src="PhoneGap.js" type="text/javascript" charset="utf-8"></script>
```

Die JavaScript-Datei *PhoneGap.js* wird automatisch später vom Framework hinzugefügt. Daher müssen Sie die Datei nicht extra herunterladen.

Sie passen nun die Funktion neuespolaroid() an. Wie Sie sich sicher erinnern können, laden Sie hier das neue Bild aus Flickr. Sie können einige Teil der Funktion wieder verwenden, löschen Sie daher nur die folgenden Zeilen:

```
// Flickr-Bild laden
var randomImage = "";


$.getJSON("http://api.flickr.com/services/feeds/photos_public.gne?id=
29306403@N07&lang=en-us&format=json&jsoncallback=?", function(data){


// Zufälliges Bild aus dem Flickr-Stream auswählen
randomImage = data.items[Math.floor(Math.random() * data.items.length)]
.media.m;


// Das Bild durch eine größere Version ersetzen
var randomImageCorrect = randomImage.replace("_m.jpg", "_z.jpg");
```

Die Flickr-Abfrage benötigen Sie nicht mehr, da das Bild nun von dem Gerät selbst geschossen wird. Achten Sie darauf, auch die geschlossene und geschweifte Klammer sowie das Semikolon zu löschen, welches nach Textänderung des Button-Textes zu »Und jetzt, shake it!« steht. Diese Zeichen gehören noch zur .getJSON-Funktion, die Sie ja bereits gelöscht haben. Ihre Funktion neuespolaroid() sollte nun wie folgt aussehen:

```
// Neues Polaroid einblenden
var neuespolaroid = function() {
 // Polaroid einfliegen lassen
 // Leichte Rotation per Zufall
 rotation = Math.floor(Math.random() * 10)-5;

 $('.polaroid-rahmen').css("-webkit-transform", "rotate(" + rotation +
"deg)").toggleClass('sichtbar');

 // Geschuettelt wieder auf 0 setzen
 geschuettelt = false;

 // Das Bild als Hintergrundbild des Containers festlegen
 $('.flickr-bild').css("background","url(" + randomImageCorrect + ")");

 // Text des Buttons ändern
 $('button').text("Und jetzt, shake it!").toggleClass("shakeit");

};
```

Die Funktion neuespolaroid ohne die Flickr-AbfrageSie möchten nun, dass die Kamera-Funktion startet, wenn der Benutzer auf den Button drückt. Nachdem er ein Foto geschossen hat, soll das Polaroid ins Bild fahren und der Button-Text soll sich in

»Und jetzt, shake it!« ändern. Ein Schütteln des Geräts blendet dann das Bild ein und ändert den Button des Textes zu: »Neues Foto machen!« Ihnen kommt diese Funktionalität bekannt vor? Stimmt, all das ist zum größten Teil schon eingefügt. Lediglich der Kameraaufruf und ein paar textliche Änderungen sind neu. Starten Sie die Kamera mit folgendem Code zu Beginn der Funktion neuespolaroid();:

```
//Ein Foto aufnehmen
navigator.camera.getPicture(onSuccess, onFail, {
  quality: 10,
  destinationType: Camera.DestinationType.FILE_URI,
  targetWidth: 400,
  targetHeight: 400
});
```

Über PhoneGap die Kamera starten. Das Objekt navigator.camera.getPicture besteht aus drei Teilen. Ist die Aufnahme erfolgreich, so wird die Funktion onSuccess ausgeführt. Liegt ein Fehler vor, wird hingehen die Funktion onFail gestartet. Der dritte Teil besteht aus Parametern, welche die Eigenschaften der Aufnahme bestimmen:

▶ quality (0-100)
Sie können die Aufnahmequalität zwischen 0 und 100 einstellen, wobei 100 die höchste Qualität darstellt. Da moderne Geräte hochauflösende Kameras haben, sollten Sie die Qualität hier gering (unter 20) einstellen, damit dem Gerät nicht der Arbeitsspeicher ausgeht und die App sich einfach beendet. In unseren Tests auf einem iPhone 4S läuft der Speicher bereits bei einer Qualität von 50 voll, und die App stürzt ab. Deswegen ist hier weniger mehr.

▶ destinationType
Standardmäßig gibt die Funktion das komplette Bild im base64-Format zurück. Dies ist sinnvoll, wenn Sie die Datei gleich an einen Server weiterleiten wollen. In Ihrem Fall setzen Sie den Parameter jedoch auf Camera.DestinationType.FILE_URI. Damit wird lediglich der Pfad zum Bild im temporären Speicher zurückgegeben, den Sie später im JavaScript für den Hintergrund des Polaroid-Containers festsetzen werden.

▶ targetWidth & targetHeight
Das Bild wird automatisch auf die hier angegebenen Größen verkleinert, wobei das Seitenverhältnis immer beibehalten wird. Sie geben beide Werte mit einem Maximum von 400 an. Damit ist das Bild entweder maximal 400 Pixel breit ODER hoch. Die Limitierung auf 400 Pixel ist auch hier wieder nötig, um Arbeitsspeicher zu sparen und die App vor dem Absturz zu bewahren.

Wenn das Bild erfolgreich aufgenommen wurde, soll das Polaroid reinfahren und der Button-Text geändert werden. Kopieren Sie daher den kompletten Inhalt der Funktion neuespolaroid(), mit Ausnahme des eben erstellten Kameraaufrufs, in eine neue Funktion namens onSuccess(). Platzieren Sie diese direkt nach dem Kameraaufruf. Beachten Sie die Variable imageURI, die mit der Funktion übergeben wird. Diese Variable beinhaltet die URL zu Ihrem aufgenommenen Bild. Sie müssen daher die veraltete Variable randomImageCorrect bei der Festlegung des Hintergrundbildes des Containers mit der Klasse .flickr-bild noch durch imageURI ersetzen. Komplett sieht das Ganze dann so aus:

```
function onSuccess(imageURI) {

 // Polaroid einfliegen lassen
 // Leichte Rotation per Zufall
 rotation = Math.floor(Math.random() * 10)-5;

 $('.polaroid-rahmen').css("-webkit-transform", "rotate(" + rotation +
"deg)").toggleClass('sichtbar');

 // Geschuettelt wieder auf 0 setzen
 geschuettelt = false;

 // Das Bild als Hintergrundbild des Containers festlegen
 $('.flickr-bild').css("background","url(" + imageURI + ")");

 // Text des Buttons ändern
 $('button').text("Und jetzt, shake it!").toggleClass("shakeit");
}
```

Listing 9.1 Bei erfolgreicher Aufnahme eines Bildes fliegt das Polaroid ins Bild

Daran schließen Sie nun noch die Funktion an, die ausgeführt werden soll, wenn etwas schiefgegangen ist:

```
function onFail(message) {
 alert('Das Foto konnte aus folgenden Gründen nicht verwendet werden: '+mes-
sage);
}
```

Da Sie alles, was Sie machen, auch zu 100 % erledigen, folgt nun der Feinschliff. Ändern Sie den Text des Buttons im body-Bereich in »Foto machen!« um. Im Aufruf der Funktion onShake, etwas weiter unten im Code, ändern Sie den Text des Buttons von »Neues Polaroid!« zu »Neues Foto machen!«. Somit ist für den Benutzer klar, was passiert wenn er den Button betätigt.

Auf aktuellen iOS- und Android-Gerätenfunktioniert das alles schon wunderbar. Auf einem älteren Android-Gerät leider noch nicht. Wie Sie sich erinnern, ist das Auslesen des Bewegungssensors unter Android erst mit Version 4.0 via JavaScript möglich. Mit PhoneGap haben Sie allerdings auch nativen Zugriff auf den Bewegungssensor unter Android. Im Endeffekt tauschen Sie nun das JavaScript der Datei *shake.js* gegen folgendes JavaScript aus, welches den Bewegungssensor unter Androidversionen älter als 4.0 und auch iOS zuverlässig ausliest. Nach einer kurzen Recherche im Internet sind Sie in einem Forum von PhoneGap auf einen Code gestoßen, der bei einer Schüttelgeste eine Funktion aufruft. Nutzerforen sind oft hervorragende Anlaufstellen für Problemlösungen. Viele Menschen bieten dort kostenlos ihre Zeit und Codebeispiele an. Geben Sie ab und zu auch etwas zurück – man wird es Ihnen danken. Ersetzen Sie den bisherigen Code der *shake.js* durch folgende Zeilen:

```
var prevX = 1.0;

document.addEventListener("deviceready", onDeviceReady, false);
function onDeviceReady() {
 watchForShake(1.0);
}

function watchForShake(threshold) {
 var axl = new Accelerometer();
 axl.watchAcceleration(
  function (Accel) {
   if (true === Accel.is_updating){
    return;
   }
   var diffX = Math.abs(Accel.x) - prevX;
   if (diffX >= threshold)
    {
     // Alles, was hier steht, wird ausgeführt, wenn das Gerät geschüttelt wird
     onShake();
    }
   prevX = Math.abs(Accel.x);
  }
  , function(){}
  , {frequency : 100}
 );
}
```

Listing 9.2 Der aktualisierte Inhalt der shake.js-Datei, welche den Bewegungssensor mithilfe von PhoneGap ausliest

Für Ihre App sind für Sie im Moment nur zwei Stellen des Codes relevant. Zum einen können Sie den Schwellenwert einer Schüttelgeste in Form einer Zahl unter watch-ForShake(1.0); angeben. Zum anderen definieren Sie ca. in der Mitte des Codes, was genau passieren soll, wenn eine Schüttelgeste erkannt wird. In diesem Fall führen Sie die Funktion onShake(); aus. Diese Funktion wurde auch in der vorherigen Version mit dem ursprünglichen Shake-Script aufgerufen, insofern müssen Sie weniger Anpassungen vornehmen. Zurück zur *index.html*. Platzieren Sie die Verknüpfung der *shake.js*-Datei direkt unterhalb der Einbindung von *PhoneGap.js*: <script src="java-script/shake.js" type="text/javascript"></script>

Etwas weiter unten im Code können Sie folgende Referenz auf das bisherige Shake-Plugin bedenkenlos löschen:

```
// Shake Plugin
window.onload = function() {
 window.addEventListener('shake', shakeEventDidOccur, false);

 function shakeEventDidOccur () {
   // Folgender Code wird bei einer Schüttelgeste ausgeführt
   onShake();
  }
};
```

Listing 9.3 Diese Referenz auf das ursprüngliche Shake-Plugin benötigen Sie nicht mehr

Bei der Definition der onShake-Funktion entfernen Sie lediglich das vorangestellte var. Damit ist die Funktion global verfügbar und kann aus der *shake.js*-Datei aufgerufen werden.

```
onShake = function() {
 if(!geschuettelt) {
  // CSS-Klasse austauschen und Bild einblenden
  $('.flickr-bild').toggleClass('sichtbar');
  $('button').text("Neues Foto machen!").toggleClass("shakeit");
  geschuettelt = true;
 }
};
```

Listing 9.4 Die globale Funktion onShake

Das war's auch schon. Jetzt funktioniert Ihre App auch unter Android. Sie haben mit wenig Aufwand und mit Ihren bestehenden HTML- und JavaScript-Kenntnissen die Kamera aktiviert und das Bild innerhalb der HTML-Datei weiterverarbeitet. So einfach kann es sein.

389

9.1.4   Die kompilierten App-Dateien mithilfe von PhoneGap Build erstellen

Bisher können Sie Ihre App nirgends testen. Im regulären Webbrowser wird der von Ihnen eben erstellte Code nichts bewirken, weil die PhoneGap-Komponenten fehlen. Sie implementieren den kompletten Inhalt Ihres »Shake it like a Polaroid picture«-App-Ordners nun in PhoneGap und haben zwei Möglichkeiten, dies zu tun. Möglichkeit eins ist, Sie installieren die gesamten Entwicklungsumgebungen für die jeweiligen Plattformen, die Sie ansprechen wollen und kompilieren so die finalen App-Dateien. Auf einem Mac für iOS wäre dies Xcode, für Android das Android SDK, welches auch für andere Betriebssysteme verfügbar ist. Wenn Sie nun wirklich alle Geräte abdecken wollen, so müssten Sie auch noch die Entwicklungsumgebungen von Blackberry, Symbian und Windows Phone installieren. Puuh, alles in allem klingt das nach viel Arbeit. Möglichkeit zwei ist um einiges einfacher: Sie lassen einen Webservice die Kompilierung der einzelnen Apps übernehmen. Dieser Webservice heißt *PhoneGap Build* (Abbildung 9.1). Sie finden ihn unter *https://build.PhoneGap.com*. Sie können kostenlos eine App verwalten und kompilieren lassen. Benötigen Sie erweiterte Dienste, wie etwa Funktionen zur Kollaboration, so kostet PhoneGap Build einen monatlichen Beitrag.

Abbildung 9.1 Die Startseite von PhoneGap Build

Das Prinzip von PhoneGap Build ist einfach. Laden Sie Ihre HTML5-, CSS3- und Java-Script-Dateien hoch, definieren Sie einen Namen und ein Icon für die App, und schon erstellt Ihnen der Service die App-Daten zur Installation auf iOS, Android, Blackberry, dem mittlerweile eingestellten webOS und Symbian, dem Betriebssystem vieler Nokia-Geräte.

Doch eins nach dem anderen. Erstellen Sie zunächst einen kostenlosen Account und melden Sie sich an.

9.1.5   Apple-Zertifikate und Profile

Wenn Sie Ihre App auf einem iOS-Gerät testen möchten, benötigen Sie einen Apple Developer Account, der jährlich mit 99 € zu Buche schlägt. Damit PhoneGap Build eine iOS kompatible App kompilieren kann, benötigt es ein *Developer Zertifikat*, welches quasi die Berechtigung darstellt iOS-Apps überhaupt zu kompilieren. Um zu verhindern, dass Sie Apps außerhalb des App Stores vertreiben, hat Apple sogenannte *Profile* entwickelt, die in jeder App-Datei beinhaltet sein müssen. Ein Profil enthält Informationen, auf welchem Gerät die App installiert werden darf oder ob die App im App Store vertrieben wird. Zusätzlich zum Profil wird außerdem Ihr Zertifikat als Developer in der App hinterlegt. So stellt Apple sicher, dass nur zertifizierte Developer und bestimmte Geräte Apps installieren können.

Um Ihre App auf Ihrem iOS-Gerät zu testen, benötigen Sie einen Mac und einen einen gültigen Developer Account. In PhoneGap Build müssen Sie Ihr Developer-Zertifikat und ein geeignetes Profil hinterlegen. Um Ihr Developer-Zertifikat herunterzuladen, loggen Sie sich unter *http://developer.apple.com/devcenter/ios* ein und wechseln in das iOS Provisioning Portal. Laden Sie Ihr Zertifikat unter Certificates herunter (Abbildung 9.2), und öffnen Sie es anschließend.

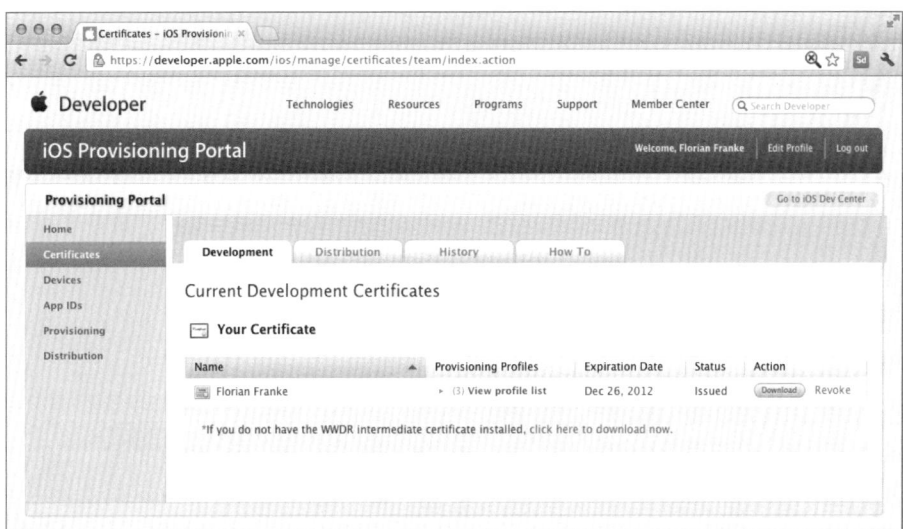

Abbildung 9.2 Ihr Developer-Zertifikat im iOS Provisioning Portal

Daraufhin öffnet sich die Schlüsselbundverwaltung. Bestätigen Sie das Hinzufügen zum Schlüsselbund. Suchen Sie nun über die Suchmaske innerhalb der Schlüsselbundverwaltung nach IPHONE DEVELOPER.

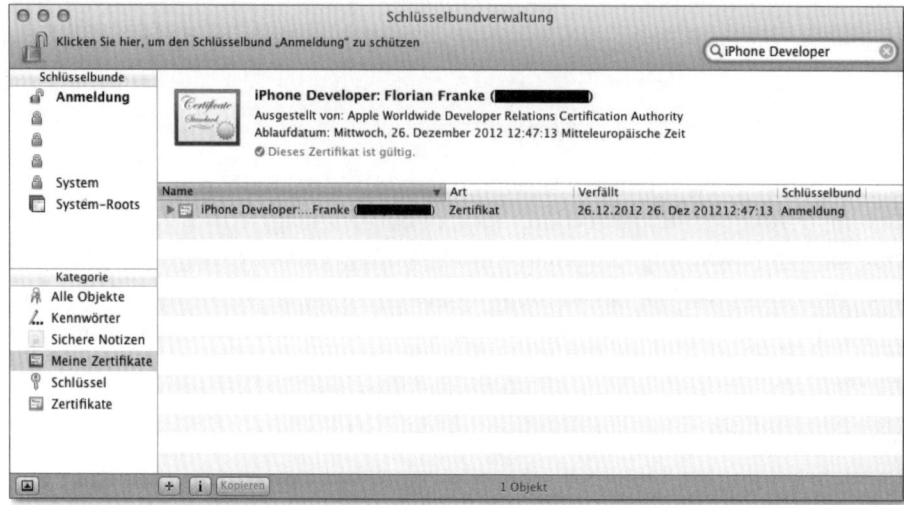

Abbildung 9.3 Ihr Developer-Schlüssel in der Schlüsselbundverwaltung

Wählen Sie nun im linken Bereich MEINE ZERTIFIKATE aus, und klappen Sie das Zertifikat mithilfe des kleinen Pfeils auf (Abbildung 9.3). Darin sollte sich ein *Privater Schlüssel* mit Ihrem Namen befinden (Abbildung 9.4).

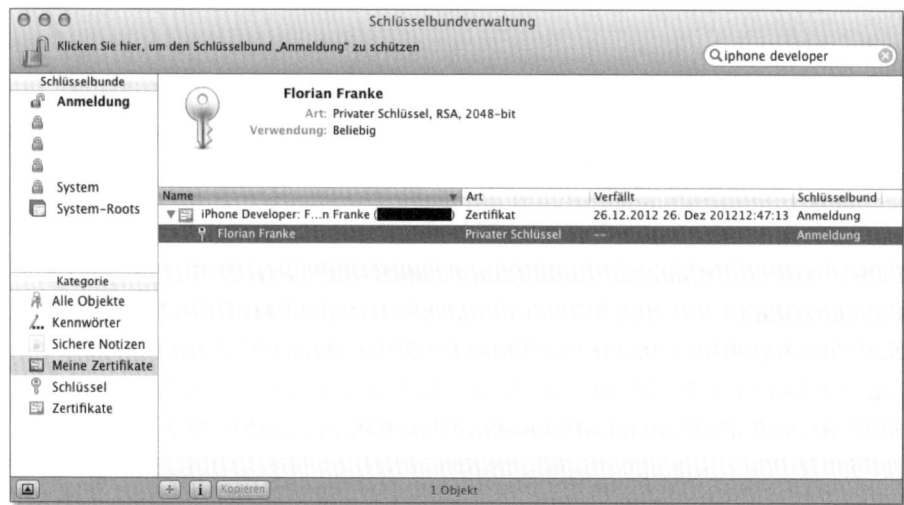

Abbildung 9.4 Exportieren Sie Ihren privaten Schlüssel im Format p.12

Klicken Sie mit der rechten Maustaste auf diesen Schlüssel, wählen Sie EXPORTIEREN, und speichern Sie den Schlüssel im Dateiformat *p.12* ab. Legen Sie ein Kennwort fest, und merken Sie es sich gut, da Sie es später bei PhoneGap Build erneut benötigen.

Dies ist die erste Datei, die Sie für PhoneGap Build benötigen. Nun brauchen Sie noch das Profil. Zunächst müssen Sie im IOS PROVISIONING PORTAL unter DEVICES Ihr Gerät registrieren. Jedes iOS-Gerät besitzt eine eindeutige Identifikationsnummer, die *UDID*. Die UDID finden Sie heraus, indem Sie das Gerät an Ihren Mac anschließen, iTunes öffnen und im Fenster des Geräts auf SERIENNUMMER klicken (Abbildung 9.5).

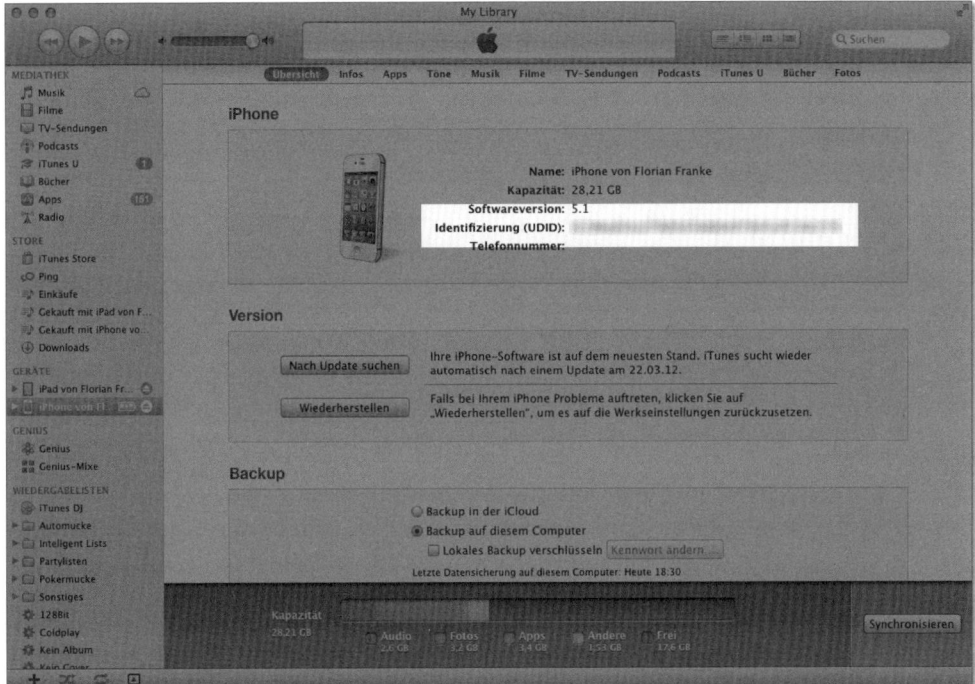

Abbildung 9.5 Unter iTunes finden Sie die UDID Ihres Geräts, indem Sie auf »Seriennummer« klicken.

Zurück im IOS PROVISIONG PORTAL unter DEVICES klicken Sie nun auf ADD DEVICES und fügen Ihr Gerät mit einer eindeutigen Bezeichnung und der UDID hinzu.

Die UDID einfach in die Zwischenablage kopieren

Damit Sie die lange UDID nicht von Hand abtippen müssen, können Sie sie auch einfach in die Zwischenablage kopieren. Klicken Sie dazu mit der linken Maustaste auf die UDID in iTunes, lassen die Maustaste gedrückt und drücken ⌘ + C auf Ihrem Keyboard. Fügen Sie danach die UDID mit ⌘ + V im iOS Provisioning Portal wieder ein.

Sie haben nun Ihr Gerät hinzugefügt. Als Nächstes erstellen Sie eine *App-ID* für all Ihre kommenden Beta-Apps. Die App-ID ist eine einzigartige Kennzeichnung, die Ihre Apps identifizieren. Klicken Sie dazu im IOS PROVISIONING PORTAL auf APP IDS, und fügen Sie über NEW APP ID eine neue ID hinzu. Tragen Sie als Bezeichnung »BetaApps« und als BUNDLE IDENTIFIER den danebenstehenden Beispieltext namens »com.domainname.appname« ein (Abbildung 9.6).

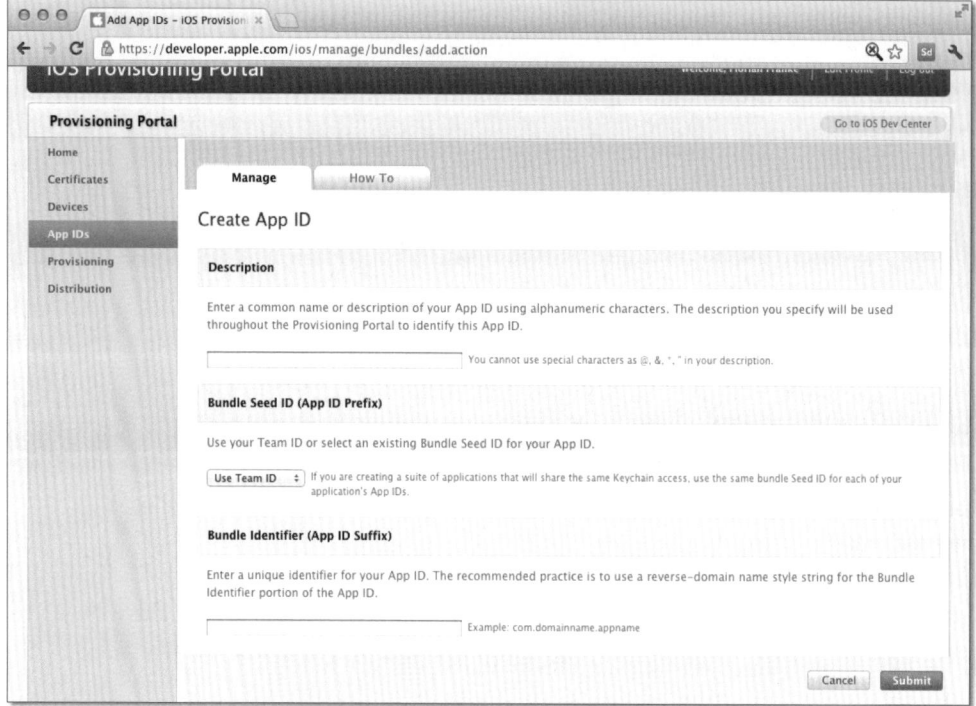

Abbildung 9.6 Eine neue App ID hinzufügen

Zu guter Letzt legen Sie unter PROVISIONING ein neues Profil an. Geben Sie den Profilnamen »Shake it« ein, wählen Sie Ihr Zertifikat aus, als App-ID Ihre ID BETAAPPS (Abbildung 9.7). In der Geräteliste markieren Sie alle Geräte, auf denen Ihre App installiert werden kann. Um einen Vertrieb über diesen Weg zu unterbinden, hat Apple die Anzahl auf 100 Geräte beschränkt. Wenn Sie allerdings nicht in einem echten Apple Store wohnen, dann sollte diese Limitierung für Sie kein Problem darstellen. Nach dem Hinzufügen werden Sie auf die Übersicht weitergeleitet. Ihr Profil erscheint dort nun als *pending*. Aktualisieren Sie einfach die Seite, und laden Sie das Profil herunter.

Sie haben es geschafft und sind nun im Besitz der beiden Dateien, die Sie bei Phone-Gap Build angeben müssen – dem Developer-Zertifikat und dem Profil. Damit geben wir zurück ins Funkhaus, ähem ... zurück zu PhoneGap Build.

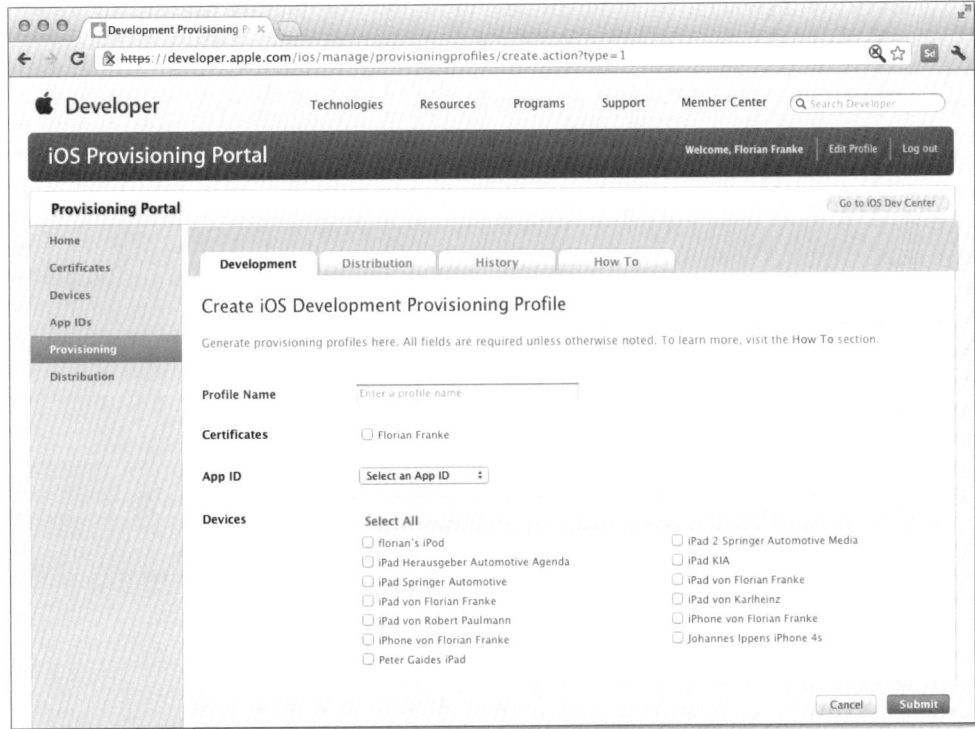

Abbildung 9.7 Das Erzeugen eines Provisioning Profils

9.1.6   Einbinden von Zertifikat und Profil in PhoneGap Build

Hinterlegen Sie nun Ihr Zertifikat und das Profil in PhoneGap Build. Loggen Sie sich dazu ein, und klicken Sie im rechten oberen Bereich auf Ihre E-Mail-Adresse. Dieser Link führt zu Ihren Basiseinstellungen. Für den nächsten Schritt ist die Rubrik SIG-NING relevant. Dort fügen Sie nun unter IOS VIA ADD KEY den Schlüssel hinzu. Hier geben Sie nun den Namen des Schlüssels, Zertifikat und Profil sowie das Kennwort ein, das Sie beim Zertifikatsexport eingegeben hatten (Abbildung 9.8). Speichern Sie den Schlüssel. Die Webseite wird Sie sofort zu Ihren Kontoeinstellungen weiterleiten. Sie müssen jedoch zunächst noch den gerade erstellen Schlüssel auf *Default* setzen. Wechseln Sie dazu wieder in die Rubrik SIGNING, und wählen Sie DEFAULT aus.

Uff, eine schwere Geburt. Zum Glück müssen Sie dieses Prozedere für Ihre Beta-Apps nur einmal machen. Möchten Sie allerdings die App auf weiteren Geräten testen oder gar im App Store veröffentlichen, so müssen Sie ein neues Profil über das iOS Provisioning Portal erstellen.

Für Android benötigen Sie zum Testen der App auf Ihrem Endgerät weder Schlüssel noch Zertifikat. Erst wenn Sie die App in Google Play (vorher bekannt als *Android Market*) veröffentlichen möchten, benötigen Sie einen Schlüssel und ein Zertifikat.

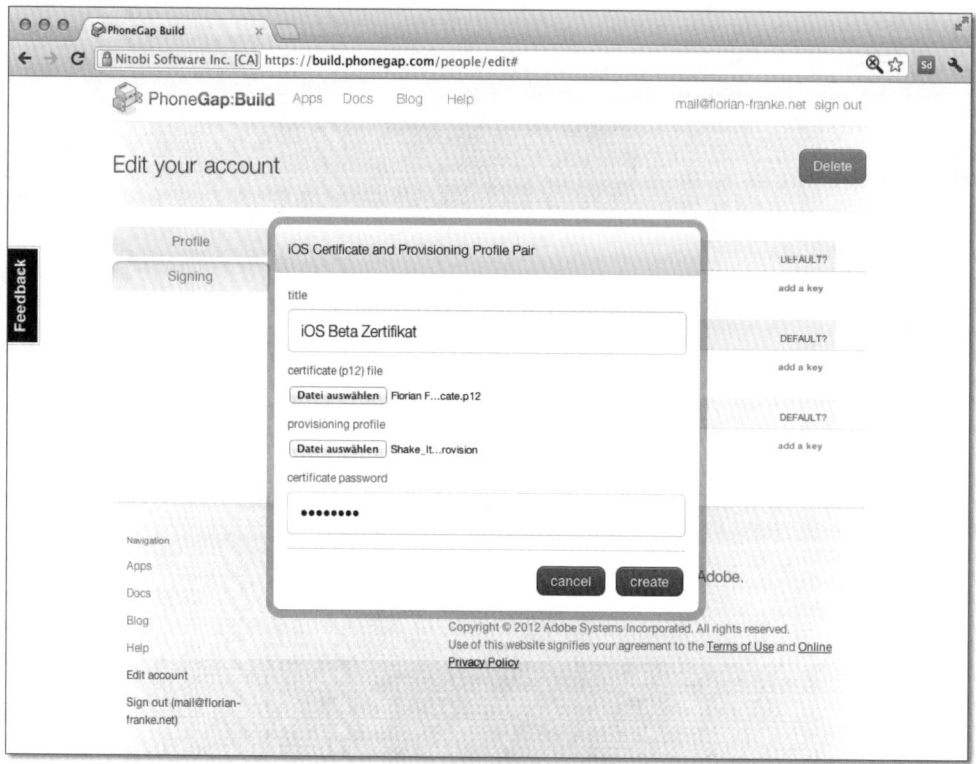

Abbildung 9.8 Das Einstellen des iOS-Zertifikats und des Profils in PhoneGap Build

9.1.7 Endlich! Das Hochladen der »Shake it like a Polaroid picture«-Daten

Nachdem Sie nun den Zertifikats- und Profildschungel erfolgreich gemeistert haben, lassen Sie PhoneGap Build Ihre App kompilieren. Wählen Sie dazu auf der PhoneGap-

Build-Seite im oberen Bereich APPS aus. Sie werden nun aufgefordert, die App-Details anzugeben (Abbildung 9.9).

Neben dem App-Namen wählen Sie als Upload-Methode UPLOAD AN ARCHIVE OR INDEX.HTML FILE aus. Dort laden Sie eine Zip mit dem Inhalt Ihres »Shake it like a Polaroid Picture«-Ordners hoch. Achten Sie darauf, dass Sie den Inhalt des Ordners zippen und nicht den Ordner selbst. Die *index.html* muss immer im Stammverzeichnis der Zip-Datei liegen. Als Alternative haben Sie auch die Möglichkeit, ein sogenanntes *Git Repository* zu verwenden. Dies ist allerdings in diesem Fall für uns nicht relevant. Für mehr Informationen zu *Git* lohnt ein Blick auf *https://github.com/*. Jedoch auch nur, wenn Sie wirklich stark in die Entwicklung mit Versionsspeicherung und Kollaboration einsteigen möchten. Bei einem Klick auf CREATE erstellt Phone-Gap Build die App und beginnt bereits mit der Kompilierung für die verschiedenen Systeme. Bedenken Sie, dass die Kompilierung einen Moment dauern kann. Aktualisieren Sie die Seite, um zu sehen, ob die Apps zur Verfügung stehen. Spätestens jetzt ist es Zeit für eine kleine Kaffeepause. Bis gleich.

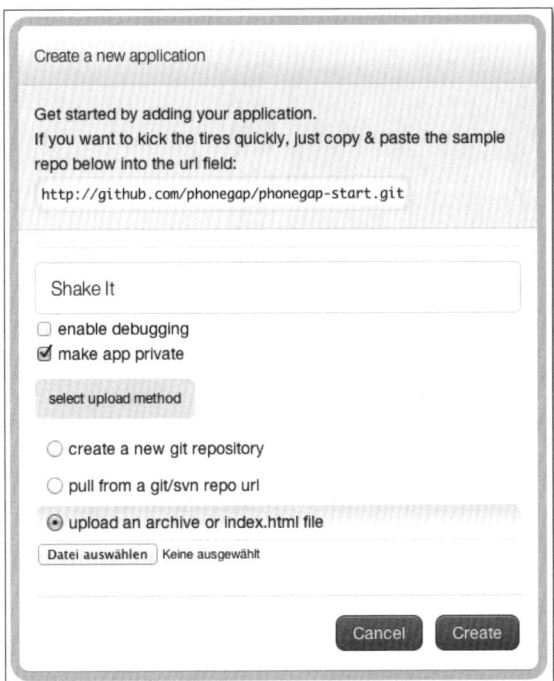

Abbildung 9.9 Eine neue App zu PhoneGap Build hinzufügen

9.1.8   Die App-Datei auf dem Endgerät installieren

Wieder da? Super! Da es den Rahmen des Buches sprengen würde, hier zu erklären, wie Sie für jede Plattform die App auf Ihrem Gerät installieren, beschränken wir uns auf iOS und Android.

Laden Sie die *.ipa*-Datei Ihrer App herunter, um sie auf iOS-Geräten zu testen. Die Installation der Apps erfolgt über iTunes. Ziehen Sie die *.ipa*-Datei auf das iTunes-Symbol. Schließen Sie nun Ihr iOS-Gerät via USB an, und wechseln Sie in die Rubrik Apps. Wählen Sie Apps synchronisieren und in der darunterliegenden Liste Ihre »Shake it«-App aus (Abbildung 9.10). Synchronisieren Sie dann Ihr iOS-Gerät mit iTunes. Die App wird daraufhin installiert.

Abbildung 9.10 Wählen Sie unter »Apps« Ihre App zur Synchronisation aus.

Hinweis zur App-Aktualisierung

Wenn Sie die App aktualisieren möchten, so löschen Sie erst die Datei von Ihrem iOS-Gerät. In iTunes wird damit das Häckchen bei Ihrer App entfernt. Schieben Sie nun die aktualisierte *.ipa*-Datei (die Ihnen PhoneGap Build erstellt hat), wieder in iTunes, und ersetzen Sie die alte Version. Daraufhin setzen Sie wieder das Häckchen bei Ihrer App in der Liste der zu aktualisierenden Apps. Dieser Vorgang ist notwendig, da iTunes ansonsten die neue Datei nicht synchronisiert.

Für Android-Geräte laden Sie die *.apk*-Datei herunter. Zur Installation reicht es, die Datei einfach auf Ihrem Android-Gerät aufzurufen. Am einfachsten geht dies, indem Sie sich die Datei per E-Mail zusenden.

Funktionieren die App und die Kamerafunktion? Ja? Sehr gut, herzlichen Glückwunsch zu Ihrer ersten nativen App (Abbildung 9.11).

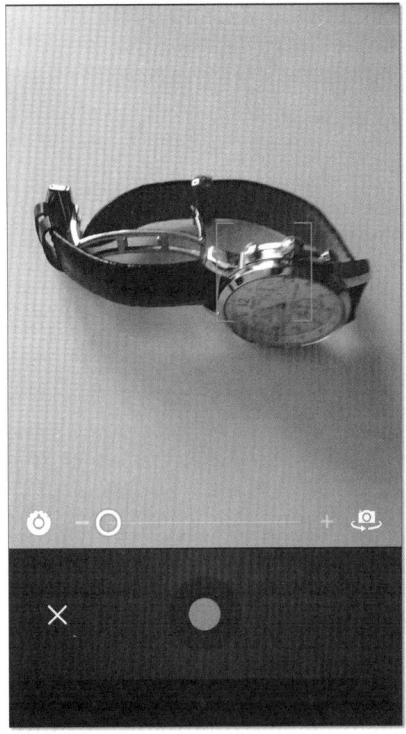

Abbildung 9.11 Ihre App im Kameramodus auf einem Android-Smartphone

9.1.9   Icon- und App-Namen in PhoneGap Build anpassen

Wie Sie vielleicht gemerkt haben, wird das App-Icon, welches Sie im HTML-Code definiert haben, nicht übernommen. Das liegt daran, dass es ich bei Ihrer App nun nicht mehr um eine WebApp, sondern um eine native App handelt. App-Icons werden in nativen Apps separat angelegt. Auf der PhoneGap-Build-Webseite können Sie unter APPS Ihre hochgeladene App anzeigen lassen und die Details zu Dateinamen und Icon verändern (Abbildung 9.12). Vergessen Sie jedoch nicht, Ihre Änderungen mit dem Button SAVE am unteren Ende der Seite zu bestätigen. Diesen kann man leicht übersehen (jedenfalls war das bei uns einige Male der Fall).

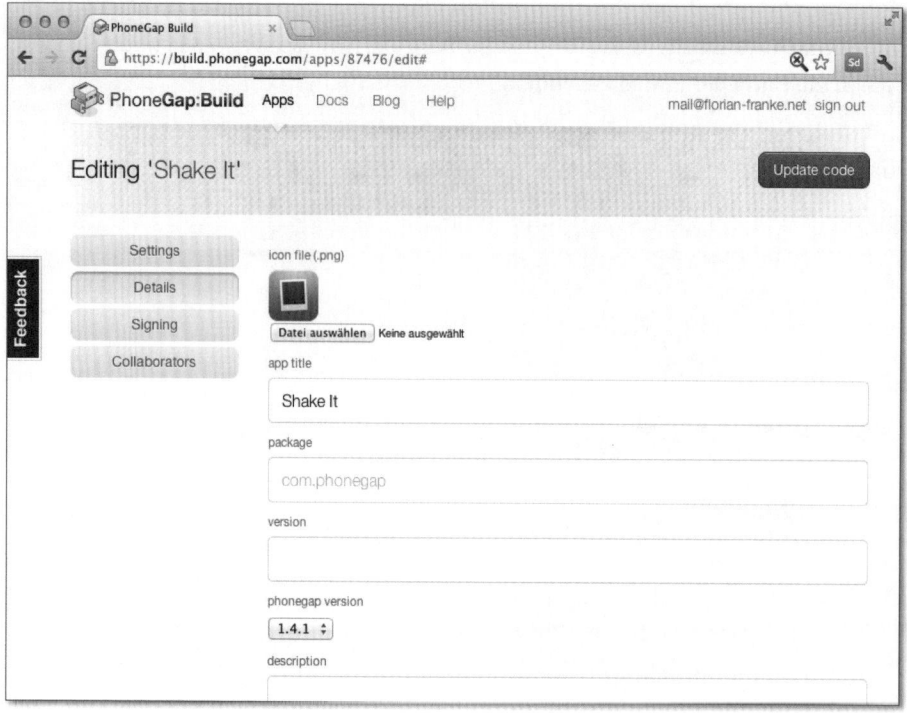

Abbildung 9.12 Die Eigenschaften Ihrer App

9.1.10   Abschließende Worte zu PhoneGap und PhoneGap Build

Wie Sie vielleicht bemerkt haben, ist PhoneGap (oder Apache Cordova) ein größeres Thema. Die offizielle Dokumentation unter *http://docs.phonegap.com/* ist gut und verständlich geschrieben und mit vielen Beispielen angereichert. Mit Ihren bis hierhin erworbenen jQuery- und JavaScript-Kenntnissen sollten Sie sich dort gut zurechtfinden. Wenn Ihre App darauf angewiesen ist, auf bestimmte Hardwarefunktionen zurückgreifen zu müssen oder sie sie einfach über die einschlägigen App Stores vertreiben wollen, so ist PhoneGap sicherlich eine gute Wahl. Sie können mit Ihren bereits erlernten Fähigkeiten aufwendige und mächtige Apps erstellen, die auf vielen Plattformen gleichermaßen funktionieren. Achten Sie allerdings immer auf die Unterschiede zwischen den verschiedenen Betriebssystemen und Endgeräten. Obwohl PhoneGap viele verschiedene Konfigurationen unterstützt, sind teilweise eben doch einige Dinge unter iOS möglich und unter Android nicht. Oder auch umgekehrt. Alle nötigen Informationen sind aber in der offiziellen PhoneGap-Dokumentation hinterlegt.

Mit PhoneGap Build können Sie außerdem schnell die verschiedenen App-Pakete erstellen lassen – auch ohne die jeweiligen Entwicklungsumgebungen. Möchten Sie jedoch zusätzliche PhoneGap-Plugins, wie z.B. einen Barcode-Scanner, nutzen, so sind Sie nach wie vor auf die Erstellung des App-Pakets über die Entwicklungsumgebung, wie z.B. Xcode, angewiesen – aber vielleicht reichen die PhoneGap-Build-Entwickler eine breite Unterstützung von Plugins jedoch in zukünftigen Updates nach.

9.2   Eine native Magazin-App mit Laker

Neben PhoneGap wollen wir Ihnen an dieser Stelle noch ein zweites Framework zur Erstellung einer nativen App vorstellen. Im Unterschied zu PhoneGap liegt hier der Fokus aber auf der Gestaltung eines digitalen Magazins.

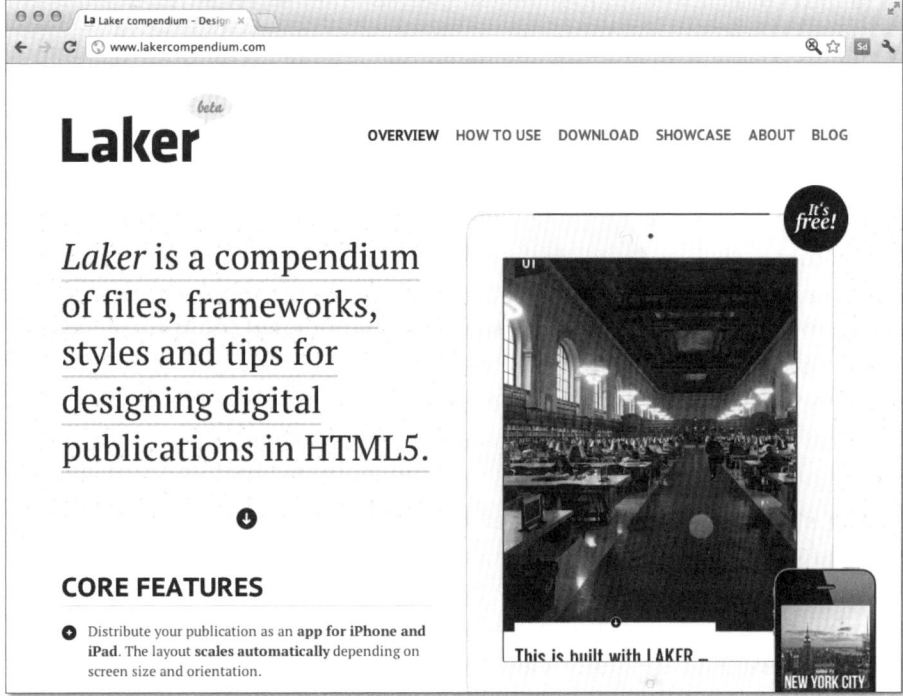

Abbildung 9.13 Die Startseite des Laker Compendiums unter
http://www.lakercompendium.com

Das *Laker Compendium* (*http://www.lakercompendium.com*) ist eine Ansammlung von Tipps und Tricks sowie Codeschnipseln, die Ihnen die Gestaltung eines digitalen Magazins erleichtert (Abbildung 9.13). Dabei funktioniert Laker in enger Zusammenarbeit mit dem *Baker Framework*, einem nativen App-Framework für iOS (sorry, Mitte 2012 gibt es noch keine aktuelle Version für Android). Kurz zusammengefasst, gestalten Sie mit Laker Ihre Inhalte, während Baker sich um das Aneinanderreihen der einzelnen Seiten, die Einblendung eines Inhaltsverzeichnisses sowie die Verpackung als native App kümmert. Dabei bietet Ihnen Laker vordefinierte Module zur Gestaltung, so z. B. Text, Text mit Bild, Video, Youtube, Audio, eine Slideshow, einen Karten-Effekt sowie eine Google-Maps-Karte. Die Darstellung der Module wird je nach Hoch- oder Querformat automatisch angepasst. Laker ist so flexibel gestaltet, dass sich die Module sogar auf kleine Bildschirmgrößen, wie z. B. die von iPhone oder iPod Touch skalieren. Die Kombination aus nativer App und HTML5-Inhalt hat den Vorteil, dass besonders rechenintensive Prozesse (wie der Wechsel einer Seite) vom nativen Teil der App übernommen werden und somit die Performance hoch ist. Die Inhaltsgestaltung erledigen Sie dafür mit Ihren erlernten HTML5-Kenntnissen mit links.

Vom Prinzip her legen Sie für jede »Seite« Ihres Magazins eine eigene HTML5-Seite an. In dieser HTML5-Seite, die mit den Laker-eigenen CSS3- und JavaScript-Dateien unterstützt wird, platzieren Sie in Form der bereits genannten Module Ihre Inhalte. Dabei sind Sie nicht auf die Standardmodule beschränkt. Da es sich hier um eine HTML-Seite handelt, können Sie auch leicht weitere Module entwickeln oder HTML- und JavaScript-Code einbinden.

Für die Entwicklung einer Publikation mit Laker benötigen Sie zwei Dinge:

▶ **Das Baker Framework**
Im Downloadpaket des Baker Frameworks (*http://www.bakerframework.com*) befinden sich ein Xcode-Projekt sowie ein paar Unterordner. Der wichtigste ist ein Ordner namens *book*. Hier hinein kommen später Ihre Inhalte. Sie kennen sich mit Xcode noch nicht so genau aus? Keine Angst, Sie benötigen es nur zum Export Ihrer App. Kenntnisse in Objective C sind für die Erstellung eines digitalen Magazins mit Laker und Baker nicht erforderlich.

▶ **Das Laker Starter Pack**
Auf der Webseite des Laker Compendiums (*http://www.lakercompendium.com*) finden Sie unter der Rubrik DOWNLOAD das STARTER PACK. Diese Datei beinhaltet alle Laker-Styles und ein paar Demo-HTML5-Dateien, die Sie gut als Startpunkt verwenden können. Ersetzen Sie nun den Ordner *book* von Baker durch den gleichnamigen Ordner im Laker Starter Pack.

Das ist auch schon alles! Ab jetzt werden Sie primär im *book*-Ordner arbeiten. Auf der Webseite des Laker Compendiums sind die einzelnen Module ausführlich mit Beispielquellcode erklärt. Um z. B. ein Textmodul einzubinden, bedarf es lediglich zweier Elemente mit bestimmten Klassendefinitionen. Dabei arbeiten Sie in Spaltendefinitionen à la `large-column`, `medium-column` oder `small-column`. Der modulare Aufbau von Laker macht es möglich, auch andere Elemente in den Spalten zu platzieren. Probieren Sie es doch einfach mal aus! Sie können dabei den Quellcode für die einzelnen Module einfach per Copy & Paste von der Laker-Webseite holen und in Ihrem Magazin einfügen.

Bevor die Seiten in Ihrer App angezeigt werden, müssen Sie noch die von Baker mitgelieferte Datei *book.json* anpassen. In dieser hinterlegen Sie die Dateinamen (und damit auch die Reihenfolge) der einzelnen Seiten Ihres Magazins sowie einige andere Konfigurationsparameter, die in der TUTORIALS-Sektion der Baker-Webseite ausführlich erklärt werden (*http://bakerframework.com/tutorials*). Sobald Sie mit der Gestaltung Ihrer Seiten fertig sind, müssen Sie via Xcode nur noch den Namen Ihrer App anpassen, und schon können Sie sie auf Ihrem iOS-Gerät testen.

Auf Grundlage der Kombination Baker und Laker sind mittlerweile schon einige Magazine und Publikationen gestaltet worden. In der SHOWCASE-Rubrik unter *http://www.lakercompendium.com/showcase/* finden Sie einige Beispiele mit den Direktlinks zum App Store. Die App für ein deutsches Automagazin namens *Automotive Agenda*, welches mit Baker und Laker entwickelt und gestaltet wurde, hat Ende 2011 sogar einen Sonderpreis beim *ERGO Direkt On.Line Medienpreis* erhalten. Neben Videos, Slideshows und sogar einer Zitatesammlung, die beim Schütteln des iPads ein neues Zitat einblendet, finden sich in der App einige Artikel der gedruckten Ausgabe. Die Automotive Agenda ist kostenlos verfügbar (App-Store-Link: *http://itunes.apple.com/de/app/automotive-agenda-magazin/id460041187?mt=8*). Die Kombination aus Baker und Laker ist also auch für größere Projekte produktiv einsetzbar. Schauen Sie doch einfach mal rein (Abbildung 9.14)!

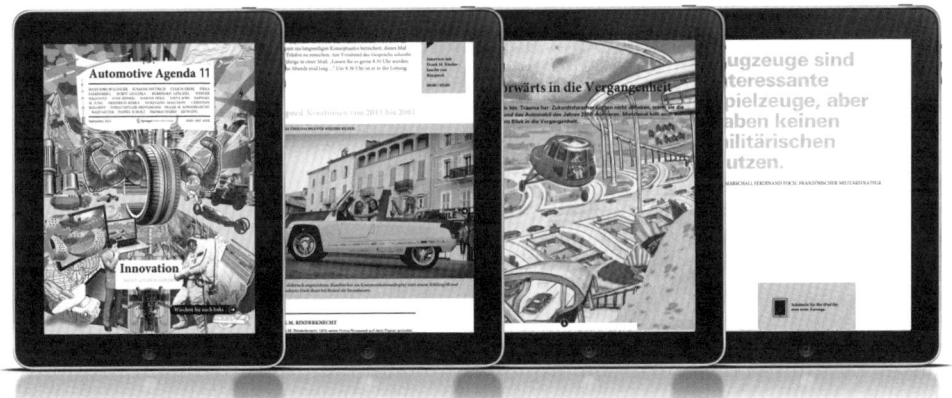

Abbildung 9.14 Einige Impressionen der Automotive-Agenda-App, gestaltet mit Baker und Laker

9.3   Die Veröffentlichung einer App in einem App Store

Die Veröffentlichung Ihrer App in einem App Store ist eine komplexe Angelegenheit. In aller Detailgenauigkeit würde die Beschreibung den Rahmen dieses Buches sprengen (wir überziehen sowieso schon seit den letzten fünf Seiten). Um Ihnen trotzdem einen ersten Eindruck zu vermitteln, zeigen wir Ihnen im Folgenden die wichtigsten Schritte für das Einstellen einer App in Apples App Store und Google Play.

Vom Prinzip her müssen Sie einen kostenpflichtigen Entwickler-Account eröffnen, die richtigen Zertifikate und Profile anlegen und diese in die App-Datei integrieren. Nach einer ausgiebigen Testphase der App übermitteln Sie dann diese in den jeweiligen App Store.

Für detaillierte Antworten empfehlen wir Ihnen das Praxisbuch »Apps entwickeln für iPhone und iPad« von Klaus M. Rodewig und Clemens Wagner.

9.3.1   Das Veröffentlichen einer App in Apples App Store

1. Einloggen in iTunes Connect

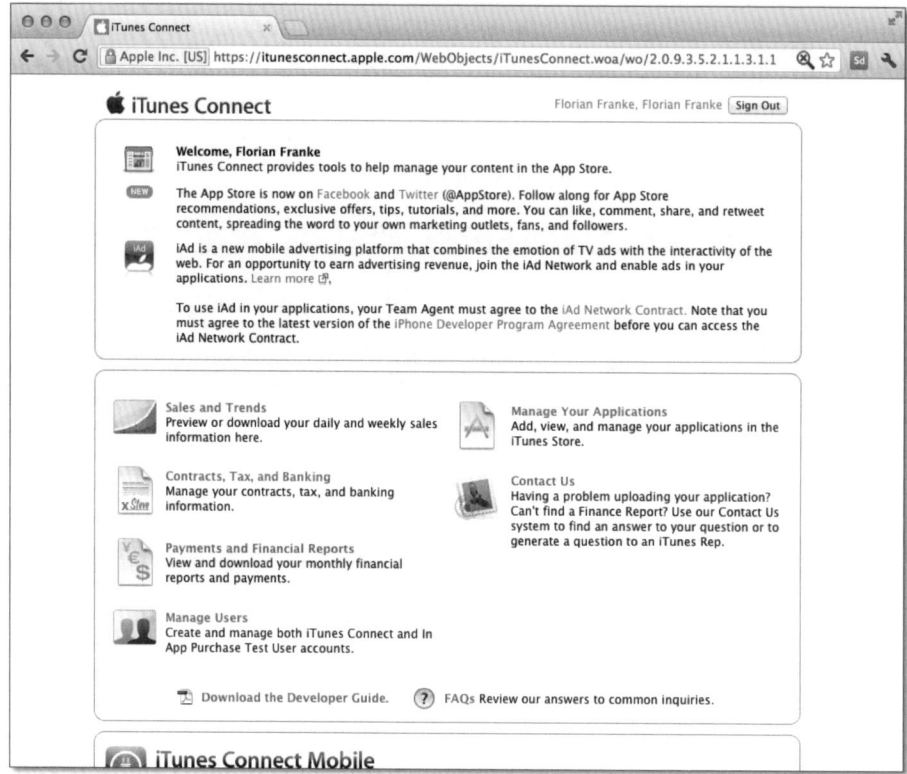

Abbildung 9.15 Die Startseite von iTunes Connect

iTunes Connect ist die Webseite, über die Sie Ihre Apps verwalten, Finanzreporte abrufen und Verträge einsehen können – kurzum: alles, was Ihre App in irgendeiner Form betrifft (Abbildung 9.15).

Loggen Sie sich mit den Zugangsdaten Ihres Entwickler-Accounts unter *https://itunesconnect.apple.com/* ein. Apple stellt außerdem eine iTunes-Connect-App für Ihr iOS-Gerät bereit, mit der Sie noch komfortabler Statistiken Ihrer App einsehen können, doch dazu gleich mehr.

2. App hinzufügen

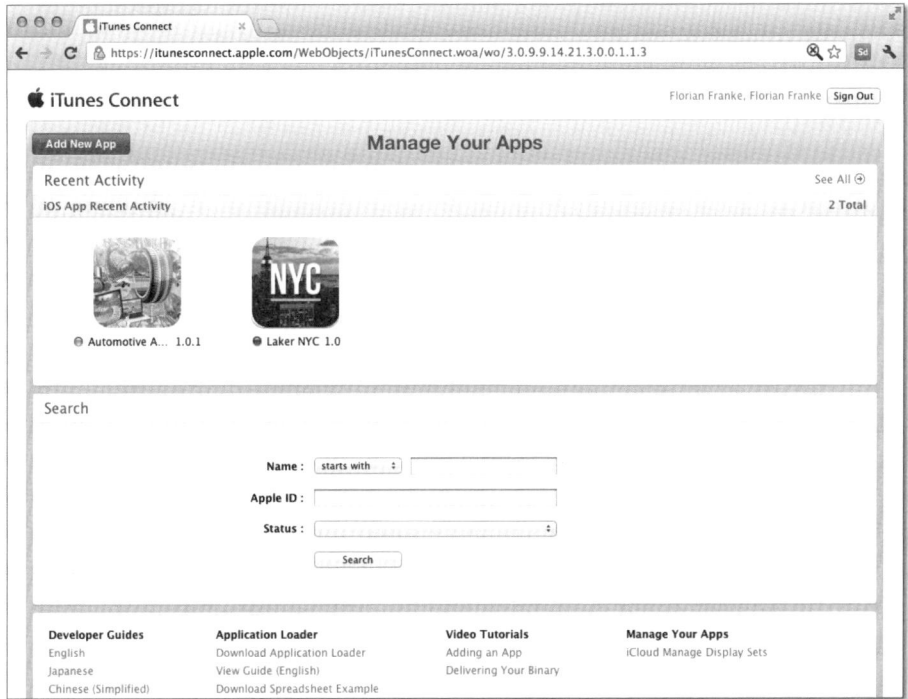

Abbildung 9.16 Die Übersicht Ihrer bereits eingestellten Apps unter »Manage Your Apps«

Um nun eine App hinzuzufügen, klicken Sie auf MANAGE YOUR APPLICATIONS. In einer Übersicht werden zunächst die Apps angezeigt, die Sie bereits an den App Store übermittelt haben (Abbildung 9.16). Ein farbiges »Lämpchen« links neben dem Namen zeigt an, ob die App zugelassen wurde (grünes Lämpchen), ob sich die App im Prozess der Zulassung befindet (oranges Lämpchen) oder aber ob die App abgelehnt wurde (rotes Lämpchen). Über den Button im linken oberen Eck ADD NEW APP fügen Sie eine neue App hinzu.

Im ersten Schritt geben Sie neben der Sprache und dem App-Namen auch eine sogenannte *SKU-Nummer* an (Abbildung 9.17). Die SKU-Nummer kann von Ihnen gewählt werden und ist eine eindeutige Identifikationsnummer Ihrer App. Wenn Sie nicht die Apps mehrerer Unternehmen oder Abteilungen in einem Account verwalten, empfehlen wir hier eine einfache Nummerierung, z.B. »0001«, »0002« usw. Die BUNDLE ID müssen Sie zunächst im *Provisioning Portal* für Ihre App speziell anlegen. Über diese Bundle ID wird die App bei Apple eindeutig identifiziert.

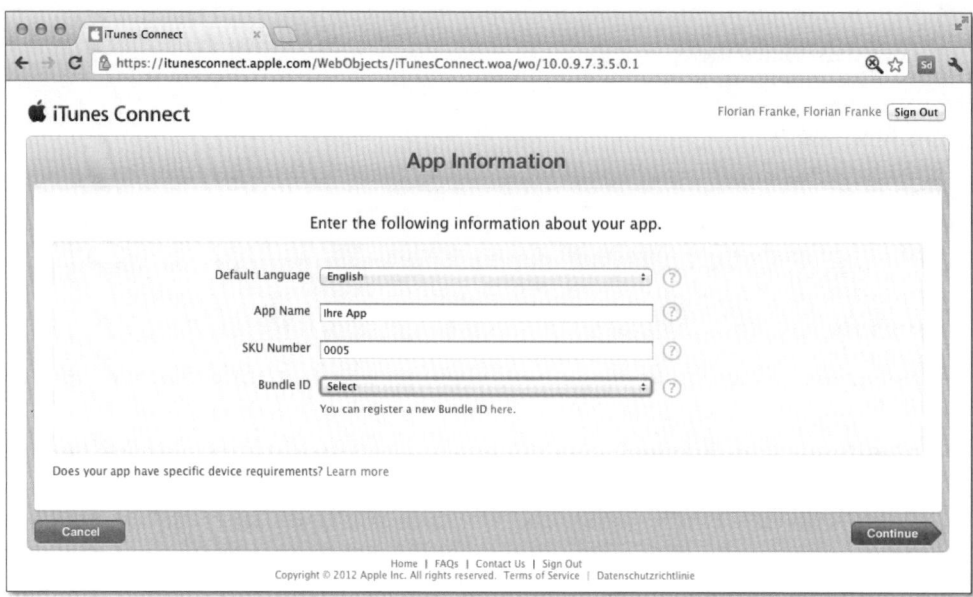

Abbildung 9.17 Die ersten Details Ihrer App

Im zweiten Schritt definieren Sie das Veröffentlichungsdatum sowie den Preis der App (Abbildung 9.18). Zusätzlich können Sie noch angeben, in welchem Store die App erscheinen soll.

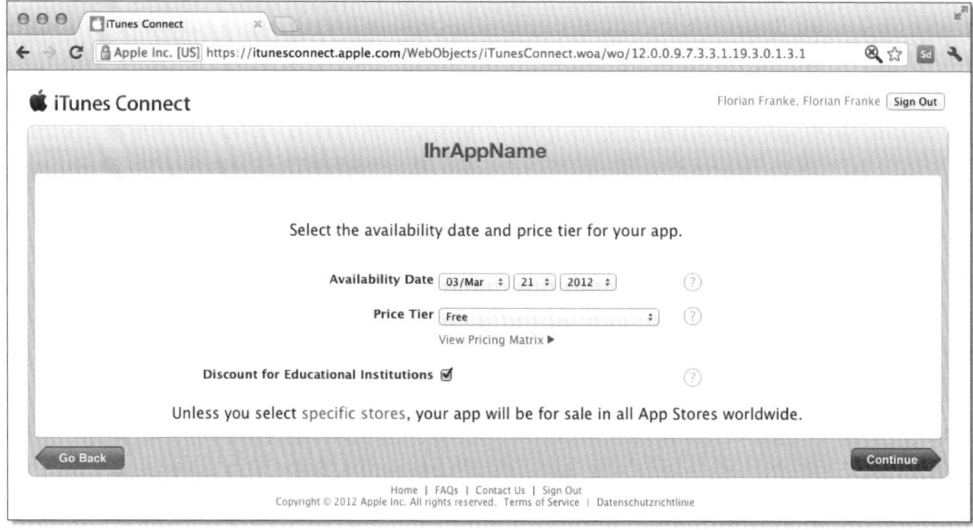

Abbildung 9.18 Schritt 2 – wo und zu welchem Preis soll Ihre App verfügbar sein?

Im dritten Schritt werden Sie nach den Eigenschaften der App gefragt. Neben einer Zuordnung zu bestimmten Kategorien sowie Versionshinweisen geben Sie hier außerdem Beschreibung sowie Screenshots an, die dann später im App Store zu sehen sind.

Wichtig ist hierbei, dass Sie die Beschreibung so genau und ansprechend wie möglich gestalten. Dasselbe gilt für die Screenshots. Stellen Sie sich einfach vor, Sie wären Ihr eigener Kunde und würden die App im App Store finden. Wie müsste diese beschrieben sein, damit Sie sie auch installieren? Denken Sie daran: Niemand kauft gerne die Katze im Sack.

Sie werden nun auf eine Übersichtsseite weitergeleitet und müssen den Upload der App noch freigeben. Klicken Sie dazu nun auf VIEW DETAILS unterhalb des App-Icons. Auf der Detailseite befindet sich rechts oben ein Button namens READY TO UPLOAD BINARY, über den Sie eine letzte Frage beantworten müssen, bevor Sie die App-Datei übermitteln können (Abbildung 9.19). Wenn Sie keine App gebaut haben, mit der militärische Verschlüsselungscodes geknackt werden können, dann sollten Sie hier keine Probleme haben.

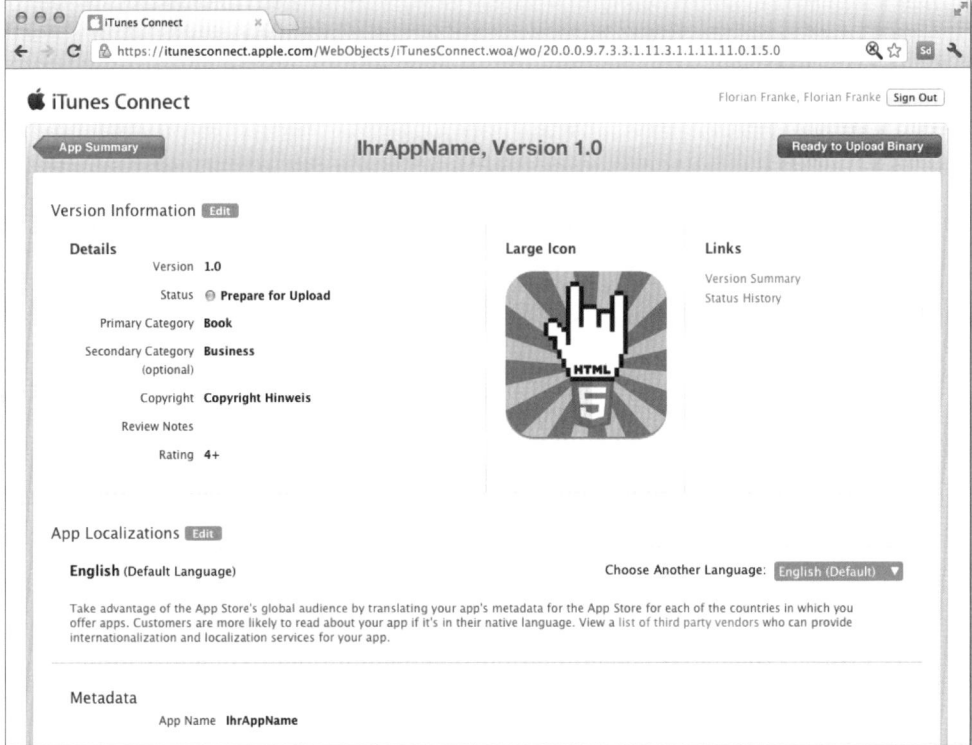

Abbildung 9.19 Haben Sie alle Informationen ausgefüllt, so geht es weiter mit einem Klick auf »Ready to Upload Binary«.

3. Die App-Datei hochladen

Nachdem Sie nun alle Eigenschaften der App für den Store festgelegt haben, geht es nun darum, die App-Datei an Apple zu senden. Bevor Sie jedoch die Datei übermitteln, legen wir Ihnen ans Herz, einen genauen Blick auf die App-Store-Zulassungsrichtlinien unter *https://developer.apple.com/appstore/guidelines.html* zu werfen. Neben den üblichen Hinweisen auf eine absturzfreie App findet sich hier eine große Anzahl weiterer Einschränkungen (z.B. keine »Demo«- oder »Beta«-Apps), die aber zum großen Teil leicht erfüllt werden können. Im Groben kann man sagen, dass Ihre App nicht abstürzen, keine Urheberrechte verletzen, offline funktionieren und korrekt betitelt sein sollte. Diese Punkte sind für Sie als Entwickler, der eine WebApp in Form einer nativen App im App Store veröffentlichen möchte, mit Sicherheit die wichtigsten.

Nun aber zurück zur App-Datei. Das Hochladen der Datei geschieht nicht über iTunes Connect, sondern mithilfe einer Mac-App namens *Application Loader* (Abbildung 9.20). Der Application Loader wird automatisch mit Xcode installiert. Sollten Sie Xcode noch nicht installiert haben, so finden Sie den Download unter *http://developer.apple.com*.

> **Ein Hinweis zu Xcode**
>
> Xcode ist lediglich für Mac OS verfügbar. Sie benötigen einen Mac, um die App-Datei an Apple zu übermitteln.

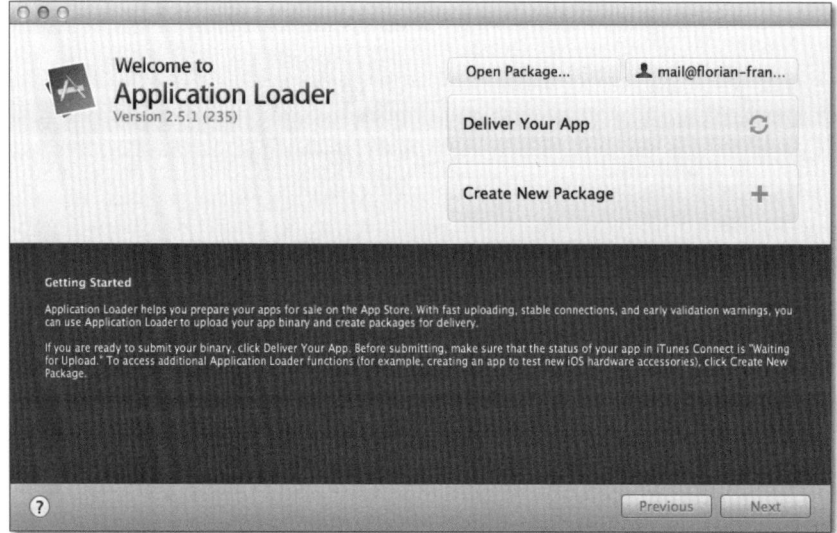

Abbildung 9.20 Der Application Loader von Apple beim Start

Starten Sie den Application Loader am besten über die Spotlight-Suche, denn die App ist in den Tiefen des *Developer*-Ordners unter *Developer/Applications/Utilities* versteckt. Nachdem Sie Ihre AppleID eingegeben haben, übermitteln Sie die App-Datei über DELIVER YOUR APP. Dabei überprüft der Application Loader anhand Ihrer Apple-ID, ob eine App-Datei hochgeladen werden kann bzw. ob Sie im Voraus über iTunes Connect bereits die App-Informationen angelegt haben. Wählen Sie nun die App aus, die Sie in Schritt zwei angelegt hatten (Abbildung 9.21).

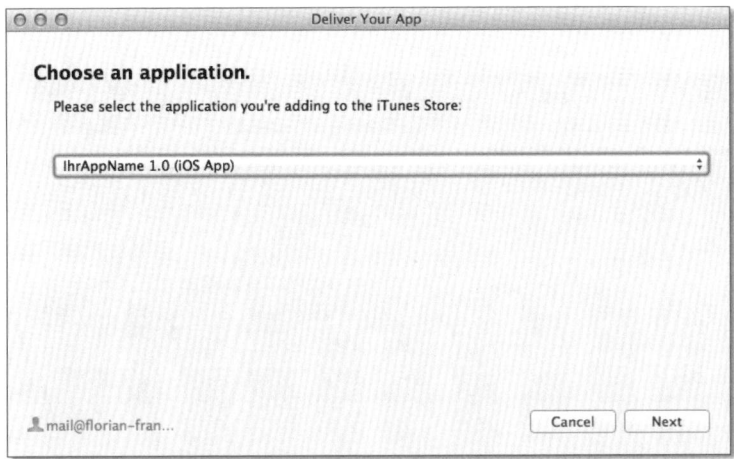

Abbildung 9.21 Die App auswählen, zu der die App-Datei hochgeladen werden soll. Haben Sie Ihre App über iTunes Connect mit »Ready to Upload Binary« freigegeben, so erscheint diese hier.

Als Datei wählen Sie nun die *.ipa*-Datei aus, die die App beinhaltet. Die *.ipa*-Datei haben Sie entweder über PhoneGap Build oder via Xcode erzeugt – in beiden Fällen natürlich mit den richtigen Zertifikaten. Beim Upload wird der Application Loader die Richtigkeit der *.ipa*-Datei überprüfen und Sie gegebenenfalls auf einen Fehler hinweisen. Beachten Sie, dass in diesem Schritt lediglich die *.ipa*-Datei auf Struktur und Zertifikate hin überprüft wird. Ob es Ihre App tatsächlich in den App Store schafft, wird erst im nächsten Schritt durch Apple entschieden.

4. Auf Apple warten – und Tee trinken

Dies ist der Moment, indem Sie sich mit einem Heißgetränk Ihrer Wahl belohnen sollten. Apple wird nun Ihre App überprüfen und innerhalb einiger Tage ein Feedback geben. Bedenken Sie, dass dieser Prozess mal weniger, mal mehr Zeit in Anspruch nehmen kann. Je nach Auslastung ist eine Überprüfung durch Apple innerhalb einer Woche durchaus üblich. Ändert sich der Status Ihrer App, bekommen Sie eine E-Mail. Insofern müssen Sie sich nicht ständig in iTunes Connect einloggen und können in aller Ruhe Ihren Earl Grey oder aber kolumbianischen Kaffee genießen.

5. Statistik und Verkaufszahlen

Nachdem Ihre App zum App Store zugelassen wurde, können Sie via iTunes Connect über den Link SALES AND TRENDS die Downloadstatistik Ihrer App einsehen (Abbildung 9.22).

Abbildung 9.22 »Sales and Trends« auf der Webseite von iTunes Connect

---

Tipp: Die iOS-App von iTunes Connect

Über die iOS-App von iTunes Connect (Abbildung 9.23) können Sie einen größeren Zeitrahmen als über die Webseite auswählen. Während über die Webseite maximal nur eine Wochenansicht möglich ist, können Sie innerhalb der App auch monatliche Berichte abrufen.

Für weitere Hinweise bzgl. der Übermittlung in Apples App Store haben wir Ihnen noch weitere Links herausgesucht:

Auf Deutsch:

▶ *http://www.ralfebert.de/iphone/distribution/*

Auf Englisch:

▶ *https://developer.apple.com/appstore/resources/submission/index.html*

▶ *http://www.edumobile.org/iphone/iphone-programming-tutorials/submitting-iphone-apps-to-the-apple-app-store-a-step-by-step-guide/*

▶ *http://adeem.me/blog/2009/04/04/list-guideline-for-submitting-iphone-application-to-apple-store/*

▶ *https://developer.apple.com/library/ios/#documentation/General/Conceptu-al/ ApplicationDevelopmentOverview/Introduction/Introduction.html#//apple_ref/ doc/uid/TP40011186*

▶ *https://developer.apple.com/library/ios/#documentation/General/Conceptu-al/ ApplicationDevelopmentOverview/DeliverYourAppontheAppStore/DeliverYour-AppontheA-ppStore.html#//apple_ref/doc/uid/TP40011186-CH8-SW1*

Abbildung 9.23 Die Übersicht Ihrer App-Verkäufe innerhalb der iOS-App von iTunes Connect

9.3.2   Das Veröffentlichen einer App in Google Play

Google Play umfasst im Gegensatz zu Apples App Store nicht nur Apps, sondern auch Filme, Bücher und Musik (Abbildung 9.24). Im Folgenden erläutern wir Ihnen, wie Sie Ihre App zu Google Play hinzufügen. Bedenken Sie, dass Sie natürlich auch hier einen gültigen Entwickler-Account plus die entsprechenden Zertifikate benötigen.

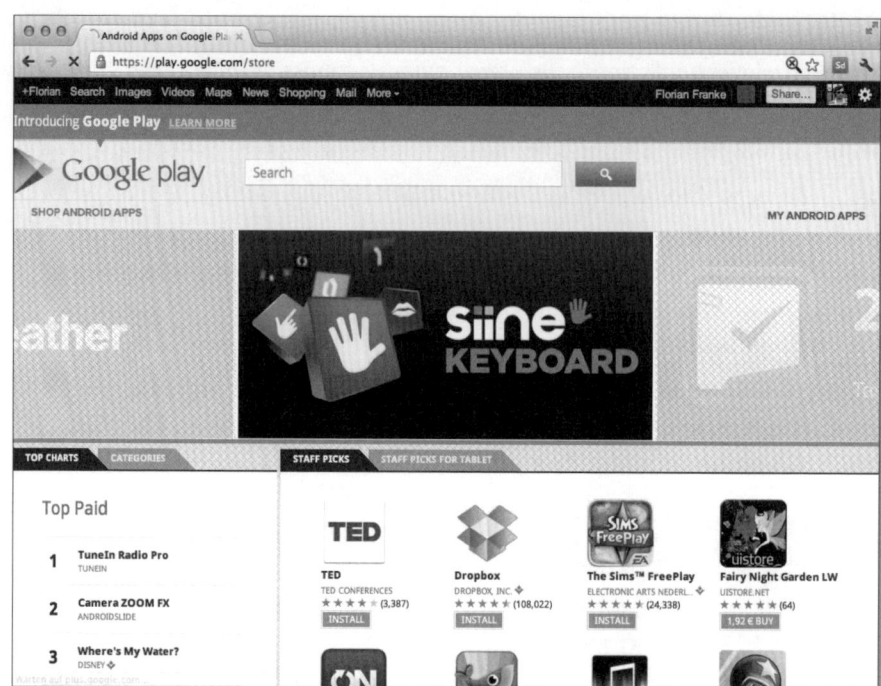

Abbildung 9.24 Google Play – der App Store von Google

1. Registrieren und einloggen zur *Android Developer Console*

Nach Ihrer Registrierung zum Android Developer, haben Sie nun Zugriff zur Android Developer Console (Abbildung 9.25). Über diese erhalten Sie die neuesten Informationen und können außerdem Ihre App hochladen.

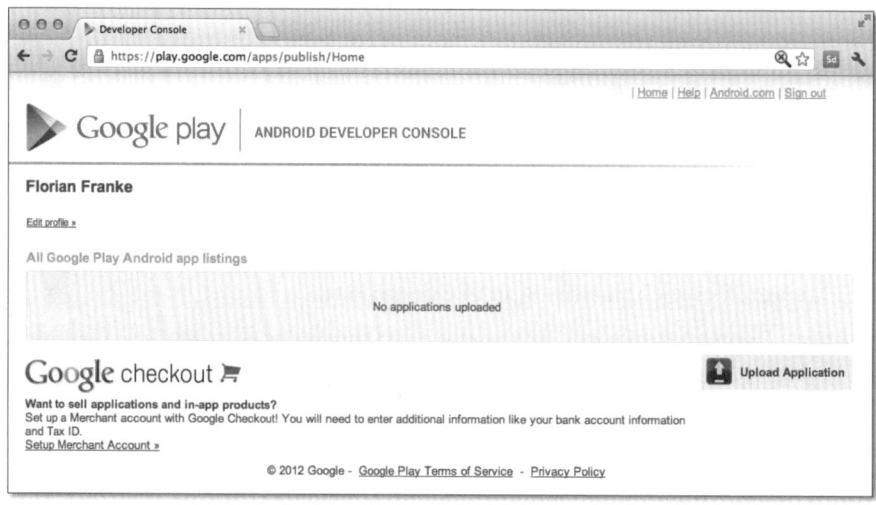

Abbildung 9.25 Die Startseite der Android Developer Console

2. Das Hochladen Ihrer App

Auf der Startseite der Android Developer Console finden Sie im unteren Bereich einen Button namens UPLOAD APPLICATION. Laden Sie hier die App-Datei im *.apk*-Format hoch. Wenn Ihre App die Dateigröße von 50 MB überschreitet, können Sie hier zusätzlich ein weiteres Datenpaket von bis zu einer Größe von 2 GB angeben (Abbildung 9.26). Dieses Datenpaket wird auf den Google-Servern gespeichert und bei Bedarf kostenlos an den Endbenutzer ausgeliefert.

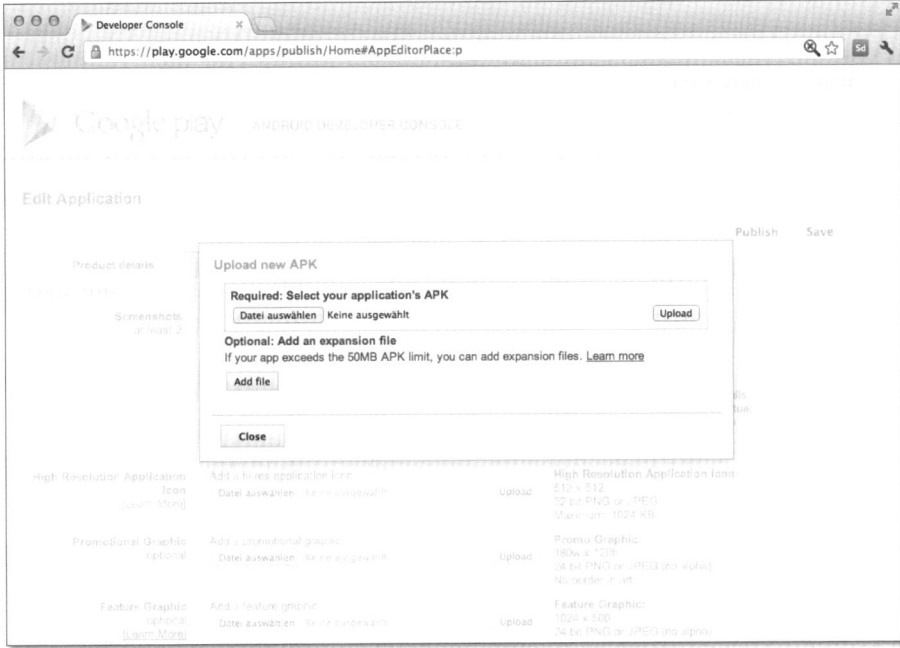

Abbildung 9.26 Das Hochladen Ihrer App in der Android Developer Console

3. Screenshots, Beschreibungen & Co. hinzufügen

Bevor Sie nun die App-Beschreibungen hinzufügen, müssen Sie die *.apk*-Datei zunächst aktivieren. Wechseln Sie dazu auf APK FILES, und klicken Sie bei der gerade hochgeladenen Datei auf ACTIVATE (Abbildung 9.27).

Danach geht's wieder zurück zu PRODUCT DETAILS, wo Sie Screenshots und App-Icon und hochladen (Abbildung 9.28). Fügen Sie außerdem eine aussagekräftige Beschreibung hinzu. Denn auch hier gilt: Je besser die Beschreibung, desto wahrscheinlicher ist es, dass Benutzer Ihre App kaufen. Wenn Sie für Ihre App einen Preis festsetzen möchten, so benötigen Sie zusätzlich einen Verkäufer-Account bei Google Checkout. Haben Sie alle Details eingefügt, so veröffentlichen Sie die App mit einem Klick auf PUBLISH.

Abbildung 9.27 Aktivieren Sie die hochgeladene App-Datei unter »APK files«.

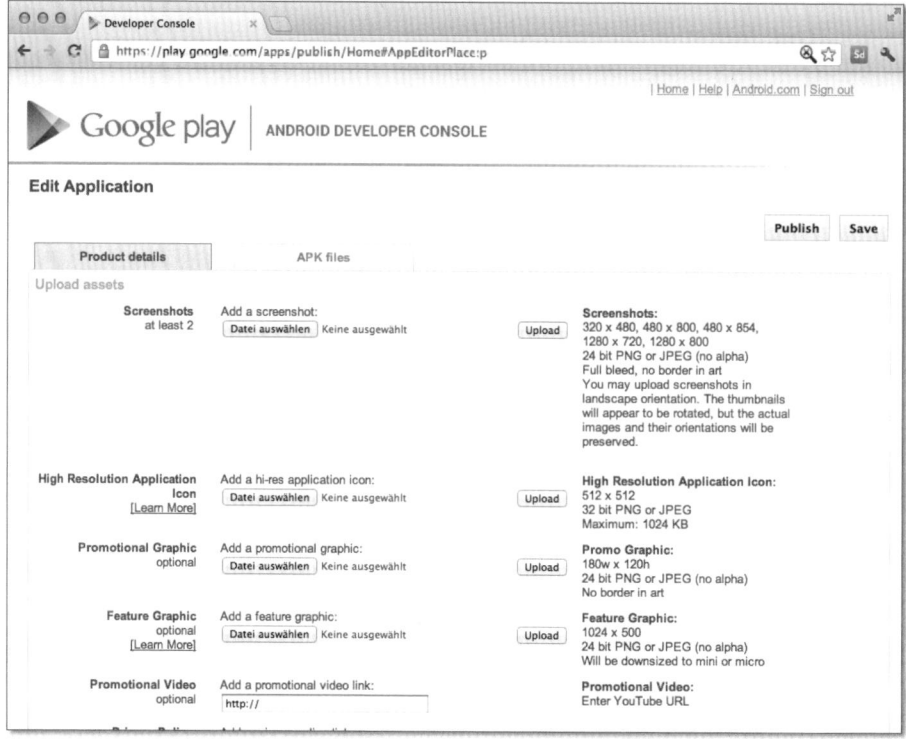

Abbildung 9.28 Fügen Sie Screenshots, Icon und Informationen zu der App-Beschreibung hinzu.

4. Kaffeepäuschen

Anders als bei Apple gibt es bei Google kein Zulassungsverfahren. Trotzdem kann es ein paar Stunden dauern, bis Ihre App in Google Play zum Download verfügbar ist, also Zeit für unseren liebsten Punkt – die obligatorische Kaffeepause.

5. Statistiken und Verkaufszahlen

Ihre App ist nun bei Google Play gelistet. Über die Android Developer Console können Sie auch hier Statistiken zu Verkaufszahlen & Co. abrufen (Abbildung 9.29).

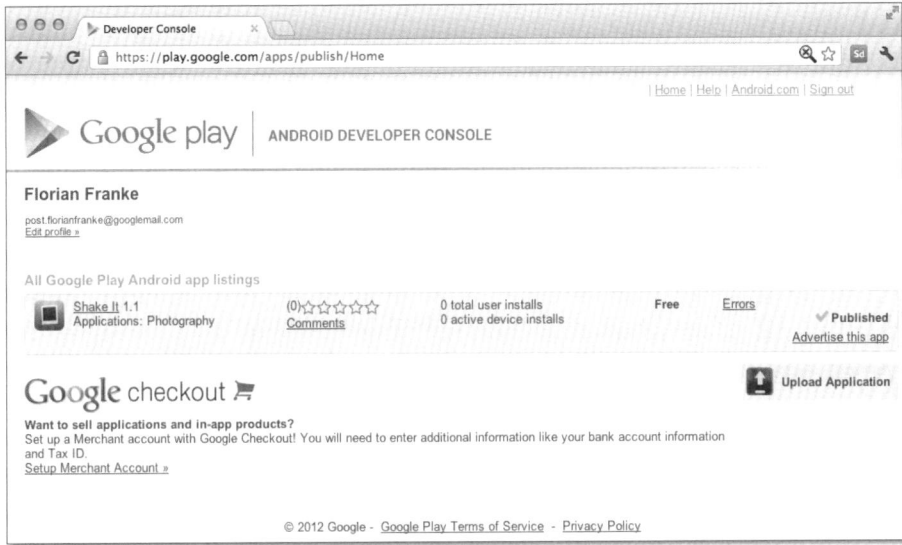

Abbildung 9.29 Auf der Übersichtsseite können Sie Kommentare und Downloadstatistiken einsehen.

Im Folgenden finden Sie weiterführende Informationen zum Thema Veröffentlichen in Google Play.

Auf Deutsch:

▶ *https://support.google.com/googleplay/android-develo-per/bin/topic.py?hl=de& topic=2526025&parent=TopLevel&ctx=topic*

Auf Englisch:

▶ *http://developer.android.com/guide/publishing/publishing.html*

▶ *http://mobile.tutsplus.com/tutorials/android/submitting-your-application-to- android-market/*

9.4 Publizieren der WebApp in einem Store oder als Webseite

Im vorigen Abschnitt haben Sie kennengelernt, wie Sie in Apples App Store oder Google Play Ihre App veröffentlichen können. Es gibt jedoch nicht nur App Stores für native Apps, sondern auch solche, die nur WebApps vertreiben. Wir stellen Ihnen in diesem Abschnitt vor, wie Sie Ihre WebApp entweder selbst über Ihre Webseite oder über einen WebApp-Store vertreiben können.

9.4.1 Auf den Vollbildmodus hinweisen

So richtig Spaß macht eine HTML5-App nur, wenn Sie im Vollbildmodus geöffnet, also tatsächlich mit einem Symbol auf dem Home-Bildschirm abgespeichert und aufgerufen wird. Wie Sie den Vollbildmodus aktivieren und ein Icon definieren, haben Sie bereits in Kapitel 2, »HTML5 in der mobilen Webentwicklung«, gelernt. Doch wie bekommen Sie Ihre Nutzer dazu, ein entsprechendes Bookmark anzulegen?

Leider gibt es keine Möglichkeit, ein solches Bookmark mit JavaScript oder anderen Tricks automatisiert zu erstellen. Der Nutzer muss die App tatsächlich selbst hinzufügen, also »installieren«. Es ist daher ratsam, in der App einen kleinen Hinweis zu platzieren, der dem Nutzer zeigt, wo er die Funktion dafür findet.

Abbildung 9.30 Hinweis auf asidemag.com

Im Aside Magazine beispielsweise befindet sich ein kleiner und relativ dezenter Hinweis am oberen Bildrand, der auf die Bookmark-Schaltfläche verweist (Abbildung 9.30). Dieser unscheinbare Effekt sorgt bereits dafür, dass etwa 62 % der Besucher das Magazin zum Home-Bildschirm hinzufügen. Eine wesentlich bessere Möglichkeit ist das Add2Home-Skript von Matteo Spinelli: Es fügt per JavaScript einen dynamischen und bei Bedarf animierten Hinweis auf die Funktion in Ihre WebApp ein.

Laden Sie zunächst das Skript von *https://github.com/cubiq/add-to-homescreen* herunter. Speichern Sie die Dateien *add2home.js* und *add2home.css* in Ihrem Projektordner ab, und binden Sie sie anschließend in den head-Bereich Ihrer WebApp ein:

```
<link rel="stylesheet" href="styles/add2home.css">
<script type="application/javascript" src="javascript/add2home.js"></script>
```

Starten Sie nun Ihre WebApp im Browser. Nach zwei Sekunden erscheint ein kleiner Tooltip mit dem Text INSTALLIEREN SIE DIESE APP AUF IHREM iPHONE: [SYMBOL] ANTIPPEN UND DANN 'ZUM HOME-BILDSCHIRM' (Abbildung 9.31). Die Nachricht bleibt etwa 20 Sekunden dort stehen und verschwindet dann von allein.

Abbildung 9.31 Add2Home-Skript

Zusätzlich können Sie einige Optionen konfigurieren. Fügen Sie diese vor dem Einbindecode ein:

```
<script>
  var addToHomeConfig = {
    lifespan: 60000,
    touchIcon: true
```

```
  };
</script>
<link rel="stylesheet" href="styles/add2home.css">
<script type="application/javascript" src="javascript/add2home.js"></script>
```

Listing 9.5 Code für das Add2Home-Skript

Sie legen also ein JavaScript-Objekt mit dem Namen AddToHomeConfig an, in welchem Sie sämtliche Optionen festlegen. In diesem Fall verlängern Sie die Zeit, in der der Hinweis sichtbar ist, auf 60 Sekunden. Über die Option touchIcon blenden Sie ein Icon neben dem Hinweis ein. Viele weitere Optionen finden Sie auf *http://cubiq.org/add-to-home-screen*.

Das add2home-Skript funktioniert nur auf iOS-Geräten. Wie Sie Bookmarks auf Android-Telefonen und Tablets anlegen, lesen Sie in Abschnitt 2.4.3, »Von der Webseite zur WebApp«.

9.4.2 Die Alternative zum App Store – OpenAppMarket und Zeewe

Noch bequemer ist die Veröffentlichung über einen WebApp-Store: Ähnlich wie bei Apples App Store oder dem Android Marketplace können Sie hier Ihre HTML5-Apps in einem Katalog eintragen und vermarkten. Der Betreiber des Stores erleichtert Nutzern das Finden und die Installation der App. Besonders beliebte Programme werden in Toplisten auf der Startseite zusammengefasst. Zurzeit gibt es zwei größere WebApp-Stores: Zeewe und den OpenAppMarket.

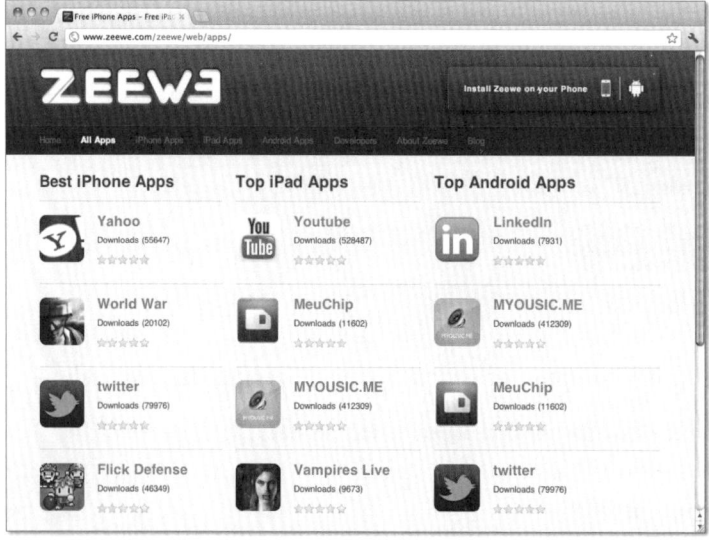

Abbildung 9.32 Der brasilianische Zeewe Store

Apps in Zeewe einstellen

Der brasilianische WebApp-Store Zeewe wirbt damit, dass bereits in den ersten drei Monaten über eine Million Apps über den Store installiert worden sind (Abbildung 9.32). Der Store ist auf *http://zeewe.com* in englischer Sprache abrufbar.

Um Ihre eigene WebApp einzustellen, rufen Sie *http://www.zeewe.com/zeewe/web/developers/* im Browser auf. Sie werden zunächst aufgefordert, Ihre persönlichen Daten sowie Namen und Kurzbeschreibung der WebApp einzugeben (Abbildung 9.33). Anschließend geben Sie die URL Ihrer WebApp an. Zeewe ist ausschließlich ein Katalog, übernimmt jedoch nicht das Hosting für Sie. Geben Sie anschließend ein, für welche Plattformen Ihre WebApp angeboten werden soll. Hierbei geht es eher um die technische Kompatibilität der App. Es ist nicht möglich, zwischen iPhone und iPad zu unterscheiden.

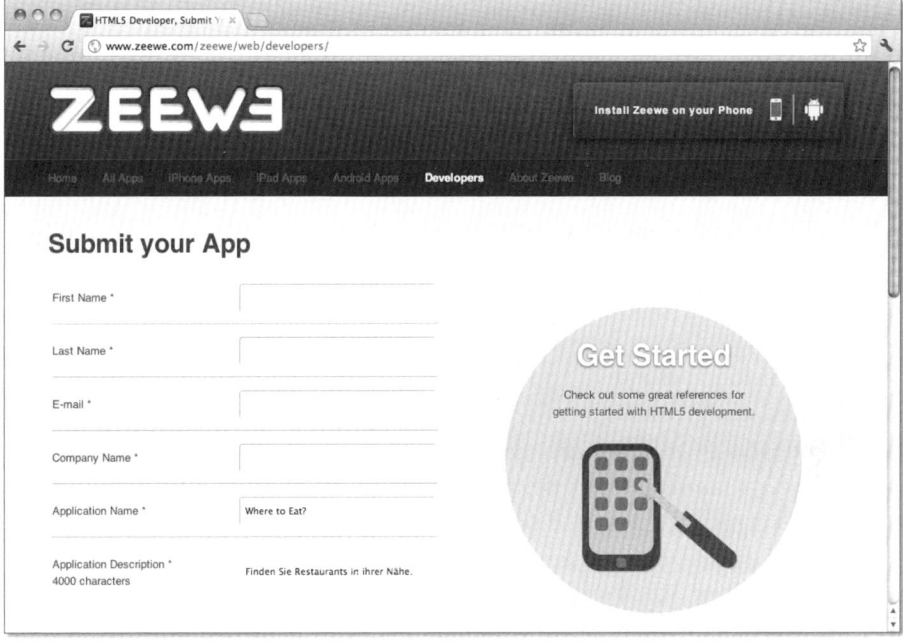

Abbildung 9.33 Apps in den Katalog von Zeewe eintragen

Damit der Nutzer weiß, was ihn erwartet, können Sie noch ein App-Symbol und bis zu drei Screenshots anhängen. Mit SUBMIT MY APP tragen Sie Ihr Programm in den Katalog von Zeewe ein – und damit sind Sie auch schon fertig.

Zeewe auf dem iPhone installieren

Jetzt wollen Sie Ihre App natürlich auch direkt testen, also über den Zeewe-Store auf Ihrem Smartphone installieren. Richten Sie dafür zunächst Zeewe auf Ihrem Gerät ein. Öffnen Sie dazu die Seite *http://zeewe.com* auf Ihrem iPhone, und folgen Sie den Anweisungen. Sie müssen den Shop als Bookmark zum Home-Bildschirm hinzufügen (Abbildung 9.34).

Abbildung 9.34 Zeewe zum Homebildschirm hinzufügen

Tippen Sie nun auf das Symbol für den Zeewe Store, um den Katalog zu öffnen. Ähnlich wie Apples App Store bietet er Ihnen eine Liste mit Kategorien an, einen WHAT'S UP-Bereich, in dem besondere Apps vorgestellt werden, und eine Suchfunktion. Öffnen Sie diese, und geben Sie den Namen Ihrer WebApp in das Suchfeld ein. Auf einer Beschreibungsseite werden Ihnen nun die zuvor von Ihnen eingegebenen Informationen angezeigt, dazu Nutzerbewertungen und Kommentare. Da Sie Ihre WebApp gerade erst eingestellt haben und vermutlich nicht wie Lady Gaga gleich 4 Millionen Twitterkontakten davon erzählen konnten, wird dieser Bereich noch leer sein. Tippen Sie auf INSTALL, um die WebApp zum Home-Bildschirm hinzuzufügen. Genau wie bei der Installation von Zeewe werden Ihnen nun die Instruktionen zum Hinzufügen angezeigt. Voilà, Sie haben soeben Ihre erste WebApp aus einem WebApp-Store installiert!

Apps im OpenAppMarket einstellen

Genau wie Zeewe bietet der kalifornische WebApp-Store OpenAppMarket einen gut sortierten Katalog mit über 1.000 HTML5-WebApps an (Abbildung 9.35). Der Vorteil: Sie können hier als Entwickler für Ihre WebApps einen Preis festsetzen und somit etwas Geld verdienen.

Legen Sie zunächst einen kostenlosen Entwickler-Account an. Öffnen Sie *http://openappmkt.com* in Ihrem Desktopbrowser, und wechseln Sie in die Rubrik DEVELO-PERS. Geben Sie Ihre E-Mail-Adresse ein, und wählen Sie ein Passwort aus. In einer Bestätigungs-E-Mail bekommen Sie nun einen Aktivierungslink zugeschickt, mit dem Sie Ihr Entwicklerkonto bestätigen. Anschließend können Sie sich mit Ihrer E-Mail-Adresse und dem gewählten Passwort im Entwicklerbereich des OpenApp-Market anmelden.

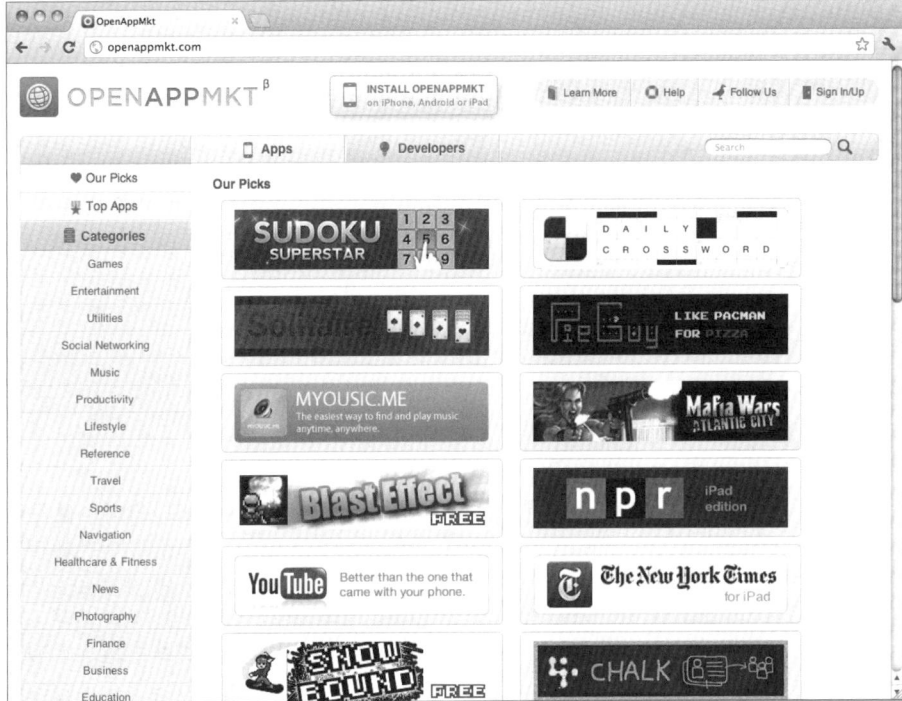

Abbildung 9.35 Der OpenAppMarket

Nach dem Login werden Sie von einer Übersicht begrüßt, die Ihnen alle bereits hoch-geladenen WebApps anzeigt. Um eine neue WebApp in den Katalog einzustellen, kli-cken Sie auf SUBMIT AN APP. Hier geben Sie zunächst den Namen, die URL und eine Beschreibung Ihrer WebApp ein (Abbildung 9.36). Laden Sie ein App-Symbol hoch, und legen Sie eine Kategorie fest, in der Ihre WebApp eingestellt werden soll. Im Fall der »Where to Eat«-App soll diese in der Kategorie NAVIGATION zu finden sein.

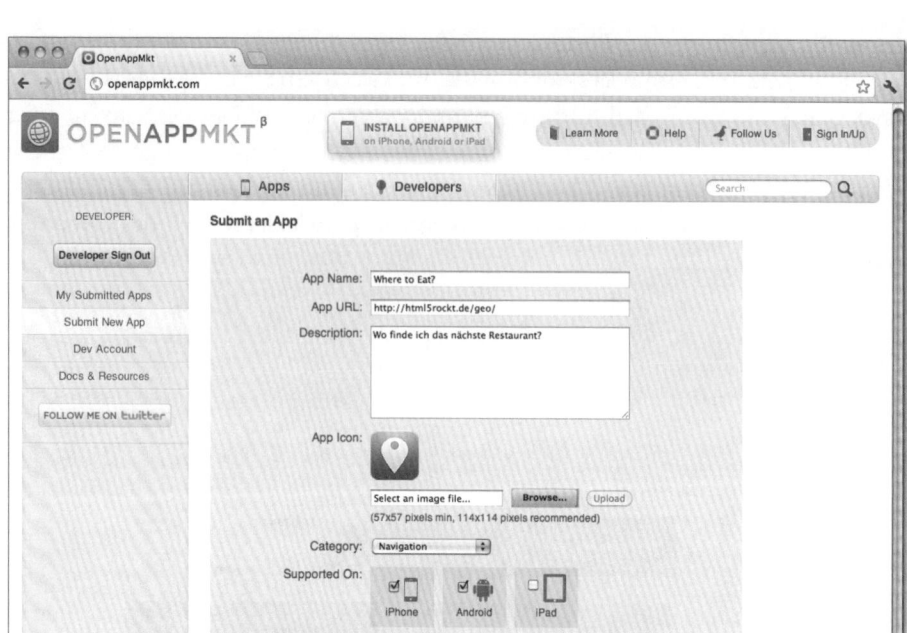

Abbildung 9.36 Das Developer-Menü

Anschließend können Sie festlegen, für welche Geräte Ihre WebApp verfügbar sein soll. Anders als bei Zeewe können Sie hier auch zwischen iPad und iPhone unterscheiden. Geräte mit dem Android-Betriebssystem lassen sich jedoch nicht genauer differenzieren. Legen Sie nun einen Preis für Ihre WebApp fest: »Where to Eat« soll für 1 US-Dollar zu haben sein. Die Betreiber des OpenAppMarkets zahlen davon 80 % aus, 20 % werden für Hostingkosten etc. einbehalten. Das bedeutet, dass Sie von jeder verkauften »Where to Eat?«-App 80 Cent ausgezahlt bekommen, das entspricht in etwa 0,60 €. Auch wenn das auf den ersten Blick wenig erscheint – günstigere Apps verkaufen sich doch besser und in größeren Mengen als zu teure. Je häufiger eine App verkauft wird, desto wahrscheinlicher ist es, dass sie eine Top-Platzierung im Store erhält, was sich natürlich verkaufsfördernd auswirkt.

Klicken Sie nun auf SAVE & CONTINUE TO SCREENSHOTS. Hier können Sie einen oder mehrere Screenshots Ihrer WebApp hochladen, um dem potenziellen Nutzer ein Bild der WebApp zu vermitteln (Abbildung 9.37). Besonders bei kostenpflichtigen Apps ist dies ratsam, denn auch hier kauft niemand gerne die Katze im Sack. Mit Klick auf DONE speichern Sie die Screenshots und Informationen über die App ab.

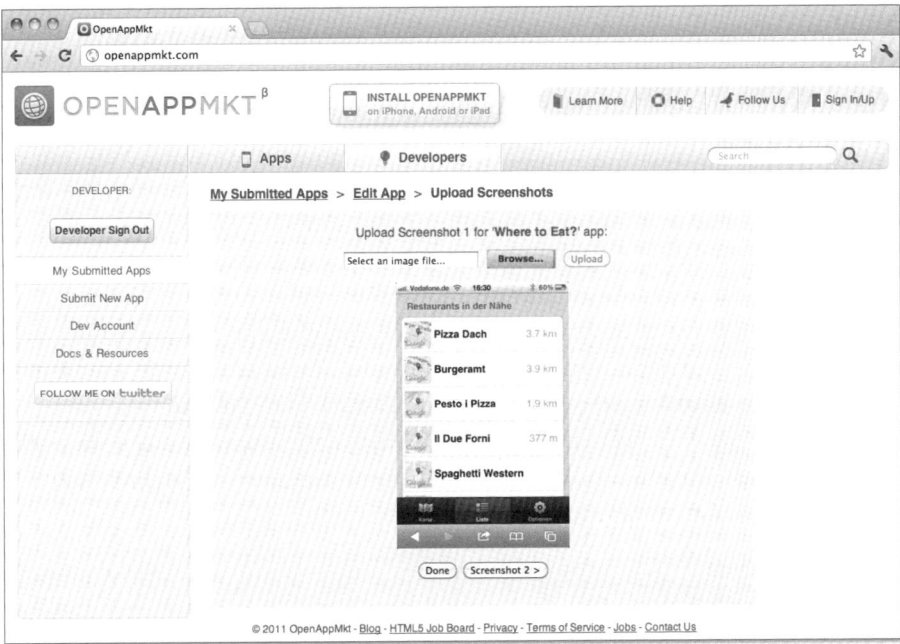

Abbildung 9.37 Screenshots hinzufügen

Ihre App ist nun im Katalog des OpenAppMarket gespeichert, allerdings noch nicht sichtbar. Klicken Sie auf PUBLISH, um die WebApp freizuschalten (Abbildung 9.38).

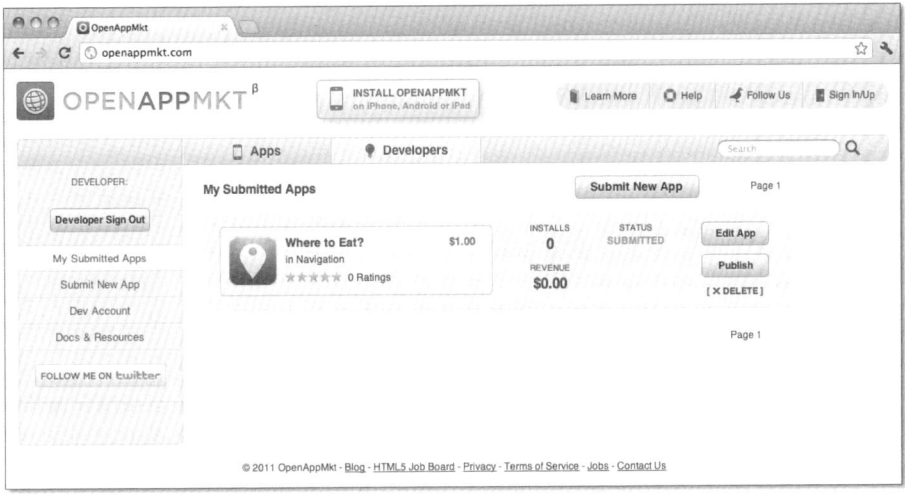

Abbildung 9.38 Das Dashboard

Den OpenAppMarket installieren

Genau wie Zeewe können Sie nun den OpenAppMarket als WebApp auf Ihrem Smartphone installieren. Öffnen Sie *http://openappmkt.com* im Webbrowser auf Ihrem Gerät, und folgen Sie den Anweisungen.

Der Store selbst begrüßt Sie mit einer Übersicht über vorgestellte Spiele und Apps. Mit dem Symbol oben rechts erreichen Sie die Suchfunktion. Suchen Sie nach Ihrer WebApp, und öffnen Sie die Detailseite, auf der Screenshots und Beschreibung zu sehen sind. Zusätzlich haben Sie hier die Möglichkeit, Bewertungen und Beurteilungen Ihrer WebApp von anderen Nutzern zu sehen. Um Ihre App zu kaufen, tippen Sie den Preis an. In einem Popup werden Sie aufgefordert, Ihre Kreditkartendaten einzugeben oder sich einzuloggen (Abbildung 9.39). Danach wird die App installiert. Wie zuvor erhalten Sie auch hier ein paar einfache Installationsanweisungen, die erklären, wie Sie das Symbol zum Home-Bildschirm hinzufügen. Als WebApp-Experte werden Sie diese aber wahrscheinlich nicht mehr benötigen.

Abbildung 9.39 Kreditkarteninformationen für Bezahl-Apps

Herzlichen Glückwunsch, Ihre HTML5-App ist nun bereits in zwei WebApp-Stores vertreten. Für Ihre Nutzer ist es nun ähnlich einfach, die Apps zu entdecken wie bei einer nativen Smartphone-App über Apples App Store oder Google Play. Aber vergessen Sie nicht: Der Betreiber des Stores entscheidet darüber, welche Apps er in seinem Katalog führen möchte. Außerdem sind Sie an die Gesetze des Landes gebunden, in dem der Store angemeldet ist. Besonders die Möglichkeit, mit Ihrer WebApp Geld zu verdienen ist ein riesiger Pluspunkt, aber auch hier behält der Store-Betreiber 20 %

des Umsatzes ein. Insofern sollten Sie genau kalkulieren, wie viel am Ende für Sie übrig bleibt.

9.4.3   Weitere Möglichkeiten

Der Markt für HTML5-Apps ist noch recht jung und ständig in Bewegung. Ende 2007 war der einzige verfügbare Katalog für WebApps bei Apple zu finden. Wie bitte? Ja, Sie haben richtig gehört. Auf *http://www.apple.com/WebApps/* finden Sie eine Übersicht mit rund 5.000 Programmen für die erste iPhone-Generation. Der Katalog wird aber seit März 2010 nicht mehr weitergepflegt, viele Anwendungen sind schon nicht mehr aktuell.

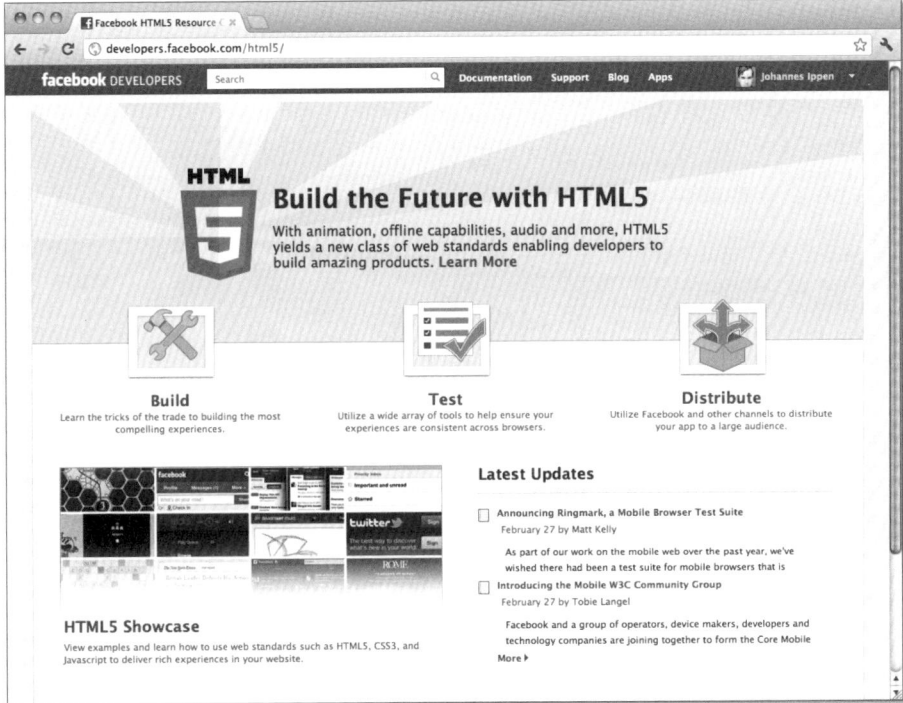

Abbildung 9.40 Facebooks HTML5 Developer Plattform

Neben dem OpenAppMarket und Zeewe bemüht sich auch Facebook, HTML5 als Entwicklungswerkzeug zu propagieren. So können Entwickler von Facebook-Apps diese auch als mobile Version hochladen (Abbildung 9.40). Eine sehr gute Dokumentation finden Sie hier:

http://developers.facebook.com/html5/

Besonders interessant sind HTML5-Apps natürlich auch für die Betreiber von Mobil-funknetzen. Der amerikanische Marktführer AT&T kündigte im Januar 2012 an, sei-nen eigenen App Store auf HTML5 umstellen zu wollen:

https://appcenter.wireless.att.com/

Anhang A
Weiterführende Informationen

In diesem Buch haben Sie bereits eine Menge verschiedener Techniken, Tipps und Tricks kennengelernt. Damit Sie auch weiterhin auf dem neuesten Stand bleiben und um Ihnen noch weiteres Lese- und Inspirationsfutter zu bescheren, haben wir Ihnen noch ein paar nützliche und interessante Links zusammengestellt. Als Erstes möchten wir jedoch auf unsere Website *http://www.html5-rockt.de* hinweisen, auf der wir ebenfalls ein Blog führen und Sie mit allen Neuigkeiten rund ums Buch versorgen. Alle weiteren Links haben wir in Kategorien aufgeteilt.

A.1   HTML5 und CSS3

Adresse	Beschreibung
http://www.smashingmagazine.com/	Alles rund um Design und Web
http://www.alistapart.com/	Ein Blog über moderne Entwicklungen im Web
http://net.tutsplus.com/	Viele Tutorials zum Thema Web & Co.

A.2   iOS, Apple

Adresse	Beschreibung
http://www.9to5mac.com	Bleiben Sie in Sachen Apple mit diesem Blog auf dem neuesten Stand.
http://www.macrumors.com	Jede Menge Apple-Gerüchte auf Macrumors
http://www.appleinsider.com	Interessante Artikel über Apple-Geräte und Business
http://www.macerkopf.de/	Und noch mehr Apple-News
http://appshopper.com/	Apps & App-News

A.3   Android, Google

Adresse	Beschreibung
http://9to5google.com/	Sämtliche News über Google und Android
http://www.talkandroid.com/	Ein Blog für Android-Neuigkeiten

A.4   Technologie und Gadgets

Adresse	Beschreibung
http://www.heise.de/	DAS deutsche Technologie-Magazin
http://www.theverge.com	Ein exzellentes Blog rund um Gadgets und Technologie
http://www.engadget.com	Ein weiteres Gadget-Blog
http://www.nytimes.com/technology	Der Technologie-Teil der New York Times, tolle und gut recherchierte Artikel
http://www.theatlantic.com/technology/	Auch in der Technologie-Sektion des »Atlantic« warten spannende Artikel auf Sie.

A.5   Digital Publishing

Adresse	Beschreibung
http://themagaziner.com/	Neuigkeiten und Berichte über digitale Magazine
http://magapps.com/	Eine Zusammenstellung vieler Magazin-Apps

A.6   Design und Inspiration

Adresse	Beschreibung
http://ffffound.com/	Die Mutter aller Inspirationsseiten
http://abduzeedo.com/	Ohne Ende Inspiration!
http://www.thisiscolossal.com/	Ein weiteres Blog voll mit Design und Inspiration

Adresse	Beschreibung
http://curiositycounts.com/	Hier gibt es viel Interessantes zu entdecken.
http://www.brainpickings.org/	Sie lesen gerne interessante Bücher? »Brainpickings« hat immer eins parat.
http://thisisnthappiness.com/	Bilder, die sie kreativ anregen
http://www.awwwards.com/	Die schönsten Webseiten der Welt werden hier gezeigt.
http://www.uiparade.com/	Inspiration rund um das Thema Interfaces
http://littlebigdetails.com/	Viele kleine Interface-Details gibt es hier zu entdecken.
http://www.losttype.com/	Tolle (und zum Teil kostenlose) Schriftarten
http://friendsoftype.com/	Typografische Inspiration

A.7 Sonstiges

Adresse	Beschreibung
http://www.pinterest.com	Teilen und Entdecken Sie interessante Dinge und Bilder.
http://florian-franke.tumblr.com/	Hier sammelt Florian coole Sachen, die ihm über den Weg laufen.
http://johannesippen.tumblr.com	Designtrends und HTML5-Projekte von Johannes

A.8 Interessante Twitter-Kontakte

Über Twitter haben Sie die Möglichkeit, die neuesten Entwicklungen zu verfolgen. Außerdem können Tweets eine tolle Inspirationsquelle darstellen. Im Folgenden haben wir Ihnen ein paar Twitter-Kontakte zusammengestellt, die häufig interessante Dinge mit Ihren Followern teilen. Folgen Sie auch uns unter @html5rockt.

Twitter-Username	Beschreibung
@khoi	Khoi Vinh, der ehemalige Designdirektor von NYTimes.com
@espiekermann	Deutsche Designgröße und Schriftgestalter

Twitter-Username	Beschreibung
@iA	Oliver Reichenstein, Schweizer Designer und Philosoph aus Japan
@brainpicker	Die unabhängige Autorin Maria Popova twittert häufig – und vor allem gut.
@swissmiss	Die Schweizerin Tina Roth Eisenberg betreibt in Brooklyn, NYC ihr eigenes Designstudio.
@daringfireball	John Gruber, Technologie-Kolumnist
@sdadich	Scott Dadich, Vizepräsident Innovation beim Verlagshaus Condé Nast
@aza	Aza Raskin, ehemaliger Kreativdirektor von Mozilla Firefox
@6wunderkinder	Eines der interessantesten Startups in Deutschland
@paperjs	Der Account von paper.js
@BakerFramework	Ein iOS-Framework zur Gestaltung von digitalen Magazinen
@Tate	Die Kunstmuseen von Großbritannien
@MuseumModernArt	Das Museum of Modern Art, New York City
@apachecordova	Der offizielle Twitter-Account von Apache Cordova (vorher PhoneGap)
@SErinnerung	Nerd-Comics von Haiko und Marius
@presskind	Johannes Ippen
@ffranke1985	Florian Franke

Index

N

O

W

X

Y

Z

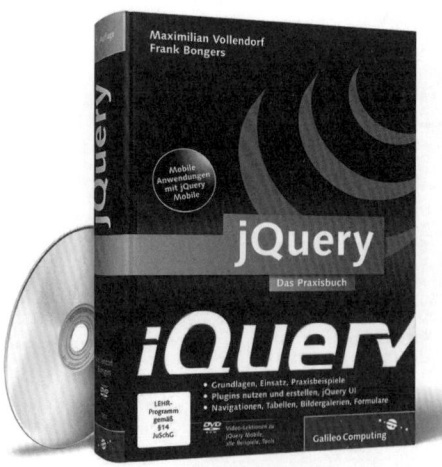

Frank Bongers, Maximilian Vollendorf

jQuery
Das Praxisbuch

Mit jQuery kann man zaubern. Auch
JavaScript-Muffel kommen mit dem
Framework schnell zu Ergebnissen, die
sich sehen lassen können. Dieses Buch
zeigt Ihnen, wie Sie die Funktionen von
jQuery effektiv auf Ihren Webseiten
einsetzen können. Inkl. Entwicklung
mobiler Anwendungen mit jQuery Mobile

730 S., 2. Auflage 2011, mit DVD,
34,90 Euro, ISBN 978-3-8362-1810-8

>> www.galileocomputing.de/2930

Michael Kamleitner

Facebook-Programmierung
Entwicklung von Social Apps & Websites

Michael Kamleitner von der Agentur „Die
Socialisten" führt Sie Schritt für Schritt in
die (auch fortgeschrittenen) Konzepte der
Facebook-Anwendungs-Entwicklung mit
vielen Praxisbeispielen ein. Aktuell zu
Timeline!

552 S., 2012, mit DVD, 39,90 Euro
ISBN 978-3-8362-1843-6

>> www.galileocomputing.de/2991

Ausführliche Informationen: www.galileocomputing.de

- Von den Grundlagen zum perfekten Seitenlayout

- Navigationen, Bildergalerien, Formulare, Mikroformate, Weblogs, Online-Shops u.v.m.

- Alle Beispieldateien zu den Workshops

Heiko Stiegert

Modernes Webdesign mit CSS

Schritt für Schritt zur perfekten Website

In ausführlichen Praxisworkshops zeigt Ihnen Heiko Stiegert, wie Sie moderne und professionelle Webdesigns standardkonform mit CSS realisieren. Attraktive Beispiele demonstrieren dazu sowohl die Gestaltung einzelner Seitenelemente als auch das Layout ganzer Websites. Zahlreiche Profi-Tipps und -Tricks zu CSS3 lassen garantiert keine Fragen offen!

444 S., 2011, komplett in Farbe, mit DVD, 39,90 Euro
ISBN 978-3-8362-1666-1

>> www.galileodesign.de/2455

»Im gesamtem Fachbuch überwiegt die Praxis, die die Effekte von CSS anschaulich an farbigen Bildern und Codebeispielen erläutert.«
Der Webdesigner

Galileo Press

382 S., 2012, mit DVD, 24,90 Euro
ISBN 978-3-8362-1813-9

>> www.galileocomputing.de/2950

Uwe Post

Android-Apps entwickeln

Ideal für Programmiereinsteiger geeignet

Android-Apps programmieren ohne
Vorkenntnisse! Hier lernen Sie auf
besonders einfache und unterhaltsame
Weise, wie Sie Apps für Android
entwickeln. Schritt für Schritt programmieren Sie z. B. ein eigenes Spiel, das sich
sehen lassen kann.

DVD, Windows, Mac und Linux,
16 Stunden Spielzeit, 39,90 Euro
ISBN 978-3-8362-1815-3

>> www.galileocomputing.de/2955

Mike Bach

Video-Training:
Apps entwickeln für
Android 4

Das umfassende Training

Sie suchen einen anschaulichen Lernkurs
zur App-Entwicklung? Lernen Sie in
diesem Training, wie Sie eigene Android-
Apps programmieren. Inkl. Java-Crashkurs
und Video-Workshops zu GUI, GPS,
Datenverwaltung, Spracheingabe,
Multimedia und Sensorsteuerung.

■ Professionelle Apps für
Smartphones und Tablets
entwickeln

■ Von der Idee bis in den
Android Market

■ Inkl. Multimedia, Kamera, GPS,
Kalender, GUIs u.v.m.

Thomas Künneth

Android 3

Apps entwickeln mit dem Android SDK

Sie möchten Apps für Android Tablets und Smartphones entwickeln? Java-
Kenntnisse vorausgesetzt, wird Ihnen das durch die verständlichen Erklärungen
und zahlreichen Praxisbeispiele schnell gelingen. Ob GUIs, Datenbanken,
Kamera, Multimedia, Kontakte oder GPS - hier erfahren Sie alles, was Sie wissen
müssen! Aktuell zu Honeycomb und Gingerbread

419 S., 2011, mit DVD, 34,90 Euro
ISBN 978-3-8362-1697-5

>> www.galileocomputing.de/2516

*»Thomas Künneths Buch Android 3 ist eine solide Einführung in das Thema
Android-App-Programmierung. Der Autor erklärt in einer angenehm
sachlichen und Gimmick-freien Sprache praxisnah die Möglichkeiten und
Techniken von Android..«*
PC Welt

Galileo Press

- Grundlagen der Anwendungs-
entwicklung mit dem SDK 5

- Apps entwickeln, testen,
absichern und veröffentlichen

- Inkl. Xcode, Debugging,
Versionierung und zahlreichen
Praxisbeispielen

Klaus M. Rodewig, Clemens Wagner

Apps entwickeln für iPhone und iPad

Das Praxisbuch

Unsere Autoren zeigen Ihnen, wie Sie schnell zur eigenen App kommen. Dabei
werden alle wichtigen Themen in der gebotenen Tiefe mit viel Hintergrund-
wissen beschrieben. Praktische und direkt nachvollziehbare Beispiele helfen
beim Verständnis. Aktuell zu iOS 5 und Xcode 4.2

515 S., 2012, mit DVD, 34,90 Euro
ISBN 978-3-8362-1463-6

>> www.galileocomputing.de/2191

*»Alles was zum Entwickeln nativer Apps für iPhone und iPad wichtig ist,
haben Klaus M. Rodewig und Clemens Wagner in diesem knapp über 500
Seiten starken Buch zusammengetragen. «
Mobile Developer*

Leseprobe im Web!

Kai Laborenz

CSS

Das umfassende Handbuch

Endlich findet sich das vollständige Wissen zu
CSS und Co. in einem Band. Einsteiger
erhalten eine fundierte Einführung,
professionelle Webentwickler einen
Überblick über alle CSS-Technologien und
Praxislösungen für CSS-Layouts sowie Tipps,
um aus dem täglichen Webeinerlei
herauszukommen. Inkl. HTML5 und CSS3

804 S., 2011, mit DVD und
Referenzkarte, 39,90 Euro
ISBN 978-3-8362-1725-5

>> www.galileocomputing.de/2556

Ingo Chao, Corina Rudel

Fortgeschrittene CSS-Techniken

Inkl. Debugging und Performance-Optimierung

In drei umfangreichen und reich illustrierten
Teilen zeigen Ihnen die beiden Autoren
Corina Rudel und Ingo Chao die Vielfalt der
CSS-Prinzipien anhand von vielen
Kurzbeispielen, stellen kompetent den
Umgang mit Inkonsistenzen in modernen
Browsern dar und vermitteln professionelle
Debugging-Techniken.

454 S., 3. Auflage 2012, komplett in
Farbe, mit DVD, 44,90 Euro
ISBN 978-3-8362-1695-1

>> www.galileocomputing.de/2511

Galileo Press

■ Suchmaschinen-Optimierung, SEM, Online-Marketing, Affiliate-Programme

■ Google AdSense, Web Analytics, Social Media Marketing

■ E-Mail-, Newsletter- und Video-Marketing und Mobile Marketing u.v.m.

Esther Düweke, Stefan Rabsch

Erfolgreiche Websites

SEO, SEM, Online-Marketing, Usability

Alles, was Sie für Ihren erfolgreichen Webauftritt benötigen. Zahlreiche Praxisbeispiele zeigen Ihnen anschaulich den Weg zu einer besseren Webpräsenz. Inkl. SEO, SEM, Online-Marketing, Affiliate-Programme, Google AdWords, Web Analytics, Social Media-, E-Mail-, Newsletter- und Video-Marketing, Mobiles Marketing u.v.m.

778 S., 2011, mit DVD, 34,90 Euro
ISBN 978-3-8362-1652-4

>> www.galileocomputing.de/2442

»Das Buch ist sehr empfehlenswert und sollte zur Pflichtlektüre gehören, wenn man seine eigenen Webseiten optimieren möchte oder sich mit dem Thema Online-Marketing beschäftigt.«
eStrategy

In unserem Webshop finden Sie unser aktuelles
Programm mit ausführlichen Informationen,
umfassenden Leseproben, kostenlosen Video-Lektionen –
und dazu die Möglichkeit der Volltextsuche in allen Büchern.

www.galileocomputing.de

Galileo Computing

Wissen, wie's geht.